高等院校经济管理类
专业应用型系列教材

市场营销
（第二版）

主　编　李文国　欧阳慕岚

副主编　董乃群　常志远　夏冬　石佳鹭

清华大学出版社
北　京

内 容 简 介

本教材为辽宁省一流本科课程市场营销学配套教材。本教材根据企业需求与"两性一度"(高阶性、创新性、挑战度)标准,结合应用型、技能型人才培养特点,以培养学生综合素质为目标,以能力为本位,以就业为导向,确定教材内容体系,全书共分 10 章,包括市场营销导论、市场营销环境、消费者行为分析、竞争性市场营销战略、市场调查与预测、目标市场营销战略、产品策略、定价策略、分销渠道策略及促销策略。

本教材既注重市场营销学理论基础的完整性,又突出市场营销实践的应用性;既有一般营销学著作所包含的基本内容,又反映理论前沿和实践热点,突出多维立体、创新整合、学以致用、寓德于教、实战实效的特色,有助于读者及时把握市场营销理论研究的新动态。本教材以二维码的形式插入微课及观念应用相关案例,有助于教师丰富教学资源、创新课堂教学形式,培养学生独立分析和解决实际问题的能力。每章后都设有本章小结,结合教学实际安排有基础练习、案例分析和课外实践。

本教材可作为以应用能力培养为目标的经济管理类专业本科生的教材,也可作为从事市场营销工作人员的参考用书。

图书在版编目(CIP)数据

市场营销/李文国,欧阳慕岚主编. —2 版. —北京:清华大学出版社,2024.6
高等院校经济管理类专业应用型系列教材
ISBN 978-7-302-66009-5

Ⅰ. ①市… Ⅱ. ①李… ②欧… Ⅲ. ①市场营销学—高等学校—教材 Ⅳ. ①F713.50

中国国家版本馆 CIP 数据核字(2024)第 069948 号

责任编辑:左卫霞
封面设计:杨昆荣
责任校对:刘　静
责任印制:杨　艳

出版发行:清华大学出版社
　　　网　　址:https://www.tup.com.cn,https://www.wqxuetang.com
　　　地　　址:北京清华大学学研大厦 A 座　　　　　　　邮　编:100084
　　　社 总 机:010-83470000　　　　　　　　　　　　邮　购:010-62786544
　　　投稿与读者服务:010-62776969,c-service@tup.tsinghua.edu.cn
　　　质量反馈:010-62772015,zhiliang@tup.tsinghua.edu.cn
　　　课件下载:https://www.tup.com.cn,010-83470410
印 装 者:小森印刷霸州有限公司
经　　销:全国新华书店
开　　本:185mm×260mm　　　　印　　张:17.25　　　　字　　数:419 千字
版　　次:2018 年 2 月第 1 版　2024 年 8 月第 2 版　　　印　　次:2024 年 8 月第 1 次印刷
定　　价:56.00 元

产品编号:102280-01

前　言

随着移动互联网、大数据、云计算、人工智能和 5G 科学技术的不断发展，人们开始接触到越来越多的通过社交媒体、网络直播等新媒介进行的营销活动。这些新兴技术的应用，创造出一个更加新颖、便捷、吸引顾客的营销新世界。在这个新世界中，消费者的购买心理、顾客购买决策过程与企业营销模式更加复杂，出现了许多营销新方式、新技术和新动向。市场营销学的知识也在传统的理论体系上化茧为蝶，辉光日新。

在此背景下，本教材立足中国营销实践，着重解决中国市场营销面临的实际问题，在介绍营销基本理论和实践的基础上，结合互联网时代营销理论与实践的新变化，注重讲授营销的新观念、新技术、新方法，以期为企业培养高素质的营销人才打下坚实的基础。

本教材以辽宁省一流本科专业市场营销专业为依托，以辽宁省一流本科课程市场营销学为基础，结合辽宁省普通高等学校省级教学团队（沈阳工学院市场营销教研室）工作经验及学生特点编写而成，主要具有以下特色。

1. 融入思政，立德树人

本教材全面贯彻党的二十大精神，深入挖掘市场营销课程中所蕴含的思想政治教育资源，选取紧密结合中国实际的真实案例材料，展现中国市场营销在共同富裕、数字中国、乡村振兴、生态文明等方面的新实践，呈现富有中华传统文化和民族智慧的经营理念、营销哲学。

2. 教材内容，实用精炼

本教材在讲授市场营销学理论知识的基础上，更加注重营销管理的实用性和应用性，着重培养学生的市场调研能力、市场分析能力、营销策划能力和营销创新能力，内容完整但不失精炼，满足读者的多样化需求。

3. 教材案例，数字创新

教材编写引入数字时代沟通的新理念，充分利用数字营销的优势，以数字营销的视角和融合的观点，选择数据智能时代的经典案例，帮助学生更深入地理解和掌握新时代的市场营销。

4. 教材形式，多维立体

本教材为辽宁省一流本科课程市场营销学配套教材，同步建设有在线开放课程，扫描下页下方二维码即可在线学习该课程。教材还以二维码形式将观念应用案例、思政案例视频、配套教学微课穿插在对应的知识点处，增加学生学习兴趣，拓宽学生营销视野，带给学生新的启发与思考。

本教材由李文国、欧阳慕岚担任主编，他们提出本书的编写思路及框架结构，负责全书统稿。各章编写分工如下：李文国编写第 1 章，欧阳慕岚编写第 2、3 章，董乃群、赵强编写第 4 章，常志远编写第 5、8 章，董乃群编写第 6 章，石佳鹭编写第 7 章，夏冬编写第 9、10 章。本教材由沈阳工学院于学文教授审稿。

本教材在编写过程中参考了大量国内外研究成果，在此对相关成果的专家、学者表示衷心感谢。由于编者水平所限，书中不足之处在所难免，敬请广大读者批评指正。

编　者

2024 年 2 月

市场营销学
在线开放课程

课程概述

目 录

第 1 章

市场营销导论

知识目标:

1. 掌握市场的基本含义与类型;

2. 理解市场营销及其核心概念的含义;

3. 掌握市场营销哲学演进;

4. 认识市场营销学的发展。

技能目标:

1. 运用现代市场营销观念分析互联网背景下企业市场营销活动的变化态势;

2. 具有市场分析能力,自觉运用现代营销观念指导市场营销实践;

3. 具有市场意识,建立营销专业感情和职业情感。

德育目标:

1. 明确学习目标,端正学习态度,培养科学精神,积极采用创新的学习方法;

2. 树立中华优秀传统文化历史传承的市场营销观念。

导入案例

饿了么联合武汉市文化和旅游局:"武汉夏至凉面节"活动

夏至之际,饿了么联合武汉市文化和旅游局落地了一组关于夏天的创意内容,于 2023 年 6 月 21 日—6 月 24 日开启"武汉夏至凉面节"活动,在全城 33 个线下派送点,免费送出 10000 份武汉凉面。

饿了么此次推出的创意海报以"凉面是武汉夏天的搭子"为核心立意,在拍摄及画面设计上将凉面置于 C 位,巧妙融入夏日生活场景,趣味有梗的拟人式文案对话夏天日常。通过"一碗凉面入夏天"的氛围营造后,饿了么线上联动文旅矩阵传播,推出夏至凉面点单福利,线下则携手武汉老字号美食送出万份凉面,演绎"怕热就上饿了么"的品牌心智,双拳出击,促进品销合一。

从青岛啤酒到淄博烧烤,人们对一座城市的印象往往和标志性食物挂钩。随着消费者旅行需求的多样化。旅行目的地的营销层出不穷,恰逢暑期出游高峰,饿了么和武汉市文化和旅游局合作"武汉夏至凉面节",在大众熟知的武汉热干面之外,瞄准了武汉夏天的时令搭子"凉面",用凉面搭一切的夏日饮食场景结合趣味方言文案,为用户送上充满当地生活气息的清凉感海报,构建差异化的城市文旅宣传点。

从品牌造节和城市营销的角度来看,一方面,官方背书向消费者推荐武汉当地人的生活方式和热门旅行目的地,是一次高效的向大众推介城市的方式;另一方面,线下免费送配合线上优惠购,既能助推实体门店的生意,又能夯实"怕热就上饿了么"的品牌心智。

资料来源:https://socialbeta.com/c/16963.

1.1　市场营销学概述

微课：市场营
销学概述

在市场经济条件下，市场是一切经济活动的集中体现。一个企业自诞生之日起，就开始和市场有着必然的联系，企业的利润与目标能否实现，效益好坏，在市场竞争中能否生存，最终取决于它的产品能否销售出去。从生产企业到消费者个人，无不与市场有着千丝万缕的联系。市场是所有企业从事生产经营活动的出发点和归宿，是不同国家、地区、行业的生产者相互联系和竞争的载体。市场营销是企业整体活动的中心环节，又是评判企业生产经营活动成功与失败的决定要素。近年来，随着互联网技术的广泛应用，新商业模式不断涌现，企业必须不断地研究市场趋势，认识市场变化，进而适应和驾驭市场。

1.1.1　市场的含义和类型

市场营销在一般意义上可理解为个人或企业组织开展的与市场交易（交换）有关的活动。因此，首先要了解市场及其相关概念的内涵。

1. 市场的含义

在现代市场经济条件下，企业必须按照市场需求组织生产。所谓市场，是指具有特定需要和欲望，愿意并能够通过交换来满足这种需要或欲望的全部潜在顾客。因此，市场的大小，取决于那些有某种需要，并拥有使别人感兴趣的资源，同时愿意以这种资源来换取其需要的东西的人数。

关于市场的概念，从不同的角度有多重解释和含义。

（1）市场是商品交换的场所。这是市场的地理概念，即买者和卖者于一定时间聚集在一起进行交换的场所。《易经·系辞下》最早描述了中国古代物物交换的市场集市，"日中为市，致天下之民，聚天下之货，交易而退，各得其所"。美国市场营销协会 1948 年提出的市场定义是："市场是买者和卖者进行商品交换的场所和地区。"

（2）市场是某类或某种商品需求的总和。这个定义是从顾客需求的角度，认为某种商品的购买者及其需求构成市场，即"某种商品或劳务的所有现实买主或潜在购买者所组成的集合"（美国市场营销协会 1960 年定义）。在此定义基础上，可以认为市场由三个要素组成，即由具有一定购买力和购买欲望的人群组成：市场＝人口＋购买力＋购买欲望。市场的这三个因素是相互制约、缺一不可的，只有三者结合起来，才能构成现实的市场，才能决定市场的规模和容量。

（3）市场是买主和卖主力量的集合。这是从商品供求关系的角度提出来的市场概念，是供求双方的力量相互作用的总和。一般用"买方市场"或"卖方市场"反映市场上供求力量的相对强度。

（4）市场是指整个商品流通领域。在现实经济活动中，许许多多的商品形态变化组成的循环（商品→货币→商品）不可分割地连接在一起，形成了许多并行发生和彼此连接的商品交换过程，形成了商品流通全局。由此，各种产品的市场也就不可分割地连接在一起，形成了有机的整体市场，这是从宏观经济角度来理解市场，是一个"社会整体市场"的概念。

（5）市场的其他概念。证券市场主要是指有价证券（如股票、基金等）作为一种特殊商品而产生的交易场所或交易行为。技术市场是科学技术、科技发明作为商品而进行交易，这种交易发生的地点或行为以及供求关系可以理解为技术市场；其他如人力资源市场、房地产市场、教育培训市场等均属于特殊商品市场。企业应结合这些产品的特殊性和作为商品属性的一般性开展适当的市场活动，进一步创造经济效益，推动社会经济的发展。

市场的上述概念对企业的市场营销活动都具有实际意义，人们可以从不同的角度定义市场。由于市场营销学是从生产者(卖主)的角度研究如何提供商品或服务以满足顾客需求，因此可以认为市场由一切有特定需求或欲望，并且愿意和可能从事交换来使需求和欲望得到满足的潜在顾客所组成，也可以说市场是与卖者相对应的各类买者的总和。市场的发展是一个由消费者(买方)决定，而由生产者(卖方)推动的动态过程，在组成市场的双方中，买方需求是决定性的，它们的关系如图 1-1 所示。

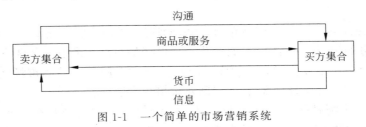

图 1-1 一个简单的市场营销系统

2. 市场的类型

现实中可根据不同标准将市场分为不同的类型，这样有利于深入了解、分析、比较各种市场的特点，为企业确定目标市场、制定市场营销策略提供依据。市场分类主要有以下几种。

(1) 根据市场范围，可以把市场分为区域市场、国内市场和国际市场。商品在地区范围内流通形成区域市场，区域市场一般是在经济区域的基础上形成的。国内市场则是在主权国家范围内建立起来的，在国内市场(包括区域市场)上，币制是统一的，指导商品流通的宏观调控目标及其效果也应该协调。国际市场是在国际分工的基础上形成的商品在世界范围内流通的市场。

(2) 根据市场客体，可以把市场分为三个阶段。在商品经济发展的初级阶段，产品的商品化使物质产品首先进入市场，从而形成商品市场。商品市场是由生产资料市场和生活资料市场组成的。在商品经济发展的第二阶段，实现了要素商品化，从而形成了劳动力市场、房地产市场、金融市场、资本市场等。在商品经济发展的第三阶段，实现了财产的社会化，生产力得到了较快的发展。财产社会化极大地丰富了资本市场的内容，其范围和机制都发生了显著的变化。生产力的极大发展使技术和信息成为市场的重要内容，技术市场和信息市场也应运而生。

(3) 根据市场状况，可以把市场分为买方市场和卖方市场。市场状况是由市场供求关系决定的，在商品供不应求的条件下，卖方把持市场主动权，由此形成卖方市场；在供求大体平衡或供大于求的条件下，买方具有市场主动权，从而形成了买方市场。

(4) 根据商品流通环节，可以把市场分为批发市场和零售市场。批发市场是指个人或企业把自己的商品或替委托人把商品卖给最后消费者以外的任何购买者的交易活动。零售市场是指个人或企业把商品直接卖给最后消费者的交易活动。由于批发市场与零售市场在商品流通过程中处于不同的地位，履行不同的功能，遵循不同的运行规则，因此有不同的营销方法。

（5）根据竞争程度，可以把市场分为完全竞争市场、垄断竞争市场、寡头垄断市场和完全垄断市场。

① 完全竞争市场又称纯粹竞争市场，是指一个行业中有非常多的独立生产者，他们都以相同的方式向市场提供同类的、标准化产品，产品的价格由市场供需关系决定，买卖双方对于产品或服务都无影响力。实际上称得上完全竞争的产业很少，最接近的例子是粮食、棉花、西瓜、大白菜等农产品以及工业产品中的标准件等。

② 垄断竞争市场是指一个行业中有许多企业生产和销售同一产品，每个企业的产量或销量只占总需求量的一小部分。在这种市场上，由于同行企业很多，产品替代性很大，因而竞争激烈。这种市场大量存在，食品、服装、百货、化妆品、日用杂品等市场均属于这一类。

③ 寡头垄断市场是指一种产品在拥有大量消费者或用户的情况下，由少数几家大企业控制了绝大部分的生产量和销售量，每个生产者的产量在总产量中占有显著的比例，剩下的一小部分则由众多小企业去经营。汽车、家电、笔记本电脑等产品的市场往往属于这种市场。垄断市场卖方仅有少数几家，彼此之间对价格相当敏感。

④ 完全垄断市场表现为在一定时期一定区域范围内一个行业只有一家企业，或者说一种产品只有一个销售者或生产者，没有或基本没有别的替代者。完全垄断的行业很少，一般为国家意欲控制的行业，如电力公司、自来水公司、邮政公司等。当一家公司独自拥有制造某种产品的全部或绝大部分原料或材料时，该公司的市场就是完全垄断市场。此外，企业还可以通过拥有专利而在一定时期和范围内取得垄断地位。

1.1.2　市场营销的含义

互联网时代，市场营销存在于任何一个人任何一个组织单位的周围。商业街的购物中心、电视机里的广告、浏览网页时跳出来的小窗口、智能手机里不断丰富的各种手机应用软件以及社交媒体上的各种信息等，都是"市场营销"的具体存在。在家、在学校、在工作场所……在所有地方，市场营销无处不在，正日益成为每个人生活的一部分，并帮助消费者与他们的品牌建立联系；今天的市场营销不仅要吸引消费者随意的目光，还要构建通力合作的企业营销网络来吸引消费者的注意力和购买力。

事实上，市场营销概念的应用已经超出经济活动的范围。政府组织、公益慈善组织、体育赛事、协会团体以至个人人际沟通等，都可以充分运用市场营销方法成功实现自己的活动目标。因此，广泛意义上的市场营销，是指任何以营利或不以营利为目的的企业或组织适应不断变化的环境，以及对变化的环境做出反应的动态过程。

从企业的角度定义市场营销，目前国内外也有不同的认识和解释。国内有学者提出市场营销是"在变化的市场环境中，旨在满足消费需要，实现企业目标的商务活动过程"。美国市场营销协会（AMA）定义委员会在1960年给市场营销下的定义是："市场营销是引导商品和劳务从生产者流转到消费者或用户过程中所进行的一切企业活动。"

美国西北大学教授菲利普·科特勒的观点是：个人和组织通过创造并同别人交换产品以获得其所需之物的一种社会过程。科特勒的这个定义把市场营销定义为企业的活动，其目的在于满足目标顾客的需要，以此实现本企业的目标。菲利普·科特勒在最新修订的第17版《市场营销：原理与实践》一书中提出：今天，不应该再以陈旧的达成销售的观念"劝说和销售"，而要以满足顾客需求的新观念来理解市场营销。如果市场营销者很好地理解顾客需求,开发并提供高价值的产品、有效的定价、渠道和销售,这些产品就很容易售出。推销和广告仅仅是"市场营销组合"相互配合以满足顾客需要和建立顾客关系的市场营销工具的集合的一部分。

广义上,市场营销是一种通过创造和与他人交换价值,来实现个人和组织的需要和欲望的社会和管理过程。在狭义的商业环境中,市场营销涉及与顾客建立价值导向的交换关系。于是,菲利普·科特勒最新修订的第17版《市场营销:原理与实践》最终将市场营销定义为:企业为获得利益回报而为顾客创造价值并与之建立稳固关系的过程。

1.2 市场营销过程

微课:市场营销过程

既然市场营销是一个"过程",那么在这个"市场营销过程"中,企业究竟做了哪些活动呢?在市场营销过程的简单模型中,企业努力理解顾客,创造顾客价值,并建立稳固的顾客关系,最终因为创造了卓越的顾客价值而得到回报。这些回报是以销售额、利润和长期顾客权益为形式呈现的。市场营销过程的简单模型如图1-2所示。

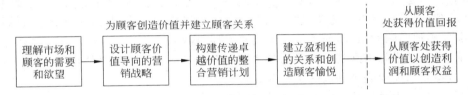

图1-2 市场营销过程的简单模型

资料来源:菲利普·科特勒,加里·阿姆斯特朗.市场营销:原理与实践[M].楼尊,译.17版.北京:中国人民大学出版社,2020.

1.2.1 理解市场和顾客需求

市场营销既涉及何谓顾客需求的出发点,还涉及以何种产品来满足顾客需求,如何才能满足消费者需求,即通过何种交换方式,产品在何时、何处交换,通过谁实现产品与消费者的连接。因此,市场营销作为一种复杂、连续、综合的社会活动过程和管理过程,是基于下列核心概念的运用之上的。只有准确地把握和运用市场营销核心概念,才能深刻认识市场营销的本质。

1. 需要、欲望和需求

思政融入:勇挑重担,青年力量

思政素材:五四青年节来临之际,B站邀请莫言老师就其公众号青年的提问"如果人生中遇到艰难时刻,应该怎么办",以一封信作出回答。在信中,莫言老师以帮助自己度过坎坷的"一本书"和"一个人"为例,书写了自己面对困难时的故事。在影片最后,莫言又以"否极泰来"的辩证态度告诉青年们"希望,总是在失望甚至是绝望的时候产生的",以此鼓励青年们重整旗鼓、继续向前,生活或许可以打倒我们,但绝不能让它打败我们!

2022年青年节,B站延续了以演说的形式进行内容表达。但不同于往年颇具锋芒的观点输出,2022年B站邀请到莫言通过"书信"的形式对话青年群体,以娓娓道来的语调与平等沟通的态度避开了青年节广告片中常带有的说教感。

B站选择莫言，不仅在于他将独有的网感和文人属性相交融，自带关注度，更重要的是，自2021年开设个人公众号以来，莫言持续保持着与年轻人的沟通，常以轻松的语气与独到的见解为青年们解答现实困惑，赢得了不少年轻人的好感。此次B站借由莫言的创作，通过融入其个人经历和特色的故事性表达，以最质朴、写实的文字力量，诠释人生命题，也回应了当下青年普遍存在的焦虑心理，给予年轻人精神的抚慰。近年来，B站以延续性的青年节营销，将平台与该节点绑定，在一次次对话中不断深化与核心用户群体之间的情感沟通，也强化了作为年轻人聚集地的平台形象。

链接：不被
大风吹倒

资料来源：https://socialbeta.com/t/hunt-weekly-20220513.

讨论： B站邀请莫言通过书信的形式对话青年群体，请结合顾客需求相关知识，分析《不被大风吹倒》广告片带给我们哪些启示？

掌握消费者的需要、欲望和需求是市场营销的出发点，满足消费者的需要、欲望和需求是市场营销活动的目的。

所谓需要，是指没有得到某些基本满足的感受状态，既包括物质的、生理的需要，也包括精神的、心理的需要，具有多元化、层次化、个性化、发展化的特性，营销者只能通过营销活动对人的需要施加影响和引导，而不能凭主观臆想加以创造。

所谓欲望，是指想得到基本需要的具体满足物的愿望。人的需要是有限的，而人的欲望是无限的，强烈的欲望能激励人的主动购买行为。

所谓需求，是指对于某个产品有购买欲望且有支付能力。

市场营销并不创造需要，需要早就存在于市场营销活动之前，企业的市场营销努力，连同社会上的其他影响因素，只是影响了人们的欲望，并试图引导人们做出购买何种商品的决定以满足特定需要。

2. 产品

人类靠产品来满足自己的各种需要和欲望。因此，可将产品表述为能够用以满足人类某种需要或欲望的任何东西。

产品分为有形与无形、可触摸与不可触摸。有形产品是为顾客提供服务的载体，也叫实体产品。无形产品或服务是通过其他载体，诸如人、地点、活动、组织和观念等来提供的。当感到疲劳时，可以到音乐厅欣赏歌星唱歌（人），可以到公园去游玩（地），可以到室外散步（活动），可以参加俱乐部活动（组织），或者接受一种新的意识（观念）。服务也可以通过有形物体和其他载体来传递。实体产品的重要性不仅在于拥有它们，更在于使用它们来满足人们的欲望。人们购买小汽车不是为了观赏，而是因为它可以提供一种叫作交通的服务。所以，实体产品实际上是向人们传送服务的工具。如果生产者关心产品甚于关心产品所提供的服务，那就会陷入困境。过分钟爱自己的产品，往往导致忽略顾客购买产品是为了满足某种需要这样一个事实。人们不是为了产品的实体而买产品，而是因为产品实体是服务的外壳，即通过购买某种产品实体能够获得自己所需要的服务。市场营销者的任务，是向市场展示产品实体中所包含的利益或服务，而不能仅限于描述产品的形貌。否则，企业将导致"市场营销近视"，即在市场营销管理中缺乏远见，只看见自己的产品质量好，看不见市场需要在变化，最终失去市场，使企业经营陷入困境。

【观念应用1-1】

<h3 style="text-align:center">容声冰箱获评"人民匠心产品奖"</h3>

2023年12月29日,由人民网主办的2023年人民财经论坛在京举行。会上,第二十届人民匠心奖揭晓,刚刚发布品牌焕新的容声冰箱,因系列平嵌产品在家居一体化场景下的突出表现,获评"人民匠心产品奖"。

"人民匠心产品奖"重点关注2023年度在质量水平建设与管理提升、技术迭代与产品创新、安全与绿色环保、市场推广表现、跨界融合等方面取得卓越成绩的优秀产品。此次获奖的容声平嵌系列冰箱就是其中的佼佼者。据了解,随着消费群体年轻化趋势的加剧,更多消费者对冰箱产品的关注已经从保鲜技术、存储容量、延伸到外观设计等多方面,"场景化需求"成为家居一体化美学流行的重要因素。嵌入式冰箱可以与家居环境和谐融合,为家居带来更多美感,以兼具美观与实用性的优势,成为行业趋势。

面对家居一体化的浪潮,容声全面发力WILL和双净技术的创新迭代,相继推出了搭载了WILL和双净技术的多款平嵌产品。2022年容声冰箱首次发布了"正面不突出、侧面不留缝、空间不浪费"的"三不"嵌入式标准,并推出遵循"三不"标准、超空间60cm的平嵌冰箱——WILL无边界冰箱605,拉开了嵌入式冰箱时代的序幕。进入2023年,容声冰箱又推出了双净Pro·平嵌冰箱506系列、508系列和518法式系列产品,率先实现了平嵌冰箱的"产品矩阵"落地。

容声冰箱"平嵌军团"的崛起顺应了新一轮家居整装消费大潮,也深受众多用户青睐,上市的四款平嵌产品都成功进入行业畅销榜TOP 10。其中容声双净Pro·平嵌冰箱506,在上市第七周就实现了单周销售额行业第一,又连续五个月成功登顶行业TOP 1。

随着市场竞争格局的日益激烈,新一代用户的诉求也在不断变化,容声通过研究年轻消费群体的生活习惯,洞悉他们的需求,挖掘出容声品牌未来的拓展潜力。2023年12月27日,容声发布了品牌焕新计划:以"为健康养鲜,让美好生长"为品牌使命,做最懂中国家庭需求的专业冰箱品牌。

从为用户提供高质量的产品,到高品质的产品,再到高品质生活方式的创新与升级,容声以用户为中心,以技术和产品的升级迭代,满足用户在家庭场景下的需求,引领行业的发展方向。

资料来源:https://finance.ifeng.com/c/8W14pgRTS3P。

3. 效用、费用和满足

在诸多产品的购买选择中,消费者总是根据多项标准去选择提供最大效用的产品作为购买目标。效用是消费者对满足其需要的产品的全部效能的估价,是指产品满足人们欲望的能力。效用实际上是一个人的自我心理感受,它来自人的主观评价。效用最大化是消费者选择产品的首要原则。效用的评价,既取决于厂商所提供的产品使用的实际效用,也取决于消费者进行的效用对比评价。消费者的购买决策是建立在效用与费用双向满足的基础上的,其购买决策的基本原则是选择用最少的货币支出换取最大效用的产品或服务。

例如,某消费者到某地去所乘用的交通工具,可以是自行车、摩托车、汽车、飞机等,这些可供选择的产品构成了产品的选择组合。又假设某消费者要求满足不同的需求,即速度、安全、舒适及节约成本,这些构成了其需求组合。这样,每种产品有不同能力来满足其不同需要,如自行车省钱,但速度慢,安全性差;汽车速度快,但成本高。消费者要决定一项最能满足其需要的产品。为此,将最能满足其需求到最不能满足其需求的产品进行排列,从中选择出最接近理想的产品，它对顾客效用最大，如顾客到某目的地所选择理想产品的标准是安全、快速，他可能会选择汽车。

顾客选择所需的产品除效用因素外，产品价格高低也是因素之一。如果顾客追求效用最大化，他就不会简单地只看产品表面价格的高低，而是看每一元钱能产生的最大效用，如一部好汽车的价格比自行车昂贵，但由于速度快、修理费少、相对于自行车更安全，其效用可能大，从而更能满足顾客需求。这就涉及价值的概念。

价值是一个很复杂的概念，也是一个在经济思想中有很长历史的概念。马克思认为，价值是把人类劳动当作商品共有的社会实体的结晶，商品价值量的多少由社会必要劳动时间来决定，而社会必要劳动时间是在现有的社会正常的生产条件下，在社会平均的劳动熟练程度和劳动强度下制造某种使用价值所需要的劳动时间。而边际效用学派则认为，消费者根据不同产品满足其需要的能力来决定这些产品的价值，并据此选择购买效用最大的产品。他所愿支付的价格（需求价格）取决于产品的边际效用。所谓边际效用，是指最后增加的那个产品所具有的效用，产品的价值取决于其边际效用。由于消费者收入是有限的，为了从有限的花费中取得最大的效用，消费者必须使其花费在每一种物品上的最后一个单位货币所产生的效用相等。

4. 交换、交易和关系

当人们决定通过交换来满足其需要和欲望时，就产生了市场营销。交换是指通过提供某种东西作回报，从别人那里取得所需物品的行为。交换只是人们用来获得所需之物的众多方法中的一种。例如，饥饿的人可以用打猎、钓鱼或采摘水果的方式找到食物，或者也可以用钱、其他东西或劳务来换取食物。

（1）交换。交换作为满足需要的一种方式，具有许多优点。人们没有必要再去掠夺他人或者依赖捐赠，也没有必要掌握为自己生产的每样必需品所需的技能。人们可以集中精力生产他们善于生产的东西，然后用它们来交换别人生产的恰好是自己所需要的产品。因此交换使整个社会能够生产出更多的适合人们需要的产品。

交换是指以提供某种回报而与他人换取所需要产品的行为。人们只有通过市场交换产品时才存在市场营销。交换是一个过程，而不是一种事件。如果双方正在洽谈并逐渐达成协议，称为在交换中。如果双方通过谈判并达成协议，交易便发生。交易是交换的基本组成部分。交易是指买卖双方价值的交换，它是以货币为媒介的。交换不一定以货币为媒介，它可以是物物交换。交易涉及几个方面，即两件有价值的物品，双方同意的条件、时间、地点，还有维护和迫使交易双方执行承诺的法律制度。

交换的发生必须具备以下五个条件。

① 至少有两方。

② 每一方都有被对方认为有价值的东西。

③ 每一方都能沟通信息和传送物品。

④ 每一方都可以自由接受或拒绝对方的产品。

⑤ 每一方都认为与另一方进行交换是适当的或称心如意的。

具备了上述条件，就有可能发生交换行为。但交换能否真正发生，取决于双方能否找到交换条件，即交换以后双方都比交换以前好（至少不比以前差）。

（2）交易。交换应看作一个过程而不是一个事件。如果双方正在进行谈判，并趋于达成协议，这就意味着他们正在进行交换。一旦达成协议，就可以说发生了交易行为。

交换是市场营销的核心概念,而交易则是市场营销的度量单位。交易是交换活动的基本单元,是指买卖双方价值的交换。一次交易包括以下三个可以量度的实质内容。

① 至少有两个有价值的事物。

② 买卖双方所同意的条件。

③ 协议时间和地点。

通常情况下,应建立一套法律制度来支持和强制交易双方执行。如果没有合同法,人们可能在交易中互不信任,从而双方都可能吃亏。

交易与转让不同。在转让过程中,甲将某物给乙,甲并不接受任何实物作为回报。市场营销管理不仅要考察交易行为,也要研究转让行为。因为转让行为也可以用交换的概念来解释,典型的表现是,转让者给某人一件礼物,必定是出于某种期望(如想得到某人的喜欢或者感谢,或者想看到接受者有某种良好的行为)。

(3) 关系与网络。交易营销是关系营销大概念的一部分。关系营销是与关键成员(如顾客、供应商、分销商)建立长期满意关系的实践,目的是保持营销者长期的业务和绩效。营销者通过不断承诺和给予对方高质量的产品、优良的服务和公平的价格来实现关系营销。关系营销可以减少交易成本和时间。关系营销的最终结构就是建立企业独特的资产,即构建一个营销网络。企业一旦与关键的利益相关者建立良好的关系网,利润自会滚滚而来。

【观念应用 1-2】
京东联合上海美术电影制片厂:《JOY 与小猪妖》广告片

在京东品牌 20 周年之际,京东联合上海美术电影制片厂推出《中国奇谭之小妖怪的夏天》特别篇国漫新作《JOY 与小猪妖》,讲述两个伙伴夏天的旅途。除了这个影片外,京东还推出了《小妖怪的夏天》"6·18"促销特辑版,让小妖怪各显神通,以轻松幽默的口吻讲述"6·18"的促销卖点。

作为 2023 年开年的话题之作,《中国奇谭》受到了不少品牌的青睐,大多数品牌合作依然停留在对视觉形象的运用。此次京东在"6·18"品牌 20 周年之际,选取《中国奇谭》中最受好评的《小妖怪的夏天》篇章,与上海美术电影制片厂深度共创《JOY 与小猪妖》番外篇,在延续原作世界观的基础上,让 IP 形象 JOY 成为动画角色之一,以趣味性的新故事,投射出 20 年间京东与用户一路相伴的关系。影片在京东各大官方账号进行发布,尤其在《中国奇谭》的播放平台 B 站上收获了不错的反响。同时为迎合"6·18"的沟通诉求,京东还以小妖怪们演绎的幽默短片带出大促卖点。

在 2020 年的"6·18",京东也曾与上海美术电影制片厂联手,围绕《大闹天宫》《葫芦兄弟》等经典 IP 制作短片,以童年情怀撬动用户共鸣。而此次京东与上海美术电影制片厂的合作更为深入,不仅把握住当下年轻人喜爱的人气作品,还将 IP 形象融入其中,借由具有可看性的故事传达品牌的陪伴,加深与年轻用户之间的链接。

资料来源:https://socialbeta.com/c/16790.

5. 市场营销与市场营销者

市场营销是指人与市场有关的一切活动,即以满足人类各种需要和欲望为目的,通过市场变潜在交换为现实交换的活动。所谓市场营销者,是指希望从别人那里取得资源并愿意以某种有价之物作为交换的人。市场营销者可以是卖主,也可以是买主。假如有几个人同时想买正在市场上出售的某种奇缺产品,每个准备购买的人都尽力使自己被卖主选中,这些购买者都在进行市场营销活动。在另一种场合，买卖双方都在积极寻求交换，那么，就把双方都称为市场营销者，并把这种情况称为相互市场营销。市场营销者的营销活动是在多种力量影响下进行的，它既是营销活动的主导力量，又受各种外部力量的制约。

1.2.2　设计顾客导向的市场营销战略

企业在掌握了消费者和市场需求基础上，要进一步制定顾客导向的营销战略。设计营销战略的目的是通过创造、递送和沟通卓越的顾客价值观，进而发现、吸引、保持和增加目标顾客。市场营销战略作为一种重要战略，其主旨是提高企业营销资源的利用效率，使企业资源的利用效率最大化。由于营销在企业经营中的突出战略地位，使其连同产品战略组合在一起，被称为企业的基本经营战略，对于保证企业总体战略的实施起着关键作用，尤其是对处于竞争激烈的企业，制定营销战略更显得迫切和必要。

市场营销战略包括两个主要内容：一是选定目标市场；二是制定市场营销组合策略，以满足目标市场的需要。根据购买对象的不同，将顾客划分为若干种类，以某一类或几类顾客为目标，集中力量满足其需要，这种做法叫作确定目标市场，这是市场营销首先应当确定的战略决策。目标市场确定以后，就应当针对这一目标市场，制定出各项市场经营策略，以争取这些顾客。

1.2.3　制订整合营销计划和方案

公司的营销战略阐明了公司将要服务的顾客，以及将如何为这些顾客创造价值。那么，市场营销者下一步就要制订整合营销计划和方案，切实地向目标顾客递送计划好的价值。市场营销计划将市场营销战略转化为行动来建立客户关系。这里的具体行动就是公司执行市场营销战略的一套营销工具，即市场营销组合策略。

市场营销组合策略一般是指产品策略、价格策略、渠道策略和促销策略，即市场营销的4Ps。为传递自己的价值主张，企业首先要创造能够满足消费者需要的产品或服务。然后，企业要为这一产品制定一个合理的费用（定价），以及使消费者买到该产品的场所（渠道）。最后，企业还必须与目标顾客就该产品的利益进行沟通，说服消费者相信并购买（促销）。企业通过综合运用这些市场营销组合策略，制订细致、周到的整合营销计划，向选定的顾客沟通和传递计划好的价值。

1.2.4　建立客户关系

企业研究市场和顾客的需要、设计顾客导向的市场营销战略以及构建市场营销计划，都是为了建立有价值的顾客关系。

1. 客户关系管理

客户关系管理一般是指企业为提高核心竞争力，利用现代信息技术协调企业与顾客间在销售、营销和服务上的交互关系和服务的过程。其最终目标是吸引新客户、保留老客户以及将已有客户转为忠实客户，提高市场份额。

（1）关系建立的基础。建立持久客户关系的基础是创造卓越的顾客价值和满意。满意的顾客更容易成为忠诚的顾客，并为公司带来更大的利益和回报。

所谓顾客感知价值，是指与其他竞争产品相比，顾客拥有或使用某一产品的总利益与成本之间的差异。具体的价值是由每一个消费者依照感知价值来判断的，也许不够"准确"，也可能不够"客观"。比如,有些消费者的"价值"是用实惠的价格买到质量尚可的产品,而有些消费者的"价值"是秉承着"一分钱一分货"的理念用高价格购买高质量的产品。

所谓顾客满意,是顾客对产品的感知效能与顾客预期进行比较的结果。如果产品的效能低于预期,则顾客不满意;如果效能符合预期,则顾客满意;如果效能大大地超出了预期,则顾客感到非常满意,甚至是惊喜。所以,杰出的公司都在想方设法使重要的顾客感到满意。一旦顾客满意了,就会重复购买,并成为企业最好的"推销员",积极向他人传播自己的美好体验。

(2) 客户关系等级与工具。企业能够根据目标市场的特点,将客户关系划分为不同的等级。一种极端的情况是,拥有众多低毛利顾客的企业会追求与这些顾客建立基本的关系,通常采取品牌广告、公共关系等成熟的接触中介,以及大量的网站和应用程序等新兴媒介来培育顾客关系。另一种情况是,拥有高毛利但数量较少的顾客的企业会充分地与关键顾客建立关系。在这两种极端情况中间,则是一系列的不同等级的客户关系水平。

在进行客户关系建立和维持的过程中,企业可以运用各种特殊的营销工具。比如,有吸引力的优惠活动或是专属的服务等。常见的情况是企业成立"会员制",为不同水平关系的客户提供福利。

2. 吸引顾客参与

企业非常清楚"客户关系"的重要性,并积极地运用各种营销手段来建立这种关系。可是,"关系"本身就是双方互动的结果,除了企业的努力之外,顾客的意愿也非常重要。在互联网、移动通信以及社交媒体飞速发展的今天,客户关系的特点发生了巨大变化。这些变化显著地影响着企业及其品牌与顾客建立关系的方式,以及顾客之间的联系。

(1) 建立客户关系的新工具。以往企业主要集中于面向广大细分市场的大众营销。在数字时代,公司则可以利用网络、移动通信以及社交媒体来精准地瞄准和吸引顾客深度参与和互动,其目的就是使品牌成为顾客谈话和生活的重要部分。

在数字时代里,消费者也在不断地成长和强大起来。他们比以往更加消息灵通、联系紧密,拥有了更强的控制力。因此,企业不能再依赖以往"解释和灌输"式的市场营销,而是努力创造产品和信息来吸引顾客主动参与,并建立关系。

(2) 消费者生成的营销。消费者生成的营销是新顾客对话中迅速增长的部分。消费者在形成自己和他人的品牌体验中起到越来越重要的作用。这主要体现在顾客在博客、视频分享网站、微博和微信这样的社交媒体和其他数字论坛中自发地交换信息和看法。但是,企业也意识到了这一点,因此越来越多地邀请消费者参与形成产品和品牌信息的过程,并承担更积极的角色。一些企业向消费者征集新产品和服务的创意,比如美团通过其"美团众创"平台,邀请消费者和创业者提交新的餐饮、娱乐等创意,美团会对这些创意进行评估,并为其提供支持和资源;腾讯通过其开放平台,邀请开发者提交新的产品创意,这些创意包括社交应用、游戏、工具等各种类型,腾讯会对这些创意进行筛选,并从中选取有潜力的项目进行投资或合作开发。尽管有很多成功的案例,但是利用消费者生成的营销活动可能是一个耗费时间和金钱的活动,有时甚至会产生反效果。

随着消费者之间的联系变得更加紧密,数字和社交媒体技术持续发展,消费者生成的营销内容已经成为一种不可忽视的重要营销力量。品牌需要接受并利用这种消费者的能量,掌握新的数字和社交媒体关系工具或其后面隐藏的风险。

观念应用 1-3

3. 伙伴关系管理

如今，在创造顾客价值和建立牢固的客户关系时，任何一个企业都不是孤立的，而是需要彼此合作才能达到最优的效果。所以，营销者还应擅长伙伴关系管理，即与公司内部和外部的其他关联企业和个人紧密合作，共同为顾客创造和递送更多的价值。

传统的营销活动中，企业的营销部门负责理解顾客、向公司内部其他部门解释客户的需求。但是，在沟通无限的今天，企业的任何一个职能部门都可能与顾客互动。所以，企业应该将所有部门都整合到创造顾客价值的活动中。

对于一个现代企业来说，除了要处理好企业内部关系，还要与其他企业结成联盟，企业营销过程的核心是建立并发展与消费者、供应商、分销商、竞争者、政府机构及其他公众的良好关系。企业通过整个供应链的密切配合来成功建立客户关系，获得更好的业绩。

1.2.5　获得顾客价值

企业通过创造卓越的顾客价值和较高的顾客满意度，获得顾客的忠诚度，形成他们的重复购买。这就产生了创造顾客价值的最终结果：顾客忠诚度的维持、市场份额和顾客份额，以及顾客权益。

1. 建立顾客忠诚与维持

良好的客户关系管理产生顾客愉悦。愉悦的顾客就会对企业和品牌保持忠诚，并向其他人积极地介绍企业及其产品。于是，客户关系管理的目标是要创造顾客愉悦，进而建立顾客忠诚。

19世纪末20世纪初意大利经济学家帕累托发现国家财富的80%集中在20%的人手中（二八定律），后来人们发现在社会经济生活的各个方面普遍存在这种现象。比如，企业中80%的利润是由其中20%的项目创造的。鉴于此，除了建立顾客忠诚之外，维护顾客忠诚也非常具有经济意义。忠诚的顾客花费更多，停留的时间更长。

2. 增长顾客份额

不仅仅是留住好顾客以期获得顾客终身价值，好的客户关系管理也能够帮助市场营销者提高他们的顾客份额，也就是顾客所购买的某企业产品占其同类产品购买量的比重。为了增加顾客份额，企业想方设法为当前顾客提供多样化的产品和服务，或者利用交叉销售和增值销售为现有顾客提供更多的产品和服务。

3. 建立顾客权益

顾客权益是企业吸纳有价值和潜在顾客的终身价值的体现总和。客户关系管理的最终目标就是产生高额的顾客权益。因为它是衡量企业顾客基础的未来价值。企业的有价值的顾客越忠诚，其顾客权益就越高。如果说销售额和市场份额是反映企业业绩的过去，那么顾客权益则意味着企业业绩的未来。

企业应该谨慎地管理顾客权益，应该把顾客视为资产，需要管理和使之最大化。顾客可以根据"潜在营利性"和"预计的忠诚度"将客户划分为陌生人、蝴蝶、挚友、藤壶四个群体，并与恰当的顾客建立恰当的关系。

（1）陌生人，即低潜在营利性和低忠诚度的客户，企业无法提供他们需要的产品，意味着没有很长久的盈利空间。因此，公司对其实施的客户关系战略是停止投资。

（2）蝴蝶，即带来高盈利空间却没有太好的忠诚度的客户。因为在企业的提供物和他们的需要之间存在着很好的适配性。但是,就像蝴蝶一样,只能欣赏它们一小会儿,然后它们就会飞走。这类客户始终都在寻求最好的产品和最佳的交易体验,很少会和任何企业建立稳定的关系。因此,公司对其实施的客户关系战略是利用促销活动吸引他们,充分获取其价值后停止对他们的投资,直到下一次循环开始。

（3）挚友,即既有价值又忠诚的客户。他们的需要和企业的提供物之间有很强的适配性。对于这类客户,企业应该加强投资,与其建立良好的用户关系,并培育、留住他们。企业还希望将挚友转化为"真正的信仰者",后者经常惠顾并将自己的良好体验告诉其他人。

（4）藤壶,即低潜在营利性但具备高忠诚度的客户。他们非常忠诚,但却很难为店铺带来盈利,因为他们的需要与公司的提供物之间的适配性有限。企业可以向他们出售更多产品、提高费用或减少服务,也许能提高营利性。但是,如果他们不能为企业带来利润,则应立刻放弃。

综上所述,企业面对不同类型的顾客要进行不同的关系管理战略,才是企业客户关系管理的关键。

1.3　市场营销哲学的演进

微课：市场营销
哲学的演进

企业的市场营销活动可以在不同的指导思想下进行。所谓市场营销哲学,即市场营销观念,就是企业在开展市场营销管理的过程中,在处理企业、顾客和社会三者利益方面所持的态度、思想和观念。一般认为,生产观念、产品观念、推销观念、市场营销观念、社会营销观念,是具有代表性的不同的企业营销哲学。其中,生产观念、产品观念和推销观念通常被称为传统经营观念,市场观念、社会营销观念被称为现代营销观念。这些观念时隐时现,互相碰撞,深刻地影响着企业或者个人。

1.3.1　生产观念

生产观念是在卖方市场态势下产生的,是商品经济不发达时期的一种营销观念,也是指导企业营销行为最古老的观念之一。该观念的存在以产品供不应求为条件,以大批量、少品种、低成本的生产更能适应消费者需求为前提。最早产生于19世纪末20世纪初,由于社会生产力水平还比较低,许多商品供不应求,市场经济呈卖方市场状态。正是这种市场状态,导致了生产观念的流行。表现为企业以改进、增加生产为中心,生产什么产品,市场上就销售什么产品。在这种营销观念指导下,企业的中心任务是组织所有资源,集中一切力量努力提高生产效率,增加产量,降低成本,生产出让消费者买得到和买得起的产品。在此基础上,提高销售效率,而不必考虑顾客是否存在不同的具体需求,因而也就谈不上开展市场活动。因此,生产观念也称为"生产中心论"。

生产观念是指导企业营销活动最古老的观念。20世纪20年代初,曾经是美国汽车大王的亨利·福特为了千方百计地增加T型车的生产,采取流水线的作业方式,以扩大市场占有,至于消费者对汽车款式、颜色等主观偏好,他全然不顾,"不管顾客需要什么,我的车是黑的"。这就形成了企业只关心生产而不关心市场的经营观念。

在现代市场条件下,产生或适用生产观念的条件包括:一是只有当产品供不应求,买方选择余地不多时,消费者只期求能够购得到产品或服务,并不计较产品或服务的具体特色或特性;二是企业开发的产品成本或售价太高时,企业只有提高生产效率,降低成本,降低价格，扩大销路才有出路。随着科学技术的发展和生产力水平的提高以及市场供求的变化，这种观念适用的范围逐渐缩小。

1.3.2　产品观念

产品观念是一种古老的经营观念，与生产观念类似。产品观念认为，产品销售情况不好是因为产品不好，消费者喜欢质量优、性能好和有特色的产品；只要企业注意提高产品质量，制造出好的产品，产品就会销售出去，不愁挣不到钱。"酒香不怕巷子深"是这种观念的形象说明。

如果说生产观念强调的是"以量取胜"，产品观念则强调"以质取胜"。这种观念本质上还是生产什么销售什么，但它比生产观念多了一层竞争的色彩，并开始考虑顾客对产品质量、性能、特色和价格方面的愿望。在产品供给不太紧缺或稍有宽裕的情况下，这种观念常常成为企业的经营指导思想。

企业奉行产品观念，总是在生产更好的产品上下功夫，但却常出现顾客"不识货"不买账的情况。这是因为这种经营观念仍是从自我出发，孤芳自赏，看不到市场需求的动态变化，使产品改良和创新处于"闭门造车"状态。在现代商品经济中，卖方竞争激烈，没有一种产品能永远保持独占地位，即使再好的产品，没有适当的营销手段，通向市场的道路也不会是平坦的。

▸ 小思考

某办公用品公司生产的文件柜十分坚固耐用，但是销路不佳。经理抱怨说："我们公司的文件柜这样结实，从楼上摔下去也坏不了，为什么买的人很少？"他的雇员回答说："问题在于没有一个顾客买文件柜是为了从楼上摔下去。"这个故事引发了对"产品观念"应用性的思考，那么"产品观念"有什么缺陷呢？

提示：产品观念会引发营销短视症。现代营销学的奠基人之一西奥多·莱维特1960年在《哈佛商业评论》上发表了文章《营销短视症》。文章中提出了一个新的观点：企业不应该再用产品来界定自己，而应该根据客户的需求重新确定自己的方向。他提出某些行业出现衰退或停滞的状态，不是因为市场饱和了，而是管理的失败。比如，铁路行业停止增长，并不是因为客运和货物运输的需求萎缩了，而是因为铁路公司的管理者错误地定义了自己的行业，他们是以产品为导向，而没有以客户为导向。

1.3.3　推销观念

推销观念是生产观念和产品观念的发展和延伸。20世纪20年代末，资本主义工业化发展迅速，工业产品大批量生产，社会产品日益增多。1929年开始的资本主义世界经济大危机，导致市场上许多商品供过于求，企业面临着生产出来的产品不能全部销售出去的状况，推销观念应运而生，并成为企业的主要指导思想。为了在竞争中立于不败之地，企业纷纷重视推销工作，如组建推销组织，培训推销人员，研究推销术，大力进行广告宣传等，以诱导消费者购买产品。这种营销观念是"我们会做什么，就努力去推销什么"。

由生产观念、产品观念转变为推销观念，是企业经营指导思想上的一大变化。但这种变化没有摆脱"以生产为中心"和"以产定销"的范畴。前者强调生产产品，通过增加产量，降低成本获利；后者强调推销产品，通过开拓市场，扩大销售获利。所不同的是生产观念是等顾客上门，而推销观念是加强对产品的宣传。

由于推销观念只是着眼于现有产品的推销,千方百计地想把产品销售出去,至于产品售出后顾客是否满意,顾客需要什么服务,则没有给予足够的重视。推销观念仍存在于当今的企业营销活动中,如对于顾客不愿购买的产品,往往采用强行的推销手段。在商品经济进一步发展、产品更加丰富的条件下,它就不能适应了。

1.3.4　市场营销观念

市场营销观念是买方市场条件下以消费者为中心的经营观念,是商品经济发展进程中的一种全新的经营哲学,是对上述观念的挑战,是企业经营思想的一次重大飞跃。

市场营销观念形成于20世纪50年代。第二次世界大战结束后,大量的军工企业转向民用产品的生产,战争期间积聚的技术力量促进了民用产品技术的创新,社会生产力迅速发展,社会产品供应增加,市场趋势表现为供过于求的买方市场,同时广大居民个人收入水平迅速提高,有可能对产品进行选择,企业之间为实现产品销售的竞争加剧。在这种形势下,许多企业开始意识到,必须转变经营观念,才能求得生存和发展。企业开始重视市场调研,研究消费者需求,制定以消费者需求为中心的市场营销策略。这种观念首先是在美国新的市场形势下形成的,继而盛行于日本、西欧各国。

市场营销观念主要包括以下几个核心思想。

1. 注重顾客需求

树立"顾客需要什么,就生产、经营什么"的市场营销观念,不仅要将顾客的需求作为企业营销的出发点,而且要将满足顾客的需求贯穿于企业营销的全过程,渗透于企业的各个部门,成为各个部门的工作准则。不仅要了解和满足顾客的现实需求,而且要了解和满足顾客的潜在需求,根据市场营销的趋势调整企业的营销战略,以适应市场的变化,求得企业的生存与发展。

2. 坚持整体营销

市场营销观念要求企业在市场营销中以企业营销的总体目标为基础,协调地运用产品、价格、渠道、促销等因素,从各个方面来满足顾客的整体需求。

3. 谋求长远利益

市场营销观念要求企业不仅要注重当前的利益,更要重视企业的长远利益。在营销中不仅要满足顾客的需要,而且要使顾客满意,从而树立企业的良好形象,争取重复购买者。因此,企业在市场营销中,不仅要注重产品的生产和销售,而且要注重营销服务,把服务贯穿在企业生产经营的全过程,并且贯穿始终。一个循环的结束,是另一个新的循环的开始,从而推动企业经营管理水平的不断提高。

当营销观念刚刚出现时,人们很多都在研究该观念与推销观念的区别。营销观念与推销观念的根本不同是:推销观念以现有产品(即卖主)为中心,以推销和销售促进为手段,刺激销售,从而达到扩大销售、取得利润的目的。市场营销观念是以买方需要为中心,即以市场、顾客为中心,市场需要什么,就生产什么、销售什么,按需生产,以销定产。并且在产品售出后进一步了解顾客对产品的反馈意见和要求,据以改进产品和服务。通过充分满足顾客的需要获取长期利益。在这种观念下,需求引起供给,哪里有需求,哪里就有市场,有了需求和市场,然后才有生产和供给。

可见,市场营销观念把推销观念的逻辑彻底颠倒过来了,不是生产出什么就卖什么,而是首先发现和了解消费者的需要，消费者需要什么就生产什么、销售什么。消费者需求在整个市场营销中始终处于中心地位。从本质上说，它是一种以顾客的需要和欲望为导向的经营哲学，是消费者主权论在企业市场营销中的集中体现，是企业经营思想的一次重大飞跃，如图 1-3 所示。

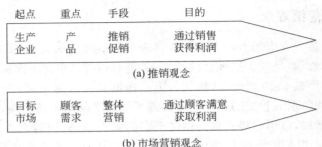

图 1-3　市场营销观念与推销观念比较

1.3.5　社会营销观念

思政融入：动物保护

思政素材：在国际生物多样性日，泡泡玛特联合中国环境以及阿勒泰地区自然保护协会创始人初雯雯共同到新疆阿勒泰地区，探寻"自然的答案"。

泡泡玛特联合中国环境发布的《自然，就有答案》是泡泡玛特首个生态公益微纪录片。《自然，就有答案》以微纪录片的方式进行拍摄，形象生动的画面，带给观众更加真实的感觉，引发大家对自然的自我反思，思考保护生态环境的意义。

DIMOO×蒙新河狸公益联名吊卡被赋予环保公益价值，传达泡泡玛特希望号召更多的人关注动物保护、关注生物多样性的品牌愿景。

2022 年 8 月，泡泡玛特成立"泡泡玛特河狸保护公益林"，与初雯雯团队共同解决蒙新河狸栖息地食物资源匮乏问题，积极推动社区牧民参与，探索以社区为主导的生物多样性保护模式。

"蒙新河狸保护"公益项目顺利落地实施半年后，完成了 26000 株杨树苗和灌木柳的栽植工作，不仅解决了蒙新河狸栖息地植物资源匮乏问题，还改善了乌伦古河流域生态系统。泡泡玛特将产品与公益结合，既与大众产生共鸣，树立品牌热心环保公益的形象，又促使消费者加入环保公益的队伍中，为环保情怀买单。

同时，泡泡玛特为生态公益作出的贡献让消费者看到一个品牌的社会责任担当，强化消费者对品牌的好感度，为后续品牌发展打下基础。

资料来源：http://www.4anet.com/p/11v758db98a66e59.

链接：《自然，就有答案》

讨论：请进行广告创意点分析，并总结短片《自然，就有答案》传递的正能量信息。

这种经营思想是对市场营销观念的重要补充和完善。基本内容是：企业提供产品不仅要符合消费者的需要与欲望，而且要符合消费者和社会的长远利益。企业要关心与增进社会福利，强调将企业利润、消费需要、社会利益三方面统一起来。

社会营销观念出现于 20 世纪 70 年代，它的提出一方面是基于"在一个环境恶化、爆炸性人口增长、全球性通货膨胀和忽视社会服务的背景下，单纯的市场营销观念是否合适"这样的认识;另一方面是基于对广泛兴起的以保护消费者利益为宗旨的消费主义运动的反思。市场营销观念的中心是满足消费者的需要与欲望,进而实现企业的利润目标。但往往出现一种现象,单纯的市场营销观念提高了消费者对需求满足的期望和敏感度,从而引发了一个明显的矛盾,即当前消费需求的即时满足与社会长远利益之间的冲突。这种矛盾不仅加速了产品的更新换代,加剧了环境污染,还导致了部分物质资源的损害与浪费。正是在这种背景下,人们又提出了社会营销观念。

社会营销观念认为,企业的根本目的和责任是在保障社会长期利益的基础上使消费者满意,使企业获得经济效益,因此,企业在经营决策时必须考虑三方面的利益:消费者和社会的长远利益;消费者的需要与欲望;企业的经济利益。企业要通过系统工程的方法,把这三方面利益结合起来,制订出最佳的市场营销计划。

【观念应用1-4】

阿里妈妈·天猫大牌日:春瓷大赏

阿里妈妈·天猫大牌日再度发起大牌企划,以数字技术为载体,联合十个大牌打造品牌专属"瓷化形态",并在千年瓷都景德镇为这些大地陶瓷拍摄了一支奇幻短片,诉说春日浪漫。此外,阿里妈妈"大牌企划"还在景德镇政府的支持下打造了"春瓷大赏"数字探秘地图,消费者不仅可以参照这张地图探访柴窑、陶溪川市集等有趣景点,还可以扫码召唤AR数字瓷艺,感受不一样的古镇春日。

当消费者逐渐对盛名喧嚣的"网红城市"失去新鲜感,那些低调而有内涵、未被"过度消费"的宝藏城市,便成了品牌的下一个营销要地。从近期观察来看,拥有千年瓷都文化的景德镇正在聚焦品牌目光。前有珀莱雅、泡泡玛特等挖掘景德镇瓷器文化,推出礼盒或产品,后有此次阿里妈妈天猫大牌日深入景德镇深处,以颇具东方奇幻观感的镜头语言将巨大的数字陶瓷融入古镇春日,以创造力营销将城市、品牌、虚拟世界一一相连。

在先后打造户外广告牌、七夕"情蔬",以及此次"春瓷大赏"企划后,不难看出,天猫大牌日善于以先锋创意企划能力,焕新消费者对品牌的想象力。而此次阿里妈妈天猫大牌日不仅着眼内容创新,为十个大牌打造品牌专属"瓷化形态",并以数字藏品形式让艺术化品牌形象进一步触达消费者;更助力城市文旅,在景德镇政府的支持下打造了"春瓷大赏"数字探秘地图,提前为五一出游造势,打造不一样的古镇春日。

资料来源:https://socialbeta.com/t/hunt-weekly-20230421.

上述五种经营观念可归为两类:一类是以产品为出发点的传统经营观念,包括生产观念、产品观念、推销观念;另一类是以消费需求为出发点的现代营销观念,包括市场营销观念和社会营销观念。五种经营观念比较见表1-1。

表1-1 五种经营观念比较

营销观念		市场特征	出发点	手段	策略	目标
传统经营观念	生产观念	供不应求	生产	提高产量 降低成本	以产定销	增加产量 取得利润
	产品观念	供不应求	产品	提高质量 增加功能	以高质取胜	提高质量 获得利润
	推销观念	生产能力 过剩	销售	推销与 促销	以多销取胜	扩大销售 获得利润

续表

营销观念		市场特征	出发点	手　段	策　略	目　标
现代营销观念	市场营销观念	买方市场	顾客需求	整体市场营销	以比竞争者更有效的手段满足顾客需求取胜	满足需要获取利益
	社会营销观念	买方市场	顾客需要、社会利益	整体市场营销	以满足顾客需求和社会利益取胜	满足顾客需要增进社会利益获得经济效益

小思考

"社会营销与社会营销观念是一样的"这句话对吗？

提示：不一样，社会营销和社会营销观念存在明显的区别。社会营销主要侧重于应用营销原理发展社会公益事业，提升社会福利水平；而社会营销观念则强调企业管理者在营销实践中要兼顾企业、消费者和社会三方利益，不断强化企业的社会责任意识。

1.4　市场营销学的产生和发展

美国著名市场营销学家菲利普·科特勒指出："市场营销学是一门建立在经济科学、行为科学、现代管理理论之上的应用科学。"因为"经济科学提醒我们，市场营销是用有限的资源通过仔细分配来满足竞争的需要；行为科学提醒我们，市场营销学是涉及谁购买、谁组织，因此，必须了解消费者的需求、动机、态度和行为；管理理论提醒我们，如何组织才能更好地管理其营销活动，以便为顾客、社会及自己创造效用"。所以，市场营销学是以市场经济作为先决条件，对企业在特定的市场营销环境中，在产品生产以前到销售以后所从事的与满足消费需求和扩大市场有关的各项活动所构成的有机整体的全过程的研究。

1.4.1　市场营销学的概念与性质

关于市场营销学的概念，从不同的认识角度，国内外存在多种不同的说法。

早期美国市场营销学的定义是：市场营销学是研究引导商品或劳务从生产者转移到消费者或使用者的一切商业活动的科学；日本的市场营销学者认为，市场营销学是在满足消费者利益的基础上，研究如何适应市场需求而提供商品或服务的整个企业活动的科学；国内有学者提出，市场营销学研究的是企业等组织作为供给方如何适应市场需求，如何使产品具有竞争力，满足买方需求，从而创造企业生存空间，提高市场占有率和经济效益的营销活动及其规律性。通常来说，市场营销学是研究在满足消费者的需求和利益基础上，企业如何取得生存和发展的一门学科。

1.4.2　市场营销学的产生与发展

市场营销学从产生至今，已经近百年了。它是在19世纪末20世纪初自由竞争资本主义向垄断资本主义过渡，资本主义基本矛盾日益尖锐化的基础上产生的，迄今大体经历了以下四个阶段。

1. 形成阶段

19世纪末到20世纪初，随着垄断资本主义的出现，以及"科学管理"的实施，企业的生产效率提高,生产能力增强,一些产品的销售遇到了困难。为了解决产品的销售问题,一些经济学家和企业就根据企业销售活动的需要,开始研究销售的技巧,研究各种推销方法。1905年,美国宾夕法尼亚大学开设了名为"产品的市场营销"的课程;1912年,第一本以分销和广告为主要内容的《市场营销学》教科书在美国哈佛大学问世,这是市场营销学从经济学中分离出来的起点。但这时的市场营销学主要研究有关推销术、分销及广告等方面的问题,而且仅限于某些大学的课堂教学,并未引起社会的重视,也未应用于企业营销活动。

2. 应用阶段

从20世纪30年代到第二次世界大战结束,是市场营销学逐步应用于社会实践的阶段。1929—1933年,资本主义国家爆发了严重的经济危机,生产过剩,产品大量积压,因而,企业产品如何转移到消费者手中就很自然地成为企业和市场学家们认真思考和研究的课题,市场营销学也因此从课堂走向了社会实践,并初步形成体系。这期间,美国相继成立了全国市场营销学和广告学教师协会(1926年)、美国市场营销学学会(1936年)。理论与实践的结合促进了企业营销活动的发展,同时也促进了市场营销学的发展。但这一阶段的市场营销仍局限于产品的推销、广告宣传、推销策略的探讨等,仅处于流通领域。

3. 变革阶段

这是从传统的市场营销学转变为现代市场营销学的阶段。20世纪50年代后,随着第三次科技革命的发展,劳动生产率空前提高,社会产品数量剧增,花色品种不断翻新,市场供过于求的矛盾进一步激化,原有的只研究在产品生产出来后如何推销的市场营销学,显然不能适应新形势的需求。许多市场学者纷纷提出了生产者的产品或劳务要适合消费者的需求与欲望,以及营销活动的实质就是企业对于动态环境的创造性适应的观点,并通过他们的著作予以论述,从而使市场营销学发生了一次变革,企业的经营观点从"以生产为中心"转为"以消费者为中心",市场也就成为生产过程的起点而不仅仅是终点,营销也就突破了流通领域,延伸到生产过程及售后过程;市场营销活动不仅是推销已经生产出来的产品,而且是通过消费者的需要与欲望的调查、分析和判断,通过企业整体协调活动来满足消费者的需求。

4. 广泛应用与发展阶段

进入20世纪70年代,市场营销学日益广泛应用于社会各领域。市场营销观念和理论首先进入生产领域。其次从生产领域引入服务业领域,包括航空公司、银行、保险、证券金融公司。后来,又被专业团体,诸如律师、会计师、医生和建筑师所运用。由于资本主义国家一切皆为商品,连其社会领域及政治领域也商品化,因而市场营销原理与方法也应用于这些领域,如将市场营销方法应用于大学、医院、博物馆、慈善机构及政府政策的推行等社会领域中;如西方国家政党及政治候选人应用市场营销方法对选民进行市场细分,并对选民进行广告宣传,争取选民投票支持。市场营销的应用还从国内扩展至国际市场。现在,市场营销学无论在国外还在国内都得到了广泛的应用。

随着时代的发展,市场营销学在各个领域的交叉融合愈发明显,不仅涉及管理学、经济学、哲学、心理学、社会学、数学及统计学等学科,还与计算机科学、信息技术、数据分析等领域密切相关。这使市场营销学逐渐发展成为一门综合性、跨学科的应用科学。

在这个背景下,市场营销学涌现出了众多分支和新的观念及概念。例如,统计与市场调查则通过收集、分析和解读市场数据,为企业提供有关市场现状、趋势和竞争情况等信息,以便制定有针对性的市场营销策略;服务营销强调在产品同质化的市场中,提升服务质量和服务水平,从而赢得顾客的忠诚度和口碑;社会市场营销则关注企业在追求经济效益的同时,应承担社会责任,实现可持续发展;国际市场营销学则探讨企业如何在全球范围内拓展市场、应对文化差异和制定跨国营销策略。

此外,随着互联网和社交媒体的普及,网络营销、数字营销、内容营销等新兴领域应运而生。这些新兴领域将传统市场营销理论与新兴技术相结合,帮助企业实现在数字时代的市场竞争优势。例如,通过大数据分析,企业可以精准定位目标客户、优化广告投放策略、提升转化率;通过社交媒体营销,企业可以与消费者建立更紧密的互动关系,提高品牌知名度和美誉度。

总之,市场营销学在不断演进和发展,跨学科的研究方法和新兴技术的应用使市场营销学更具活力和实用性。面对未来,市场营销学将继续拓展研究领域,创新理论方法,以适应不断变化的市场环境和消费者需求,为企业创造更大的价值。

本章小结

本章就市场、市场营销及市场营销学的基本知识进行了介绍。市场营销就是个人和群体通过创造并同他人交换产品和价值以满足需求和欲望的一种社会和管理过程。它涉及的核心概念有需要、欲望和需求,产品,效用与满足,交换、交易、关系,市场营销者。

市场是商品经济特有的经济范畴,是一种以商品交换为内容的经济联系形式。市场的形成必须具备一定的条件。从不同的角度分析,市场具有不同的含义。企业开展营销活动,必须按照不同的标准对市场进行分类,以便制定正确的营销策略。

市场营销观念是指企业在一定时期、一定生产经营技术和市场环境条件下,进行全部市场营销活动,正确处理企业、顾客和社会三者利益关系的指导思想和行为的根本准则。近百年来,市场营销观念随着生产发展、科技进步和市场环境的变化,经历了生产观念、产品观念、推销观念、市场营销观念、社会营销观念的演变。

市场营销学是一门建立在经济科学、行为科学、现代管理理论之上的应用科学。从19世纪末到20世纪初形成至今,市场营销的应用已经从国内扩展至国际市场。现在,市场营销学无论在国外还在国内都得到了广泛的应用。

基础练习

1. 简答题

(1) 从经营者角度看,市场营销的重要性体现在哪些方面?

(2) 简述市场营销组合的含义及特点。

(3) 以"市场""市场营销"为关键词上网搜索,并简述你的看法。

2. 讨论题

(1) 了解京东商城背景,论述客户关系建立、顾客价值、消费者生成营销对企业经营活动的指导意义。

(2) 以某一上市企业为例,论述互联网的发展给企业市场营销活动带来哪些新变化?这些变化对我们有什么启示?

案例分析

问题出在哪里

一天,一位售后服务工程师接到顾客的电话,他们的机器发生了故障,希望他能来为他们解决问题。工程师在电话中询问了情况,发现这是一件很容易解决的问题,便在电话中告诉顾客应该怎么做。但顾客却打断他的话,坚持要求他来一趟。他觉得没有这个必要,因此想在电话中说服顾客,但他越想说服顾客,顾客越坚持。无奈,他只好去为顾客上门服务。他到顾客那里,顾不得与顾客寒暄就直奔故障所在,只花了五分钟就解决了问题。解决故障后,他对这位顾客说,这确实不是什么大问题,问题已经解决了,然后就匆匆离去。不想第二天经理找他谈话,问他昨天到底发生了什么事? 因为那位顾客打投诉电话说公司对顾客不重视。这位工程师感到既委屈又莫名其妙。他已经按照顾客的要求排除了故障,为什么顾客还是不满意?

另一天,一家五星级酒店的销售经理接到一位顾客的电话,这位顾客在电话中语无伦次地发脾气,责问五星级酒店的服务怎么可能牛奶是凉的,重要的电话留言居然没能通知客人,丢了东西也没能帮助找到。这些严重影响了前几天来这里下榻的公司总裁的工作。酒店的销售经理在电话中表示非常关注这件事,他一边耐心地听顾客抱怨,一边关心地询问情况。但发现仍不能平息她的怒气。于是就说:"您不要着急,我立刻就来看您。"尽管这位经理亲自上门安慰了顾客,但事情毕竟已经发生了,除了口头安慰以及保证下一次一定注意外,酒店并没有对这位顾客的投诉做任何经济赔偿。第二天顾客又打电话给那位销售经理表示歉意,并解释上次发那么大的火,主要是因为她是总裁的秘书,挨了总裁的批评,所以情绪非常坏。她在电话中感谢销售经理的宽容和安慰。

资料来源:https://wenku.baidu.com/view/c6e5f8abb90d4a7302768e9951e79b8968026837? aggId=c6e5f8abb90d4a7302768e9951e79b8968026837&fr=catalogMain_.

问题:

(1) 为什么售后服务工程师为顾客解决了问题,却仍然不能让顾客满意?

(2) 为什么销售经理对顾客的投诉并没有做任何物质上的赔偿,反而得到了顾客的感谢?

(3) 这两个实例对我们有何启示?

课外实践

1. 实践背景

要求学生自组公司,选择某一经营背景进行自己的公司规划,在今后的学习过程中,始终以公司的经营宗旨为大前提,进行一系列市场营销活动的策划和实施工作,力求达到公司一年(一学期)的经营目标。

2. 实践活动

(1) 要求学生自组公司,五人一组。将学生编入团队,明确团队合作关系,监督管理机制,分工合作,协同学习,解决学习中的难题,明确学习成绩考核的方法。

(2) 明确公司经营项目、运营方式、公司短期盈利计划。

(3) 定期开展类似沙盘的模拟操作。

(4) 核心要求:学生自组公司,选择相应的公司经营背景(为了具有可操作性和模拟性,建议选择与学生消费有关的行业产品),共同探讨制定公司的经营理念、把握公司经营脉络,丰富公司的企业形象及未来一年内公司经营所需的相关规章制度。

第2章

市场营销环境

知识目标：

1. 明确市场营销环境含义；

2. 掌握市场营销环境构成；

3. 掌握微观营销环境与宏观营销环境变化对营销活动的影响；

4. 了解近年来自然环境、技术环境的主要变化趋势；

5. 了解近年来人口统计、经济环境、政治和社会文化环境的关键变化。

技能目标：

1. 能够把握市场营销环境的宏、微观因素构成及其特征；

2. 提高对环境因素变化的分析与鉴别能力；

3. 学会对市场机会和环境威胁分析的思路与方法；

4. 知晓如何应对市场环境的变化。

德育目标：

1. 树立和发展与社会主义市场经济相适应的价值观念，增强公平意识、竞争意识、合作意识和改革开放意识；

2. 自信自强，守正创新。

导入案例

一场"高定大秀"，京东抓住"上新"的底层逻辑

2023年，新品依旧是品牌生意增长的重点。新兴品类层出不穷，家家都在大秀创新思维，有的玩起了概念"季节限定"，有的用反向思维来吸睛，有的官方玩梗能力满分……面对着愈加复杂的营销环境，如何打破营销同质化成为品牌必修课。

尤其当广大消费者对刻意追求形式上的交互早已免疫，更在意精神层面的共振。对品牌商们来说，需要积极转变沟通方式，更细致和深入地诠释"生活中的科技感"，才会给用户更具象的感知，体悟细微的美好。

2023年4月上新季期间，京东电脑数码打造中国首个数码潮品时装秀，通过行业首个高定先锋大秀，一系列"生活式"的传播内容，将新品放置于时尚、潮流的语境中，以时尚姿势融入大众的日常生活，延伸了品牌的价值联想，勾勒出更具科技与潮流的智能生活美学图景。

以产品为基点拉满期待值，圈粉消费者

面对不断聚变的市场趋势，不断迭代更新的商业形态，随着"95后""00后"新生代消费力突起，如何让新品更贴合大众群体喜好，整合消费痛点与潮流市场需求的衔接，才是关乎整个新兴消费和产业升级的关键。

高定大秀破圈,科技产品也能玩转"时尚江湖"

过多的"营销花招"对于品牌来说,只是"昙花一现",用户全程无感。除了在产品层面的考量,京东电脑数码上新季,立足于生活方式,不只追求形式上的愉悦体验,也注重当下的现实需求和心理需求,在精神层面赢得共鸣。毕竟对于广大消费者而言,选择一件科技数码新品,就代表选择了与之匹配的产品调性和想象中的生活方式。

引领行业风向趋势,京东上演示范级数码新品营销打法

此次京东电脑数码上新季营销事件,以"将科技力融入时尚生活"为创意起点和品牌沟通策略,联动电脑数码国内外大牌,凭借一场集合的新品大秀,具象化了科技力满格的时尚潮流生活,引导行业价值沉淀,展现了京东电脑数码的行业号召力。

复盘这场行业首个高定先锋大秀后发现,京东电脑数码上新季新品营销不仅敏锐地捕捉到消费者生活的感知变化,更是洞察到时尚潮流的消费新趋势,还借此创新了产品与消费者沟通的新方式,为新品营销未来的"生活方式营销"创造了新的想象空间。扫码可查阅完整案例。

链接:一场"高定大秀",京东抓住"上新"的底层逻辑

资料来源:https://socialbeta.com/t/case-of-JD-3C-2023-04-25.

企业作为社会经济组织或社会细胞,它总是在一定的环境条件下开展市场营销活动。而这些环境条件是不断变化的,一方面,它给企业带来了新的市场机会;另一方面,它又给企业带来某种威胁。因此,市场营销环境对企业的生存和发展具有重要意义。企业必须重视对市场营销环境的分析和研究,并根据市场营销环境的变化制定有效的市场营销战略,扬长避短,趋利避害,适应变化,抓住机会,从而实现自己的市场营销目标。

2.1 市场营销环境分析的内容与作用

微课:市场营销环境分析的内容与作用

2.1.1 市场营销环境的含义

市场营销环境泛指一切影响、制约企业营销活动最普遍的、不可控制的因素总和。这些因素既广泛又复杂,不同的因素对营销活动各个方面的影响和制约也不尽相同,同样的环境因素对不同的企业所产生的影响和形成的制约也会大小不一。

一般来说,市场营销环境主要包括微观环境要素和宏观环境要素。微观环境要素是指与企业紧密相连,直接影响其营销能力的各种参与者,这些参与者包括企业的供应商、营销中间商、顾客、竞争者以及社会公众和影响营销管理决策的企业内部各个部门;宏观环境要素,是由一些大范围的间接影响企业营销活动的社会约束力量构成的,包括人口环境、经济环境、政治法律环境、技术环境、社会文化环境和自然环境。微观环境直接影响和制约企业的市场营销活动,而宏观环境主要以微观营销环境为媒介,间接影响和制约企业的市场营销活动。前者可称为直接营销环境,后者可称为间接营销环境。两者之间并非并列关系,而是主从关系,即直接营销环境受制于间接营销环境。

2.1.2 市场营销环境的特点

市场营销环境是一个多因素、多层次而且不断变化的综合体。其特点主要表现在以下方面。

1. 客观性

企业总是在特定的社会经济和其他外界环境条件下生存、发展的。企业只要从事市场营销活动，就要面对这样或那样的环境条件，也会受到各种各样环境因素的影响和制约，包括微观的和宏观的。因此，企业决策者必须清醒地认识到这一点，及早做好充分的思想准备，随时应对企业面临的各种环境的挑战。

2. 差异性

市场营销环境的差异性不仅表现在不同的企业受不同环境的影响，而且同样一种环境因素的变化对不同企业的影响也不相同。例如，不同的国家、民族、地区之间在人口、经济、社会文化、政治、法律、自然地理等各方面存在着广泛的差异性。这些差异性对企业营销活动的影响显然是不相同的。由于外界环境因素的差异性，企业必须采取不同的营销策略才能应对和适应这种情况。

3. 相关性

市场营销环境是一个系统，在这个系统中，各个影响因素是相互依存、相互作用和相互制约的。这是由于社会经济现象的出现，往往不是由某种单一的因素所能决定的，而是受到一系列相关因素影响的结果。例如，企业开发新产品时，不仅要受到经济因素的影响和制约，更要受到社会文化、政策法规等因素的影响和制约。再如，价格不但受市场供求关系的影响，而且受到科技进步及国家财政政策、战争等因素的影响。因此，企业要充分注意各种因素之间的相互作用。

4. 动态性

市场营销环境是企业市场营销活动的基础和条件，这并不意味着营销环境是一成不变的、静止的。恰恰相反，营销环境总是处在一个不断变化的过程中，它是一个动态的概念。市场营销环境的变化是有快、慢、大、小之分的，有的变化快一些，有的则变化慢一些；有的变化大一些，有的则变化小一些。例如，科技、经济等因素的变化相对快而大，因而对企业营销活动的影响相对短且跳跃性大；而人口、社会文化、自然因素等相对变化较慢、较小，对企业营销活动的影响相对深刻而稳定。因此，企业的营销活动必须适应环境的变化，不断地调整和修正自己的营销策略，否则，将会丧失市场机会。

5. 不可控性

影响市场营销环境的因素是多方面的，也是复杂的，并表现出企业不可控性。例如，一个国家的政治法律制度、人口增长以及一些社会文化习俗等，企业不可能随意改变。而且，这种不可控性对不同企业表现不一样，有些因素对某些企业来说是可控的，而对另一些企业则可能是不可控的；有些因素现在是可控的，而将来则可能变为不可控因素。另外，各个环境因素之间也经常存在着矛盾关系。例如，消费者对汽车的旺盛需求就可能与客观存在的道路交通条件有限相矛盾，在这种情况下，企业不得不做进一步的权衡，在利用可以利用的资源前提下去开发新产品，而且企业的行为还必须与政府及各管理部门的要求相符合。

2.1.3 企业进行市场营销环境分析的意义

企业进行营销环境分析的目的就是要避免环境威胁，寻求营销机会。环境威胁是指对企业营销活动不利的环境因素或趋势,如果没有应变措施,则可能导致某个品牌、某种产品甚至整个企业的衰退或被淘汰。营销机会则是指企业能够取得竞争优势和差别利益的市场机会。环境的变化,一方面给企业带来威胁,另一方面也给企业带来新的市场机会,企业应积极主动地去适应营销环境。企业既可以各种不同的方式增强适应环境的能力,避免来自营销环境的威胁,也可以在变化的环境中寻找新机会,运用自己的经营资源去影响和改变营销环境,使营销活动与营销环境取得有效地适应。

因此,营销管理者的任务不仅在于适当安排营销组合,使之与外部不断变化的营销环境相适应,而且要积极创造性地适应和积极地改变环境,创造或改变目标顾客的需要。只有这样,企业才能发现和抓住市场机会,因势利导,在激烈的市场竞争中立于不败之地。

◈ 小思考

2021 年 7 月 20 日,《中共中央、国务院关于优化生育政策促进人口长期均衡发展的决定》公布,调整生育政策,进一步优化生育环境,这对母婴用品、儿童教育和医疗等行业是机会,对房地产行业也可能产生一定的影响。

资料来源:https://www.gov.cn/zhengce/2021-07/20/content_5626190.htm?eqid=8cd483a200015446000-000036470652b.

中国地震台网正式测定:2023 年 12 月 18 日 23 时 59 分在甘肃临夏州积石山县(北纬 35.70 度,东经 102.79 度)发生 6.2 级地震,震源深度 10 千米。造成人员伤亡和财产损失。这可能对当地的建筑、建材、医疗和救援等行业产生影响,同时也可能对当地的旅游业产生影响。

资料来源:https://baijiahao.baidu.com/s?id=1785639753198228622&wfr=spider&for=pc.

2023 年 6 月,据气象部门预测,我国北方地区将遭遇 2023 年最为严峻的高温天气。京津冀、山东、河南等 11 个地区将出现连续高温,部分地区的气温可能触及 40℃,甚至可能刷新历史同期纪录。此次高温天气的持续发酵,已导致多地电力负荷创下新高。这一情况对电力、能源及相关的高温制造业等领域产生了显著影响。

资料来源:http://field.10jqka.com.cn/20230614/c648049679.shtml

2023 年 7 月 8 日至 13 日(昆大丽全程共 6 日),丽江享程旅行社有限责任公司安排昆明至大理的旅游行程中,由刘某某提供导游服务,该公司事先在旅游车上准备好鲜花饼、榴莲饼等五种云南特产向旅游者兜售,与旅游者产生争执,使用"搅屎棍"等不当言语的视频被旅游者发布在抖音上,造成不良的社会影响,严重损害了云南的旅游形象。

资料来源:http://www.ypx.gov.cn/dlrmzf/xxgkml/202309/8bf6124380d74f1ca13354c2eefee0d9.shtml.

我们所生存的地球每天都会发生各种各样的事件。

思考:上述事件发生之后,对哪些行业的企业产生了极大影响?对哪些行业是机会?对哪些行业是威胁?

2.2 宏观营销环境

宏观环境因素既给企业带来机会,也给企业造成威胁。无论多么优秀、强大的企业,在宏观环境因素动荡和持续变化的力量面前,也有可能不

微课:宏观
营销环境

堪一击。因为宏观环境因素是不可预测、不可控制的，企业的营销者们只有理解并很好地适应所处环境，才能逆境突围，顺利发展。当然，优秀的企业也会顺势而起，一跃成为行业领军者。

2.2.1　人口环境

人口是构成市场的第一因素。因为市场是由那些想购买商品同时又具有购买力的人构成的。因此，人口的多少直接决定市场的潜在容量，人口越多，潜在市场规模就越大。而人口规模、密度、地理位置、年龄、性别、种族和其他一些统计量会对市场格局产生深刻影响，并直接影响企业的市场营销活动和企业的经营管理。企业必须密切追踪国内外市场中人口变化趋势和动态，密切注意人口特性及其发展动向，不失时机抓住市场机会，当出现威胁时，应及时、果断地调整营销策略以适应人口环境的变化。

1. 人口数量与增长速度对企业营销的影响

世界人口正在以爆炸式速度增长，人口学家统计预测，到 2030 年世界人口总数将超过80 亿。但是世界人口的增长有 80% 集中在发展中国家，世界较为发达国家和地区人口仅以每年 0.6% 的比率递增，而发展中国家却以每年 2% 的比率递增。众多的人口及人口的进一步增长，给企业带来了市场机会，也带来了威胁。首先，人口数量是决定市场规模和潜力的一个基本要素，人口越多，如果收入水平不变，则对食物、衣着、日用品的需要量越多，那么市场也就越大。因此，按人口数目可大略推算出市场规模。我国人口众多，无疑是一个巨大的市场。其次，人口的迅速增长促进了市场规模的扩大。因为人口增加，其消费需求也会迅速增加，那么市场的潜力也会很大。例如，随着我国人口增加，人均耕地减少，粮食供应不足，人们的食物消费模式将发生变化，这就可能对我国的食品加工业产生重要影响；随着人口增长，能源供需矛盾将进一步扩大，因此研制节能产品和技术是企业必须认真考虑的问题；而人口增长将使住宅供需矛盾日益加剧，这就给建筑业及建材业的发展带来机会。但是，人口的迅速增长，也会给企业营销带来不利的影响。比如人口增长可能导致人均收入下降，限制经济发展，从而使市场吸引力降低。又如由于房屋紧张引起房价上涨，从而增大企业产品成本。另外，人口增长还会对交通运输产生压力，企业对此应予以关注。

【观念应用 2-1】

第七次全国人口普查公报

国家统计局

国务院第七次全国人口普查领导小组办公室

2021 年 5 月 11 日

根据第七次全国人口普查结果，现将 2020 年 11 月 1 日零时我国大陆 31 个省、自治区、直辖市（以下简称省份）和现役军人的人口年龄构成情况公布如下。

全国人口中，0～14 岁人口为 253383938 人，占 17.95%；15～59 岁人口为 894376020 人，占63.35%；60 岁及以上人口为 264018766 人，占 18.70%，其中 65 岁及以上人口为 190635280 人，占 13.50%。与 2010 年第六次全国人口普查相比，0～14 岁人口的比重上升 1.35 个百分点，15～59 岁人口的比重下降 6.79 个百分点，60 岁及以上人口的比重上升 5.44 个百分点，65 岁及以上人口的比重上升 4.63 个百分点。

全国人口共 141178 万人，与 2010 年的 133972 万人相比，增加了 7206 万人，增长

5.38%;年平均增长率为0.53%,比2000年到2010年的年平均增长率0.57%相比,下降0.04个百分点。数据表明,我国人口10年来继续保持低速增长态势。全国人口中,男性人口为723339956人,占51.24%;女性人口为688438768人,占48.76%。总人口性别比(以女性为100,男性对女性的比例)为105.07。

全面查清我国人口数量、结构、分布、城乡住房等方面情况,为完善人口发展战略和政策体系,促进人口长期均衡发展,科学制定国民经济和社会发展规划,推动经济高质量发展,开启全面建设社会主义现代化国家新征程,向第二个百年奋斗目标进军,提供科学准确的信息支持。

资料来源:http://www.stats.gov.cn/sj/pcsj/rkpc/7rp/zk/html/fu03e.pdf?eqid=977170e100011a25-00000004644d2095.

2. 人口结构对企业营销的影响

人口结构主要包括人口的年龄结构、性别结构、家庭结构、社会结构以及民族结构。

(1)年龄结构。不同年龄的消费者对商品的需求不一样。我国人口年龄结构的显著特点是,现阶段,青少年比重约占总人口的一半,反映到市场上,在今后20年内,婴幼儿和少年儿童用品及结婚用品的需求将明显增长。从人口结构看,2010—2020年这10年间,中国已跨过了第一个快速人口老龄化期,我们很快还需应对一个更快速的人口老龄化期。2020年,大陆地区60岁及以上的老年人口总量为2.64亿人,已占到总人口的18.7%。自2000年步入老龄化社会以来的20年间,老年人口比例增长了8.4个百分点,其中,从2010年第六次全国人口普查到2020年第七次全国人口普查的10年间升高了5.4个百分点,后一个10年明显超过前一个10年,这主要与20世纪50年代第一次出生高峰所形成的人口队列相继进入老年期紧密相关。而在"十四五"时期,20世纪60年代第二次出生高峰所形成的更大规模人口队列则会相继跨入老年期,使中国的人口老龄化水平从最近几年短暂的相对缓速的演进状态扭转至增长的"快车道",老年人口年净增量几乎是由21世纪的最低值(2021年出现)直接冲上最高值(2023年出现)。反映到市场上,老年人的需求呈现高峰。这样,诸如保健用品、营养品、老年人生活必需品、老年人文化生活需求等市场将会兴旺。

小思考

老人独居家庭有哪些消费需求?

(2)性别结构。人口的性别不同,其市场需求也有明显的差异,反映到市场上就会出现男性用品市场和女性用品市场的差异。比如我国市场上,妇女通常购买自己的用品、家庭生活用品及杂货、衣服等,男士则主要购买耐用品、大件物品等。

2021年5月11日,第七次全国人口普查结果公布,在全国人口中,男性人口为723339956人,占51.24%;女性人口为688438768人,占48.76%。总人口性别比(以女性为100,男性对女性的比例)为105.07,与2010年第六次全国人口普查基本持平。

(3)家庭结构。家庭是购买、消费的基本单位。家庭的数量直接影响到某些商品的数量。目前,世界上普遍呈现家庭规模缩小的趋势,越是经济发达地区,家庭规模就越小。欧美国家的家庭规模基本上户均三人左右,亚、非、拉等发展中国家户均五人左右。在我国,由于生育政策、经济因素、社会福利保障制度、婚姻观及生育观等的改变,"四代同堂"现象已不多见,家庭规模正在快速地缩小,向小型化与微型化发展。二人家庭、三人家庭成为家庭类型主体,单人家庭、空巢家庭等家庭形态不断涌现。家庭数量的剧增必然会引起对炊具、家具、家用电器和住房等需求的迅速增长。随着单亲家庭以及成年后独自居住的人群不断增加，简易家具、小型号家用电器等产品受到欢迎。

（4）社会结构。第七次全国人口普查结果公布，在全国人口中，居住在城镇的人口为901991162人，占63.89%（2020年我国户籍人口城镇化率为45.4%）；居住在乡村的人口为509787562人，占36.11%。与2010年第六次全国人口普查相比，城镇人口增加236415856人，乡村人口减少164361984人，城镇人口比重上升14.21个百分点。随着城镇化和乡村人口流动的持续进行，市场变化也会不断出现。企业需要保持敏锐的市场洞察力，及时调整营销策略，以适应市场的变化。

（5）民族结构。我国除了汉族以外，还有50多个少数民族。民族不同，其生活习性、文化传统也不相同。反映到市场上，就是各民族的市场需求存在着很大的差异。因此，企业营销者要注意民族市场的营销，尊重民族习惯，重视开发适合各民族特性、受其欢迎的商品。

【观念应用 2-2】

中国平安：我们家里都有一棵老树

"平安养老管家，每一处安心妥帖的服务，都能够助力居家养老，也让儿女的爱一直在家。"

中国平安推出一支《离家老树》品牌片。在唤醒受众对家人关爱、关怀的同时，也以极具温度的内容站位，成功链接品牌与用户之间的真情实感，让大家对"居家养老"这一社会性议题，有了触及内心深处的全新认知。

提到养老方式，能想到很多种：把爸妈带在身边、送他们去养老院、请专人照顾等。但要怎样做才算对爸妈最好的回报？平安的居家养老项目让大家有了新的认识。

据第七次人口普查数据显示，我国65岁及以上的老人有1.9亿，占人口比重13.5%。我国已俨然趋近深度老龄化社会，养老成为一个迫在眉睫的问题。

出于各种条件的限制，在面对养老方式的选择时，接近九成的老年人选择居家养老。其中绝大多数家庭缺少适老化改造，这让"居家养老"简化成了"居家变老"。提到更好的养老方式，似乎总会想到养老院，既有专人照顾，也让子女省心。

在做了大量调查后却发现，对老人而言，离家养老未必是他们最想要的。当老人离开家，就意味着他们离开了自己根植一生的土壤。那里有结识多年的邻里，有属于自己的掌控感，更有那些无法像行李一样带走的回忆。

因此，居家养老不止出于理性的考量，还包含了国人对家的眷恋，这是我们骨子里对"落叶归根"的向往。平安养老管家，因应而生。

中国平安此次营销的最可贵之处，就在于精准找到居家养老与时代痛点的契合之处，将品牌主张润物细无声地融入，用情感化、有温度的语言与受众进行沟通。在如何养老的人口结构社会议题下，通过"生活化"的贴近方式，恰到好处地引发用户的共鸣，并搭建了强而有力的链接。

资料来源：https://www.adguider.com/case? id = d0b037e7ad51430b8d6cf01042e3c5f2，https://www.cmovip.com/detail/25716.html.

3. 人口的地理迁移

地理分布是指人口在不同地区的密集程度。由于自然地理条件以及经济发展程度等多方面因素的影响，人口的分布并不均匀。因此，大量人口在国内和国际开始了不断的迁移活动。

随着经济的活跃和发展，人口的区域流动性也越来越大。在发达国家，除了国家之间、地区之间、城市之间的人口流动外,还有一个突出的现象就是城市人口向农村流动。在我国,人口的流动主要表现在农村人口向城市流动,内地人口向沿海经济开放地区流动。另外,经商、观光旅游、学习、就业等使人口流动加速。近年来,我国到国外留学、投资、定居的人口也很多。对于人口流入较多的地方而言,一方面由于劳动力增多,就业问题突出,从而加剧行业竞争;另一方面人口增多也使当地基本需求量增加,消费结构也发生一定的变化,继而给当地企业带来较多的市场份额和营销机会。

4. 不断增长的人口多样性

随着国际化经营范围的不断扩大,市场营销者将要面对越来越多样性的市场。像美国这样集聚了来自许多国家的多样性人群、融合多样性文化的国家,营销者既要发现其统一的一面,又要保持和看重其伦理、文化等重要因素的差异性,才能够有的放矢地实施营销计划和方案。在我国,自2000年以来,随着人口发展和人口流动的加剧,像北京、上海、深圳等超大城市的人口构成逐渐改变了以本地人口为主的单一模式,人口多样性日益增强,而且近郊区是人口多样性最强和人口多元化发展最快的区域。面对这些情况,市场营销者应该有效实施多样化的市场营销,以期充分地利用这些快速增长的细分市场带来的机会。

2.2.2 经济环境

经济环境是指企业营销活动所面临的外部经济因素,如消费者收入与支出、经济发展状况等,其运行状况及发展趋势会直接或间接地对企业营销活动产生影响。

1. 直接影响营销活动的经济环境因素

市场不仅是由人口构成的,这些人还必须具备一定的购买力。而一定的购买力水平则是市场形成并影响其规模大小的决定因素,它也是影响企业营销活动的直接经济环境。

(1)消费者收入水平。消费者收入是指消费者个人从各种来源中所得的全部货币收入,包括消费者个人的工资、退休金、红利、租金、赠予等收入。消费者的购买力来自消费者的收入,但消费者并不是把全部收入都用来购买商品或劳务,购买力只是收入的一部分。因此,在研究消费收入时,要注意以下几个指标。

① 个人可支配收入。这是在个人收入中扣除各项应交税款和非税性负担(如个人承担的住房公积金、养老保险金等)后所得余额,它是个人收入中可以用于消费支出或储蓄的部分,它构成实际的购买力。

② 个人可任意支配收入。这是在个人可支配收入中减去用于维持个人与家庭生存不可缺少的费用(如房租、水电、食物、燃料、衣着等项开支)后剩余的部分。这部分收入是消费需求变化中最活跃的因素,也是企业开展营销活动时所要考虑的主要因素。因为这部分收入主要用于满足人们基本生活需要之外的开支,一般用于购买高档耐用消费品、旅游、储蓄等,它是影响非生活必需品和劳务销售的主要因素。

③ 家庭收入。很多产品是以家庭为基本消费单位的,如冰箱、抽油烟机、空调等。因此,家庭收入的高低会影响很多产品的市场需求。一般来讲,家庭收入高,对消费品需求大,购买力也大;反之,需求小,购买力也小。

需要注意的是,企业营销人员在分析消费者收入时,还要区分"货币收入"和"实际收入"。因为,实际收入和货币收入并不完全一致,由于通货膨胀、失业、税收等因素的影响,有时货币收入增加,而实际收入却可能下降。实际收入即是扣除物价变动因素后实际购买力的反映。只有"实际收入"才影响"实际购买力"。

（2）消费者支出模式和消费结构的变化。随着消费者收入的变化，消费者支出模式会发生相应变化，继而使一个国家或地区的消费结构也发生变化。西方一些经济学家常用恩格尔系数来反映这种变化。恩格尔系数表明，一个家庭收入越少，其总支出中用来购买食物的比例就越大；随着家庭收入的增加，用于购买食物的支出占总支出的比例下降，而用于其他方面的支出（如住房、教育、医疗、奢侈品、保险和储蓄等方面的开支）所占的比重将上升。一般来说，食物开支占总消费量的比重越大，恩格尔系数越高，则生活水平越低；反之，食物开支所占比重越小，恩格尔系数越小，生活水平越高。

这种消费支出模式不仅与消费者收入有关，而且受到下面两个因素的影响：家庭生命周期的阶段影响。据调查，没有孩子的年轻人家庭，往往把更多的收入用于购买冰箱、电视机、家具、陈设品等耐用消费品上，而有孩子的家庭，则在孩子的娱乐、教育等方面支出较多，而用于购买家庭消费品的支出减少。当孩子长大独立生活后，家庭收支预算又会发生变化，用于保健、旅游、储蓄部分就会增加。家庭所在地点的影响，如农村与城市的消费者相比，前者用于交通方面支出较少，用于住宅方面的支出较多，而后者用于衣食、交通、娱乐方面的支出较多。

消费结构是指消费过程中人们所消耗的各种消费资料（包括劳务）的构成，即各种消费支出占总支出的比例关系。优化的消费结构是优化的产业结构和产品结构的客观依据，也是企业开展营销活动的基本立足点。第二次世界大战以来，西方发达国家的消费结构发生了很大变化：恩格尔系数显著下降，目前大都下降到20%以下；衣着消费比重降低，幅度在20%～30%；住宅消费支出比重增大；劳务消费支出比重上升；消费开支占国民生产总值和国民收入的比重上升。从我国的情况看，消费结构还不尽合理。长期以来，由于政府在住房、医疗、交通等方面实行福利政策，从而引起了消费结构的畸形发展，并且决定了我国居民的支出模式以食物、衣物等生活必需品为主。近年来，随着我国市场经济的发展，以及国家在住房、医疗制度等方面改革的深入，人们的消费模式和消费结构都在发生明显的变化。企业要重视这些变化，尤其应掌握拟进入的目标市场中支出模式和消费结构的情况，输送适销对路的产品和劳务，以满足消费者不断变化的需求。

（3）消费者储蓄和信贷情况的变化。消费者的购买力还要受储蓄和信贷的直接影响。消费者个人收入不可能全部花掉，总有一部分以各种形式储蓄起来，这是一种推迟了的、潜在的购买力。消费者储蓄一般有两种形式：一是银行存款，增加现有银行存款额；二是购买有价证券。当收入一定时，储蓄越多，现实消费量就越小，但潜在消费量越大；反之，储蓄越少，现实消费量就越大，但潜在消费量越小。企业营销人员应当全面了解消费者的储蓄情况，尤其是要了解消费者储蓄目的的差异。储蓄目的不同，往往影响到潜在需求量、消费模式、消费内容、消费发展方向的不同。这就要求企业营销人员在调查、了解储蓄动机与目的的基础上，制定不同的营销策略，为消费者提供有效的产品和劳务。

我国居民有勤俭持家的传统，长期以来养成储蓄习惯。近年来，我国居民储蓄额和储蓄增长率均较高。据调查，居民储蓄的目的主要用于供养子女和婚丧嫁娶，但从发展趋势看，用于购买住房和大件用品的储蓄占整个储蓄额的比重将逐步增加。我国居民储蓄增加，显然会使企业目前产品价值的实现比较困难，但同时，企业若能调动消费者的潜在需求，就可开发新的目标市场。

所谓消费者信贷，就是消费者凭信用先取得商品使用权，然后按期归还贷款，以购买商品。这实际上就是消费者提前支取未来的收入，提前消费。西方国家盛行的消费者信贷主要有：短期赊销；购买住宅分期付款；购买昂贵的消费品分期付款；信用卡信贷等几类。信贷消费允许人们购买超过自己现实购买力的商品，从而创造了更多的就业机会、更多的收入以及更多的需求；同时，消费者信贷还是一种经济杠杆，它可以调节积累与消费、供给与需求的矛盾。当市场供大于求时，可以发放消费信贷，刺激需求；当市场供不应求时，必须收缩信贷，适当抑制、减少需求。消费信贷把资金投向需要发展的产业，刺激这些产业的生产，带动相关产业和产品的发展。我国现阶段的信贷消费主要是公共事业单位提供的服务信贷，如水、电、煤气的交纳。其他方面，如教育、住宅建设以及一些商家的信用卡消费正在逐步兴起。

2. 间接影响营销活动的经济环境因素

除了上述因素直接影响企业的市场营销活动外，还有一些经济环境因素也对企业的营销活动产生或多或少的影响。

（1）经济发展水平。企业的市场营销活动要受到一个国家或地区的整个经济发展水平的制约。经济发展阶段不同，居民的收入不同，顾客对产品的需求也不一样，从而会在一定程度上影响企业的营销。例如，以消费者市场来说，经济发展水平比较高的地区，在市场营销方面，强调产品款式、性能及特色，品质竞争多于价格竞争。而在经济发展水平低的地区，则较侧重于产品的功能及实用性，价格因素比产品品质更为重要。在生产者市场方面，经济发展水平高的地区着重投资能节省劳动力的先进、精密、自动化程度高、性能好的生产设备。在经济发展水平低的地区，其购买的大多是一些投资少、消耗劳动力多、操作简单、性能较为落后的机器设备。因此，对于不同经济发展水平的地区，企业应采取不同的市场营销策略。

（2）经济体制。世界上存在着多种经济体制，有计划经济体制、市场经济体制，有计划—市场经济体制，也有市场—计划经济体制等。不同的经济体制对企业营销活动的制约和影响不同。例如，在计划经济体制下，企业是行政机关的附属物，没有生产经营自主权，企业的产、供、销都由国家计划统一安排，企业生产什么，生产多少，如何销售，都不是企业自己的事情。在这种经济体制下，企业不能独立地开展生产经营活动，因而，也就谈不上开展市场营销活动。而在市场经济体制下，企业的一切活动都以市场为中心，市场是其价值实现的场所，因而企业必须特别重视营销活动，通过营销，实现自己的利益目标。现阶段，我国正处于计划经济体制向社会主义市场经济体制过渡的时期，两种体制并存，两种机制并存，市场情况十分复杂。一方面，通过改革，企业正在逐步摆脱行政附属物的地位，具有一定的生产经营自主权，开始真正走向市场并以市场为目标开展自己的营销活动。同时，企业经营机制还没有完全转变过来，政府的直接干预还严重存在，企业的生产经营活动还受到较强的控制，因而企业的营销活动在一定程度上受到制约。另外，市场发育不完善，市场秩序混乱，行业垄断和地方保护主义盛行，极不利于企业开展营销活动。因此，企业要尽量适应这种“双轨”并存的局面，注意选择不同的营销策略。例如，可以运用“大营销”策略打破地区封锁，通过横向联合进入对方市场等，从而开拓自己的市场。

（3）地区与行业发展状况。我国地区经济发展很不平衡，逐步形成了东部、中部、西部三大地带和东高西低的发展格局。同时在各个地区的不同省市，还呈现出多极化发展趋势。这种地区经济发展的不平衡，对企业的投资方向、目标市场以及营销战略的制定等都会带来巨大影响。

为持续完善新兴产业标准体系，前瞻布局未来产业标准研究，充分发挥标准的行业指导作用，推动新产业高质量发展，2023年8月，工业和信息化部联合科技部、国家能源局、国家标准委印发《新产业标准化领航工程实施方案（2023—2035年）》，聚焦新一代信息技术、新能源、新材料等八大新兴产业，以及元宇宙、脑机接口、量子信息、人形机器人等九大未来产业，统筹推进标准的研究、制定、实施和国际化。因此，企业一方面要处理好与有关部门的关系，加强联系；另一方面则要根据与本企业联系紧密的行业或部门的发展状况，制定切实可行的营销措施。

（4）城市化程度。城市化程度是指城市人口占全国总人口的百分比，它是一个国家或地区经济活动的重要特征之一。城市化是影响营销的环境因素之一。这是因为城乡居民之间存在着某种程度的经济和文化上的差别，进而导致不同的消费行为。例如，目前我国大多数农村居民消费的自给自足程度仍然较高，而城市居民则主要通过货币交换来满足需求。此外，城市居民一般受教育较多，思想较开放，容易接受新生事物，而农村相对闭塞，农民的消费观念较为保守，故而一些新产品、新技术往往首先被城市所接受。企业在开展营销活动时，要充分注意到这些消费行为方面的城乡差别，相应地调整营销策略。

2.2.3　政治法律环境

政治与法律是影响企业营销的重要的宏观环境因素。政治因素像一只有形之手，调节着企业营销活动的方向，法律则为企业规定商贸活动行为准则。政治与法律相互联系，共同对企业的市场营销活动发挥影响和作用。

1. 政治环境因素

政治环境因素是指企业市场营销活动的外部政治形势和状况以及国家方针政策的变化对市场营销活动带来的或可能带来的影响。

（1）政治局势。政治局势是指企业营销所处的国家或地区的政治稳定状况。一个国家的政局稳定与否会给企业营销活动带来重大的影响。如果政局稳定，生产发展，人民安居乐业，就会给企业造成良好的营销环境。相反，政局不稳，社会矛盾尖锐，秩序混乱，这不仅会影响经济发展和人民的购买力，而且对企业的营销心理也有重大影响。战争、暴乱、罢工、政权更替等政治事件都可能对企业营销活动产生不利影响，能迅速改变企业环境。因此，社会是否安定对企业的市场营销关系极大，特别是在对外营销活动中，一定要考虑东道国政局变动和社会稳定情况可能造成的影响。

【观念应用2-3】

微粒贷：乡村振兴那些事儿

微粒贷"乡村振兴"项目上线见证了无数平凡人改变命运的不凡历程。微粒贷巧借情感营销的逻辑方式，将品牌公益与人物故事相结合，将公益项目的成绩展现给大众，在展开品牌社会责任感的同时，也打造出了"有温度"的品牌形象。

以品牌实力为助力，激活乡村振兴新动能

企业作为一个经济体，在我们的认知里主要以经济利益为目的，但如今社会中，企业已不单单是追逐利润，而是应该站在社会大众面前承担该有的社会责任和相应的公众利益，树立好品牌的对外形象，为品牌创造更好的可持续发展环境。

助力乡村振兴是金融机构的责任担当，也是顺应时代发展、实现高质量发展的重要机遇。微粒贷能够通过持续创新驱动发展，通过品牌的力量为乡村振兴助力，无疑让受众看到品牌的用心和社会责任感。

微粒贷不仅深化了品牌的社会价值意义，也推动品牌今后形成无法估量的优势竞争力，

实现品牌经济效益与社会效益齐行,在同类品牌中脱颖而出。

人民网直播,官媒背书提升影响力

人民网"我和我的新时代"乡村振兴调研行活动,展开了一场名为"微小力量,共筑家乡绿色模样"的直播活动,走进红土地的农家,映入眼帘的是景色曼妙的东川,让无数人流连忘返。

在人民网的直播中,也揭晓了在东川努力实现乡村振兴背后,还有"微粒贷乡村振兴项目"的身影。借助官媒的背书,很好地提升了此次内容传播的公信力。

创意海报,向大众传递美好变化

除了微粒贷上线的项目 TVC,以及人民网的直播视频外,微粒贷还结合当地情况上线了一组创意海报。海报以东川景象实拍为基础,搭配上对应的解说文案,触目所及的绿色自然场景,搭配上欣欣向荣的文案解读,无不让大众感受到东川的美好变化。

通过 TVC、直播、海报等多元化内容,微粒贷此次传播借助多种形式和渠道触达用户,依靠大众熟悉的方式与其进行沟通和互动,让大众高效形成心智认知,建立起有温度、极具社会责任感的品牌形象。

资料来源:http://journal.crnews.net/ncjygl/2018n/d2q/zccz/922195_20180226033944.html.https://www.adguider.com/case? id=451029242b5549a2aa8fb3b879a94f58.

(2) 方针政策。各个国家在不同时期根据不同需要颁布一些经济政策,制定经济发展方针,这些方针、政策不仅会影响本国企业的营销活动,而且会影响外国企业在本国市场的营销活动。例如,我国的产业政策、人口政策、能源政策、物价政策、财政政策、金融与货币政策等,都给企业研究经济环境、调整自身的营销目标和产品结构提供了依据。就对本国企业的影响来看,一个国家制定的经济与社会发展战略、各种经济政策等,企业都是要执行的,而执行的结果必然要影响市场需求,改变资源的供给,扶持和促进某些行业的发展,同时又限制另一些行业和产品的发展,那么企业就必须按照国家的规定,生产和经营国家允许的产品,这是一种直接的影响。国家也可以通过方针、政策对企业营销活动施以间接影响。从对国外企业的影响来看,市场国的方针、政策是外国企业营销的重要环境因素,直接和间接影响到外国企业在市场国的营销活动。例如,改革开放之初,我国的外贸政策还比较谨慎,有关外贸的法律制度既不健全,又缺乏稳定性和连续性,因此,外国资本来华投资很多表现为短期行为,投资期限短,抱着捞一把算一把想法的投资者也不乏其人。随着我国改革的进一步深入和对外开放的进一步扩大,特别是对外开放政策的进一步明朗化和外贸、外商投资法律制度的进一步完善,外资看到了在中国投资的前景,因而扩大投资规模,延长投资期限(由最初的 1~3 年,延长到 5 年以上,甚至 10 年、20 年、50 年),来中国投资的外国企业也越来越多。这说明,市场的方针、政策对外来投资有非常大的影响作用。

目前,国际上各国政府采取的对企业营销活动有重要影响的政策和干预措施主要如下。

① 进口限制。进口限制是指政府所采取的限制进口的各种措施,如许可证制度、外汇管制、关税、配额等。它包括两类:一类是限制进口数量的各项措施;另一类是限制外国产品在本国市场上销售的措施。政府进行进口限制的主要目的在于保护本国工业,确保本国企业在市场上的竞争优势。

② 税收政策。政府在税收方面的政策措施会对企业经营活动产生影响。比如对某些产品征收特别税或高额税,则会使这些产品的竞争力减弱,给经营这些产品的企业效益带来一定影响。

③ 价格管制。当一个国家发生了经济问题时，如经济危机、通货膨胀等，政府就会对某些重要物资，以致所有产品采取价格管制措施。政府实行价格管制通常是为了保护公众利益，保障公众的基本生活，但这种价格管理直接干预了企业的定价决策，影响企业的营销活动。

④ 外汇管制。外汇管制是指政府对外汇买卖及一切外汇经营业务实行的管制。它往往是对外汇的供需与使用采取限制性措施。外汇管制对企业营销活动特别是国际营销活动产生重要影响。例如，实行外汇管制，使企业生产所需的原料、设备和零部件不能自由地从国外进口，企业的利润和资金也不能随意汇回母国。

⑤ 国有化政策。国有化政策是指政府由于政治、经济等原因对企业所有权采取的集中措施。例如，为了保护本国工业避免外国势力阻碍等原因，将外国企业收归国有。

（3）国际关系。这是国家之间的政治、经济、文化、军事等关系。发展国际的经济合作和贸易关系是人类社会发展的必然趋势，企业在其生产经营过程中，都可能或多或少地与其他国家发生往来，开展国际营销的企业更是如此。因此，国家间的关系也就必然会影响企业的营销活动。这种国际关系主要包括两个方面的内容：企业所在国与营销对象国之间的关系。例如，中国在国外经营的企业要受到市场国对于中国外交政策的影响。如果该国与我国的关系良好，则对企业在该国经营有利；反之，如果该国对我国持敌对态度，那么，中国的企业就会遭到不利的对待，甚至攻击或抵制。比如中美两国之间的贸易关系经常受到两国外交关系的影响。印度如今作为世界人口第一大国，其市场的潜力对于任何一家跨国企业来说都具有相当的诱惑力。中资手机企业在 2014 年前后陆续进入印度市场，除了人口基数的优势外，另一大吸引力在于莫迪在当年走马上任，提出了"印度制造"的口号，希望大力发展印度的制造业。此后，以小米为代表的中国手机品牌纷纷在印度亮相，并凭借高性价比逐渐成长为当地家喻户晓的品牌。根据印度 2022 年的市场调查数据，在印度每三部智能手机中至少有两部是中国品牌，中国手机在印度市场占据绝对优势。然而中资手机在印度的好日子并不长久。2020 年，随着中印关系趋于紧张，印度首先在当年 6 月对中国手机软件下手，第一批封禁了 59 款手机应用，此后又不断追加，累计数量超过了 200 多款。其中不乏代表中国手机软件业的 TikTok、微信等软件，也有像"小米社区""小米视频电话"等中资手机的配套软件。在短暂的静寂后，最终印度把目标瞄向了手机硬件。2021 年 12 月 21 日晚间，印度财政部税收局的执法人员统一行动，一致扑向全印度 20 多个中资手机企业查税，这是对中国手机供应商的"一场围剿"。小米和多家中资手机企业卷入风暴中。小米在印度市场上的手机份额由此开始下降，2023 年一季度，小米已经被三星和 vivo 反超，从第一跌至第三，市场占比降至 16%。

2. 法律环境因素

法律是体现统治阶级意志，由国家制定或认可，并以国家强制力保证实施的行为规范的总和。对企业来说，法律是评判企业营销活动的准则，只有依法进行的各种营销活动，才能受到国家法律的有效保护。因此，企业开展市场营销活动，必须了解并遵守国家或政府颁布的有关经营、贸易、投资等方面的法律、法规。如果从事国际营销活动，企业既要遵守本国的法律制度，还要了解和遵守市场国的法律制度和有关的国际法规、国际惯例和准则，这方面因素对国际企业的营销活动有深刻影响。

从当前企业营销活动法治环境的情况来看，有两个明显的特点。

（1）管制企业的立法增多，法律体系越来越完善。我国一贯秉持依法治国的基本方略，对企业营销活动的管理和控制主要通过法律手段。在这方面的立法主要有三个内容或目的：一是保护企业间的公平竞争,制止不公平竞争;二是保护消费者正当权益,制止企业非法牟利及损害消费者利益的行为;三是保护社会的整体利益和长远利益,防止对环境的污染和生态的破坏。近几年来,我国在发展社会主义市场经济的同时,也加强了市场法制方面的建设,陆续颁布和修订了一系列与企业有关的重要法律、法规,如《民法典》《反垄断法》《公司法》《广告法》等,这对规范企业的营销活动起到了重要作用。

（2）执法权更集中,执法效率更高。如果说立法是保护市场经济良性发展的基础前提,那么执法则是对立法具有实践检验的反射效果。过去我国的市场管理机构比较多,呈现出多主体治理局面,但 2018 年后这种局面有了很大的改变。首先,在 2018 年 3 月,根据第十三届全国人民代表大会第一次会议批准的国务院机构改革方案,将国家工商行政管理总局的职责,国家质量监督检验检疫总局的职责,国家食品药品监督管理总局的职责,国家发展和改革委员会的价格监督检查与反垄断执法职责,商务部的经营者集中反垄断执法以及国务院反垄断委员会办公室等职责整合,组建国家市场监督管理总局,作为国务院直属机构。

方案同时提出,组建国家药品监督管理局,由国家市场监督管理总局管理;将国家质量监督检验检疫总局的出入境检验检疫管理职责和队伍划入海关总署;重新组建国家知识产权局,由国家市场监督管理总局管理。2018 年 4 月 10日,国家市场监督管理总局正式挂牌。2023 年 3 月,中共中央、国务院印发了《党和国家机构改革方案》。将国家知识产权局由国家市场监督管理总局管理的国家局调整为国务院直属机构。

观念应用 2-4

2.2.4　自然地理环境

一个国家、一个地区的自然地理环境包括该地的自然资源、地形地貌和气候条件,这些因素都会不同程度地影响企业的营销活动,有时这种影响对企业的生存和发展起决定作用。企业要避免由自然地理环境带来的威胁,最大限度利用环境变化可能带来的市场营销机会,就应不断地分析和认识自然地理环境变化的趋势,根据不同的环境情况来设计、生产和销售产品。

1. 自然资源

自然资源是指自然界提供给人类各种形式的物质财富,如矿产资源、森林资源、土地资源、水力资源等。这些资源分为三类:第一类是"无限"资源,如空气、水等;第二类是有限可再生的资源,如森林、粮食等;第三类是有限不可再生资源,如石油、锡、煤、锌等矿物。自然资源是进行商品生产和实现经济繁荣的基础,和人类社会的经济活动息息相关。由于自然资源的分布具有地理的偶然性,分布很不均衡。因此,企业到某地投资或从事营销必须了解该地的自然资源情况。如果该地对本企业产品需求大,但缺乏必要的生产资源,那么,企业就适宜向该地销售产品。但是如果该地有丰富的生产资源,企业就可以在该地投资建厂,当地生产就地销售。可见,一个地区的自然资源状况往往是吸引外地企业前来投资建厂的重要因素。

自然资源对企业营销的影响表现在以下两个方面。

（1）自然资源短缺的影响。随着工业的发展,自然资源逐渐短缺。例如,我国资源从总体上看是丰富的,但从人均占有量看又是短缺的。目前我国一些地区和企业面临着自然资源枯竭的问题,如我国东北地区,许多以煤炭、钢铁开发为主的产业由于资源枯竭面临着经营困境,并由此引发企业倒闭、失业人口增加、地区经济不景气等一系列问题,如何使这些资源枯竭地区或企业重生或转产,在等待国家解决的同时,企业也要积极探索,挖掘机会,寻找出路。

（2）环境的污染与保护。环境污染已成为举世瞩目的问题。占世界人口总数15%的工业发达国家,其工业废物的排放量占世界废物排放总量的70%。我国虽属发展中国家,但在发展过程中,工业"三废"（废渣、废水、废气）对环境也造成严重污染。对此,各个国家（包括我国）政府都采取了一系列措施,对环境污染问题进行控制。这样,一方面限制了某些行业的发展,另一方面也为企业造成了两种营销机会:一是为治理污染的技术和设备提供了一个大市场;二是为不破坏生态环境的新的生产技术和包装方法创造了营销机会。因此,企业经营者要了解政府对资源使用的限制和对污染治理的措施,力争做到既能减少环境污染,又能保证企业发展,提高经济效益。

2. 地理环境

思政融入:低碳环保、健康、可持续发展

思政素材:比亚迪提出了"守护海南岛"的倡议,这是一个积极的环保项目。他们致力于保护海南岛的生态环境,尤其是热带雨林和珊瑚礁群落等自然奇观,这些都是维持生物多样性和地球健康的关键因素。比亚迪号召广大人民积极参与"为地球降温1℃"的行动,通过减少碳排放和其他环保措施,对抗全球变暖,保护海南岛的生态环境。

链接:比亚迪科技赋能用实力守护海南岛

资料来源:https://baijiahao.baidu.com/s? id=17712199180010722708wfr=spider&for=pc.

讨论:比亚迪提出"守护海南岛"环保项目的活动意义。

一个国家或地区的地形地貌和气候,是企业开展市场营销所必须考虑的地理环境因素,这些地理特征对市场营销有一系列影响。例如,气候（温度、湿度等）与地形地貌（山地、丘陵等）特点,都会影响产品和设备的性能和使用。在沿海地区运转良好的设备到了内陆沙漠地区就有可能发生性能的急剧变化。有些国家地域辽阔、南北跨度大,各种地形地貌复杂,气候多变,企业必须根据各地的自然地理条件生产与之相适应的产品,才能适应市场的需要。例如,我国北方寒冷与南方炎热的气候,都会对产品提出不同的环境适应性要求。北方地区对防寒保暖用品需求大,如羽绒服、电暖气、热空调、棉手套等;南方地区则对降温用品需求较大,如空调、电风扇、遮阳伞、凉棚等;平原地区道路平坦,需要的交通运输工具具有良好的刹车性能;山区丘陵地带道路崎岖,需要交通工具具有较大的马力。因此,企业开展营销活动,必须考虑当地的气候与地形地貌,开发适销对路的产品,并制定适合的市场营销策略。

【观念应用2-5】

星期零在地球日发起"每一口都算树"活动

2023年,国内植物蛋白食品先锋品牌"星期零"正在上海举办主题为"地球好食力,每一口都算树"的地球日活动,旨在倡导人们关注环境保护,号召民众加入低碳生活,选择可持续饮食方式、低碳出行。同时,也让消费者体验到植物蛋白食品的美味。

活动期间,星期零与当地多家关注社会公益的咖啡门店合作,消费者在合作门店购买指定咖啡加4.22元即可获得"植物牛肉咸蛋黄风味贝果"或"植物火腿丹麦酥皮"一份。此外,在活动期间,消费者可凭当日1万＋步数证明,或者绿色出行等方式到K11香港新世界星期零×熊爪咖啡快闪主题店,还可免费获得一份"地球好食力套餐"。星期零承诺每售出一份套餐,会以品牌联名名义向支付宝捐赠1棵树,同时随餐为用户附赠一张公益认证卡（种子卡),实现 15.1 kg/年的碳汇量,用直观的数据阐述植物蛋白的减碳实力。据悉,食用 1 片星期零黑胡椒植物牛肉的减碳量约为 10 棵树 1 天的碳汇量。

此次星期零×熊爪咖啡打造的地球日快闪主题店,由内到外都被俏皮翠绿的植物点缀装饰,植物独有的明亮色彩和活力气息,以及温暖的触感,使整个快闪店呈现出一股浓厚的治愈气息,也传达出两大品牌为践行绿色可持续理念所做的努力和表率,吸引了诸多关注本土时尚、环保、饮食领域的大众来打卡分享,以实际行动与理念契合的合作伙伴向地球传递友好。

资料来源:https://socialbeta.com/c/15907.

2.2.5　科技环境及其对企业营销的影响

科学技术是影响人类前途和命运的最大力量,技术进步对企业生产和市场营销的影响也更为直接和显著。现代科学技术是社会生产力中最活跃的、最具决定性的因素,它作为重要的营销环境因素,不仅直接影响企业内部的生产和经营,同时还与其他环境因素相互依赖、相互作用,影响企业的营销活动。

1. 科学技术的发展直接影响企业的经济活动

在现代,生产率水平的提高,主要依靠设备的技术开发(包括原有设备的革新、改装以及设计,研制效率更高的现代化设备),创造新的生产工艺、新的生产流程。同时,技术开发也扩大和提高了劳动对象利用的广度和深度,而且科技进步可以不断创造新的原材料和能源。这些都不可避免地影响到企业的管理程序和市场营销活动。科学技术既为市场营销提供了科学理论和方法,又为市场营销提供了物质手段。

2. 科学技术的发展和应用影响企业的营销决策

科学技术的发展,使每天都有新品种、新款式、新功能、新材料的商品在市场上推出。因此,科学技术进步所产生的效果,往往可以借助消费者和市场环境的变化间接影响企业的市场营销活动,营销人员在进行决策时,必须考虑科技环境带来的影响。

【观念应用 2-6】
石头科技联手三联生活周刊发现"5 平方米"的幸福

近年来,智能家居因能提供给消费者安全舒适、个性化、解放双手的生活体验而深受喜爱,也由此催生了"懒人经济"。

智能家居行业高速发展的同时,也带来了诸多"入局者",如何才能从激烈的竞争中争抢用户,成为智能家居品牌的营销重点与难点。

近日,石头科技发布了其首款洗烘一体机分子筛洗烘一体机 H1,并发起了一场"晓之以理,动之以情"的新品品宣。

在大众印象里,石头科技是扫地机器人赛道的头部玩家,消费者对石头科技品牌认知较为单一。在这种情况下,石头科技推出的分子筛洗烘一体机 H1 很可能面临消费者的疑虑与质疑。因此,引导市场并培养消费者心智,便成为石头科技当前的首要任务。为此,石头科技从理性到感性,晓之以理,动之以情,循序渐进地走入用户心智。

新品发布会预热期,石头科技联动开小灶、溜溜梅、RIO、隅田川咖啡、陌森眼镜等品牌开启前宣,结合各品牌产品的生活使用场景宣传分子筛洗烘一体机 H1 的低温烘干、洗烘一体告别晾晒等产品功能,以实际的效用而非生硬晦涩的产品参数让消费者对产品有更清晰的认知,提高观看新品发布会的热情。

在用户层面,石头科技收集了种子用户的体验反馈,以 C 端用户的证言打消普通用户的疑虑。此外,石头科技还联合医疗专家对大家日常生活中关心的问题进行解答,通过"恐吓营销"激发用户的购买欲,如"阴干的衣服容易滋生细菌并大量繁殖,可能引起皮肤感染。"

在以理性营销初步占领用户心智之后,石头科技与三联生活周刊联手拍摄了一个广告片《5 平方米幸福+:阳台上的她和他》,带领观众感受分子筛洗烘一体机 H1 带来的智能生活哲学。

不确定的当下,"阳台"正被人们打造成现实与理想之间的缓冲地带,洞察到这样的趋势后,石头科技讲述了三组身份各异的人物通过分子筛洗烘一体机 H1 节省"小空间"解放阳台,收获属于自己的 5 平方米的幸福故事。

资料来源:https://zhuanlan.zhihu.com/p/615549053.

3. 科学技术的发明和应用,可以造就一些新的行业、新的市场,同时又使一些旧的行业与市场走向衰落

例如,太阳能、核能等代替了传统的水力和火力发电;晶体管取代电子管,后又被集成电路取代;复印机工业打击复写纸工业;电视业打击电影业,又被网络发展重创;智能手机的普及,让人们可以不用计算机上网、不用相机拍照、不用 MP3 听歌、不用电话号码就可以"聊天"等。这一切无不说明,随着科学技术的进步,新行业替代、排挤旧行业,这对新技术拥有者是机会,但对旧行业却是威胁。

4. 科学技术的发展,使产品更新换代速度加快,产品的市场寿命缩短

今天,科学技术突飞猛进,新原理、新工艺、新材料等不断涌现,使刚刚炙手可热的技术和产品转瞬间成了明日黄花。这种情况,要求企业不断地进行技术革新,赶上技术进步的浪潮。否则,企业的产品跟不上更新换代的步伐,跟不上技术发展和消费需求的变化,就会被市场无情地淘汰。

5. 科学技术的进步,将会使人们的生活方式、消费模式和消费需求结构发生深刻的变化

随着移动互联网和物联网技术的发展,共享经济在中国迅速崛起。从共享单车到共享汽车,再到共享充电宝等,共享经济已经深入人们日常生活的方方面面。因此,企业需要密切关注人们生活方式的变化,不断调整营销策略以适应市场的需求。例如,针对汽车普及带来的出行需求,企业可以推出更加便捷、智能的出行服务;针对人们健康意识的提高,企业可以推出更加健康、环保的产品和服务。只有紧跟时代的步伐,不断创新和适应变化,才能在激烈的市场竞争中立于不败之地。

直播电商是一种结合了互联网技术和传统电商模式的新兴商业模式。通过网络直播平台,消费者可以在直播间中与主播进行实时互动交流,获取商品信息和购物建议,同时还可以直接下单购买。近年来,随着直播技术的不断成熟和消费需求的增长,直播电商行业呈现出蓬勃发展的趋势。

目前,国内主流的直播电商平台有淘宝直播、京东直播、拼多多直播等,此外还有一些小型直播平台,如蘑菇街直播、快手直播等。这些平台之间的竞争日益激烈,各家企业纷纷加大投入力度,提升自身实力,争夺市场份额。在过去几年里,直播电商的发展经历了从粗放式发展到精细化运营的过程。为了提升用户体验和增加销售额,许多平台开始加强商品品质管理、优化供应链管理、完善售后服务等方面工作。此外,一些企业还在直播中加入游戏互动、红包雨等活动,提高用户的参与度和黏性。

　　未来直播电商将更加注重技术创新和应用。第一,通过人工智能、大数据、虚拟现实等技术手段,实现更加精准的用户定位、商品推荐和营销策略。此外,一些新技术的应用也将成为发展趋势,比如利用区块链技术保证商品品质和交易安全等。第二,在未来的直播电商中,社交化将成为重要的特征之一。平台将会更多地借助社交媒体的力量,将直播间打造成为一个社区或社群。这样不仅可以提高用户的黏性和忠诚度,还可以让用户更好地了解其他用户的购物体验和评价,提供更全面的商品信息和服务。第三,未来的直播电商将不仅仅是单一的商品销售平台,还将涉及更多的领域。比如在文化、教育、娱乐等领域进行跨界合作,为用户提供更多元化的内容和服务。这种跨界合作可以促进产业升级和转型,同时也有助于推动直播电商行业的可持续发展。第四,未来直播电商将更加注重用户的个性化需求和购物体验。通过数据分析、智能推荐等手段,为用户提供更加个性化的商品和服务,让用户感受到更加贴心的服务和购物体验。同时,平台还将加强用户反馈机制,及时收集和处理用户的意见和建议,不断提升自身的服务质量。第五,随着全球贸易的发展和消费者需求的增加,未来的直播电商将会向全球化方向发展。国内的直播电商企业将加大在海外市场的布局和投资,争取更多国际市场份额。同时,国外的直播电商企业也将进入中国市场,为中国消费者提供更多元化的商品和服务。

　　总之,科学技术的进步和发展,必将给经济、政治、军事以及社会生活等各个方面带来深刻的变化,这些变化也必将深刻地影响企业的营销活动,给企业造成有利或不利的影响,甚至关系到企业的生存和发展。因此,企业应特别重视科学技术这一重要的环境因素对企业营销活动的影响,以使企业能够抓住机会,避免风险,求得生存和发展。

2.2.6　社会文化环境

思政融入:*感恩母亲*

思政素材:不知什么时候,在母亲节送一束花给妈妈成了传统。以此为线索,美团外卖发现了一个中国妈妈的共同点"爱花"。妈妈爱花,戴花戒指、穿花衣裳、盖花被子、泡菊花茶,只要是有花的地方就会有妈妈。通过这种真实生活的呈现,广告片仿佛再现了每个用户妈妈的日常,《妈妈爱花,我们爱她》巧妙加入的美团鲜花服务,符合品牌"生活小帮手"新定位。童谣式的叙述节奏让观众更容易代入童年视角,倍感温馨的同时不忘顺手给妈妈订束花。据美团闪购称,2022年母亲节当日中午12点,鲜花订单量比2021年同期增长近六成,身处异地的子女节日当天为母亲外送一束鲜花,成为年轻人表达爱的方式。

　　在母亲节铺天盖地对母爱无私、伟大的颂扬中,代理商洞察到了中国妈妈一个显而易见却鲜有被提及的特质"爱花",同时配合美团外卖送花业务量的激增,将"美好生活小帮手"的品牌形象隐藏于广告片中。

　　片中妈妈均是厦门当地的素人出镜,照片则是团队成员发动身边亲朋好友搜集而来,整体呈现复古色调,真实还原现实生活中的妈妈形象,让人看完倍感亲切并想要主动转发到家族群中。而"妈妈爱花"的行为背后,更是折射出妈妈们鲜活的生命力和对生活的热情。正如美团买药也曾在2021年推出的24小时送药广告片,针对更细分的业务去建立人与人、品牌与人之间的联结,让美团外卖与美团能够以真诚走进大众生活。

链接:妈妈爱花,我们爱她

资料来源:https://socialbeta.com/t/hunt-weekly-20220513.

讨论:美团外卖是如何结合社会文化环境进行宣传推广的?

社会文化环境是指一个社会的民族特征、价值观念、生活方式、消费习俗、伦理道德、教育水平、语言文字、审美观念、社会结构等的总和。每个人都生长在一定的社会文化环境中，并在一定的社会文化环境中生活和工作，他们的思想和行为必定要受到这种社会文化的影响和制约。企业的市场营销人员应该分析、研究和了解社会文化环境，以针对不同的文化环境制定不同的营销策略。

1. 影响营销决策的主要社会文化环境因素

（1）教育状况。教育是按照一定目的要求，对受教育者施以影响的一种有计划的活动，是传授生产经验和生活经验的必要手段，反映并影响着一定的社会生产力、生产关系和经济状况，是影响企业市场营销的重要因素。比如，处于不同教育水平的国家或地区，对商品的需求不同；文化不同的国家和地区的消费者，对商品的包装、说明书、装潢、附加功能和服务的要求有差异；不同教育程度的区域采取的信息收集方式不同等。

（2）宗教信仰。无论古今中外，不同民族、宗教的消费者其消费行为和习惯是不同的。某些国家和地区的宗教组织在教徒购买决策中也有重要的影响。比如，当出现一种新产品时，宗教组织有可能因该产品与宗教信仰相冲突而提出限制，禁止使用。所以企业可以把影响大的宗教组织作为自己的重要公共关系对象，在经销活动中也要针对宗教组织设计适当方案，以避免由于矛盾和冲突给企业营销活动带来的损失。

（3）价值观念。价值观念就是人们对社会生活中各种事物的态度和看法。不同的文化背景下，人们的价值观念相差很大。消费者对商品的需求和购买行为深受价值观念的影响。对于不同的价值观念，企业的市场营销人员应该采取不同的策略。对于一些注重传统喜欢沿袭传统消费方式的消费者，企业在制定促销策略时，应该把产品与目标市场的文化传统联系起来。

（4）消费习俗。消费习俗是人类各种习俗中的重要习俗之一，是人们在长期经济与社会活动中所形成的一种消费风俗习惯。不同的消费习俗，具有不同的商品需要。研究消费习俗，不但有利于组织好消费品的生产与销售，而且有利于争取、主动地引导健康的消费。了解目标市场消费者的禁忌、习俗、避讳、信仰、伦理等是企业进行市场营销的重要前提。

（5）审美观念。人们在市场上挑选、购买商品的过程中，实际上也是一次审美活动。近年来，我国人民的审美观念随着生活水平的提高发生了明显的变化。例如，越来越多的人注重养生方面的消费、购买健身卡去健身房运动缓解压力，年轻人追求时髦、潮流、品牌的消费，消费者对消费环境的要求越发提高，独特的商品陈列、优雅和洁净的购物场所更容易吸引消费者的购买等。

2. 影响营销决策的社会文化特点

（1）文化价值观的一致性。虽然特定社会中的人们持有多种信念和价值观，但是他们的核心信念和价值观具有高度的一致性。例如，世界上的大多数人都相信工作是生活的保障、努力追求幸福的婚姻、以诚待人获得社会群体的认可和尊重等。不论在哪个国家，这些信念往往都是从上一辈人们那里传承而来，并在社会活动中不断强化，最终构成了人们日常生活中的具体态度和行为。

与核心信念相对应的是非核心的价值观。例如，相信婚姻是核心信念，提倡晚婚晚育就是非核心信念。营销者可以通过实施营销活动影响甚至改变消费者的非核心信念。

（2）次文化价值观的变化。尽管核心价值观非常稳固，但是文化确实在经历一个复杂又漫长的变化过程。市场营销者应该不断关注并预测这些文化的变化，以便识别新的机会或者威胁。如今，人们生活在一个无时无刻不在变化的世界中。在大家的周围,可以看到一系列不可逆转的变化在发生：媒体、政治、环境、技术、娱乐、市场与品牌、消费者行为与态度。大家生活的这个世界正以指数级的速度在改变着,所以人们对待自己、他人、组织、社会、自然和宇宙的看法也在不断地发生变化,进而社会主要的文化价值观便改变了。

观念应用 2-7

综上可知,企业在从事市场营销活动时,应重视对社会文化的调查研究,并做出适宜的营销决策。关于社会文化所包含的内容及其与企业营销的关系在第 3 章讨论。

2.3　微观营销环境

企业的微观营销环境主要由企业的供应商、营销中介、公众、内部营销环境、顾客、竞争者组成。

微课：微观
营销环境

2.3.1　供应商

供应商是影响企业营销的微观环境的重要因素之一。供应商是指向企业及其竞争者提供生产产品和服务所需资源的企业或个人。供应商所提供的资源主要包括原材料、设备、能源、劳务、资金等。如果没有这些资源作为保障,企业就根本无法正常运转,也就谈不上提供给市场所需要的商品。因此,社会生产活动的需要,形成了企业与供应商之间的紧密联系。这种联系使企业的所有供货单位构成了对企业营销活动最直接的影响和制约力量。供应商对企业营销活动的影响主要表现在供货的稳定性与及时性、供货的价格变动、供货的质量水平等。因此,企业在寻找和选择供应商时,应特别注意两点：第一,必须充分考虑供应商的资信状况。要选择那些能够提供品质优良、价格合理、交货及时、有良好信用,在质量和效率方面都信得过的供应商,并且要与主要供应商建立长期稳定的合作关系,保证企业生产资源供应的稳定性。第二,企业必须使自己的供应商多样化。企业过分依赖一家或少数几家供货人,受到供应变化的影响和打击的可能性就大。为了减少对企业的影响和制约,企业就要尽可能多地联系供货人,向多个供应商采购,尽量避免过于依靠单一的供应商,以免当与供应商的关系发生变化时,使企业陷入困境。

2.3.2　营销中介

营销中介是指协助企业促销、销售和配销其产品给最终购买者的企业或个人,包括中间商、实体分配机构、营销服务机构和金融中间机构。这些都是市场营销不可缺少的环节,大多数企业的营销活动,都必须通过它们的协助才能顺利进行。例如,生产集中与消费分散的矛盾,就必须通过中间商的分销来解决；资金周转不灵,则须求助于银行或信托机构等。正因为有了营销中介所提供的服务,才使企业的产品能够顺利地到达目标顾客手中。随着市场经济的发展,社会分工越来越细,那么,这些中介机构的影响和作用也会越来越大。因此,企业在市场营销过程中,必须重视中介组织对企业营销活动的影响,并处理好同它们的合作关系。

1. 营销中间商

营销中间商是协助企业寻找顾客或直接与顾客交易的商业性企业。中间商可分为两类：代理中间商和买卖中间商。代理中间商有代理商、经纪人和生产商代表。他们专门介绍客户或与客户磋商交易合同，但并不拥有商品所有权。买卖中间商又称经销中间商，主要有批发商、零售商和其他再售商。他们购买商品，拥有商品所有权，再售商品。中间商对企业产品从生产领域流向消费领域具有极其重要的影响。中间商由于与目标顾客直接打交道，因而它的销售效率、服务质量就直接影响到企业的产品销售。因此，必须选择使用合适的中间商。在与中间商建立合作关系后，要随时了解和掌握其经营活动，并可采取一些激励性合作措施，推动其业务活动的开展，而一旦中间商不能履行其职责或市场环境变化时，企业应及时解除与中间商的关系。

2. 实体分配公司

实体分配公司主要是指仓储公司，它是协助厂商储存货物并把货物从产地运送到目的地的专业企业。仓储公司提供的服务可以是针对生产出来的产品，也可以是针对原材料及零部件。一般情况下，企业只有在建立自己的销售渠道时，才会主要依靠仓储公司。在委托中间商销售产品的场合，仓储服务往往由中间商去承担，仓储公司储存并保管要运送到下一站的货物。运输公司包括铁路、公路、航空、货轮等货运公司，生产企业主要通过权衡成本、速度和安全等因素，来选择成本效益最佳的货运方式。因此，仓储公司的作用在于帮助企业创造时空效益。

3. 营销服务机构

营销服务机构主要有营销调研公司、广告公司、传播媒介公司和营销咨询公司等，范围比较广泛。它们帮助生产企业推出和促销其产品到恰当的市场。在现代，大多数企业都要借助这些服务机构来开展营销活动，如请广告公司制作产品广告，依靠传播媒介传播信息等。企业选择这些服务机构时，需对它们所提供的服务、质量、创造力等方面进行评估，并定期考核其业绩，及时替换那些不具有预期服务水平和效果的机构，这样才能提高经济效益。

4. 金融中间机构

金融中间机构包括银行、信用公司、保险公司和其他协助融资或保障货物的购买与销售风险的公司。在现代经济生活中，企业与金融机构有着不可分割的联系，如企业间的财务往来要通过银行账户进行结算；企业财产和货物要通过保险公司进行保险等。而银行的贷款利率上升或是保险公司的保险金额上升，会使企业的营销活动受到影响；信贷来源受到限制会使企业处于困境。诸如此类的情况都将直接影响到企业的日常运转。因此，企业必须与财务中间机构建立密切的关系，以保证企业资金需要的渠道畅通。

2.3.3 公众

公众是指对企业实现其目标的能力感兴趣或发生影响的任何团体或个人。一个企业的公众主要有以下几种。

（1）金融公众。金融公众是指那些关心和影响企业取得资金能力的集团，包括银行、投资公司、证券公司、保险公司等。

（2）媒介公众。媒介公众是指那些联系企业和外界的大众媒介，包括报纸、杂志、电视台、电台等。

（3）政府公众。政府公众是指与企业的业务、经营活动有关的政府机构和企业的主管部门，如主管有关经济立法及经济政策、产品设计、定价、广告及销售方法的机构；国家经委及各级经委、工商行政管理局、税务局、各级物价局等。

（4）公民行动公众。公民行动公众是指有权指责企业经营活动破坏环境质量、企业生产的产品损害消费者利益、企业经营的产品不符合民族需求特点的团体和组织，包括消费者协会、保护环境团体等。

（5）地方公众。地方公众主要是指企业周围居民和团体组织，他们对企业的态度会影响企业的营销活动。

（6）一般公众。一般公众是指并不购买企业产品，但深刻地影响着消费者对企业及其产品的看法的个人，一般公众对企业形象影响较大。

（7）企业内部公众。企业内部公众是指企业内部全体员工，包括领导（董事长）、经理、管理人员、职工。处理好内部公众关系是搞好外部公众关系的前提。

公众对企业的生存和发展会产生巨大的影响，公众可能有增强企业实现其目标的能力，也可能会产生妨碍企业实现其目标的能力。所以，企业必须采取积极适当的措施，主动处理好同公众的关系，树立企业的良好形象，促进市场营销活动的顺利开展。

2.3.4 内部营销环境

面临相同的外部环境，不同企业的营销活动所取得的效果往往并不一样，这是因为它们有着不同的内部环境要素。

在内部各环境要素中，人员是企业营销策略的确定者与执行者，是企业最重要的资源。企业管理水平高低、规章制度的优劣决定着企业营销机构的工作效率；资金状况与厂房设备等条件是企业进行一切营销活动的物质基础，这些物质条件的状况决定了企业营销活动的规模。

此外，企业文化和企业组织结构是两个需要格外注意的内部环境要素。

所谓企业文化，是指企业的管理人员与职工共同拥有的一系列思想观念和企业的管理风貌，包括价值标准、经营哲学、管理制度、思想教育、行为准则、典礼仪式以及企业形象等。企业文化在调动企业员工的积极性、发挥员工的主动创造力、提高企业的凝聚力等方面有重要的作用。良好的企业文化状况可以促使企业员工们努力工作以取得更高的绩效，从而更好地实现企业的目标。此外，良好的企业文化环境氛围有助于增进企业全体员工对企业的好感，并可以通过员工向外辐射这种感情以美化企业的对外形象。创造良好的企业文化环境，需要企业建立并实施相应的人事、激励、组织等多方面的规章制度，并积极组织开展各种活动，吸引全体员工参加，增进员工对企业宗旨的了解，增强企业员工主人翁责任感。

营销内部环境的另一个要素是企业的组织结构。这主要是指企业营销部门与企业其他部门之间在组织结构上的相互关系。营销部门在整个企业组织中的地位影响到营销活动能否顺利进行。由于企业内各部门的经营目标、职能侧重点各不相同，营销部门与其他部门之间往往会在经营意愿上有所冲突。例如，营销部门为避免因缺货或交货不及时而影响到企业在中间商、顾客心目中的信誉与形象，往往要求较高的库存水平，但财务、生产部门却往往会因库存成本等问题要求较低的库存水平；又如，营销部门往往是先花钱再赚钱（如进行新产品促销时要先花掉一大笔广告费用），这就很可能会与财务部门在所需资金的具体数目上产生分歧。解决上述冲突的办法是在企业总体经营目标的基础上，营销部门与其他部门一起达成合理的协议。

【观念应用 2-8】

美团跑腿：高考不慌 跑腿帮忙

高考期间，美团跑腿结合当下"考前玄学"热点，联合三大考神：孔子、文曲星、文昌帝君，打造"送分"三部曲，用切实的帮助福利助力广大考生实际所需，并通过"送出急需求，带回好消息"完成美团跑腿业务的深度植入。

美团跑腿为众考生提供了切实的行动"应援"。一方面从考生情绪出发，美团跑腿请到了孔子、文曲星、文昌帝君三位"考神"为考生加 buff，通过一支拼贴风动画的 rap 送分、送祝福，纾解考生的焦虑与紧张；另一方面则巧用品牌资产，将高考知识点印上跑腿小哥的送货箱，打造流动的知识站，让考生能够随时随地查漏补缺。与此同时，美团跑腿还上线了"跑腿帮帮忙"业务，优先响应考生帮取帮送的紧急情况。

着眼于考生在应试心理和考试准备方面的双重需求，美团跑腿在高考期间充分发挥业务优势，不仅为跑腿业务找到了契合的场景，扩大其传播力和影响力，更以积极承担社会责任的姿态，传递人文关怀，构建起温暖的品牌形象。

资料来源：https://socialbeta.com/c/16608.

2.3.5　顾客

企业的一切营销活动都是以满足顾客需要为中心的，因此，顾客是企业最重要的环境因素。顾客是企业服务的对象，顾客也就是企业的目标市场。顾客可以从不同角度以不同的标准进行划分，按照购买动机和类别分类，顾客市场可以分为以下几种。

（1）消费者市场。消费者市场是指为满足个人或家庭消费需要而购买商品和服务的市场。

（2）生产者市场。生产者市场是指以赚取利润为目的而购买商品和服务用来再生产产品和服务的市场。

（3）中间商市场。中间商市场是指为获取利润而购买商品和服务用以转售的市场。

（4）政府集团市场。政府集团市场是指为提供公共服务或将商品与服务转给需要的人而购买商品和服务的政府和非营利机构。

（5）国际市场。国际市场是指国外买主，包括国外的消费者、生产者、中间商和政府等。

上述每一种市场都有其独特的顾客。而这些市场上不同的顾客有不同的需求，必定要求企业以不同的服务方式提供不同的产品（包括劳务），从而制约着企业营销决策的制定和服务能力的形成。因此，企业要认真研究为之服务的不同顾客群，研究其类别、需求特点、购买动机等，使企业的营销活动能针对顾客的需要，符合顾客的愿望。

2.3.6　竞争者

竞争是商品经济的基本特性，企业在目标市场进行营销活动的过程中，不可避免地会遇到竞争者或竞争对手的挑战。因为竞争者的营销战略以及营销活动的变化，如价格、广告宣传、促销手段的变化，新产品的开发，售前售后服务的加强等，都将直接对企业造成威胁。因而企业必须密切注视竞争者的任何细微变化，并做出相应的对策。

公司实际的和潜在的竞争者范围是广泛的。一个公司更可能被新出现的对手或新技术打败，而非当前的竞争者。传统报业长期以来一直是新闻和信息的主要提供者，但随着互联网和数字技术的发展，新兴媒体，如社交媒体、博客、在线新闻网站等开始崭露头角。这些新兴媒体对传统报业构成了竞争威胁,吸引了大量读者和广告收入。然而,对于传统报业来说,更大的威胁可能来自其他数字技术,如搜索引擎和社交媒体。搜索引擎允许用户直接搜索新闻和信息,而无须通过报纸或其他传统媒体。社交媒体则允许用户分享和传播新闻及信息,打破了传统媒体对新闻和信息的控制。因此,对于传统报业来说,新兴媒体并非最大的威胁,而是数字技术和社交媒体的发展导致了新闻和信息传播方式的改变。这表明,对于某些行业来说,新兴技术和市场的变化可能比其他竞争者更具威胁性。

根据产品替代观念,可以区分四种层次的竞争者。

1. 品牌竞争者

品牌竞争者是指产品相同,规格型号等也相同,但品牌不同的竞争者。当其他公司以相似的价格向相同的顾客提供类似产品与服务时,公司将其视为竞争者。

2. 产品形式竞争者

产品形式竞争者是指生产的产品相同但规格、型号、款式不同的竞争者。如液晶彩电与背投彩电之间同时争夺大屏幕彩电市场。显然,品牌竞争者与产品形式竞争者同属行业竞争者。

3. 普通竞争者

普通竞争者是指提供不同的产品和服务但能够满足相同需求的竞争者。如消费者可以购买学习机或 MP5 以满足学习外语的需要,则学习机、MP5 生产企业之间构成竞争,外语培训班也与其形成竞争关系。

4. 愿望竞争者

愿望竞争者是指提供不同的产品或服务满足不同需求的竞争者。例如,消费者有 3000 元,此时冰箱、彩电、洗衣机或者外出旅游分别能满足消费者的不同需求,几种产品之间会形成竞争关系,成为愿望竞争者。

企业在开展市场营销活动中,经常与上述不同的竞争对手形成竞争关系,而且这种竞争关系受多种因素影响而处于不断变动中,如何适时调整竞争策略,取得竞争优势,是企业必须考虑的问题。

2.4　市场营销环境分析与营销对策

2.4.1　营销环境的二重性——威胁与机会

市场营销环境通过对企业构成威胁或提供机会而影响营销活动。

环境威胁是指环境中不利于企业营销的因素的发展趋势,对企业形成挑战,对企业的市场地位构成威胁。这种挑战可能来自国际经济形势的变化,如 2008 年暴发的次级债危机,给世界多数国家的经济和贸易带来了负面影响。挑战也可能来自社会文化环境的变化,如国内外对环境保护需求的提高,某些国家实施"绿色壁垒",对某些生产不完全符合环保要求的产品的企业无疑也是一种严峻的挑战。

市场机会是指对企业营销活动富有吸引力的领域,在这些领域,企业拥有竞争优势。环境机会对不同的企业有不同的影响力,企业在每一特定的市场机会中成功的概率,取决于其业务实力是否与该行业所需要的成功条件相符合,如企业是否具备实现营销目标所必需的

微课:市场营销环境分析与营销对策

资源，企业是否能比竞争者利用同一市场机会获得较大的"差别利益"。如我国政策允许个人从事外贸进出口业务，这将给那些需要对外营销的企业提供很大的便利。

2.4.2　威胁与机会分析

市场营销环境变化给企业营销带来的影响，集中地表现为威胁和机遇两种情况。威胁是市场营销环境变化给企业带来的不利局面和压力，会对企业造成消极影响；机遇是市场营销环境变化给企业营销带来的有利条件和新的机会，会对企业产生积极影响。威胁和机遇是同时存在的，企业不仅要看到市场营销环境变化带给企业营销威胁的一面，还要发掘它所给予企业营销机遇的一面。要具体分析环境威胁是什么，有哪些表现；环境机遇是什么，有哪些表现；哪个是主要的，哪个是次要的；是威胁大于机遇还是机遇大于威胁，或是机遇与威胁等同。只有全面分析市场营销环境因素，才能对企业营销所处的市场营销环境做出准确的判断。

1. 分析营销环境威胁的方法

（1）环境扫描法。并不是所有市场营销环境因素都与企业的营销活动相关，企业也不可能一一详细评析。因此，企业有必要首先从各种市场营销环境因素中找出与本企业营销活动密切相关的那些重要因素，以便缩小范围。区别有关市场营销环境因素的实用方法是环境扫描法，即由熟悉环境的专家和企业营销人员组成环境扫描小组，将所有可能出现的与企业营销活动有关的因素都列举出来，最后把比较一致的意见作为环境扫描的结果，即得出相关的主要环境因素。

（2）矩阵图法。研究市场营销环境对企业的威胁，一般分析两方面的内容：一方面是分析威胁对企业影响的严重性；另一方面是分析威胁出现的可能性。可用矩阵图法进行，如图 2-1 所示。

第Ⅰ象限，环境威胁的严重性高，出现的概率也高。表明企业面临着严重的环境危机，面对危机企业应处于高度戒备状态，积极采取相应的对策，避免威胁造成的损失。例如，污水排放量很大的造纸厂在国家政府提倡环境保护而限制排污量时，企业面临的环境威胁就很大了，甚至面临着倒闭的危险。对此，企业就需要转变经营策略，或者把污水治理外包给污水处理公司，或者工厂自己加大其治污力度。

图 2-1　威胁分析矩阵图

第Ⅱ象限，威胁严重性高，但出现的概率低。企业不可忽视，必须密切注意其发展方向，也应制定相应的措施准备面对，力争将危害降低。这种情况也有，例如，自然灾害、恐怖袭击和重大技术故障等。这些事件一旦发生，可能会对企业的运营、财务和声誉造成重大影响，甚至可能导致企业破产或倒闭。但是，这种情况出现的概率是很低的。

第Ⅲ象限，营销环境威胁影响程度小，但出现的概率高。虽然企业面临的威胁不大，但是，由于出现的可能性大，企业也必须充分重视。这样的情况也经常见到。

第Ⅳ象限，环境威胁严重性低，出现的概率也低。在这种情况下，企业不必担心，但应注意其发展动向。这样的情况很多，也有很大一部分情况是随机的，所以企业也不能一有什么风吹草动就草木皆兵，这样不仅使企业员工和消费者无所适从，也会使企业丧失很多机会。

2. 分析环境机会的方法

（1）环境扫描法。与上述威胁分析类似，企业要首先从各种市场营销环境因素中找出与本企业营销活动密切相关的那些重要因素，以缩小范围，然后由熟悉环境的专家和企业营销人员组成环境扫描小组，将所有可能出现的与企业营销活动有关的因素都列举出来，最后把比较一致的意见作为环境扫描的结果，从而得出相关的主要环境因素。

（2）矩阵图法。研究营销环境机会应从机会潜在的吸引力和成功可能性两方面进行分析。机会分析的矩阵图如图 2-2 所示。

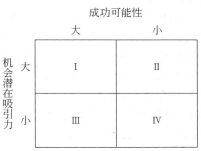

图 2-2　机会分析矩阵图

第Ⅰ象限，机会潜在吸引力和成功的可能性都很大。表明营销机会对企业发展有利，同时，企业有能力利用营销机会，企业应采取积极的态度，分析把握。随着人们健康意识的提高和健康产业的不断升级，为企业提供了更多的商业机会和市场份额。例如，健康食品、健康管理等领域的市场需求不断增长，企业可以通过创新和产品升级抓住这一机会，而且成功的把握很大。

第Ⅱ象限，机会潜在吸引力很大，但是可能性很小。说明企业暂时还不具备利用这些机会的条件，应当放弃。面临着国人对健康的追求和渴望，企业可以开发出保健功能的产品，这对企业无疑是有很大潜在吸引力的，但对有的企业来说，实现的可能性太小。这时，企业就应该好好分析当前的形势，尤其要注意企业的微观条件是否能够支持。

第Ⅲ象限，机会潜在吸引力很小，成功的可能性大。虽然企业有利用机会的优势，但不值得企业去开拓。这样的情况很多，比如更换或改进产品的包装会对消费者形成新的刺激，但这种刺激的程度往往是有限的，虽然说成功的可能性很大，但要考虑成本和收益的比较。

第Ⅳ象限，机会潜在吸引力很小，成功可能性也小。企业应当主动放弃。这种情况企业就应该有所取舍。

找出主要环境因素后，还必须确定其重要程度。因为并不是所有的市场威胁因素对企业的威胁程度都一样，也不是所有的市场机会对企业具有同样的吸引力。因此，企业可以用市场"威胁—机会"矩阵图加以分析、评价。

3. 环境威胁与环境机会综合分析

市场环境变化对企业的营销威胁和营销机会是并存的，威胁中有机会，机会中也有挑战。企业还可以运用环境威胁与机会矩阵综合分析，更清楚地认识企业业务在环境中的位置，如图 2-3 所示。

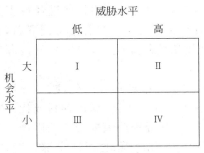

图 2-3　威胁—机会综合分析矩阵图

第Ⅰ象限，理想业务。这类企业业务机会水平高，威胁水平低。说明企业有非常好的发展前景，这样的企业是很少的。比如面对全球环境保护呼声的提高，绿色企业就成为理想企业，它们前期需要在人力、物力方面大力投入，在有这种门槛出现时，最先满足条件进入市场，占取先机。针对这样的要求，那么企业就应该提早往这方面筹划，这样就会迎来比较宽松的环境和广阔的前景，而不会被绿色壁垒等条件限制。

第Ⅱ象限，风险业务。这类业务机会水平高，威胁水平也高。也就是说,在环境中机会与挑战并存,成功和风险同在,因此,企业应充分利用机会,同时制定避免风险的对策。从总体上说,企业既面临出现严重环境威胁的可能性,又有出现较大成功机会的潜在可能,处于冒险的市场营销环境中,属于风险业务。

现实的企业,尤其是那些大中型企业,一般生产多品种的产品,市场营销环境变化不一定给每一种产品带来同等的威胁或同等的机会。但对具体产品的市场威胁和机会分析,也可采用同种方法。

第Ⅲ象限,成熟业务。比如我国的服务行业、服装行业、工艺品行业等劳动密集型行业,都已经形成比较完备的格局,一般情况下,不会面临很大的威胁和机会。这类业务机会和威胁水平低,说明业务发展的机会已经很少,自身发展潜力也很低,企业应该研究环境带来的新机会,进一步开拓新业务,否则,将影响企业的生存。

第Ⅳ象限,困难业务。这类业务面临较大的环境威胁,而营销机会也很少,这种业务如果不能减少环境威胁将陷入经营困难的境地。比如在绿色经济的呼声中,污染大的业务(企业)就很可能成为困难业务(企业)。

2.4.3　企业营销对策

市场营销环境变化给企业营销带来的影响是多样、复杂的。企业应持全面、具体的评价原则,运用环境扫描法、"威胁—机会"矩阵图法,对影响企业营销的相关环境图案及其权重做出准确估析,并在环境分析与评价的基础上,对威胁与机会水平不等的各种营销业务分别采取不同的对策。

对理想业务,应看到机会难得,甚至转瞬即逝,必须抓住机遇,迅速行动;否则,丧失战机,将后悔不已。

对风险业务,面对高利润与高风险,既不宜盲目冒进,也不应迟疑不决,坐失良机,应全面分析自身的优势与劣势,扬长避短,创造条件,争取突破性的发展。

对成熟业务,机会与威胁处于最低水平,可作为企业的常规业务,维持企业的正常运转,并为开展理想业务和冒险业务准备必要的条件。

对困难业务,要么是努力改变环境,走出困境或减少威胁,要么是立即转移,摆脱无法扭转的困境。

分析评价市场营销环境,目的是制定应变对策。由于各个企业的具体情况不同,在同样的市场营销环境变化中,应变对策也不能一样,因此很难确定一种固定模式。这里仅根据威胁与机遇两种情况,为企业适应环境变化,选择合理的对策提供几种思路,供参考。

1. 应付环境威胁的对策

(1) 促变,即企业采取措施抑制或扭转不利因素的发展,化不利为有利,促进环境因素转变。例如,因木材资源减少,威胁到木器加工企业的生产,企业可主动与林业部门联营,实现林业生产—木材供应—木器生产一条龙。木器加工企业扶植林业生产,增加木材资源供应,就是一种促变对策。

(2) 减轻,即企业主动调整营销计划,改变经营战略,去适应市场环境变化,减少环境威胁的严重程度。如面临木材资源短缺的企业,还可以改进木材加工工艺,增用辅料或代用材料,减少木材消耗;也可以开展综合利用,提高木材利用率,以减轻资源短缺带来的困难。

(3) 转移,即企业抽出部分资金转移到其他部门,实行多元化经营;也可以全部转产,或者全部采用新材料代替木材作为原材料等。

2. 把握市场机会的对策

（1）准确把握时机选择。如果看准了市场环境趋势，就应当机立断，尽早做出决策，不能等到停工待料时，再去寻找市场机遇。

（2）慎重行事。美国著名市场学学者西奥多·莱维特曾告诫企业家们，要小心地评价市场营销机会。他说："这里可能是一种需要，但是没有市场；或者这里可能是一个市场，但是没有顾客；或者这里可能有一个顾客，但没有推销员。"他的告诫说明，机会决策必须准确地预测市场需要和估价企业的能力，不然，从表象出发，难免导致决策失误。

（3）逐步到位。实施决策应分步骤，边试验、边总结，以进一步摸清市场环境，然后全面实施。

本章小结

市场营销环境是企业营销职能外部的因素和力量，是影响企业营销活动及其目标实现的外部条件。环境的基本特征有客观性、差异性、多变性和相关性，这些特征构成了企业营销活动的制约因素。营销管理者应采取积极、主动的态度能动地去适应营销环境。微观营销环境包括企业内部、营销渠道企业、顾客、竞争者和公众等方面。宏观营销环境包括人口、经济、自然、政治法律、科学技术、社会文化环境。按其对企业营销活动的影响，可分为威胁环境与机会环境，前者指对企业营销活动不利的各项因素的总和，后者指对企业营销活动有利的各项因素的总和，企业需要通过环境分析来评估环境威胁与环境机会，避害趋利，争取比竞争者利用同一市场机会获得较大的成效。

基础练习

1. 简答题

（1）怎样理解市场营销环境？市场营销环境对企业的经营活动有哪些影响？

（2）简述环境威胁与市场营销机会，企业该如何应对环境变化。

2. 讨论题

（1）论述数字化营销时代，社会宏观环境的变化和发展的趋势。

（2）企业该如何适应互联网技术带来的威胁和机会？

（3）了解"互联网＋"背景下新商业模式特点，分析是否对传统店铺营销带来影响。

案例分析

三只松鼠：联动多企创新研发谋进步，奉献力量振兴乡村助农富

被誉为"国民零食第一股"的三只松鼠历经十年潜心耕耘，现已发展成为年销售额破百亿元的上市公司。在实现自身发展的同时，三只松鼠积极合作志士同仁，以创新驱动引领行业进步，并踊跃投身公益，致力乡村振兴，奔赴共同富裕。经过不懈的探索与付出，三只松鼠实现了企业经营效益与社会效益的和谐并进。

在实现创新攻关的道路上，三只松鼠联合其他企业，创造了一个个从无到有、从少到多的案例。三只松鼠开启战略转型，全面升级使命、愿景、价值观，并开启组织变革，聚焦坚果供应链建设，走一二三产融合的高质量发展之路，强化研发制造，重塑品牌、渠道、产品及消费者体验，逐步向健康化、数字化、全球化迈进。

　　一产方面，三只松鼠联合伙伴在云南、广西等六个地区建立原材料种植基地。在规模效应带动下，云南、广西种植原产自国外的夏威夷果达 400 万亩，安徽全椒种植碧根果面积约 8.5 万亩，被誉为中国碧根果之都。

　　二产方面，在食品风味创新上，三只松鼠与云筱食品每年都会基于云品控平台的消费者反馈，共同对产品进行研发升级。在食品品控上，二者联合美亚光电，开展针对夏威夷果的专项课题研究，并成功将 X 光色选技术应用于原料筛选，显著提升了夏威夷果的品质。

　　三产方面，三只松鼠基于对市场和消费者的长期深度洞察，联合旺昌共同对山核桃产业进行创新探索——量贩装山核桃仁就此诞生。同时，在三只松鼠的助力下，旺昌逐渐引进自动包装机等专业化设备，并最终完成 17 条产线的布局，完成了一次产业升级蜕变。量贩装山核桃仁产品也搭乘三只松鼠全渠道快车，从清凉峰镇走向全国各地，让更多消费者能够吃上健康产品。

　　三只松鼠在努力打造优质坚果企业的同时，也为乡村振兴与共同富裕作出许多贡献。支持民营企业更好地履行社会责任，教育引导民营企业自觉担负促进共同富裕的社会责任。探索建立民营企业社会责任评价体系和激励机制，引导民营企业踊跃投身光彩事业和公益慈善事业，参与应急救灾，支持国防建设。当前，三只松鼠努力实现致农富农，并持续践行社会公益。其中，在"为乡村振兴和共同富裕作出突出贡献"的企业愿景指引下，三只松鼠通过规模化采购带动国内坚果主产区特色产业发展。

　　历经多年发展，三只松鼠始终在企业价值观中不断强调"实事求是、创新引领、开放协作、自我批判"。2023 年，结合"三只松鼠"全国化品牌优势，明确"高端性价比"长期战略，三只松鼠将借助全国化的品牌影响力、坚果核心品类优势和全品类开发的供应链能力，升级打造自有品牌零食专业店，并通过加盟拓展策略，快速开出一批店，努力实现零食店规模化增长。

资料来源：https://finance.sina.cn/2023-08-15/detail-imzhhehc5275323.d.html.

问题：从宏观环境和微观环境角度分析三只松鼠成功的原因。

课外实践

1. 实践背景

（1）按照第 1 章课外实践活动中所自组公司和确定的经营背景完成。

（2）要求分析公司未来发展规划，分析市场营销环境，明确下一步研发新产品目标可行性。

2. 实践活动

（1）公司新产品研发可行性分析会。

本公司准备研发新产品之前，必须进行环境分析。

要求：

① 公司召开新产品研发可行性分析会议（课外进行，自学第 3 章教学内容），分析公司未来发展规划的核心，结合自身的经营特点，分析公司现在所处的市场营销环境情况。

② 根据讨论结果，明确研发某一产品方向，完成市场环境分析报告，证明公司研发新产品的可行性，完成新产品研发市场环境分析可行性报告，制作成 PPT，由公司总经理指定人员进行口头汇报准备。

（2）公司新产品研发市场环境分析可行性报告说明会。

① 某著名天使投资人(教师扮演)准备在中国选择一项有发展机会,并具备实力的企业研发项目进行投资,投资金额1000万元。

② 现在你所在公司均有意争取该项投资,该投资人召开了一次方案竞选会议,要求各个公司将自己的新产品研发环境情况进行分析,讨论其项目的可行性。通过该会议,最终选择一个公司进行投资。

③ 会议地点:自拟。

④ 会议流程:投资人讲话;参与竞选公司抽签,确定汇报顺序;每个公司代表进行公司新产品研发市场环境分析可行性报告说明;说明结束后,投资人进行提问;最终选择一个公司成为投资人的投资对象。

⑤ 要求:每个公司进行公司新产品研发市场环境分析可行性报告说明;挨个回答投资人的提问;根据提问修改公司新产品研发市场环境分析可行性报告,并上交存档(应标明该报告完成的工作任务分析,明确每一项工作的具体负责人)。

第 3 章

消费者行为分析

知识目标：

1. 掌握消费者的购买和生产者购买决策过程；

2. 熟悉影响消费者购买行为的主要因素；

3. 熟悉网络消费者的总体特征及需求特征；

4. 了解消费者市场和生产者市场的特点。

技能目标：

1. 培养判断消费者市场和生产者市场的能力；

2. 运用不同的方法了解购买决策的参与者，确定购买行为类型的能力；

3. 根据客户特点明确各个阶段应采取哪些营销对策的能力。

德育目标：

1. 关注消费者权益保护，理解企业的社会责任，倡导绿色环保、可持续发展的营销方式，推动形成健康的市场环境；

2. 提升职业操守，尊重消费者隐私，保护消费者信息安全，不泄露、不滥用消费者个人信息；遵守国家法律、法规和行业规范，自觉抵制商业贿赂等违法行为。

导入案例

2023 中国未来消费者报告：世代篇

BCG 波士顿咨询发布《2023 中国未来消费者报告》，呈现了包含"Z 世代""Y 世代""X 世代""婴儿潮"四大世代在内的世代消费者画像。

通过对世代消费者的态度理念和消费行为的定量定性研究，报告总结出两大洞察。一方面，"X 世代"和"Y 世代"成为中国社会财富的主要创造者和消费双方主力，在中国收入占比高达 60% 以上，且更愿意为高品质生活买单。另一方面，四大世代在观念、态度和兴趣爱好上差异性明显。

否极泰来，曙光乍现。随着国内政策的调整优化和扩内需、促消费的政策方向明确，国内经济活力恢复初见端倪。2023 年 1 月特别是春节期间，出行、金融和消费指标都出现了复苏迹象。对企业而言，面向未来，如何趋时适治，抓住消费市场再次发展的机遇呢？

从宏观看，未来数年，新增中产和下沉市场还会为消费韧性提供源源动力。预计从2022 年到 2030 年，中国将再增 8000 万中产及以上人口，届时中产及以上人口的占比将达总人口的近 40%，为长期消费市场提供韧性。这些新增中产人群有超 70% 来自三线及以下城市，下沉市场的消费力将继续提升。

此外，品质消费势头也会更猛。研究显示，即使在过去两三年相对最困难的时期，中国消费者仍然呈现出较强的"品质升级"需求和为之支付溢价的意愿，且横跨多个品类。对品质和品牌的理解，也链接得更加紧密。

与此同时，中国人口结构也正在发生迅速变化。2023 年 1 月 17 日，国家统计局发布数据，2022 年年末全国人口比 2021 年年末减少 85 万人，61 年来首次出现负增长。65 岁及以上人口占全国人口的 14.9%，依据联合国的标准，这一数字超过 14% 即代表进入中度老龄化社会。人口结构的变化和消费者世代的组成及交替紧密相关，企业对此不可不察。

消费者世代的坐标系有两个：一是时间坐标系，即人群出生的年份；二是身处的社会、文化与历史环境坐标系，重大的历史事件和文化经验将对同处于人格形成期的群体带来不可磨灭的群体记忆，从而塑造出相似的价值观和理念。世代是一个动态流动的概念，它既包含因年龄增长和世代交替带来的脉冲性，也有重大社会历史环境带来的独特印记。

对企业而言，研究未来的消费者，既要理解由不同人生阶段带来的相对固定的需求偏好，也要动态看待代际差异，特别是那些会跟随代际延续到他们新的人生阶段的消费态度和理念特征。

资料来源：https://mp.weixin.qq.com/s/8a5SxyxWzQafd4Lw-mws2w.

消费者行为的发展和变化是促进营销发展变化的重要因素之一。社会中每个人都是消费者，而且在消费过程中，每个人都会有自己的价值判断、消费习惯、行为方式，在购买不同性质或大小不同的商品时，也会产生不同的心理，会受到不同的因素影响。在本章中，就要详细研究不同的购买心理、影响消费的因素和消费决策过程，以确切了解在营销过程中，消费者的行为模式将对销售产生怎样的影响，并通过消费者行为的研究，掌握购买商品的活动和与这种活动有关的决策过程，寻求满足消费者需求的营销途径。

3.1 消费者市场购买行为分析

消费者市场是指所有为了个人消费而购买物品或服务的个人和家庭所构成的市场。消费者市场是现代市场营销理论研究的主要对象。消费者的购买行为是指消费者为个人或家庭的消费而购买商品或服务，为此而支付货币或其他现金替代物的行为。商品购买者和消费者在购买和消费过程中，每个人都会有自己的价值判断、消费习惯、行为方式，在购买不同性质或大小不同的商品时，也会产生不同的心理，会受到不同的因素影响；消费者在各方面差异巨大，因此在购买的商品和服务方面行为各不相同，不同的消费者对不同产品产生不同的购买行为。作为销售企业可以通过对消费者购买行为的分析，选择有效的销售策略。

3.1.1 消费者的行为模式

社会中每个人都是消费者，消费者受到年龄、性别、身体状况、性格、习惯、偏好、职业、地位、收入、文化程度、地理环境、气候条件等多种因素的影响，对市场的消费需求和购买行为具有很大的差异性，所购商品的品种、规格、数量、质量、花色和价格也会千差万别。消费者购买行为研究可以从几个方面入手，见表 3-1。

微课：消费者
行为模式

表 3-1 消费者购买行为研究

消费者购买行为研究可以从几个方面入手	例如，计算机生产销售商必须能够回答以下问题
市场由谁构成？（who）	什么人在购买计算机？
消费者购买什么？（what）	目前消费者购买什么样的计算机？
消费者为什么购买？（why）	消费者购买计算机的目的是什么？
消费者的购买活动有谁参与？（who）	哪些人参与购买计算机的过程并做出决策？
消费者怎样购买？（how）	消费者怎么购买计算机？
消费者何时购买？（when）	消费者在什么时候购买计算机？
消费者何地购买？（where）	消费者在哪里购买计算机？

消费者每天都在做出大量的消费决策。首先了解消费者行为的刺激—购买模式。这个模式显示了营销和环境刺激进入消费者的意识后，消费者的个性特点和决策过程导致了某种消费结果，如图 3-1 所示。

图 3-1 消费者购买行为模式

购买者黑箱是消费者对外界刺激转化为反应的场所，分为两个部分：第一部分是购买者的特征，它们影响购买者对于刺激（如文化、社会、个人、心理）的认识和反应；第二部分是购买者决策过程，它影响购买结果。市场营销人员的任务就是要理解在消费者的意识中，外界的刺激到来之后和消费者的购买决策做出之前，到底发生了什么。

消费者在购买商品时，会因商品价格、购买频率的不同而介入的程度不同。根据购买者在购买过程中介入程度和品牌间的差异程度，可将消费者的购买行为分为以下四种类型。

1. 复杂的购买类型

这是消费者初次在购买差异性很大的消费品时所发生的购买行为；购买这类商品时，通常要经过一个较长的考虑过程。

消费者对于那些单位价格较高且不熟悉、重复购买率低的产品表现出的购买行为最为复杂。此类购买行为对于消费者来说是一个认识学习的过程。消费者首先要产生对产品的信念，然后逐步形成态度，进而对某类产品产生偏好，最终做出慎重的购买决策。

在此种购买过程中，开始时消费者由于对产品不熟悉，不了解产品的类型、产品特征，不清楚产品属性和各品牌产品间的差别，并且缺少购买、鉴别、使用产品的经验和相关知识，为此购买者首先要广泛收集各种相关信息，学习、了解产品相关知识。对可供选择的产品进行全面评估，在此基础上建立起自己对该品牌的信念，形成自己对各个品牌的态度，最后慎重地做出购买决策。因此，企业营销人员需要通过高度介入广告如媒体广告、试销、市场推广等活动满足消费者实际市场和对产品信息的需要，使消费者能够了解产品及品牌特性、企业优势、服务等有关信息，以便使消费者做出较为明智的选择。

2. 和谐型购买类型

消费者购买差异性不大的商品时所发生的一种购买行为。

由于各个品牌之间没有显著差异,消费者会对所购买产品产生失调感。消费者一般不必花费很多时间去收集并评估不同品牌的各种信息,他们将更多的注意力集中于品牌价格、购买时间和购买地点等问题,一般从产生购买动机到决定是否购买之间的时间较短。

如果消费者在购买以后认为自己所买产品物有所值甚至优于其他同类产品,就有可能形成对该品牌的偏好;相反,感到某些方面不满意就有可能形成厌恶感。因此消费者购买后将寻找种种理由来减轻这种不平衡感,对自己的选择做出有利的评价来证明自己的购买决策的正确性。因此,营销人员应通过有效的措施,帮助消费者减少失调感,同时应当尽可能地与消费者进行沟通,增强他们的信念,坚定其对产品的信心,提高对所购买商品的满意程度及对其购买决定的认可度。

3. 习惯性购买类型

习惯性购买是指消费者对所选购的产品和品牌比较了解,已经发展起了相应的选择标准,主要依据过去的知识和经验习惯性地做出购买决定。

习惯性的购买行为是指消费者有时购买某一商品,价格低廉,经常购买,对产品的类型、特征、主要品牌较熟悉,或消费者认为各品牌之间差异性很小,并已经形成品牌偏好,消费者的这种购买行为不必经过建立信念、态度、决策等一系列的过程,也无须对品牌信念、特点进行研究和评价,而通过像看电视或报刊等途径被动接收信息,品牌选择主要依靠"熟悉",且购买后一般不对其进行评价。因此企业营销人员针对此类购买行为可以采取价格优惠、营销推广、鼓励试用、增加销售网络等措施来建立消费者对本企业产品的购买习惯。

4. 多变型购买类型

多变型购买类型是指消费者了解现有各品牌和品种之间的明显差异,在购买产品时并不深入收集信息和评估比较就决定购买某一品牌,购买时随意性较大,只在消费时才加以评估,但是在下次购买时又会转换其他品牌。

消费者转换品牌的原因不一定与他对该产品是否满意有什么联系,可能是对原来口味心生厌倦或者只是为了尝鲜,主要目的是寻求产品的多样性。

针对这种多变型购买类型,市场领导者和挑战者的营销策略是不同的。市场领导者力图通过占有货架、避免脱销和提醒购买的广告来鼓励消费者形成习惯性购买行为;采取多品牌策略,同时尽力增加产品品种,以增加产品的营销机会,如月饼产品生产厂家可参照此策略,并可以采取廉价、赠券、优惠、试用等方式吸引消费者进行挑选,增加企业产品销售量。

挑战者则以较低的价格、折扣、赠券、赠送样品和强调试用新品牌的广告来吸引消费者改变原习惯性购买行为。

消费者购买行为受多种因素的影响,且消费者面对同一产品个体差异较大,会有不同的行为表现。因此在营销过程中应注意灵活性,具体问题具体分析,有针对性地制定营销策略。

思政融入:树立育人为本,德育为先的理念

思政素材:此次短片邀请了B站的宝藏老师们参演,古代文学老师戴建业、法学老师罗翔、心理学老师韩卓等多位老师送上各种各样的祝福,在一词一句的交替中,画面里推着月亮行走的人也最终把月亮送上了天空。

B站找到了两个节日的共通点，将老师们的知识教学比作洒落下来的月光，节日氛围之外，也再次强调出"众所周知，B站是一个学习网站"的社区生态。

几十年一遇的中秋、教师双节，B站转换视角，邀请老师们给大家送祝福，送上一轮象征光明、友谊、团圆的月亮。以西西弗斯推巨石为灵感，短片中的老师一路将巨型仿真月亮推上山挂于古树上，照亮大地，将老师日复一日的授课演绎为月照人间的浪漫。老师们的祝福文案还引用了月亮相关诗句，呼吁大家做一回小孩，去爱，去笑对人生，赋予了老师们诗意的身份标签。文案中透露出的亲切真挚，也一改谆谆教诲的刻板印象，更显示出B站老师UP主们的开阔豁达。

通过这段视频，B站为宝藏老师们吸引了更多的关注，而影片本身也引起了不少老师的自发性转发，产生出圈的传播效应。借教师节的契机，B站再次强化了"学习网站"的心智，以充实的学习内容与有温度的平台形象撬动更多潜在受众群体。

链接：《送月亮的人》

资料来源：https://socialbeta.com/t/hunt-weekly-20220916.

讨论：《送月亮的人》传递了什么理念？结合消费者的行为模式分析视频是怎样产生出圈的传播效应的？

3.1.2　影响消费者行为特征的因素

微课：影响消费者
行为特征的因素

美国人类学家马歇尔·萨林斯所说："消费是一种双重的悲剧，它来源于资源匮乏，导致权利剥夺。"反过来说，产品的丰富，则给予消费者极大的"选择权"。

消费者的购买行为受多种内外因素的影响，主要是受文化、社会、个人和心理因素影响。这些因素，营销人员基本上是无法控制的，但这些因素是制定市场策略的基础和根据。影响消费者行为的因素可以分为内在因素、外在因素和企业市场营销因素。

外在因素包括宏观环境因素和微观环境因素。宏观环境因素包括人口、经济、政治、法律、社会、文化、自然、科学技术等；微观环境因素包括卖场购物环境、卖场人流、服务人员技能与态度、参与购买人员的态度等；企业营销因素包括产品因素、价格因素、渠道因素、促销因素；消费者内在因素包括心理因素、生理因素、行为因素影响下的消费者购买决策过程等。在这些因素中，文化因素起着最广泛、最深刻的影响。

1. 文化因素

对于消费者行为而言，文化因素的影响力既广又深，其中尤以本身所处的文化、亚文化及社会阶层等为代表。

（1）文化（culture）。文化是消费者欲望与行为的基本决定因素，是引发人们各类需求和行为的最根本原因。文化是指人类从生活实践中建立起来的价值观、道德、信仰、理想和其他有意义的象征的综合体。文化一般是本国或本民族人民在生活习惯、价值判断和行为模式等方面的一种长期而稳定的积淀。每个人都在一定的社会文化环境中成长，通过家庭和其他主要机构的社会化过程学到和形成了基本的文化观念。如中国的儒家文化传统是仁爱、诚实、礼貌、忠孝、上进等。

文化对消费者的影响在不同的国家有很大不同。文化对消费者的影响在不同的国家有很大不同，这一点在当今全球化的市场中尤为明显。以饮食文化为例，西方的快餐文化在年轻人中非常流行,而亚洲国家则更注重传统饮食和家庭聚餐。这种文化差异直接影响了消费者的食品选择和消费习惯。

文化的转型和沟通也创造了很多产品机会。例如,随着世界交往的增多,各国间文化交流的机会也越来越多,在生活方式上也有很多趋同的倾向。人们现在越来越习惯于上网,网络成为连接世界的桥梁,各个不同国家、不同民族都可通过互联网很容易地了解彼此的生活方式和需求,由此带来的网络产品的销售呈几何增长的趋势。

大、中、小三屏时代,电视机对应着传统营销沟通环境下的消费者;计算机对应着互联网时代的新一代消费者,而智能手机则包括前两者,催生出移动互联网环境下的消费新生代。在这一代人身上,消费文化发生了翻天覆地的变化。他们的每一次购物体验都可能成为实时新闻的直播。

(2)亚文化(sub-culture)。每种基本的核心文化中都包含着更小的团体所形成的亚文化,它们提供团体成员更特定的认同对象和社会化作用,并对人们造成更直接的影响。亚文化是某一局部文化现象,是指由具有共同生活经历和环境形成的具有共同价值观念的人群组成。每种文化都由更小的亚文化构成;亚文化包括国籍、宗教、种族和地理地域特征。我国主要的亚文化群有民族亚文化群、宗教亚文化群、年龄亚文化群、地区亚文化群、性别亚文化群、职业亚文化群。每种亚文化都使其成员在社会性上区别于其他文化;很多亚文化组成了重要的细分市场,需要市场人员根据当地特定的需求提供个性化的产品设计。

(3)社会阶层(social class)。社会阶层是具有相对的同质性和持久性的群体,它们依据其职业、收入、所受教育及居住区域按等级排列,同一阶层成员具有类似的价值观、兴趣爱好和行为方式。它是社会学家根据职业、收入来源、教育水平、价值观和居住区域对人们进行的一种社会分类,是按层次排列的,具有同质性和持久性的社会群体。社会阶层构成一个体系,在这个体系中每个成员都属于某个角色,并且不可以随便改变。一定阶层中的人有着类似的购买偏好和行为。

社会阶层有许多特征。不同的社会阶层在穿着、语言模式、娱乐偏好及其他很多特征方面都有许多不同。首先,在同一个社会阶层的人要比在两个社会阶层的人在行为模式上有更多的相似性;其次,不同社会阶层的人在一生中也可以由于种种变化而改变自身的社会地位,这种移动变化的程度取决于社会阶层的稳固程度;最后,社会地位是通过一系列特征暗示的——如职业、收入、财富、教育和价值取向等——而不是由任意一个因素决定的。

不同阶层对不同产品和品牌的偏好、媒体偏好方面各有不同,在语言的运用上也有很大的差距。有些市场营销人员把注意力集中在一个社会阶层,这样就形成了不同档次的消费,从而采取不同形式的沟通方式,见表 3-2。

表 3-2　霍林希德社会地位指数(ISP)

职业等级 A(权重 7)	
职 业 名 称	得　　分
大企业的高级主管、业主、重要专业人员	1
业务经理、中型企业业主、次要专业人员	2
行政人员、小型企业业主、一般专业人员	3
职员、销售员、技术员、小业主	4
技术型手工工人	5

续表

职业等级 A(权重 7)	
职 业 名 称	得 分
操作工人、半技术型工人	6
无技能工人	7

教育等级 B(权重 4)	
学 历	得 分
专业人员(文、理、工等方面的硕士、博士)	1
四年制本科(文、理、医等方面学士)	2
1～3 年专科	3
高中毕业	4
上学 10～11 年(高中没毕业)	5
上学 7～9 年	6
上学少于 7 年	7

社会地位等级体系(社会地位得分 R＝7A＋4B)	
社 会 地 位	分数区间
上层	11～17
中上层	18～31
中层	32～47
中下层	48～63
下层	64～77

资料来源：德尔·I.霍金斯,罗格·J.贝斯特,肯尼斯·A.科尼.消费者行为学[M].符国群,译.7 版.北京：机械工业出版社,2000：76-77.

2. 个人因素

　　个人因素包括年龄及家庭生命周期阶段、职业、经济状况、生活方式、性格和自我观念等方面。个人因素主要是指消费者行为受个人特征的影响,特别是受购物者年龄、家庭和生命周期阶段、职业和经济状况、生活方式、个性和自我意识等的影响。一个购买者的行为往往是由一个人的人格特征决定。

　　(1)年龄、家庭和生命周期阶段。人在一生中要购买许许多多产品和服务,不同年龄的消费者有不同的需求和偏好。在不同的阶段所需要的产品和服务是不同的。有时,购买行为还和"家庭生命周期"——家庭随时间推移而不断成熟所经历的不同阶段息息相关,见表 3-3。

表 3-3　家庭的生命周期

阶　段	特　征
单身	年轻,不住家里
新婚	新婚,无子女
满巢一	已婚,最小子女小于 6 岁
满巢二	已婚夫妇,有 6 岁以上子女

续表

阶　　段	特　　征
满巢三	年长夫妇,和未独立子女同住
空巢一	年长夫妇,无子女同住,有工作
空巢二	年长夫妇,无子女同住,已退休
鳏寡一	尚在工作
鳏寡二	退休

营销者通常确定其目标市场的生命周期阶段并针对每个阶段提供适当的产品营销计划,但随着社会的变化,如今的营销者还要迎合一些新出现的非传统的阶段,如延期父母(已成人的孩子又回来居住)及同居者等。

(2) 职业。职业也会影响一个人的消费模式。不同职业消费者,有不同的消费行为和购买习惯。一个普通职员和白领经理人对服饰的需求有一定的差异。因此,有的公司甚至向某个特定职业群体提供专业的产品和业务。

(3) 经济状况。一个人的经济状况会影响其对产品的选择。一个人的收入、储蓄和可支配收入等决定了他对产品的选择权限。收入敏感型产品的营销者应关注个人的收入、储蓄和利率的发展趋势。如果经济指标显示要出现经济衰退,那么营销者就应该采取行动来重新设计、定位其产品并且重新对其产品进行定价。

(4) 生活方式。生活方式是指一个人的生活形式,可以由他或她的消费心态来表示。人的生活方式实际上是对影响个人行为的各种因素的综合反映,其中包括衡量消费者主要生活态度的关键数据(AIO 项目),即行为(activities)、兴趣(interests)及观念(opinions)。它勾勒了一个人在社会上的行为及相互影响的全部形式。营销者可以根据目标顾客的生活方式差异,为消费者提供实现其不同生活方式的产品。

【观念应用 3-1】

小米:《面朝大海,春暖花开》广告片

2023 年 4 月 18 日,小米官宣张颂文成为小米影像探索家,共同开启人文影像探索之旅。张颂文是光影中的演技派,也是懂生活的故事家,小米携手张颂文共同带来合作短片,通过张颂文的声音和手机镜头,共同演绎海子的诗《面朝大海,春暖花开》,记录下生活中的动人瞬间,本片中的所有照片均由小米 13 Ultra 进行拍摄。

小米正式官宣由张颂文出任"小米影像探索家",并释出了一支短片,为海子为人熟知的诗进行了更生活化的演绎。张颂文对每个小角色的成功塑造离不开他的日常经历和对人的洞察,因而小米把短片场景聚焦在日常市集,放大他擅长观察和捕捉生活细节的特质。短片跟随张颂文的视线、镜头一同定格下动人瞬间,传递生活气息,让"记录"这件事变得极有感染力。

"用镜头,去讲你心里的故事吧",短片结尾这句号召也揭开了新一年"小米徕卡影像大赛"的启程。张颂文在短片里的演绎就如同万千用户的缩影,小米也意在邀请更多用户加入,共同编写这部"2023 中国影像辞典"。在对影像性能的诠释下,小米始终以"人文"切题,回归记录的本质,不断在科技与人之间创造联结,让影像成为一门生活语言。

资料来源:https://socialbeta.com/t/hunt-weekly-20230421.

(5) 个性。个性是导致一个人对自身环境产生相对一致和持久的反应的独特心理特

征。个性常用某些性格术语来进行描述。例如，自信、好支配他人、好交际、好自主、好自卫、适应性强及进取心强等。个性在研究消费者行为方面具有相当大的价值。因此，每个人与众不同的个性影响会最终影响购买行为。市场人员尽力使产品或品牌呈现出来的观念或意识与消费者的自我意识相吻合。

3. 心理因素

消费者的购买行为还受到以下四个心理因素的影响。

（1）动机。动机是一个被激励的需要，它足以使一个人采取行动来满足这种需要。一个人在每一个时刻都会有许多需求：有些是生理需求，比如干渴、饥饿等；其他一些需求是心理性的，如被了解、被尊重等，很多需求没有强烈到迫使某人在某一时刻去做什么。一个需求只有达到足够强烈的程度才能成为"动机"。因此，所谓动机，是指足以迫使人去寻找满足的需要。

（2）知觉。知觉是将感觉到的外界刺激变成有意义的个人经验的一种过程，简言之，知觉就是理解了的感觉。知觉具有选择性，这种选择性包括选择性注意、选择性曲解、选择性记忆。一个人的行动会受到他对环境知觉的影响。在同一情况下，具有相同动机的人会采取完全不同的行动，原因就是他们对外界环境的知觉不同。

（3）学习。学习是指由于经验而引起的个人行为的变化。人类的行为有些是与生俱来的、本能的，大多数行为是通过学习、实践得来，人们在行动时，同时也在学习。人类的大部分行为都是通过学习得到的，学习过程发生在动机、刺激、线索、反应及巩固的相互作用过程中。"动机"是强烈地要求人们采取行动的内部刺激；"线索"是指能决定人们何时、何地、怎样来做出决定的小刺激。营销者可以通过将产品和强烈的动机联系在一起，使用各种线索及提供各种巩固的方法，来创造顾客对产品的需求。

（4）信念和态度。信念是指一个人对某些事物所持有的看法。态度是指一个人对某些事物或看法所持的评价、知觉和倾向。

消费者在购买和使用商品的过程中形成了信念和态度。通过行动和学习，人们会获得信念和态度。而这些信念和态度反过来又会影响他们的购买行为。营销者对人们关于某个产品或服务所形成的看法感兴趣，因为正是这些看法构成了能影响购买行为的品牌或产品形象。如果其中有些看法不正确或对购买者不利，营销者就需要开展营销攻势来更正它们。

态度是指一个人对某个客观事物或观念的相对稳定的评价、感觉及倾向。态度使人们产生喜欢或不喜欢某些事情、接受或回避这些事情的固定想法，因此态度相对较难改变。一个人所有的态度形成某个模式，要改变其中的某个态度还需相应改变许多其他的态度。因此，公司应尽量使其产品适应消费者已有的态度而不是试图去改变态度。如果想尝试改变态度会付出很多，需要对比成本和收益之间的差距。

4. 社会因素

社会因素是指消费者周围的人对他所产生的影响，其中以相关群体、家庭以及身份与地位最为重要。一个消费者的行为还会受到家庭、相关群体和社会角色、地位等的影响。

（1）家庭。家庭是一个社会中最重要的消费购买组织。它是由居住在一起的，彼此有血缘关系、婚姻关系或抚养关系的人群组成。家庭一般由父母和兄弟姐妹组成。从父母身上，一个人获取了有关宗教、政治、经济、个人目标、自我价值和爱的观念。甚至即使一个消费者不常和其父母接触，父母对他们的影响仍然很大，家庭作为消费群体曾被广泛研究。

（2）相关群体。相关群体是指对一个消费者的行为和价值观能产生直接（面对面）或间接影响的人群。相关群体分为两种：一是成员团体——自己身为成员之一的团体；二是理想团体——自己虽非成员，但愿意归属的团体。有些相关群体是一些和个体最亲近的人群，如家庭成员、朋友、邻居和同事等。如宗教、工会等，相关群体会影响个人的行为和生活方式，影响个人的态度和自我意识，影响消费者对产品品牌的选择和偏好。

由于群体具有强大的影响力，市场营销人员就要尽量发掘出目标消费者的相关群体，所以产品生产者或营销人员必须找到接近相关参照群体中观念领导者的手段。观念领导者是参照群体的一员，由于有特殊的技术、知识、个性和特点，因此能对他人产生影响。社会各个阶层都有观念领导者，在某个产品上他有可能是观念领导者，在其他产品上他又可能只是观念追随者。市场人员通过研究与观察领导者相关的地理与心理特征，领导者所接触的媒体，观察领导者发出的信息来确认市场领导者。

（3）角色与地位。一个人必然从属于很多群体——家庭、俱乐部、协会等。一个人在群体中的地位可以以他的角色和地位来判断。角色是由人们所期望的一个人所应该表现出来的一系列行为所组成，每一种角色都反映了一定的地位。一个法官可能比一个警察有更高的地位；或一个销售经理比一个普通职员有更高的地位等，这些角色和地位都反映了社会对其的综合评价。人们在购物中有时会选择那些能反映自身角色和地位的产品，这就是为什么某些大的公司总裁会选择驾驶奔驰，穿着名贵服装等。市场人员应该明白和研究隐藏在产品和品牌背后的"象征地位和身份"。

小思考

"00后"消费方式报告：月均花 3000 元

在不少人眼中，"80后"是愤青一代，"90后"是自黑一族。那么，正在成长的"00后"一代又具备怎样的特质？近日，零点调查公司发布了中国首份"00后"人群生活形态与消费方式报告。报告显示，"00后"人群在生活形态方面呈现"拟成人化"特征，在消费习惯上更具专属性。

在我国，"00后"一代多为独生子女，"我是唯一"的概念从小就在他们的脑海中形成。因此，无论是商家还是家长，都认为"00后"应该有自己的专属产品。报告显示，有 94.3% 受访的"00后"人群有自己专属的数码产品，有 60.8% 受访"00后"中学生表示已拥有自己专用的手机。

从教育理念上看，"00后"家长更倾向于将孩子作为一个平等的个体进行沟通，也向他们灌输一些成人社会的法则。受家长行为方式和媒体的影响，"00后"人群的生活方式和喜好也呈现"拟成人化"特征。上述报告显示，"00后"会模仿大人着装、向往使用成人物品（如手表、手机），爱看家庭剧和综艺类节目。

报告还显示，"00后"家庭每月在孩子身上的开销超过 3000 元，成为家庭支出的重头戏。尽管如此，"00后"家长的消费理念仍趋于理性。在 3000 名受访家长中，有 61.1% 的受访家长表示"别人家孩子有的东西，我的孩子不一定也要有"，有 59.2% 的受访家长表示"孩子想买的东西我会衡量之后再决定"。此外，在嘉奖孩子的方式方面，"00后"家长首选"口头表扬"。

资料来源：戴岱."00后"消费方式报告：月均花 3000 元. 中国消费者报, 2015-04-09.

思考：分析"80后""90后""00后"三代人消费行为的差异性。

3.1.3　消费者购买决策过程

微课：消费者
购买决策过程

典型的购买决策过程一般包括五个阶段，分别是需求确认、信息收集、方案评价、购买决策及购买后行为，如图 3-2 所示。购买过程在购买者实际做出购买行为之前就已经开始了，而且会持续到购买之后。作为营销者，应该重点关注整个购买进程而不是购买决策本身。

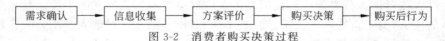

图 3-2　消费者购买决策过程

1. 需求确认

需求确认是消费者购买决策过程的起点。购买过程开始于需求确认，当消费者在现实生活中感觉到或意识到实际与期望之间有一定差距，这种差异源于购买者觉察到目前的实际情况和理想状况之间的差异。当产生了要解决这一问题的要求时，购买的决策便开始了。需求可由内部的或外部的刺激引起。一个人的内部需求——饥饿、口渴在累积到了一定的程度之后会转化为动机，这是由内部引起的。当某个人看到街上开过一辆跑车，顿起羡慕之情而打算也要拥有一辆，或看到电视广告而产生购买某种洗发水的欲望，这都是由外部刺激引起的。市场营销人员应善于安排诱因，促使消费者对企业产品产生强烈的需求，并立即采取购买行动。

在需求确认这个步骤中，营销人员应了解消费者有什么样的需求或问题，它们是怎样产生的，以及如何把消费者引向特定的产品。在收集到这样的信息后，营销人员可以识别出哪些因素最经常引发人们对产品的兴趣，然后制订包含这些因素的营销计划。

2. 信息收集

消费者被唤起的需要并不是马上采取购买行动去满足，往往保留在消费者记忆中，作为满足未来需要的必要项目。一个消费者一旦产生需求之后，就会产生一种强烈的注意力，对满足需要的事物极其敏感，就有可能去寻找与产品有关的相关信息。如果消费者的需求极为强烈而周围又有现成满意的产品，那么消费者极有可能直接购买。如果情况并不完全如此，消费者可能会在心里记着需求，并通过多种途径寻找相关产品的信息。他寻找信息的工作量取决于其动机的强烈程度、开始拥有的信息量、获取信息的难易程度以及他在寻找信息过程中所获得的满足。消费者可以从以下渠道中获取信息。

（1）个人来源：包括家庭、朋友、邻居、熟人。

（2）商业来源：包括广告、销售人员、经销商、包装、陈列。

（3）公共来源：包括大众媒体、消费者信誉机构。

（4）经验来源：包括接触、检验、使用产品。

这些信息的影响力随产品和购买者的不同而不同。这些信息的来源主要是由营销者来控制的，其中最有影响力的来源一般是个人来源，在服务方面尤为明显。因为个人来源一般能为消费者提供对产品的评价，而商业来源一般只是告知消费者有关产品的信息。公司需要综合设计营销计划，以便让未来顾客了解关于其产品的各方面的知识。它必须仔细识别消费者的信息来源及每个来源的重要性，询问消费者是如何知道公司品牌的，他们获取信息的多少以及对哪些信息及来源更重视。

在移动互联网时代里,消费者的信息获取渠道又发生了改变,信息来源的界限越来越模糊。比如,一个人想要决定去哪里吃饭时,通过微博、微信朋友圈、大众点评等获取信息,吃完饭想要去某一个电影院约会朋友,则会选择高德地图获取路线。

3. 方案评价

方案评价是消费者利用各种来源的信息,对商品进行分析、对比、评价的过程。

消费者是如何处理竞争品牌的信息,并最终做出方案价值评判的呢?在实践过程中,消费者在所有购买过程中都不是使用某一种简单的评价方法,而是有几种不同的评价过程。

一些基本概念应该有助于理解消费者的评价过程,要假设消费者的消费一般是理性的。首先,消费者购买产品是为了满足某种需求,消费者将产品看作一系列产品属性的组合。例如,汽车的属性有可能包括速度、外观、大小、价格等。哪些属性比较重要,不同的消费者看法不同,消费者会比较关注与他们需求密切相关的属性。其次,尽管属性相同,在消费者的脑海中也会形成对不同品牌的信念。人们对于某种特定品牌的一系列观点和信念就是通常所说的品牌形象。由于消费者在购买过程中会受到一系列因素的影响,如选择性的注意、曲解、保留等,"品牌形象"和实际产品的属性还是有一定差距的。最后,消费者对产品的全部满意程度随着产品所有属性的水平而变化。这就是说,很少有消费者对某个产品的所有属性都满意。如果一个产品的所有属性都符合消费者需求,他就会毫不犹豫地购买。而在一般情况下,消费者总是在比较产品属性和心理需求之间的差距,通过不同的权重比较,消费者就会做出选择。

一般来讲,消费者会做详细的估计和逻辑思考。但有时他也可能不做任何评价,做出冲动、凭感觉的购买。消费者有时自己制定购买决策,有时向朋友、营销人员进行咨询或阅读说明书。作为营销人员,应研究购买者在实际中如何评价可供选择的品牌,了解评价过程如何进行,了解何种媒介对消费者更具影响力,这样就可以采取一定的行动来影响购买者的决策。

4. 购买决策

通过对备选方案评价,消费者对不同品牌进行排序形成了购买意向,即进入购买决策和实施购买的阶段。消费者购买决策的最后确定,除了自己的喜好外,还受其他因素的制约。一般来说,消费者的购买决策将是购买最爱的品牌,但是在购买意向和决策之间还受到他人的态度及不可预料情况的影响,不可预料的情况往往会改变消费者的购买意向。有时,其他的情况或购买意向往往会改变消费者预期的打算。例如,小李打算购房,但由于房价高涨、国家购房贷款政策的变化,由此而延后了买房的打算,改为购车改进生活出行问题。由此可见,倾向性甚至购买意向并不一定真正引发购买行为。在这个阶段,企业一方面要向消费者提供更多、更详细的商品信息,以便使消费者消除各种疑虑;另一方面要通过提供各种销售服务,方便消费者选购,促进消费者做出购买本企业产品的决策。

5. 购买后行为

思政融入: 社会责任,自信自立,公益环保

思政素材: 2023 年 5 月 22 日,在国际生物多样性日,广州、杭州、南京三地相关部门与蚂蚁集团签订了合作协议,并宣布与蚂蚁森林合作,同步启动"古树保护公益支持项目"。同时,蚂蚁森林拍摄了《我是一棵树》系列短片,以树的第一视角来讲述在历史长河中,古树与人、与一座城的故事。

　　在国际生物多样性日，蚂蚁森林联合三地相关部门同步启动"古树保护公益支持项目"，并拍摄了公益短片集《我是一棵树》，用拟人化的视角，让古树用带着方言的口吻开口说话。"一百多岁的中年靓仔""雨中等伞的浪漫少女""反矫反内卷的社牛阿婆"三个性格鲜明的人设分别赋予了广州、杭州、南京三座极具历史底蕴和厚重感的城市不同的人文气质，在树与人、树与城市的交互故事中娓娓道来。

　　"古树保护"项目是蚂蚁森林从沙漠走进城市的全新业务模式，在植树造林、普及绿色生活的大众共识之外，蚂蚁森林开始从自然走向城市、从远方走向大众身边，保护集体记忆的"人文生态"背后，透露出城市、人与自然和谐共生的美好情愫，并落脚在城市中生活着的人们的精神面貌上。以树喻人，通过与受众建立深层的情感链接，蚂蚁森林进一步深化品牌的社会价值。

链接：广州古树名木保护公益支持项目

资料来源：https://mp.weixin.qq.com/s/gpNZXFfOuSBqzqzd7uOgaQ.

　　讨论：《我是一棵树》系列短片是怎样建立情感链接，强化消费者记忆的？

　　消费者购买了商品，并不意味着购买行为的结束。消费者购买一种产品以后，通常会有把所体验到的产品实际性能与以前对产品的期望进行比较，检验自己购买产品利益及确认购买决策正确与否的过程。通过比较，会产生一定的购后感受，形成所谓的购后行为。为此，企业要注意及时收集信息，加强顾客意见反馈的收集和售后服务工作，并采取相应措施，改善消费者的购后感受，消费者购买后的行为也关系到这个产品在市场上的命运。

【观念应用 3-2】

盲盒吸引 Z 世代年轻人

　　根据谷雨数据对泡泡玛特用户的调研，盲盒女性玩家占比高达 75％，18～29 岁的年轻人为主要消费群体，用户职业多为具有一定消费能力的白领，收入 8000～20000 元的用户比达到 90％，除此之外，学生也是核心的购买群体。总结下来，Z 世代就是它们最主要的消费群体。

　　随着"盲盒第一股"泡泡玛特上市，"盲盒为什么吸引年轻人"的话题也屡次被推上热搜。有人说盲盒是智商税，有人说盲盒像赌博，盲盒玩法的相继破圈也不免会让人提出质疑：Z 世代年轻人收盲盒手办，背后的原因究竟是什么？

成长环境影响消费习惯

　　Z 世代的成长大多局限于学校和家庭之间，他们从父母那里获得了更多的经济支持。由于缺乏兄弟姐妹的陪伴也更容易感到孤独，更愿意在社交圈内寻找共同的兴趣和话题，寻找志同道合的朋友和社交圈。也正因如此社交成为 Z 世代的重要消费动机之一。

　　所以刚开始的盲盒产品显然符合他们需要的产品特性，盲盒产品除了最基本的购买行为外，还能够延伸出满足社交需求的功能，盲盒爱好者可以通过一些平台与志同道合者进行互动，找到兴趣组织，获取新信息，并且可以将自己重复购买或不喜欢的玩具二次交易，从中满足消费者归属与爱的需求。一些年轻人也由此慢慢形成了一个圈子，大家也都很享受其中。

Z 世代的消费特性：悦己型消费

　　随着经济、社会、文化的不断发展，消费者身处知识不断进化与消费快速升级大潮的最前沿，加之取悦自己已经成了许多人所秉持的一种生活态度，因此很多年轻人就愿意在自己最大消费能力范围内取悦自我,悦己成为他们消费过程中的突出特点。

崇尚个性、关注新鲜的Z世代年轻一代正在成为我国消费主力,爱好个性、追求悦己消费的新生代是国内潮玩的主要受众,他们接触多元的文化、追求展现个性与表达自我,更愿意为情感需求和悦己行为消费。盲盒手办无疑是满足当下年轻人幸福感的代表产品,所以即使明白那些所谓的套路,也愿意花金钱取悦自己。

重视体验感

Z世代是极其重视体验感的一代,更加注重除了物质以外的其他内容。超过50%的Z世代认同花钱是为了获得幸福感,他们会通过消费感受生活中即时的幸福与美好。

正是这种"千金难买我乐意,怎么开心怎么活""喜欢就买,毕竟心情愉快最重要"的消费观念不断崛起,盲盒就吸引了喜爱个性化的年轻人的兴趣和热情。在年轻人的思维观念里,在盲盒消费过程中,尤其是在抽到自己心仪的款式甚至是隐藏款时,能够获得无与伦比的满足感和幸福感。这种满足感和幸福感说起来容易,但事实上能带给年轻人这种感觉的事物实在太少,这就使得盲盒消费成为年轻人愉悦自己的一个重要方式。

资料来源:https://www.163.com/dy/article/G8OSRTJ3055219FA.html.

平均来说,满意的顾客会向三个人讲述买了件好产品,而不满意的顾客却会向11个人抱怨。中国有句俗话"坏事传千里",就有这个意思。所以销售商除了向消费者提供名副其实的商品之外,还要尽量消除顾客的不满意感,公司应当建立鼓励消费者进行投诉的系统,公司这样做可以了解到自己做得怎么样及如何进行提高。公司还可以通过各种售后服务或感谢信等一系列措施,使消费者相信自己的判断是正确的。

小思考

回忆最近一次购买一件价格超过100元的商品的整个购买经历。根据所学知识,分析你的决策过程。

3.2 网络消费者分析

在互联网环境下,消费者的概念和消费者行为发生了很大的变化。传统营销理论中的消费者是一般大众,任何人都是潜在消费者,都是营销策略针对的对象,因此,企业的宣传、广告和营销策略针对所有的人,导致广告不但花费巨大而且有较大的盲目性。移动互联网影响下的营销理论中,消费者从大众分离出来,只有上网主动搜索商品信息的人才是真正意义上的消费者,组成网络消费者。网络消费者是指通过互联网在网络市场中进行消费和购物等活动的消费者人群。互联网和移动网络特性决定了网络消费者在需求和行为方面的独特性。因此,只有针对目标消费者的需求进行产品开发、市场推广才能达到事半功倍的效果。

3.2.1 网络消费者的总体特征

网络环境下消费者的特征在继承某些传统特征的同时又呈现出一些新的特点,主要表现为以下四个方面。

1. 注重自我

所谓自我就是内心深处的自己,真实的自己,毫不掩饰或不压抑自己的一面。自我展现受外界环境影响。互联网和移动网络的特性释放激发了网络群体的个性化追求,变得更加注重自我。由于目前网络用户多以年轻、高学历用户为主,他们拥有不同于他人的思想和喜好,有自己独立的见解和想法。在消费过程中,他们对自己的判断能力也比较自负。所以他们的具体要求较独特、善变、有个性。因此,从事现代营销的企业应想尽办法满足其独特的个性化需求,尊重用户的意见和建议,而不是用大众化的标准来寻找大批的消费者。

2. 擅长理性分析

网络市场存在风险和众多的不确定因素,追求消费安全感成为消费者在网络市场中主要的心理活动之一。由于网络消费是以大城市、高学历的年轻人为主。为了降低风险感,进行购买之前,网络消费者头脑冷静,不会轻易受舆论左右,会寻求各种手段和方法收集完备信息,对各种产品宣传有较强的分析判断能力,会理智地考虑各种购买问题。在电子商务环境下,由于网络和电子商务系统巨大的信息处理能力,为消费者理性分析提供了强有力的保障。擅长理性分析成为网络消费者的主要特征之一。

3. 不断追求新事物

新事物是指符合事物发展的客观规律和前进趋势、具有强大生命力和远大前途的事物,追求新事物是人类生活的客观规律,网络消费者也不例外。但是网络技术和信息技术的出现让这种追求变得更迫切、快捷、迅速。电子商务强大的信息处理能力、展现能力和创造能力,为新事物的出现和被捕获提供了巨大的空间。网络消费者在不断追求新事物的同时,也触发了新事物出现的动力引擎,而新事物的出现又促进了网络消费者对新事物的不断追求。

4. 缺乏耐心

网络中聚集了大量的同质信息,致使网络消费者在获取信息时变得挑剔又缺乏耐心。以搜索引擎使用为例,典型的浏览情况是网络用户只点击搜索结果的前几页、前几项,注意力发散,专注力是短暂的。影响网络消费者缺乏耐心的主要因素有:网站打开的速度、网站对用户意见反馈的速度、信息捕获后的排列序列、信息描述的清晰和准确性、信息表现的形式等。网络消费者缺乏耐心的特征会导致顾客忠诚度下移和转移。

3.2.2　网络消费需求的特征

满足网络消费需求是企业从事网络营销活动的出发点和归宿;准确把握网络消费者需求特征是企业从事网络营销活动的基础。由于电子商务的出现,消费观念、消费方式和消费者的地位正在发生着重要的变化,使当代消费者需求与以往相比呈现出新的特点和趋势,主要表现为以下几个方面。

1. 消费主动性增强

在社会分工日益细化和专业化的趋势下,消费者对消费的风险感随着选择的增多而上升。在许多大额或高档的消费中,消费者往往会主动通过各种可能的渠道获取与商品有关的信息并进行分析和比较,或许这种分析、比较不是很充分和合理,但消费者能从中得到心理的平衡以减轻风险感或减少购买后产生的后悔感,增加对产品的信任程度和心理上的满足感。消费主动性的增强来源于现代社会不确定性的增加和人类需求心理稳定和平衡的欲望。

2. 消费者与厂家、商家的互动意识增强

传统的商业流通渠道由生产者、商业机构和消费者组成,其中商业机构起着重要的作用,生产者不能直接了解市场,消费者也不能直接向生产者表达自己的消费需求。而在网络环境下,消费者能直接参与到生产和流通中,与生产者直接进行沟通,减少了市场不确定性。

3. 追求方便和购物乐趣的消费过程

在网上购物,除了能够完成实际的购物需求以外,消费者在购买商品的同时,还能得到许多信息,并得到在各种传统商店购物没有的乐趣。今天,人们对网上消费过程出现了两种追求的趋势:一部分工作压力较大、紧张程度高的消费者以方便性购买为目标,他们追求的是时间和劳动成本的尽量节省;另一部分消费者,是由于劳动生产率的提高,自由支配时间增多,他们希望通过消费寻找生活的乐趣。今后,这两种相反的消费心理将会在较长的时间内并存。

4. 价格是影响消费心理的重要因素

从消费的角度来说,价格不是决定消费者购买的唯一因素,但却是消费者购买商品时肯定要考虑的因素。网上购物之所以具有生命力,重要的原因之一是因为网上销售的商品价格具有透明性,普遍低廉。尽管经营者都倾向于以各种差别化来减弱消费者对价格的敏感度,避免恶性竞争,但价格始终对消费者的心理产生重要影响。由于消费者可以通过网络联合起来向厂商讨价还价,因此产品的定价逐步由企业定价转变为消费者引导定价。

5. 网络消费仍然具有层次性

网络消费本身是一种高级的消费形式,但就其消费内容来说,仍然可以分为由低级到高级的不同层次。在网络消费的开始阶段,消费者偏重于精神产品的消费;到了网络消费的成熟阶段,等消费者完全掌握了网络消费的规律和操作,并且对网络购物有了一定的信任感后,消费者才会从侧重于精神消费品的购买转向日用消费品的购买。

6. 网上消费者的需求具有交叉性

网上各个层次的消费者不是相互排斥的,而是具有紧密的联系,需求之间广泛存在交叉的现象。例如,在同一张订购单上,消费者可以同时购买最普遍的生活用品和昂贵的饰品,以满足生理的需求和尊重的需求。这种情况的出现是因为网上商店几乎可以囊括所有商品,人们可以在较短的时间里浏览多种商品,因此产生交叉性的购买需求。

7. 网络消费需求的超前性和可诱导性

电子商务构造了一个全球化的虚拟大市场,在这个市场中,最先进的产品和最时髦的商品会以最快的速度与消费者见面。以具有超前意识的年轻人为主体的网上消费者必然很快接受这些新商品(国内和国外的),从而带动其周围消费层新的一轮消费热潮。从事网络营销的厂商应当充分发挥自身的优势,采用多种促销方法,启发、刺激网络消费者新的需求,唤起他们的购买兴趣,诱导网上消费者将潜在需求转变为现实的需求。

3.2.3　影响网络消费者购买的主要因素

1. 购物的便捷性

购物的便捷性是消费者选择购物的首要考虑因素之一。一般而言,消费者选择网上购物时考虑的便捷性,一是时间上的便捷性,可以不受时间的限制并节省时间;二是可以足不出户,在很大范围内选择商品。

网上市场描绘了一个诱人的场景,使购物过程不再是一种沉重的负担,甚至有时还是一种休闲和娱乐。市场营销从原来的交易营销演变为关系营销,市场营销的目标转变为在达成交易的同时还要维系与顾客的关系,更好地为顾客提供全方面的服务。

（1）售前。向消费者提供丰富生动的产品信息及相关资料（如质量认证、专家品评等）,而且界面友好清晰,易于操作执行,消费者可以在比较各种同类产品的性能价格比以后,做出购买决定。

（2）售中。消费者无须驱车到很远的商场去购物,交款时也不需排着长队,耐心等待,最后也无须为联系送货而与商场工作人员交涉。在网上,一切都是那么简单迅速。坐在家中即可逛虚拟的商店,用电子货币结算等,省却许多麻烦。

（3）售后。在使用过程中发生的问题,消费者可以随时与厂家联系,得到来自卖方及时的技术支持和服务。

2. 购物的安全性

影响消费者进行网络购物的另一个重要因素,就是安全性和可靠性问题。对于现阶段的网络营销来说,很多问题归根结底还是安全问题。因此,对网上购物的各个环节,都必须加强安全和控制措施,保护消费者购物过程的信息传递安全和个人隐私,以树立消费者对网站的信心。网络购物与传统营销购物不同,在网上消费一般需要先付款后送货,这种购物方式就更决定了网络购物安全性、可靠性的重要。

◤ 小思考

"央视 boys"直播带货

"权来康康,撒开了买！"——这是央视主持人康辉、朱广权、撒贝宁、尼格买提第一次组合直播带货的口号。2021 年 5 月 1 日晚上 8 点,央视新闻和国美零售合作,在央视新闻客户端、抖音、国美美店微信小程序、拼多多、京东等平台在线观看和购买。3 个小时成交额超过 5 亿元,观看人数超过 1000 万。比起普通的直播带货,这次更像是一场早期的电视购物节目。"央视 boys"用朱广权的话来说,"我们这个组合特别神奇,主要是貌合神离,老也凑不齐,好不容易凑在一起,还互相揭底,马上出道就解体,但为了美好生活,一定帮你们把价格砍到底。"

在无数 KOL、机构、明星、官员甚至企业家都涌入带货直播间时,直播内容本身的趣味性也成了竞争力中的重要一环。不同于专职主播带货,央视主持人直播对用户来说,更具有新鲜感和观赏价值,可以看作是一种影响力变现为品牌传播力的营销行为。

资料来源：https://yule.sohu.com/a/511431384_120099886.

思考：请分析"央视 boys"直播带货成功的原因,并探讨其对传统媒体转型和网络营销的启示。

3.3　组织市场与购买行为分析

市场上的组织不仅出售产品和劳务以满足广大消费者的需求,而且在大量地购进产品和各类服务,以满足其进行再生产的需要。

3.3.1　组织市场的定义

组织市场是一个非常大的市场,比消费者市场的规模要大得多。组织市场（organizational market）概括地说,是由那些采购产品或劳务的正式组织构成的。组织市场可以进一步划分为产业市场、中间市场和非营利组织市场(主要是政府市场)。它们在购买动机、影响购买动机的因素及购买程序方面与最终消费者有一定的相似之处,但在一定程度上又有很大不同。组织市场是一个非常大的市场,以下较为具体地分析集团购买者的类型和特征。

1. 组织市场的类型

(1)产业市场(industrial market)。产业市场是指为满足工业企业生产其他产品的需求而提供劳务和产品的市场。由一些个人和组织构成,它们采购产品和劳务,目的是加工生产其他产品或劳务,以供出售或出租从中盈利,一般来讲,产业市场是最庞大和多样化的组织市场。

(2)中间商市场(reseller market)。中间商市场也被称为"转卖者市场",还被称作转卖市场,是由以盈利为目的的从事转卖或租赁业务的个人和组织构成,其包括批发商和零售商两个部分。一般来说,中间商购物是为了转售,他们为顾客充当了采购代理人的角色。在较发达的商品经济条件下,大多数商品是由中间商经营的,只有少数商品采取了直销形式。

(3)政府市场(government market)。政府市场是由各级政府机构组成的,这些机构需要采购货物和劳务,其采购的主要目的是执行政府职能和提高公共服务效率。政府采购的产品和劳务的种类繁多,从军火、燃料、汽车、食品、工程等应有尽有。对任何一个制造商或中间商来说,政府机构都是一个巨大的买家。

2. 组织市场的特点

组织市场与消费者市场有一定的相似性。但是,由于市场结构和需求特性、购买者成分及购买者决策类型及规则上有较大的差异,所以组织市场和消费者市场还是有很大的差异性。组织市场具有自己鲜明的特点。

(1)组织市场人数较少,购买规模较大。上亿元的订单在组织市场上并不稀奇,其整体购买数量和金额比消费者市场大得多。

(2)组织市场的地理区域分布相对集中。在地理上集中,有利于组织购买者辨认、比较,吸引更多的客户。集中地往往也集中了更多的配套服务,有利于组织购买者的活动。在我国相对集中在大中城市,如沈阳的五爱服装城、义乌小商品批发市场、石狮的服装批发城都体现了这些特征。

(3)组织市场的需求缺乏弹性。组织市场的需求一般不会受到价格变动的影响,特别是在短期内更是如此。许多组织产品和劳务的需求也缺乏弹性。

(4)组织市场需求的波动性。其原因在于组织市场的需求是派生于消费者市场,所以消费者市场的小量波动也会导致组织市场的巨大波动。

(5)组织购买者的购买决策较为复杂。影响决策的人多,成分复杂,还会涉及更多人甚至政府高官。因此,在组织市场上,营销企业通常派遣同样受过良好训练的人来与买方洽谈。

(6)专业化采购。与消费者市场相比,组织市场上的购买者,多为受过专门训练的采购员或代理人来完成,他们对所购买产品性能、质量、规格、技术要求非常熟悉,并了解供应商情况。

(7)直接采购。组织购买者通常直接从生产者处订货、采购,以降低风险和购买成本。

(8)互惠购买。组织购买者倾向于选择那些从他们处采购产品的供应商,即你买我的货,我用你的产品。

在组织市场上,依据以上特点,买卖双方往往倾向于建立长期客户关系,相互依托。在购买者决策的各个阶段,从帮助客户确定需求,寻找能满足这些需求的产品和劳务,直到售后服务,卖方要始终参与并同客户密切合作,甚至要经常按客户要求的品种、规格定期提供产品和劳务。从长期来看,组织市场上的营销者要通过为客户提供可靠的服务及预测它们眼前和未来的需要,与客户建立持久的关系,从而保持自身的销售额。

3.3.2　产业市场的购买行为

与消费者市场相比,产业市场上的购买者成分较复杂,并多为受过专门训练的内行人员,在购买过程中有不同的人以不同方式参与购买决策,但它们具有共通性的决策过程。

通常产业市场的采购决策单位称为采购中心,并定义为所有参与购买决策过程的个人和集体。他们具有某种共同目标,并一起承担由决策所引发的各种风险。产业市场购买活动的方方面面所涉及的每个人,他们在采购过程中分别扮演不同的角色。涉及较为复杂的购买决策时,还会涉及更多的人甚至政府高官。在产业市场上,必须由同样受过良好训练的人与买方洽谈,如表3-4所示。

表 3-4　采购中组织成员的角色及作用

序号	角色	责　任	作　用	可　能　人　员
1	发起者	提出购买需求	需求伸张	组织雇员、销售经理、车间主任
2	使用者	所要采购物品的实际使用者,通常采购某种物品的要求是由他们首先提出来的	他们在决定采购物品规格型号上起很大的作用	生产线上的工人、办公室人员、文秘
3	影响者	企业内外直接或间接影响采购决策的人,其中技术人员是特别重要的影响者	以专业知识影响决策	技术人员、组织顾问、质量管理专家
4	决策者	做出最后购买决策	决定采购项目及供应者	企业采购经理、总经理、董事长
5	采购者	购买决策执行人	执行购买决策或做出日常购买决策	采购员、采购代理人
6	控制者	指可控制信息流的人员	他们可控制外界与采购有关的信息	采购代理员、电话接线员、接待员、技术人员

1. 采购中组织成员的角色

（1）发起者。发起者是首先发现组织需要进行购买的人,通常由他们提出新产品购买建议。但由于他们在组织中的角色、地位和组织类型不同,发起者对购买决策影响力不大。

（2）使用者。所要采购物品的实际使用者,通常采购某种物品的要求是由他们首先提出来的,并能够影响产品规格型号的确定,其对决策的影响根据组织不同和要采购的产品不同而不同。

（3）影响者。他们通过其专业知识影响或提出建议来影响决策,并帮助确定供应商、产品规格型号和购买合约内容等。

（4）决策者。决策者是最终做出购买产品或服务选择的人。其在购买中拥有最大的权力,是购买过程中最重要的角色和营销对象。

（5）采购者。采购者是执行采购活动的人,他们有权选择和决定供应商,并就采购产品合约进行谈判,确定购买条件。对于简单采购过程（日常采购）拥有决策权。

（6）控制者。控制者是指有权阻断采购信息和组织人员信息的人。他们对于供应商来说是阻断产品与发起、使用、决策、采购者信息和会面的人。他们可能是前台接待、电话接线或仅仅是门卫。

2. 产业市场购买者的决策过程

产业市场购买者的决策，通常比消费者的决策复杂得多，涉及更大数额的款项、更复杂的技术和经济问题，因此，往往需要花费更多的时间反复论证。产业市场购买的决策行为也往往比消费者更为规范，组织大规模地购买通常要求详细的产品规格、文字购买清单，以及对供应商的认真调查和正式的审批程序。但组织购买如同消费者的购买决策过程一样，一般可以分为八个阶段。现将八个阶段的说明陈述如下。

(1) 提出需要。采购工作开始于企业内部有人提出对某种产品或劳务的需要时，提出需要的可能是外部或内部的刺激。内部的刺激如组织决定扩大生产规模，决定生产某种新产品，需要新的设备及原材料；设备发生故障，需要更新设备或零部件；发现过去采购的原材料有问题，需要更换供应者，或寻求更好的货源等。外部的刺激如展销会、广告或供应者推销人员的访问等。

(2) 确定总体需求。在认识到市场需求之后，要把所需要的产品种类与数量，从总体上确定下来。复杂的采购任务，由采购人员同企业内部的有关人员共同研究决定；简单的任务则由采购人员直接决定。

(3) 详述产品规格。总体需要确定后，要对所需产品的规格型号等技术指标作详细的说明。这要由专门人员运用价值分析进行。价值分析(value analysis)是一种降低成本的分析方法，由美国通用电器公司 20 世纪 40 年代后率先实行。价值分析就是分析产品成本与功能之间的比例，在保证不降低产品功能的前提下，尽量减少成本，以获取更大的经济效益。往往产品总量占 20% 的零部件，价值却占总成本的 80%。对这些零部件进行分析，通过更换零部件或修改设计而不损害产品功能的方法，可发掘降低成本的潜力。经过价值分析，写出详细的书面报告，说明技术要求，作为采购人员的采购依据。

(4) 查询供应商。采购人员通常利用工商名录或其他资料查询供应商，有时也通过其他企业了解供应者的信誉。供货企业应想方设法提高自己的知名度以方便用户的采购。

(5) 征求供应者的信息。找到备选的供应商后，应尽快请他们寄来产品说明书、价目表等有关信息资料，特别是较复杂和贵重的项目，必须要求详细的资料。因此，供应商要善于编写产品目录、说明书、价目表等资料。在这些资料中应对产品详细介绍，包含促销信息。

(6) 评价和选择供应商。采购者在收到各个供应商的有关资料之后，要进行比较来选择自己满意的对象。

选择供应商一般要考虑的主要因素包括：交货能力；产品质量、品种、规格及适用性；产品价格高低；企业信誉和历来表现；维修服务能力和信誉；技术能力和生产设备、生产能力；付款结算方式；企业地理位置等因素。依据此标准挑选出最佳的供应者。在大多数情况下，生产者用户不愿意依靠单一的供应者，以防被动。通常是确定一个主要的供应者，供应量占50% 以上，而另外的则由其他供应商供给。这有助于供应商之间展开竞争，改善供应条件。

(7) 发出正式的订单。用户在选定供应者之后，就会发出正式的订货单，写明所需产品的规格、数量、要求交货的时间、各种保修条件等。在西方国家，有时会签署一份"一揽子合同"(blanket contract)，这种合同要求供应者必须按规定随时向买方供货，近似于买方将库存放在供应者手中，这种合同也被称为"无库存采购计划"。这种方式使供应者的产品销路较有保障。

（8）评估履约情况。用户买进产品之后，采购部门往往会主动与使用部门联系，了解所购进的产品使用情况，询问使用者的满意程度，并考察各个供应者的履约情况，以决定今后对各个供应者的态度。因此，供应者应认真履行合同，尽量提高顾客的满意度。

产业市场是一个相当活跃的领域，产业市场的营销者为了更好地开展业务，必须了解采购者行为的特点，以及它们对各种环境刺激的反应和采购决策过程，了解其不同阶段的特点，制订出切实有效的市场营销计划，以期达到令人满意的营销效果。

3. 产业用户采购业务的类型

产业市场采购行为的复杂程度和采购决策项目的多少，取决于采购业务的类型。产业用户的采购业务大致可分为以下三种类型。

（1）直接重购。为了生产需要，按照原来的购买方式和条件，向原来的供应商订货，这是一种常规的购买行为。用户按既定的方案不做任何修订直接进行的采购业务。这是一种相对复杂的采购活动，供应者、购买对象、购买方式等都不变，按照一定的程序办理，基本上不需要做新的决策。针对这种购买类型，供应方的努力重点应在保持产品和服务的质量，并尽量简化买卖手续，节省购买者的时间，争取稳定供应关系。直接重购型对新的供应者竞争机会较少，可从零星交易入手，逐步扩大，以争取一席之地。

（2）修正重购。修正重购是指产业用户由于生产的需要，为了更好地完成采购任务，修订采购方案，改变产品的规格、型号、价格等条件，或寻找更合适的供应者。在这种情况下，采购活动比较复杂，参与采购决策的人数也比较多，原来的供应者为了不失去这个客户，必须尽力改进工作，全力以赴保住这个客户，而对于其他竞争者，则是个获取新订单的好机会。

（3）新购。新购是指产业用户首次购买从未购买过的设备、原料、服务等，并在市场上寻找供应商，这是最复杂的采购。新购的金额和风险越大，则参与的人越多，由于买方对新购买的产品心中无数，所需了解的信息也越多，且参加制定购买决策的人数也越多。这种情况对供应者是最好的竞争机会，可以派出专业人员携带样品或样本上门推销，尽量提供必要的信息，帮助用户解决疑问，减少顾虑，促成交易。许多公司还设立专门的机构负责对新客户的营销，以求建立长期的供应关系。

新购的决策必须包括产品规格、价格幅度、交货条件和交货时间、服务条款、付款方式、订购数量、可考虑的供应者名单和选定的供应者。其他两类采购业务的决策，则可能只包括上述几项内容。系统购买和销售是另一种买卖方式，它起源于政府购买大型武器或通信设备。政府不愿分别采购各个部分再将它们装配起来，而希望供应者提供完整的成套设备及其他各种必要的服务，即销售系统或"一揽子交易"。这种方式也适用于产业市场大规模工程的交易，如水坝、钢铁厂、输油管线等。从实际生活中可以发现，订货单往往被那些能够提供最完整系统的公司获得。

3.3.3 影响产业市场购买行为的因素

产业市场购买中角色参与者是影响购买行为的主要因素。此外，环境因素、组织因素、人际因素和个人因素也影响到购买决策的达成。

在产业市场的用户采购组织中，参与采购决策过程的所有成员称为"采购中心"，他们有共同的采购目标，并分担决策风险。这些参与者担任的角色包括以下四种类型：使用者是指所要采购物品的实际使用者，通常采购某种物品的要求是由他们首先提出来的，他们在采购物品规格型号上起很大的作用。影响者是指企业内外直接或间接影响采购决策的人，其中技术人员是特别重要的影响者。采购者是指企业里有权决定采购项目和供应者的人,在日常采购中,采购者就是决策者;在复杂的采购中,决策者常常就是企业的主管。控制者是指可控制信息流的人员,他们可控制外界与采购有关的信息。例如,采购代理往往有权阻止供应商的推销人员与使用者或决策者见面;其他的控制者还有技术人员,甚至秘书。

采购中心的规模大小和成员多少,随采购物品的不同而定。生产用户市场的营销者必须了解:谁参与主要决策?他们对哪些决策有影响?他们影响的相对程度如何?决策参与者们评价的标准是什么?了解采购者的上述情况,然后才能有针对性地采取促销措施,特别是对大客户应作为重点推销对象,大力开展调研和促销工作。

随企业的规模不同,采购组织的大小也不同,有的企业仅由一人或数人负责采购,有的则设有专门的采购部门,并设一个专门负责采购的高级职位。采购人员的权限也各有不同,有的企业把选择供应者和产品规格的权限完全赋予采购人员,有些公司的采购人员只管选择供应者,还有些则只是奉命下订单。通常采购人员对小的产品有决定权,对大产品则只能按照决策机构的决定行事。

产业市场用户的购买行为纯粹属于理性活动,追求的是最大的经济利益,影响采购决策的主要因素可归因于四大类:环境因素、组织因素、人际因素和个人因素。每类中又包含若干具体内容。

1. 环境因素

市场环境和经济前景对产业的发展影响相当大,从而也必然影响到产业用户的采购计划。例如,通货膨胀率是否居高不下,投资是否紧缩等。原料的供给状况是否紧张,也是影响产业用户采购的一个重要的环境因素。一般企业都愿意购买并存储较多的紧缺物资,保证供应是采购部门的重要职责。此外,技术、政治、竞争等环境因素的变化,也会影响产业市场的采购,营销者需要密切注意将问题转化为机会,如图3-3所示。

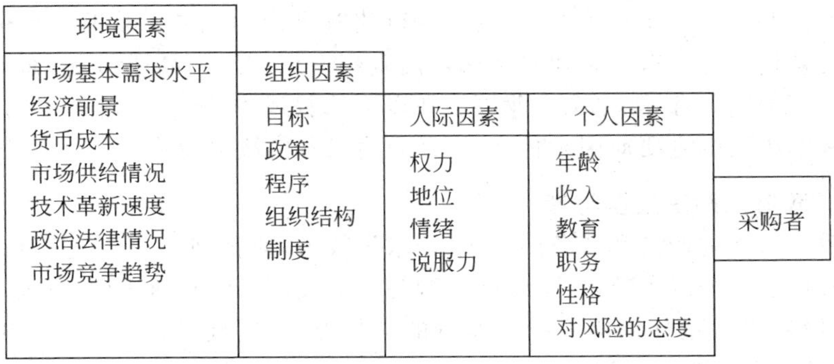

图3-3　影响采购者的主要因素

2. 组织因素

每个组织都各有其目标、政策、作业程序、组织结构和制度,产业市场营销者应尽力了解各种采购组织,细心收集和累积有关资料。经过研究发现,组织具有以下几种发展趋势。

(1)采购部门升级。采购部门在组织结构中过去属于低层次的部门,近年来,由于采购工作的重要性越来越强,许多公司不断提高采购部门的地位,有些大公司甚至专门设立采购副总。

(2)集中采购。许多大公司为了降低成本,将原来各部门分散进行的采购,集中起来统一进行。对供应者来说，将意味着人数虽少但职位更高的采购者，要比原来的分散采购复杂得多。

（3）长期合同。许多生产用户愿意和所信任的供应者签订长期合同，双方通过 E-mail、电话或传真往来，进行长期业务合作。

（4）评估和奖励采购工作。许多公司对采购工作实行奖励，促使采购人员致力于寻求对公司最有利的供货条件。

（5）及时生产系统。由于及时的供货几乎不需要库存，及时生产系统的出现极大地影响了生产企业的采购政策。

3. 人际因素

产业用户的采购工作往往受到正式组织以外的各种人际因素的影响，采购中心的各个参与者在权力、地位、情绪和说服力等方面各有不同的特点，商业人员有时很难确定购买过程中有哪些人际关系因素和群体动态因素。有时候在购买中心职位最高的人并不一定是最有影响力的人，参与者对购买决策有影响可能是因为他们控制着奖励与惩罚，也可能是因为有某种专长，或者与其他重要参与者有特殊的关系。人与人之间的关系常常是很微妙的。如果营销者能充分了解用户的各种特点，对于营销工作肯定会有很大帮助。

4. 个人因素

每个参与采购决策的人，总难免受个人感情因素的影响，而这种个人因素又因个人的年龄、职务、个性、教育水准和对风险认识的不同而异。因此，生产者市场的营销者必须对他们的顾客——采购人员的个人特点有所了解，处理好个人间的关系，会有助于营销业务的开展。

3.3.4　政府采购

政府采购是将市场竞争机制和财政支出管理有机结合起来，利用商业管理的方法来管理政府公共支出的基本手段，目的是执行政府机构的职能。政府市场也为许多企业提供了大量的营销机会。有些企业只是偶尔向政府组织出售产品或劳务，而另一些企业却主要是依靠政府部门生存，如军工企业等。在以下的叙述中，就要了解谁参与政府采购决策，影响政府采购决策的主要原因是什么，以及政府采购的决策过程。

1. 政府采购决策参与者

政府采购的产品和劳务门类多、需求量较大，对任何一个制造商和中间商来说，政府机构都意味着一个巨大的市场，政府采购与一般民间采购有所不同，其要求供应商提供大量的书面材料，经常选择供应商投标竞价的交易方式，明确设定采购产品的各项特征和价格标准，并倾向于照顾本国的公司。

政府的采购者包括中央政府、地方政府等；在西方，政府采购者包括联邦政府、州政府和地方政府等。实际上，并没有一个统一的机构为政府各部门统一采购，而是由各部门自行采购自己所需要的物资，特别是专用设备。各类政府都是企业有望向其出售产品或劳务的潜在目标。企业的营销者应该研究各种机构的采购模式和需求特点。

2. 影响政府采购者行为的主要因素

政府采购者一般也受环境、组织、人际关系、个人特性等因素的影响，然而政府采购者也有其独特之处，这个独特之处在于它还受到社会公众的制约。在西方国家，一个监督者是国会，另一个监督者是预算局，它们抨击政府的浪费行为或者负责审查政府的开支。此外一些民间监督机构或媒体机构也往往监督政府机构,保护纳税人的利益。

一般来说,政府支出要受到公众审查,政府机构在采购前要做许多文案工作,如填写系列表格并经过正式的审批等。供应商常常会抱怨过量的文书工作、官僚主义、规章条例、决策拖延以及主管人员的频繁更替。政府官僚作风越重,市场营销人员就越要设法绕过或冲破这种官僚主义。还有一些非经济原则在政府采购中起着日益重要的作用。有些要求政府采购时要照顾衰退的行业和地区,照顾小企业和没有种族、年龄、性别歧视的企业。那些准备向政府机构出售产品的企业必须牢牢记住这些原则。

3. 政府采购者的决策过程

政府采购者的决策过程通常是相当复杂的,包括大量的文书档案工作、不必要的规则、没完没了的时间拖延和政府的多变。然而,与政府做生意也有规律可循,政府通常向商界提供它所需要购买的商品信息,实际上政府寻找新供应者的热切心态与供应者寻找顾客的心态是一样的。一些西方国家,比如美国,政府就印刷一些小册子介绍它们经常需要购买的商品目录或最近打算发出的订货目录,并告诉供应者应怎样与政府有关部门做生意。各种贸易杂志和协会也提供有关与学校、医院、交通管理部门等其他政府机构做生意的信息。

政府采购有公开招标和通过谈判签约两种方式。公开招标时政府机构邀请那些有资格的供应者参加投标,然后按照物美价廉的原则与中标的供应商签约成交。谈判签约主要用于复杂项目的采购,如果供应商利润过高,合同还能重新议定。由于产品的特征被加以详细的规定,所以产品差异不是营销因素。公开招标时,广告和个人推销都对中标起不了什么作用。政府采购强调价格,要求供应者投资用于技术改造,降低成本。

许多向政府销售的公司由于种种原因,都不是以市场为导向。政府的开支由选举产生的官员决定,而不是由哪个企业开拓市场的结果。政府机构会倾向于本国的供应者,而不是外国的供应商。有些企业为了获得政府的订单而建立专门的营销部门,这些公司积极准备投标,它们不仅答复政府提出的要求,而且主动提出适合政府需要的多项建议,并通过强大的信息网向政府显示公司实力,以争取更多的政府订货。

本章小结

消费者购买行为受多种因素的影响,而且不同类型消费者的行为模式和决策模式各不相同。但各种类型消费者行为同样具有普遍性、科学性和规律性等特征,因此掌握消费者行为,寻求满足消费者需求的营销努力途径,对营销人来说至关重要。本章从消费者市场、组织市场、生产者市场等购买行为分析入手,研究了各种购买行为类型的特点及影响因素,研究购买决策过程,寻求其中的规律性,为企业认识和把握消费者购买行为,分析影响购买心理、影响消费的各种因素和消费决策过程提供方法,以确切了解在营销过程中,购买者的行为模式将对销售产生怎样的影响,掌握行为规律,才能科学确定产品营销策略,提高市场营销效率,在充分满足消费者需要的前提下,实现企业发展目标。

基础练习

1. 简答题

(1) 消费者购买类型有哪些?

(2) 在消费者购买决策过程中,作为产品营销者可以进行哪些努力?

(3) 在组织市场中组织购买决策过程,作为产品营销者可以进行哪些努力?

2. 讨论题

（1）讨论分析互联网背景下，消费者购买行为的改变。

（2）政府采购中采购主管部门的关注点有哪些？

案例分析

《原神》风暴席卷全球，米哈游异军突起

整合营销助力《原神》上线

《原神》的风靡不仅是因为它过硬的产品质量，也离不开游戏上线前后在营销上的努力。多元的营销手段包括参加展览、投放广告、建立社区、发布宣传片、直播推广、话题营销、联名营销、线上周边商城建设等。

发布高质量的宣传片

三次测试开始前，米哈游都会发布一部宣传片，一方面是呈现新的制作进度，一方面也能够吸引网友关注，用精品质量迅速形成病毒式传播。《原神》团队一直都非常重视宣传片的制作。新角色的演示视频都会有中英日韩四种语言的配音和字幕，还会有特别的登场动画和彰显角色性格的台词。此外，米哈游每次都请来知名乐团制作不同地域风格的音乐，让玩家获得视听双重享受。

多次登陆各大展览，营造品牌形象

从 2019 年起《原神》开始参加 China Joy 展览会，布置自己的独立展柜并邀请观众试玩。当时还未上线的《原神》竟然占据了索尼展区的中心位，这吸引了很多好奇的游戏玩家前来了解。除此之外，米哈游和《原神》还参与了 BilibiliWorld（简称 BW）、德国 comike、科隆游戏展等国内外展览。

控制内测名额，饥饿营销

一般来说，游戏产品上线前的最后一次内测都是"付费不删档"的，加入这类测试的玩家相当于提前进入公测游戏，能够获得一些专属奖励或资源。《原神》一共进行过三次内测，但都是限号删档的模式，只有少数人能够获得测试资格。

邀请权威媒体做背书，树立产品声誉

在游戏正式上线以前，索尼总裁吉田修平就在推特上转发了《原神》的视频，并表示这是他下一年最期待的游戏。国外知名的游戏媒体给《原神》打出了 9 分的高分（满分 10 分），凭借专业媒体的品牌背书，《原神》在核心玩家群体中建立了良好的声誉。

多渠道推广引流，在各大 SNS（社交网络服务）中投放广告

《原神》的广告不仅在二次元文化圈中进行宣传，还在知乎、微博、探探、抖音、快手等不同互联网圈层中努力投发以达到"破圈"。

营造游戏玩家社区平台。米哈游从 2019 年就制作了"米游社"App 作为旗下游戏玩家社区，在此发布《原神》官方资讯、活动周边以及玩家自制作品。此外，米哈游在微信公众号、QQ、微博、贴吧、TapTap 等平台上也鼓励玩家自建社区。

直播推广，鼓励二次创作

米哈游在每个新版本发布前都会进行前瞻直播，创始人刘伟会在直播中体验新版本的游戏。每次直播都会放出奖励兑换码，吸引人们观看。《原神》正式上线后，米哈游还雇请各大游戏主播直播玩《原神》，利用他们的粉丝基础进行推广。《原神》的线上传播主要还通过二次创作者的视频产出。

多次跨界联名,破除用户次元壁

以往的游戏产品通常都只与其他的游戏进行合作,以求用户间的相互渗透。但《原神》却与各界的实体商业进行过联名活动。在实体商业上进行多次合作活动,使得《原神》不断打破用户圈层,增强游戏与现实生活的联系。

线上周边商城,拓展 IP 传播能力

在《原神》正式公测前,米哈游在淘宝专门开设了原神旗舰店,上线了公仔玩偶、立牌、徽章和手办模型等周边商品,还有一些限定商品限时销售。米哈游的线上商城拓展了 IP 的盈利能力,能够获得收益的同时还进行了实物宣传,在消费者身边形成了用户的主动推广。

资料来源：https://baijiahao.baidu.com/s? id＝1774989975539297827&wfr＝spider&for＝pc.

问题：

（1）结合米哈游多元的营销手段,分析《原神》玩家用户的购买行为影响因素。

（2）分析《原神》目标消费者的总体特征及需求特征。

课外实践

1. 实践背景

要求学生按照第 1 章课外实践活动中所自组公司和确定的经营背景完成。

2. 实践活动

3 月 15 日是国际消费者权益日,也是广大消费者自己的节日。为营造良好的市场和消费环境,各个公司举办了"3·15"大型广场咨询活动。在活动现场,每个公司都针对自己公司的消费者行为特点和购买决策过程的情况进行了汇报,并解答现场消费者对该公司产品、该公司的消费者的疑问。

活动名称：寻找我的消费者。

活动时间：20××年 3 月 15 日。

活动地点：案例讨论教室。

活动流程：①主持人开场白；②各个公司抽签,确定汇报顺序；③每个公司汇报结束后,现场消费者提问,公司负责人回答并提出相应改进的措施；④主持人总结。

第 4 章

竞争性市场营销战略

知识目标：

1. 理解市场竞争的含义及基本形式；
2. 理解行业竞争环境分析的方法；
3. 掌握竞争者分析的步骤与方法；
4. 理解竞争战略的一般形式；
5. 理解不同竞争地位企业的营销策略。

技能目标：

1. 具有分析竞争者的战略、目标、优势和劣势、反应模式及制定竞争战略的能力；
2. 能正确选择企业处于不同竞争地位的竞争策略。

德育目标：

1. 认识什么是反不正当竞争，维护社会公平竞争的市场环境；
2. 学习《中华人民共和国反垄断法》，做懂法护法的好营销人。

导入案例

抖音和美团的市场竞争

进入 2022 年 8 月，抖音外卖业务蓄势待发，美团也再次做起了直播，本地生活市场的竞争形势可谓剑拔弩张。

2022 年 7 月，抖音开始在北京、上海等城市试水"团购配送"，配送服务一份起售，用户填写地址并付费后，购买的套餐即可配送到家。早在 2022 年 4 月底，抖音就在北京、上海、成都、杭州等城市组建了当地的生活服务团队。抖音在本地生活市场反复试探，美团自然不会坐视不管。对美团来说，本地生活业务一直是其大本营。面对抖音的入局，美团开始做起了直播。2022 年 5 月，美团平台部分餐饮商家开始直播，配合低至 4 折的爆款单品等优惠促销，吸引了无数客户的目光。作为内容平台，抖音的市场竞争优势就是同城内容的推送，既有流量池，也有本地生活的内容频道，还有商家需求。2022 年 5 月，抖音的团购在堂食受到波及之下开始崭露头角，部分餐饮店，如楠火锅、北京紫光园等开始在抖音上直播，主要销售团购套餐，可以由用户自提，也可以由商家送餐上门。美团为了应对市场竞争，开始低调试水直播业务，上线直播工具"美团直播助手"。商家可以通过美团直播助手发布直播预告，同时支持团购、兑换券、门票等多类型商品购买优惠。

抖音涉足外卖业务，与美团对团购业务的"放松"不无关系。很明显，美团给团购的优惠力度不再像前几年那么大。但要与美团在外卖业务上展开市场竞争，抖音首先要解决的就是履约问题。线下履约就是抖音当前需要攻克的难题。作为平台资源整合的关键一步，还要解决利益分配、线下配送、服务体验等重要问题。

从美团自身的情况来看，流量见顶和骑手成本压力一直被认为是美团头上的"两座大山"。但其优势在于其在团购领域的积累。近年来，美团大力推进美团买菜、美团优选等新业务，下一步还将在快手平台上线小程序，为美团商家提供套餐、代金券、预订等商品展示、线上交易和售后服务，快手用户将能够通过美团小程序直接下单。

美团靠团购起家，在本地生活尤其是餐饮外卖领域深耕多年，积累的商家资源、经验以及成熟完善的一体化服务体系是其他公司难以超越的。尽管美团在市场规模上占据明显的竞争优势，但依然有危机感。因为，本地生活消费高频，向来是各互联网大厂的必争之地。美团大部分产品属于即时性消费，且往往有明确的消费目的，用户在 App 上用完即走，停留时间较短，其场景并不适合直播。抖音的用户群体巨大且停留时间长，不过其短板在于商家资源不足以及配送体系不成熟。

资料来源：https://www.36kr.com/p/1856412609877635.

当下的市场环境复杂多变，经济下行、行业内卷使得企业间竞争白热化。企业要想在激烈的竞争环境中立于不败之地，就必须树立竞争观念，制定正确的竞争战略，努力取得竞争的主动权。

4.1 竞争者分析

知己知彼，方能百战不殆，企业要制定正确的竞争战略和策略，就要深入了解竞争者，需要了解的主要方面是：谁是我们的竞争者，他们的战略和目标是什么，他们的优势与劣势是什么，他们的反应模式是什么，我们应当攻击谁、回避谁。

4.1.1 识别竞争者

竞争者分析一般从企业参与竞争的行业结构入手，确定并评价竞争对手，然后预测竞争者将来的行为，从而制定相应的对策。企业所面临的竞争对手的范围越来越广泛，对企业而言，确认竞争对手不是一件很容易的事。企业只有识别主要竞争对手以及他们的策略、目标、强项弱点和反应模式，才能根据竞争对手分析以及自身情况制定相应的营销策略。

1. 行业上识别竞争者

行业上识别竞争者主要是从行业结构和业务范围的角度识别竞争者。行业是一组提供一种或一类相互密切替代产品的公司。行业分类的依据是：销售商的数量，产品差异化的程度；进入和流动性障碍；退出和收缩的障碍；成本结构；纵向一体化程度；全球化经营的程度。

（1）行业的竞争结构。为便于研究市场经济条件下的企业竞争，有必要将市场结构进行划分。划分依据主要有三个：一是行业内企业数目；二是企业规模；三是产品是否同质。根据竞争的程度，市场可分为五种类型：完全竞争市场、完全寡头垄断市场、不完全寡头垄断市场、垄断竞争市场和完全垄断市场。在完全竞争条件下，企业只能按照市场价格出售其产品，竞争对手众多。在垄断竞争这种不完全竞争的条件下，卖主定价时广泛地利用心理因素，竞争对手各具特色；整个行业的市场价格较稳定，但各个企业在广告宣传、促销等方面竞争较激烈。在完全寡头垄断市场，整个行业只有少数几家公司提供的产品和服务占据市场的绝大部分,并且顾客认为各公司的产品没有差别,对品牌无特殊偏好,比如钢铁、铝等行业,这个市场,寡头垄断企业调整商品价格,会引起竞争者的强烈反应,导致每个企业只能按照行业的现行价格水平定价,竞争的主要手段是改进管理、降低成本、增加服务。不完全寡头垄断市场也称差别寡头垄断,顾客认为各公司的产品在质量、性能、款式或服务等方面存在差异,对品牌有某种偏好,比如汽车、飞机行业,这些行业竞争的焦点是在产品特色上寻求先进性。在完全垄断的条件下,在一个行业中只有一个卖主(政府或私营企业),没有别家竞争,因此行业结构决定了竞争者的数量及实力的强弱,并影响行业行为,决定行业绩效。

（2）进入与流动障碍。进入一个行业的阻碍和限制称为一个行业的进入障碍,包括对资本的要求高,规模经济,专利和许可证条件,缺少场地、原料、分销商信誉条件等。即使企业进入了一个行业,在向更有吸引力的细分市场流动时,也会遇到流动障碍,有些是行业固有的障碍,有些是先入者设置的障碍。各个行业进入和流动的障碍不同使行业平均利润率不同。

（3）退出与收缩障碍。退出的障碍是指退出某一行业的所有限制条件,包括对顾客债权人或雇员的法律道义上的义务,政府限制,过分专业化或设备陈旧造成资产利用价值低,未发现可利用的市场机会,高度的纵向一体化,感知障碍等。

（4）成本结构。每个行业从事经营的成本及其结构不同,公司应把注意力集中在最大成本上,在不影响产品质量的基础上尽量降低成本。

（5）纵向一体化程度。在许多行业实行一体化有利于取得竞争优势,如农工商一体化进行生产加工销售,可以降低成本获取利润。但其缺点是价值链某些环节缺少灵活性,维持成本高。

（6）全球化经营的程度。一些行业地方性强,局限于地方经营,如理发、浴室、影院等。有些行业适宜全球性经营,如石油、飞机等,企业必须开展全球性竞争,以掌握先进技术和实现规模经济。

2. 从业务范围上识别竞争者

每个企业的业务范围都要根据内部和外部条件的变化而改变,在确定和扩大业务范围时都自觉不自觉地受一定的导向支配,导向不同竞争者识别和竞争战略就不同。产品导向的企业只把生产同一品种或规格产品的企业作为竞争对手。技术导向的企业把所有使用同一技术生产同类产品的企业视为竞争对手。需要导向的企业把满足顾客同一需要的企业都视为竞争对手,不论采取何种技术提供何种产品。顾客导向是指企业业务范围确定为满足某一群体的需要,适用条件是企业在某类顾客群体中享有盛誉和销售网络等优势并能转移到公司的新增业务上。企业导向不同,业务范围不同,如表4-1～表4-3所示。

表 4-1　企业业务范围的产品导向定义

公 司 名 称	产品导向定义
铅笔公司	生产学生铅笔
自行车公司	生产轻便自行车
灯具公司	生产节能灯
酒厂	生产中档白酒

表 4-2　企业业务范围的技术导向定义

公司名称	技术导向定义	产品种类
铅笔公司	生产铅笔	学生铅笔、绘图铅笔、办公铅笔、彩色铅笔……
自行车公司	生产自行车	轻便车、加重车、山地车、赛车……
灯具公司	生产灯具	节能灯、LED灯、吊灯、壁灯、落地灯、医用灯、剧场照明灯……
酒厂	生产白酒	低档酒、中档酒、高档酒、家用酒、礼品酒、宴会酒……

表 4-3　企业业务范围的需求导向定义

公司名称	需求导向定义	产品种类
书写用品公司(原铅笔公司)	满足书写需求	铅笔、钢笔、圆珠笔、墨水笔、毛笔……
短程交通工具公司(原自行车公司)	满足短程交通需求	自行车、电动车、摩托车……
照明用品公司(原灯具公司)	消除黑暗	灯具、发光涂料、夜视镜……
佐餐饮料公司(原酒厂)	提供佐餐饮料	白酒、啤酒、红酒、黄酒、果汁、碳酸饮料……

【观念应用 4-1】

大疆卧榻之侧,无人安睡

在高通的支持下,零度智控的杨建军研发出一款芯片高度集成的口袋无人机DOBBY。DOBBY面市,整机重量仅200克,可放入口袋,无须云台吊舱,价格仅为2000元左右,这些亮点让DOBBY明显区别于大疆的主打产品精灵系列。DOBBY上架之后,很快就卖出超过10万台。

在DOBBY面市一个多月后,大疆发布了御Mavic系列产品。与DOBBY主打轻量化、便捷性的特征类似,大疆将整机重量降至743克,折叠后只有550毫升的矿泉水瓶大小,售价低至5000元。令杨建军感触最深的是,"大疆在保持了便捷性的同时并没有妥协",在飞行时长、拍摄图传、精准降落等多方面表现超过DOBBY。与此同时,大疆还紧锣密鼓地在香港开设了继深圳、首尔之后的第三家线下旗舰店,积极抢占线下流量入口和用户认知,从专业级市场转向大众市场。此外,大疆还成立子公司单独开辟了一个子品牌特洛(Tello),主打儿童玩具市场,定价699元,主要面向平价无人机市场。至此,大疆已经建立起从高到低的价格体系和从专业到入门的产品体系。

杨建军明显感觉到,"大疆的Mavic出货之后,DOBBY销量下滑就很厉害了"。即便当时杨建军已经研发出了第二代产品,但是因为资金链等问题,零度智控不得不面临裁员、找钱、转型等危机,最终二代产品并没有发布。

大疆 Phantom 3 无人机上市后,配备 Phantom 3 Professional 和 Phantom 3 Advanced 两个版本,区别在于 Professional 搭载了 4K 镜头,而 Advanced 搭载的是 1080P 摄像头。大疆又推出面向入门级新飞手的大疆精灵 3 标准版(DII Phantom 3Standard)航拍无人机,售价仅4799元。大疆精灵3标准版继承了"精灵"系列前几款的高度稳定性、卓越飞行体验以及航拍画质,但更加智能便捷,具备"智能飞行"功能、2.7K超高清机载相机以及平易近人的定价等亮点。Solo无人机却迟迟未能发货,好不容易等来了发货,又因为价格、性能、万向节组件、售后等各种问题招致买家的不满,公司声誉大跌。大疆趁势而上,在年底宣布大打折扣,内外交困的 3D Robotics 最终不得不关闭工厂、裁员,并决定退出消费级无人机市场。

根据世界知识产权组织记录，大疆从 2008 年到 2017 年，累计申请无人机相关的专利达到 4000 多项，其中 900 多项是公开专利，3206 项是国家专利。也就是说，大疆构筑了无人机领域谁都无法绕过的技术壁垒，任何想做无人机的公司，都要有大疆公司的专利许可。

资料来源：https://www.sohu.com/a/258531250_115280.

4.1.2 评估竞争者

1. 判定竞争者的目标

所有的竞争者都要为追求最大利润而选择适当的行动方案。但是，各个公司对短期利润和长期利润重视的程度各不相同。有的竞争对手可能只倾向于"满意的"利润而非"极大化"，目标不同，相应的策略也会不同。营销者还必须考虑到竞争对手在利润目标以外的目标。每一个竞争者均有目标组合，其中每一个目标有不同的重要性，企业应当了解竞争对手对目前的获利能力、市场占有率、现金流量、技术领先、服务领先以及其他目标的相对重视程度。了解竞争对手的目标组合，就可知道竞争对手是否满足其目前状况，以及对不同的竞争行动的反应如何。企业还必须注意竞争对手用于攻击不同产品/市场细分区域的竞争产品和服务，这是竞争者分析的重点。

2. 判定竞争者的战略

企业战略与其他企业的战略越相似，企业之间的竞争越激烈。战略群体即在某一行业里采取相同或类似的战略的一群企业。战略的差别表现在产品线、目标市场、产品档次、性能、技术水平、价格、服务、销售范围等方面。公司最直接的竞争者是那些处于同一行业同一战略群体的公司。区分战略群体有助于认识以下三个问题。

（1）不同战略群体的进入与流动障碍不同。比如，某公司在产品质量、声誉和纵向一体化方面缺乏优势，进入低价格、中等成本的战略群体较为容易，而进入高价格、高质量、低成本的战略群体较为困难。

（2）同一战略群体内的竞争最为激烈。处于同一战略群体的公司在目标市场、产品类型、质量、功能、价格、分销渠道和促销战略等方面几乎无差别，任一公司的竞争战略都会受到其他公司的高度关注，并在必要时做出强烈反应。

（3）不同战略群体之间存在现实或潜在的竞争。第一，不同战略群体的顾客会有交叉。比如，实行不同营销战略的复读机制造商会向学习英语的中学生和大学生销售产品。第二，每个战略群体都试图扩大自己的市场，涉足其他战略群体的领地，在企业实力相当和流动障碍小的情况下尤其如此。

公司必须不断地观察竞争者的战略而修改自己的战略。

3. 评估竞争者的优势与劣势

了解竞争对手的目标、策略、强弱，都是为了解析其可能的行动，以及其对公司的减价、增加促销、介绍新产品等的反应，也就是确定竞争对手的反应模式。此外，竞争对手特殊的经营哲学、内部文化、指导信念也会影响其反应模式。如果营销经理想要预测竞争对手的行动与反应，则必须深入了解竞争者的优势与劣势，从而采取相应的对策。

企业的优势是指在执行策略、完成计划以及达到确立的目标时可以利用的能力、资源以及技能。企业的劣势是指能力和资源方面的缺少或者缺陷。在为将来做计划时，确定企业的能力和资源代表的是可利用的优势还是劣势，这一点很重要。成功的决定因素是指企业成功所必须具备的那些能力和资源。把这些与成功的决定因素放在一起做一下比较：能力和资源与行业中重要的能力和资源的比较，有助于识别出企业目前的优势与劣势。

SWOT 分析是针对企业的优势、劣势、机会和威胁常用的分析方法，在分析时，应把所有的内部因素（包括企业的优势和劣势）都集中在一起，然后用外部的力量对这些因素进行评估，如表 4-4 所示。这些外部力量包括机会和威胁，它们是由于竞争力量或企业环境中的趋势所造成的。这些因素的平衡决定了企业应做什么以及什么时候去做。可按以下步骤完成这个 SWOT 分析表：①把识别出的所有优势分成两组，分的时候应以下面的原则为基础，即看看它们是与行业中潜在的机会有关，还是与潜在的威胁有关。②用同样的方法把所有劣势分成两组：一组与机会有关，另一组与威胁有关。③构建一个表格，每个占 1/4。④把企业的优势和劣势与机会或威胁配对，分别放在每个格子中。SWOT 表格表明企业内部的优势和劣势与外部的机会和威胁的平衡程度。

表 4-4 企业 SWOT 矩阵

内部优势与弱点 ／ 外部机会和威胁	内部优势 S	内部弱点 W
外部机会 O	SO 战略：依靠内部优势抓住外部机会	WO 战略：利用外部机会克服内部弱点
外部威胁 T	ST 战略：利用内部优势抵御外部威胁	WT 战略：减少内部弱点回避外部威胁

在企业计划中，把以上步骤都写出来并列出清单（见表 4-5）：在某些领域内，可能面临来自竞争者的威胁；或者在变化的环境中，有一种不利的趋势，在这些领域或趋势中，企业会有些劣势，此时应将这些劣势消除，同时，利用好那些机会，这也是企业真正的优势。某些领域中可能有潜在的机会，把这些领域中的劣势加以改进。对目前有优势的领域进行监控，以便在潜在的威胁出现时不致惊慌失措。

表 4-5 SWOT 矩阵分析法评价清单

内部优势 S	内部弱点 W	潜在外部机会 O	潜在外部威胁 T
较强的技术水平	设备老化	潜在需求增长	企业形象不佳
产品设计研发能力	资金匮乏	需求品种多样	新建同类企业设备新
经验曲线优势	竞争地位滑坡	进入国际市场机会	国外产品进入量增
具有规模经济	产品线窄	营销环节少，渠道短	原材料能源大幅涨价
完善的管理体系	信息网络不灵	政府支持优惠政策	消费者需求偏好变化
良好的企业形象文化	新品开发滞后	纵向一体化	经销单位拖欠款项
较高的产品知名度	人员积极性不高	横向一体化	政局不稳形势恶化
稳定的原料来源	促销手段落后	争取新用户	外汇风险
形成分销网络及财务	管理，质量	进入新行业新地区	市场需求增长缓慢

4. 评估竞争者的反应模式

根据科特勒的分析，可以将竞争者的反应归为四种类型：①从容型竞争者。对竞争对手的行动反应不强烈，原因多种多样，如相信企业的实力，相信顾客的忠诚，业务处于收割期，缺乏资金等。②选择型竞争者。对某些攻击做出反应，对另一些攻击不感兴趣，如对降价做出反应,对增加促销费用不感兴趣。③凶狠型竞争者。对其领域发起进攻的都会做出迅速而强烈的反应,如宝洁公司绝不能听任任何一种新的洗涤剂投放市场。④随机型竞争者。不表露可预知的反应模式,竞争类型很难把握。

观念应用
4-2

4.1.3　选择攻击和回避竞争者

企业制定上述决策,选择目标顾客、定位及其营销组合战略,就已经在很大程度上确定了主要的竞争者。这些决策界定了企业所属的战略集团。管理层现在必须决定与哪个竞争者展开最激烈的竞争。

1. 强竞争者与弱竞争者

企业可以把注意力集中于某类竞争者。攻击性弱的竞争者所消耗的资金和时间较少,但能力的提高和利润的增加也少;反之,攻击性强的竞争对手可以提高自己的生产管理能力,并能大幅度提高市场占有率和利润水平。

2. 顾客价值分析

顾客价值分析是一种评估竞争者优势和劣势的有效工具。顾客价值分析的目标是确定顾客的利益点,以及顾客如何评价不同企业的产品的相对价值。为了进行顾客价值分析,企业必须知道顾客最看重的产品属性及其所占的权重,然后针对顾客看重的产品属性,比较自己与竞争者的表现。

获得竞争优势的关键是:在每个目标市场中考察自己的产品与竞争者产品的差异,发现自己希望能以竞争者不能做到的方式满足顾客需求的地方。如果在顾客看重的属性上,本企业的产品超过竞争者的产品,从而传递更多的价值,那么企业就可以制定更高的价格并赚取更高的利润,或制定相同的价格以获取更多的市场份额。但是,如果企业在一些关键属性上的表现比竞争者差,企业就应该在这些方面加大投资,或寻找能使本企业领先于竞争者的其他重要属性。

3. 近竞争者与远竞争者

大多数企业重视同实力相近的竞争者展开竞争,比如蒙牛更愿意与伊利竞争。但企业可能也想要避免与实力相近的竞争者竞争,因为竞争胜利后,可能招来更难应对的竞争者。比如,当天猫与京东在互相遏制对方的时候,拼多多却以其独特的模式在 2023 年市值超过了阿里。

4. 好竞争者与坏竞争者

公司应该攻击坏的竞争者,联合好的竞争者,与好的竞争者有一种竞合的关系有利于整个行业的有序发展。因为好的竞争者遵守行业规则;按照成本合理定价;推动他人降低成本,提高差异化等。总之,与好的竞争者联合,能维持整个行业的平衡发展。这里必须要介绍一下亚马逊与苹果这对"好朋友"。表面上看起来,两者是风马牛不相及的两个公司,毕竟它们曾分属不同的领域,甚至有过合作,但在移动互联网时期,它们变成了直接的竞争对手。2007 年亚马逊推出其第一款硬件设备 Kindle 电子书阅读器,随后 2010 年苹果推出 iPad。此时,苹果意识到 Kindle 电子书与 iPad 在内容分销渠道上已经形成了直接的竞争。但是,这样的竞争关系却产生了奇妙的结果,苹果占据高价平板电脑市场的主要份额,而亚马逊的Kindle 的销售量反而增长迅速,成为低价平板电脑市场的领导者。更让人意外的是,iPad

的使用量增加甚至带动了亚马逊电子书和其他电子内容的销售增长,消费者可以用免费的Kindle应用软件在iPad上阅读。

5. 发现未被占领的市场空间

相比于与竞争者正面交锋,许多企业都在搜寻那些尚未开发的市场空白,试图提供不存在直接竞争者的产品和服务。所谓的"蓝海战略"目标,就是在于避免竞争。

4.1.4　设计竞争情报系统

正因为企业需要了解有关其竞争者的主要信息类型,所以,企业必须收集、解释、传递和使用这些信息。往往收集这些竞争情报的资金和时间成本高昂,因而企业必须以一种节约且有效的方式设计竞争情报系统。

竞争情报系统首先确定主要的信息需求类型及其最佳来源。然后,系统连续不断地从各个领域(销售人员、渠道、供应商、市场研究公司、互联网和社交媒体网站、网上舆情监控、贸易协会)和公共数据(政府出版物、演讲和网上数据库)等途径收集信息。接下来,系统会检查信息的有效性和可靠性,对其进行解释,并以适当的方式进行组织。最后,系统将把关键信息发给相关决策者,并回答管理人员提出的关于竞争者情况的问题。

在这个系统的帮助下,企业管理人员将以报告、电话、电子邮件、公告栏、实时通信等形式,及时收集关于竞争者的信息。而且,当他们需要对竞争者的突发性举措做出解释时,或想要了解竞争者的劣势和优势,或需要知道竞争者将如何对公司的某个既定行动做出反应时,就可以连接到系统寻求帮助。

思政融入: 维护公平竞争市场环境 做守法护法营销人

思政元素: 长期以来,超大规模的国内市场是我们应对当前各种风险挑战、推动高质量发展的底气所在、优势所在,但也正因为市场之大,市场分割、地方保护、以行政手段给予特定企业特殊待遇、人为设置障碍影响企业跨区域经营等各种妨碍市场公平竞争行为屡禁不绝,增加了经营主体有形无形成本,影响了市场健康有序发展。

链接:2022年
中国公平竞争
政策宣传周

近年来,党中央、国务院高度重视打造公平竞争市场环境,建设全国统一大市场。2022年4月发布的《中共中央 国务院关于加快建设全国统一大市场的意见》明确要求,加快建设高效规范、公平竞争、充分开放的全国统一大市场。党的二十大报告作出"构建全国统一大市场,深化要素市场化改革,建设高标准市场体系"等具体部署。

资料来源:https://mp.weixin.qq.com/s?__biz=MzIwMDQzMzcyOA==&mid=2654481494&idx=1&sn=fc6c90cf98906ae8ee4a8535cf6a1ba1&chksm=8d31c579ba464c6fbe5cc640d97c71ddbb4168cb2732-b27b2950178789f6b1403596f0bfa86f&scene=27.

讨论: 构建公平竞争的市场环境,营销人可以做什么?

4.2　企业竞争战略

在识别和评估主要的竞争者以后,企业必须制定总体的竞争营销战略,通过提供卓越的顾客价值获得竞争优势。

微课:企业
竞争战略

　　"战略"一词源于希腊语 Stragegos，意为"将军指挥军队的艺术"。20 世纪 60 年代，这一军事术语开始被运用于商业领域，于是有了企业战略一说。

4.2.1　基本竞争战略

　　波特是最早提出对企业竞争战略进行分类的，他认为企业可选择以下三种互相有内在联系的一般竞争战略，即成本领先战略、差异化战略和集中性战略。

1. 成本领先战略

　　成本领先战略是指通过有效途径，使企业的全部成本低于竞争对手的成本，以获得同行业平均水平以上的利润。在 20 世纪 70 年代，随着经验曲线概念的普及，这种战略已经逐步成为企业共同采用的战略。实现成本领先战略需要有一整套具体政策，即要有高效率的设备、积极降低经验成本、紧缩成本和控制间接费用以及降低研究开发、服务、销售、广告等方面的成本。要达到这些目的，必须在成本控制上进行大量的管理工作，即不能忽视质量、服务及其他一些领域工作，尤其要重视与竞争对手有关的低成本的任务。

　　（1）成本领先战略的优点。只要成本低，企业尽管面临着强大的竞争力量，仍可以在本行业中获得竞争优势。这是因为以下几点原因。

　　① 在与竞争对手的斗争中，企业由于处于低成本地位上，具有进行价格战的良好条件，即使竞争对手在竞争中处于不能获得利润，只能保本的情况下，本企业仍可获益。

　　② 面对强有力的购买者要求降低产品价格的压力，处于低成本地位上的企业仍可以有较好的收益。

　　③ 在争取供应商的斗争中，由于企业的低成本，相对于竞争对手具有较大的对原材料、零部件价格上涨的承受能力，能够在较大的边际利润范围内承受各种不稳定经济因素所带来的影响；同时，由于低成本企业对原材料或零部件的需求量大，因而为获得廉价的原材料或零部件提供了可能，同时也便于和供应商建立稳定的协作关系。

　　④ 在与潜在进入者的斗争中，那些形成低成本地位的因素常常使企业在规模经济或成本优势方面形成进入障碍，削弱了新进入者对低成本的进入威胁。

　　⑤ 在与替代品的斗争中，低成本企业可用削减价格的办法稳定现有顾客的需求，使之不被替代产品所替代。如果企业要较长时间地巩固现有竞争地位，还必须在产品及市场上有所创新。

　　（2）成本领先战略的缺点。

　　① 投资较大。企业必须具备先进的生产设备，才能高效率地进行生产，以保持较高的劳动生产率，同时，在进攻型定价以及为提高市场占有率而形成的投产亏损等方面也需进行大量的预先投资。

　　② 技术变革会导致生产过程工艺和技术的突破，使企业过去大量投资和由此产生的高效率一下子丧失优势，并给竞争对手造成以更低成本进入的机会。

　　③ 将过多的注意力集中在生产成本上，可能导致企业忽视顾客需求特性和需求趋势的变化，忽视顾客对产品差异的兴趣。

　　④ 由于企业集中大量投资于现有技术及现有设备，提高了退出障碍，因而对新技术的采用以及技术创新反应迟钝甚至采取排斥态度。

　　（3）成本领先战略的适用条件。低成本战略是一种重要的竞争战略，但它也有一定的适用范围。当具备以下条件时，采用成本领先战略会更有效力。

① 市场需求具有较大的价格弹性。

② 所处行业的企业大多生产标准化产品，从而使价格竞争决定企业的市场地位。

③ 实现产品差异化的途径很少。

④ 多数客户以相同的方式使用产品。

⑤ 用户购物从一个销售商改变为另一个销售商时，不会发生转换成本，因而特别倾向于购买价格最优惠的产品。

2. 差异化战略

所谓差异化战略，是指为使企业产品与竞争对手产品有明显的区别、形成与众不同的特点而采取的战略。这种战略的重点是创造被全行业和顾客都视为独特的产品和服务以及企业形象。实现差异化的途径多种多样，如产品设计、品牌形象、技术特性、销售网络、用户服务等。如美国卡特彼勒履带拖拉机公司，不仅以有效的销售网和可随时提供良好的备件出名，而且以质量精良的耐用产品闻名遐迩。

（1）差异化战略的优点。只要条件允许，产品差异是一种可行的战略。企业奉行这种战略，可以很好地防御五种竞争力量，获得竞争优势。

① 实行差异化战略是利用了顾客对其特色的偏爱和忠诚，由此可以降低对产品的价格敏感性，使企业避开价格竞争，在特定领域形成独家经营的市场，保持领先。

② 顾客对企业（或产品）的忠诚性形成了强有力的进入障碍，进入者要进入该行业则需花很大气力去克服这种忠诚性。

③ 产品差异可以产生较高的边际收益，增强企业对付供应者讨价还价的能力。

④ 由于购买者别无选择，对价格的敏感度又低，企业可以运用产品差异战略来削弱购买者的讨价还价能力。

⑤ 由于企业具有特色，又赢得了顾客的信任，在特定领域形成独家经营的市场，便可在与代用品的较量中，比其他同类企业处于更有利的地位。

（2）产品差异化战略的缺点。

① 保持产品的差异化往往以高成本为代价，因为企业需要进行广泛的研究开发、产品设计、高质量原料和争取顾客支持等工作。

② 并非所有的顾客都愿意或能够支付产品差异所形成的较高价格。同时，买主对差异化所支付的额外费用是有一定支付极限的，若超过这一极限，低成本低价格的企业与高价格差异化产品的企业相比就显示出竞争力。

③ 企业要想取得产品差异，有时要放弃获得较高市场占有率的目标，因为它的排他性与高市场占有率是矛盾的。

（3）差异化战略的适用条件。

① 有多种使产品或服务差异化的途径，而且这些差异化是被某些用户视为有价值的。

② 消费者对产品的需求是不同的。

③ 奉行差异化战略的竞争对手不多。

成本领先战略和产品差异化战略两者之间存在什么关系？在这两种战略中如何做出选择呢？1980 年 10 月，美国的威廉·霍尔教授发表了《关于在逆境中争取生存的战略》一文。文章分析了美国钢铁、橡胶、重型卡车、建筑机械、汽车、大型家用电器、啤酒、卷烟八个行业的实际情况，对这些行业的 64 家大型企业的经营战略进行了分析对比，结果表明，许多成功的企业有一个共同的特点，就是在确定企业竞争战略时都是根据企业内外环境条件，在产品差异化、成本领先战略中选择了一个，从而确定具体目标、采取相应措施而取得成功。当然，也有一个企业同时采取两种竞争战略而成功的，如经营卷烟业的菲利浦·莫尔斯公司，依靠高度自动化的生产设备，取得了世界上生产成本最低的好成绩，同时它又在商标、销售促进方面进行巨额投资，在产品差异化方面取得成功。但一般来说，不能同时采用这两种战略，因为这两种战略有着不同的管理方式和开发重点，有着不同的企业经营结构，反映了不同的市场观念。

3. 集中性战略

集中性战略是指企业把经营的重点目标放在某一特定购买者集团，或某种特殊用途的产品，或某一特定地区上，建立企业的竞争优势及其市场地位。由于资源有限，一个企业很难在其产品市场展开全面的竞争，因而需要瞄准一定的重点，以期产生巨大有效的市场力量。此外，一个企业所具备的不败的竞争优势，也只能在产品市场的一定范围内发挥作用。例如，目前我国国内最大的年轻人潮流文化娱乐社区哔哩哔哩网站（B 站），其优势是无所不包并与时俱进的年轻文化，相比其他视频网站更聚焦于年轻群体。

集中性战略所依据的前提是，厂商能比正在更广泛地进行竞争的对手更有效或效率更高地为其狭隘的战略目标服务，结果，厂商由于更好地满足其特定目标的需要而取得产品差异，或在为该目标的服务中降低了成本，或两者兼而有之。尽管集中性战略往往采取成本领先和差异化这两种变化形式，但三者之间仍存在区别。后两者的目的都在于达到其全行业范围内的目标，但整个集中战略却是围绕着一个特定目标服务而建立起来的。

（1）集中性战略的优点。实行集中性战略具有以下几个方面的优势：经营目标集中，可以集中企业所有资源于一特定战略目标之上；熟悉产品的市场、用户及同行业竞争情况，可以全面把握市场，获取竞争优势；由于生产高度专业化，在制造、科研方面可以实现规模效益。这种战略尤其适用于中小企业，即小企业可以以小补大，以专补缺，以精取胜，在小市场做成大生意，成为"小型巨人"。例如，太平洋制罐（北京）有限公司，专门生产优质铝制易拉罐。产品主要供应给可口可乐、百事可乐、青岛啤酒等大型饮料啤酒公司，公司采用集中战略，在国内制罐行业中名列前茅。

（2）集中性战略的风险。集中性战略也包含风险，主要是注意防止来自三方面的威胁，并采取相应措施维护企业的竞争优势。

① 以广泛市场为目标的竞争对手，很可能将该目标细分市场纳入其竞争范围，甚至已经在该目标细分市场中竞争，它可能成为该细分市场潜在进入者，构成对企业的威胁。这时企业要在产品及市场营销各方面保持和加大其差异性，产品的差异性越大，集中性战略的维持力越强；需求者差异性越大，集中性战略的维持力也越强。

② 该行业的其他企业也采用集中性战略，或者以更小的细分市场为目标，构成了对企业的威胁。这时选用集中性战略的企业要建立防止模仿的障碍，当然其障碍的高低取决于特定的市场细分结构。另外，目标细分市场的规模也会对集中性战略造成威胁，如果细分市场较小，竞争者可能不感兴趣，但如果是在一个新兴的、利润不断增长的较大的目标细分市场上采用集中性战略，就有可能被其他企业在更为狭窄的目标细分市场上也采用集中性战略，开发出更为专业化的产品，从而剥夺原选用集中性战略的企业的竞争优势。

③ 由于社会政治、经济、法律、文化等环境的变化，技术的突破和创新等多方面原因引起替代品出现或消费者偏好发生变化，导致市场结构性变化，此时集中性战略的优势也将随之消失。

要成功地实行以上三种一般竞争战略,需要不同的资源和技巧,需要不同的组织安排和控制程序,需要不同的研究开发系统,因此,企业必须考虑自己的优势和劣势,根据经营能力选择可行的战略。

4.2.2 企业在成熟行业的竞争战略

成熟行业中每个企业都要依据自己的目标、资源和环境,以及在目标市场上的地位,制定竞争战略。根据企业在目标市场中所扮演的角色来考察竞争战略,包括领导者、挑战者、跟随者和补缺者。假定每个行业存在的企业,其中40%的市场份额掌握在市场领导者手中;30%的市场份额掌握在市场挑战者手中,它们正在为增加自己的市场份额而努力;20%的市场份额掌握在市场追随者手中,它们试图在现有行业秩序下维持自己的市场份额;剩下的10%的市场份额由市场补缺者占有,主要服务于那些不被其他企业重视的小细分市场。

值得一提的是,这些分类通常不适用于整个企业,而仅适用于企业在特定行业中的位置。比如,通用电气、微软、谷歌、宝洁或迪士尼这样的大型企业可能在某些市场上是领导者,而在另一些市场上则是补缺者。

1. 市场领导者战略

(1) 市场领导者的含义。市场领导者是指在相关产品的市场上占有率最高的企业。一般来说,大多数行业都有一家企业被公认为市场领导者,它在价格调整、新产品开发、配销覆盖和促销力量方面处于主导地位。它是市场竞争的导向者,也是竞争者挑战、效仿或回避的对象。如国内火锅行业领导者海底捞、深圳市大疆创新科技有限公司(无人机)等。市场领导者是指占有最大市场份额,在价格、新产品开发、分销渠道、促销等方面对其他公司起着领导作用的公司。

(2) 具备策略选择。如今,不论哪个行业的市场竞争都非常激烈,市场的领导企业如逆水行舟不进则退,经常面临着竞争者的无情挑战。因此,企业必须随时保持警惕并采取适当的措施。一般来说,市场领导者为了维护自己的优势,保持自己的领导地位,通常可采取三种策略(见图4-1):一是设法扩大整个市场需求;二是采取有效的防守措施和攻击战术,保护现有的市场占有率;三是在市场规模保持不变的情况下,进一步扩大市场占有率。

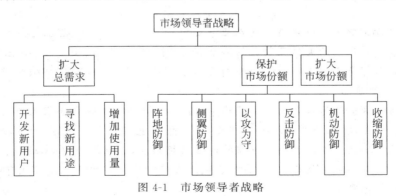

图4-1 市场领导者战略

① 扩大市场需求总量。一般来说,当一种产品的市场需求总量扩大时,受益最大的是处于市场领导地位的企业。因此,市场领导者应努力从以下三个方面扩大市场需求量。

a. 发掘新的使用者:每一种产品都有吸引顾客的潜力,有些顾客不知道这种产品,或者因为其价格不合适等而不想购买这种产品，企业可以从三个方面发掘新的使用者。比如，一直为男孩们带来欢乐的玩具制造商乐高公司便在 2012 年面向女孩推出了"乐高朋友"的产品线。

b. 开辟产品新用途：公司也可通过发现并推广产品的新用途来扩大市场。例如，同仁堂将中药与咖啡相结合，将中药与茶饮结合等方式不断开发新的用途来扩大市场的需求总量。

c. 扩大产品的使用量：促使使用者增加用量也是扩大需求的一种重要手段。例如，牙膏生产厂家劝说人们每天不仅要早晚刷牙，最好每次饭后也要刷牙，这样就增加了牙膏的使用量。又如，宝洁公司劝告用户，在使用海飞丝洗发精洗发时，每次将使用量增加一倍效果更佳。

② 保护市场份额。处于市场领导地位的企业，在努力扩大整个市场规模时，必须注意保护自己现有的业务，防备竞争者的攻击。例如，伊利乳业对蒙牛乳业总是防备不懈；阿里巴巴也时刻警惕着腾讯、京东等。

市场领导者可以采取哪些措施保护自己的地位呢？市场领导者在产品创新、提高服务水平和降低成本等方面，真正处于该行业的领先地位，不给对手可乘之机。另外，领导者们还应明白"最好的防御是发起有效的进攻，最好的反应是持续的创新"。所以，市场领导者应当在不断提高竞争效果和为顾客创造价值的同时，抓住对方的弱点主动出击。

与此同时，市场领导者即使不发动进攻，至少也应保护其所有战线，不能有任何疏漏。由于资源有限，领导者不可能保持它在整个市场上的所有阵地，因此，它必须善于准确地辨认哪些是值得耗资防守的阵地，哪些是可以放弃而不会招致风险的阵地，以便集中使用防御力量。防御策略的目标是要减少受到攻击的可能性，将攻击转移到威胁较小的地带，并削弱其攻势。

【观念应用 4-3】
"火锅之王"海底捞如何保持其行业领导地位

海底捞从 1994 年四川简阳市的第一家店，到覆盖全国，再到进入东南亚和日、韩、美；从 1 家店到 1000 多家；20 多年的时间里，海底捞书写了餐饮业的传奇，成为行业争相模仿的对象。

海底捞的行业龙头地位主要体现在业务规模、品牌认可度和产业链主导力三方面。

平时大家比较常见的火锅品牌包括海底捞、呷哺呷哺、湊湊、小龙坎、小肥羊等。其中，呷哺呷哺和湊湊都是港股上市公司。呷哺集团旗下的两个火锅品牌，呷哺呷哺针对大众市场，湊湊主打高端市场。

上面提到的这些较为知名的火锅品牌中，海底捞和呷哺呷哺这两家上市公司是行业内的头部玩家。但是，呷哺呷哺和海底捞相比，整体体量也有较大的差距，海底捞行业老大的地位相当明显。从近几期两家公司披露的财报数据来看，营收规模方面，海底捞大概是呷哺呷哺的 6 倍。从店铺运营指标来看，海底捞相对呷哺呷哺旗下的两个品牌也有明显的优势。从人均消费和翻桌率这两方面，海底捞优势更加突出。

品牌认可度方面，海底捞通过独特的线上线下运营场景，积累了相当高的品牌认可度。海底捞很清楚"分享式传播"的威力。积极通过各种渠道，各种方式与年轻消费者互动，打造了一个个传播话题。其抖音主账号的关注量 100 万，而抖音主账号呷哺呷哺关注量却只有 1.8 万。

海底捞行业老大地位的体现,除了上面说到的业务规模较大和品牌认可度较高,还体现在海底捞对火锅产业链的主导力方面。

受城镇化、消费升级和生活节奏加快等因素影响,中国火锅行业市场近几年一直处于增长态势。根据艾瑞咨询的研究数据,预计到 2025 年中国火锅行业市场规模将超过 6000 亿元,行业空间广阔。细分来看,川渝火锅是绝对的主流,市场份额占比超六成,北方火锅、粤系火锅和其他火锅派系市场占比较小。而在火锅品牌方面,海底捞虽然是头部火锅品牌,但市场份额占比也没超过 10%。

所以,在行业维持增长,同时市场又较为分散的情况下,就为海底捞等具有头部先发优势的火锅品牌提供了横向和纵向整合的必要性和机会。

横向上,海底捞一直在寻求兼并收购的机会。在 2018 年的上市招股书中,海底捞就表示,公司将"策略性地寻求收购优质资源",以实现公司业务的增长。在这一增长策略指引下,海底捞近几年也是频繁出手布局。2019 年 3 月,以人民币两亿元收购北京优鼎优餐饮股份有限公司(优鼎优)全部股权。2020 年 9 月,海底捞以人民币 1.2 亿元收购上海澍海 80%股权。同时,海底捞按总价约 300 万美元收购 HN&T Holdings 80%的股权。另外,海底捞还有自营品牌十八汆面馆、五谷三餐、苗师兄炒鸡等。

纵向上,海底捞以自建为主,收购为辅。海底捞围绕火锅,已经布局了包括火锅底料、食材及易耗品、用户运营、人力资源咨询、工程装修等产业链环节。火锅底料方面,海底捞布局有颐海国际控股有限公司,这家公司由海底捞创始人张勇控股,2016 年在中国香港上市,主要业务是研发、生产、销售火锅调味料,是海底捞火锅调味料的主要供应商。

火锅食材及易耗品方面,海底捞通过关联公司蜀海(北京)供应链管理有限责任公司,也就是蜀海供应链进入火锅食材供应领域。蜀海供应链成立于 2014 年,由海底捞创始人之一施永宏担任董事长,是一家集销售、研发、采购、生产、品保、仓储等为一体的餐饮供应链服务企业。蜀海供应链拥有遍布全国的八个现代化冷链物流中心,以及食品工厂、蔬果加工中心等基地,已成为供应链领域的标杆企业。

在用户运营方面,2019 年 11 月,海底捞以零元的价格收购上海基瓦网络科技有限公司全部股权,这家公司 2018 年成立,收购后成为海底捞旗下的全资附属公司,主要负责海底捞 App 运营。

在行业人力资源咨询和工程装修等方面,海底捞也早已布局了相关的关联公司。

横向和纵向的布局,提升了海底捞在火锅产业链中的影响力,这些布局,很大程度上可以帮助海底捞在标准化、客户体验、供应链稳定以及食品安全等方面做得更好。

资料来源:https://xueqiu.com/2317882558/240950220.

③ 扩大市场份额。市场领导者设法提高市场占有率,也是增加收益、保护领导地位的一个重要途径。在国内市场,市场份额提高一个百分点就意味着几亿元乃至几十亿元人民币的金额,比如截至 2022 年年底,中国咖啡市场整体规模约为 3817 亿元,如果提高一个百分点意味着将近 40 亿元人民币。

小思考

格力电器是中国空调行业第一品牌,请问,这么多年格力电器公司是怎样保持自己的领先地位的?

2. 市场挑战者战略

(1) **市场挑战者的含义。**市场挑战者是指在行业中占据第二及以后位次者有能力采取攻击行动。例如,汽车行业的福特公司、软饮料行业的百事可乐公司等。这些公司对待当前的竞争形势有两种态度:一种是向市场领导者和其他竞争者发动进攻,以夺取更大的市场占有率,这时它们可称为市场挑战者;另一种是维持现状,避免与市场领导者和其他竞争者引起争端,这时它们称为市场追随者。市场挑战者如果要向市场领导者和其他竞争者挑战,首先必须确定自己的战略目标和挑战对象,然后再选择适当的进攻策略。

(2)选择挑战战略。战略目标同进攻对象密切相关,针对不同的对象存在不同的目标。一般来说,挑战者可以选择以下三种公司作为攻击对象:可以攻击市场领导者;可以攻击规模相同但经营不佳、资金不足的公司;可以攻击规模较小、经营不善且资金缺乏的公司。具体的战略如下。

① 正面进攻。它是集中兵力向对手的主要市场发动攻击,打击的目标是敌人的强项而不是弱点。这样,胜负便取决于谁的实力更强,谁的耐力更持久,进攻者必须在产品、广告、价格等主要方面大大领先对手,方有可能成功。日本企业是实践这一策略的典范。

② 侧翼进攻。它是集中优势力量攻击对手的弱点,有时也可正面佯攻,牵制其防守兵力,再向其侧翼或背面发动猛攻,采取"声东击西"的策略。例如,小米在智能手机市场上的定位是中低端市场,当时这个市场的竞争已经相当激烈,但小米通过侧翼进攻的方式成功占领了一席之地。这种战略不仅最能体现"发现需求并且满足它们"的现代市场营销观念,还是一种最有效和最经济的策略,较正面进攻有更多的成功机会。

③ 围堵进攻。它是在几个战线发动全面攻击,迫使对手在正面、侧翼和后方同时全面防御。进攻者可向市场提供竞争者能供应的一切,甚至比对方还多,使自己提供的产品无法被拒绝。比如,当年日本精工表在美国提供了约 400 个流行款式、2300 种手表,占据了几乎每个重要钟表商店,通过种类繁多、不断更新的产品和各种吸引消费者的促销手段,精工表取得了很大成功。

④ 迂回进攻。它是避开对手的现有阵地而迂回进攻。具体办法有三种:一是发展无关的产品,实行产品多元化经营;二是以现有产品进入新市场,实现市场多元化;三是通过技术创新和产品开发,以替换现有产品。

⑤ 游击进攻。游击进攻主要适用于规模较小力量较弱的企业,目的在于通过向对方不同地区发动小规模的、间断性的攻击来骚扰对方,使之疲于奔命,最终巩固永久性据点。游击进攻可采取多种方法,包括有选择的降价,强烈地突袭式的促销行动等。例如,红牛刚刚上市时,就在领导者势力较弱的非常规网点销售(酒吧或夜店),一旦拥有了忠实顾客,转战到社区商店,成为可口可乐在冰柜里的"邻居"。红牛运用一系列游击战略获得了成功。

综上所述,市场挑战者的进攻策略是多样的。一个挑战者不可能同时运用所有这些策略,但也很难单靠某一种策略取得成功,通常是设计出一套策略组合,通过整体策略来改善自己的市场地位。

3. 市场跟随者战略

美国市场学学者莱维特教授认为,有时产品模仿(product imitation)像产品创新(product innovation)一样有利。因为一种新产品的开发和商品化要投入大量资金,也就是说,市场领导者地位的获得是有代价的。而其他厂商仿造或改良这种产品,虽然不能取代市场领导者,但是因不必承担新产品创新费用,也可获得很高的利润。一些行业中的企业通常形成一种默契,彼此自觉地不互相争夺客户,不以短期市场占有率为目标,以免引起对手的报复。这种效仿领导者为市场提供类似产品的市场跟随战略,使行业市场占有率相对稳定。

但是,这不等于市场跟随者就无策略可言。市场跟随者必须懂得如何维持现有顾客,并争取一定数量的新顾客;必须设法给自己的目标市场带来某些特有的利益,如地点、服务、融资等;还必须尽力降低成本并保持较高的产品质量和服务质量。跟随并不等于被动挨打,或是单纯模仿领导者,追随者必须要找到一条不会招致竞争者报复的成长途径。具体来说,跟随策略可分为以下三类。

(1) 紧密跟随。尽可能地在各个细分市场和营销组合领域仿效领导者。这种跟随者有时好像是挑战者,但只要它不从根本上危及领导者的地位,就不会发生直接冲突。

(2) 有距离的跟随。跟随者在目标市场、产品创新、价格水平和分销渠道等方面都追随领导者,但仍与领导者保持若干差异。

(3) 有选择的跟随。在某些方面紧随领导者,而在另一些方面又自行其是。也就是说,它不是盲目追随,而是择优跟随,在跟随的同时还要发展自己的独创性,但同时避免直接竞争。这类跟随者中有些可能发展成为挑战者。

市场跟随者策略作为市场跟随者可以学习领导者的经验,模仿或改善领导者的产品或营销方案,其投资额通常较低。每个市场跟随者的目标是:如何保持现有的顾客,并争取一定数量的新顾客;设法给自己的目标市场带来某些特有的利益;尽力降低成本并保持较高的产品和服务质量。

4. 市场补缺者战略

每个行业几乎都有些小企业,它们专心关注市场上被大企业忽略的细小部分,在这些小市场上通过专业化经营可以获取最大限度的收益,也就是在大企业的夹缝中求得生存和发展。这种有利的市场位置在西方被称为 Niche,通常译作"利基",有拾遗补阙或见缝插针的意思。即对一个组织来说最有利的位置,在这个位置上可取得最大限度的利益,而所谓市场利基者,就是指占据这种位置的企业。通常确定补缺市场的方法是把市场细分再细分,或确定一组有区别的为特定的利益组合在一起的少数人。企业为避免在市场上与强大竞争对手发生正面冲突,而采取的一种利用营销者自身特有的条件,选择由于各种原因被强大企业轻视、忽略的小块市场作为其专门的服务对象,对该市场的各种实际需求全力予以满足,以达到牢固地占领该市场的营销策略。

补缺营销盛行的客观原因是资源的稀缺性。企业面对市场全球化时,人力、物力、财力、技术力、生产力、销售力、品牌力、管理力等营销资源与跨国企业相比都要稀缺得多。因此,如何充分利用既有的资源,确定合理的资源组合,以达到资源增值的效果,便成为重大的营销战略问题。在强大竞争对手存在的前提下,在竞争对手忽视或不屑一顾而消费者却没有被很好满足的狭窄市场上集中配置资源,正是解决这一战略问题所必须遵守的原则。

有利的市场位置(利基)不仅对于小企业有意义,而且对某些大企业中的较小业务部门也有意义,它们也常设法寻找一个或多个既安全又有利的利基。理想利基市场应该足够大,有足够的市场潜力和购买力,要大到能够满足一个中小企业生存所需的规模和购买力;理想利基市场应该足够小,要小到足以令强大的竞争者对之视而不见、不屑一顾;理想利基市场应该足够深,要深到足以使企业在较长时期内的发展无空间之忧;理想利基市场应该足够相称,企业的能力和资源与为该市场提供优质服务所需之条件相称,企业具备有效地为这一市场服务所必需的资源和能力;理想利基市场应该有足够信誉,企业已在顾客中建立起良好的信誉,足以对抗竞争者,在该利基市场上,企业的既有信誉要足以对抗竞争者。

不追求整个市场,或较大的细分市场,而是以细分市场里的分块,或空缺位置为目标。

因为对小公司而言,它们的资源是有限的,通过聪明的填补空缺策略也可以获得高利润。补缺者有三项任务:创造补缺、扩展补缺和保卫补缺。一个企业如何取得利基呢？进取利基的主要策略是专业化,公司必须在市场、顾客、产品或渠道等方面实施专业化。

（1）按最终用户专业化,即专门致力于为某类最终用户服务。例如,书店可以专门为爱好或研究文学、经济、法律等的读者服务。

（2）按垂直层次专业化,即专门致力于为生产-分销循环周期的某些垂直层次的经营业务,如制铝厂可专门生产铝锭、铝制品或铝质零部件。

（3）按顾客规模专业化,即专门为某一种规模（大、中、小）的客户服务。许多利基者专门为大公司忽略的少数顾客服务。

（4）按特定顾客专业化,即只对一个或几个主要客户服务,如美国一些企业专门为西尔斯百货公司或通用汽车公司供货。

（5）按地理区域专业化,即专为国内外某一地区或地点服务。

（6）按产品或产品线专业化,即只生产一大类产品,如日本的YKK公司只生产拉链这一类产品。

（7）按客户订单专业化,即专门按客户订单生产预订的产品。

（8）按质量与价格专业化,即选择在市场的底部（低质低价）或顶部（高质高价）开展业务。

（9）按服务项目专业化,即专门提供一种或几种其他企业没有的服务项目。例如,美国一家银行专门承办电话贷款业务,并为客户送款上门。

（10）按分销渠道专业化,即专门服务于某一类分销渠道,如生产适用超级市场销售的产品。

补缺也承担着一些重大风险。例如,所寻求的狭缝市场也可能会饱和,或者可能壮大到足以吸引竞争者进入。这正是许多企业实施多种补缺战略的原因。通过开发两个或更多的狭缝市场来增加企业的生存机会。

思政融入:学习《反垄断法》,做懂法护法的好营销人

思政元素:《中华人民共和国反垄断法》(简称《反垄断法》),是我国现行的经济法之一,是为预防和制止垄断行为,保护市场公平竞争,鼓励创新,提高经济运行效率,维护消费者利益和社会公共利益,促进社会主义市场经济健康发展,制定的法律。

链接:2022年中国公平竞争政策宣传周活动视频

近年来国家加强了企业违反《反垄断法》的行为处罚力度,2021年4月10日,国家市场监督管理总局依据《反垄断法》对阿里巴巴集团在中国境内网络零售平台服务市场滥用市场支配地位的行为作出行政处罚,责令其停止违法行为,并处以其2019年销售额4%计182.28亿元罚款。

讨论:扫码观看视频,谈谈你对反垄断法的认识。

4.3　平衡顾客导向和竞争导向

一个企业无论是市场领导者、挑战者、跟随者,还是补缺者,都必须密切关注自己的竞争对手,并制定能最有效实现定位的竞争性营销战略。同时,它必须在快速变化的竞争环境中不断地调整战略。著名的营销大师科特勒将营销归结为两种导向——竞争导向的营销和顾

客导向的营销。在学习过程中,我们发现,正如"鱼与熊掌"难以取舍一样,企业必须在选择竞争导向的营销,还是选择顾客导向的营销的问题上思考良久。企业花费大量的时间和精力去追踪竞争者的一举一动的同时,一定因此忽视为此可盈利的顾客关系。可怕的是,这种可盈利的顾客关系可能更为重要。

微课:平衡顾客导向和竞争导向

4.3.1　竞争导向的企业和顾客导向的企业

1. 竞争导向的企业

竞争导向的企业往往将其大部分时间花在追求竞争者的行动和其市场份额上,并试图找出应对战略。这种导向会帮助企业确定战斗导向,警惕地观察自己在市场定位中的劣势,并搜寻竞争者的不足。但与此同时,企业也会因为过于执着于重视防御而变得比较被动,经常是"敌动我才动,敌不动则我也不动",导致在经营过程中并没有形成或者很好地实施自己的顾客关系战略。最终的结果,往往是企业一味地沿用行业惯用的或通用的经营方式和方法,无法寻求更多的新方法创造更多的顾客价值。

2. 顾客导向的企业

在设计战略的过程中,秉持"顾客导向"的企业更多地关注顾客的发展,能够有效识别新的机会和制定合理的长期战略。通过观察顾客需求的变化,企业可以决定哪些顾客群体和哪些新兴需求是最值得服务的。然后,企业便会集中资源,为目标顾客传递卓越的价值。

4.3.2　平衡顾客导向和竞争导向

实践表明,如今的企业都应该采用市场营销观念,都应该奉行以顾客为导向的营销。那么,以顾客为导向的营销如何解决竞争问题?以竞争为导向的营销如何去解决顾客需求问题?这就要求企业明确一个最基本的原则:一定要密切观察其顾客和竞争,避免盲目专注于竞争者或片面地聚焦顾客。

一般公司可能拥有产品导向、顾客导向、竞争导向和市场导向中的任何一种。首先,企业可能是产品导向,对顾客和竞争者都很少关注。其次,企业慢慢发展,开始关注顾客需求,进而转变为"顾客导向"。最后,到了第三个阶段,企业注意到竞争者的行动对其影响越来越大,进而转变为"竞争导向"。如今,企业最需要成为市场导向,即平衡对顾客和竞争的关注。他们需要观察顾客,通过传递比竞争者更多的顾客价值,发现建立有利可图的顾客关系,而不是简单地盯着竞争者,并试图通过现有的经营方法击败它们。正如前面所述的,营销的起点是对顾客和市场的正确理解。

本章小结

市场竞争是指同行业或相关企业之间,为了取得有利的产销条件、获得更多的市场资源而进行的争夺。市场竞争的基本形式有两种:价格竞争和非价格竞争。随着竞争的发展,非价格竞争将成为竞争的主要形式。

市场竞争分析首先要分析行业竞争环境。企业面临的行业竞争压力主要有五种:现有企业之间的竞争、潜在加入者的威胁、替代品的威胁、供应者的压力、购买者的压力。行业竞争结构主要有四种情况:完全竞争、垄断竞争、寡头垄断、完全垄断。

对竞争者分析的步骤是:识别竞争者、分析竞争者的战略、分析竞争者的优势与劣势、判断竞争者的反应模式、采取竞争对策、进行竞争定位、选择竞争策略。

企业可以选择的竞争战略随着"互联网＋"时代的到来，竞争环境越来越复杂，竞争也由零和博弈转向为正和博弈，由竞争到超级竞争的战略转变。

不同竞争地位的企业在战略目标、企业实力等方面有相当大的差别，所采取的竞争策略也大不相同。市场领导者可以选择扩大市场规模、保持或提高市场占有率等策略；市场挑战者首先要确定进攻的对象和目标，然后再选择适当的进攻策略；市场追随者策略的核心是寻找一条避免触动竞争者利益的发展道路；市场补缺者成功的关键因素则是专业化。

在成熟的市场中，企业最需要观察顾客，通过传递比竞争者更多的顾客价值，发现建立有利可图的顾客关系，而不是简单地盯着竞争者，并试图通过现有的经营方法击败它们。

基础练习

1. 简答题

（1）如何进行行业竞争环境的分析？

（2）竞争者分析的步骤有哪些？

2. 讨论题

作为市场主导者，应该通过哪些途径来扩大市场需求总量？

案例分析

新国货的产品差异化

近年来，新国货品牌瞄准消费者日益增长的美好生活需要，推动传统产品创新升级，实施产品差异化战略，创造了不少成功案例。值得注意的是，市场上不少产品是"60 后""70后"企业家为"90 后""00 后"设计的，由于未能深刻把握年轻人的消费诉求，往往货不对路，市场表现惨淡。新国货应聚焦各细分市场的特色需求，着力开发新的特色产品。以年龄细分为例，相较于一般市场细分的泛分类方式，"00 后"市场尚未进行二次细分。例如，单在"古风"这个需求领域，便可进一步细分为汉服圈、古文圈、古典音乐圈等。购买者群体及其需求的新变化，给产品创新带来了更多的机遇和挑战。对于新国货潮流的形成和崛起，家国情怀固然发挥了重要的背书效用，但是真正支撑新国货长久发展的还是产品本身，尤其是产品质量。

在全球经济下行，未来不确定因素增多的百年变局下，消费者变得越来越挑剔，对价格越来越敏感，直播带货火爆的背后时常隐含着"全网最低价"的因素。新国货要持续发展，就必须注重产品创新，提高科技含量，在品牌、价格、品质之间求得最佳组合和动态平衡。

资料来源：郭国庆. 国潮涌动下新国货崛起的营销密码[J]. 人民论坛，2022(3)：84-87.

问题：新国货品牌采用了哪种竞争战略？这种竞争战略有什么优点和缺点？

课外实践

1. 实践背景

要求学生按照第 1 章课外实践活动中所自组公司和确定的经营背景来完成。

2. 实践活动

（1）你所在公司依据成立公司的背景（可以同业锚定标杆企业背景作为背景），团队讨论公司经营中的竞争者的条件。

（2）根据上述背景分析中的公司情况，选择自己公司的竞争者，分析该竞争者的竞争类型，并分别使用 SWOT 矩阵法分析竞争情况。

（3）具体要求：

① 公司总经理负责主持会议，并指定专门人员完成竞争者分析报告；

② 选择目前最大的竞争者；

③ 填写 SWOT 分析表；

④ 针对该竞争者修订公司的经营计划。

第 5 章

市场调查与预测

知识目标：

1. 理解信息在营销决策中的重要作用；

2. 了解市场调查的概念、类型与发展；

3. 掌握市场调查的基本程序；

4. 掌握不同市场调查方法的含义与特点。

技能目标：

1. 培养运用基本市场调查方法初步认识市场的能力；

2. 运用不同的市场调研方法进行市场调研的能力；

3. 根据实际情况制订最优调研方案的能力。

德育目标：

1. 大兴调查研究之风，培养实事求是、一切从实际出发的精神；

2. 树立和发展与社会主义市场经济相适应的价值观念，增强公平意识、竞争意识、合作意识。

📻 导入案例

"新"国货 2023：质疑、回归与转机

根据天猫发布的数据显示，中国人的购物车中超过 80% 是国货，而以"90 后"为代表的新生代消费者，已然成为国货的主流消费人群，"90 后"在人均国货消费金额人群中领跑。

从国货的关注度到消费转化，都证明了国货本身的魅力，而国货崛起背后，也隐隐昭示着中国消费结构正在发生的新一轮变革。"花西子事件"所引发的蝴蝶效应也让蜂花、活力28、郁美净等一众老国货品牌凭借便宜、良心的标签重新站上了舞台中心，收获了一波"野性"消费。据调查数据显示，2023 年 9 月 11 日当晚，蜂花在抖音直播间的销售额直接突破2500 万元。

文化自信的提升、制造业的崛起、社交平台的发展，让国货的春风燃起。"国潮"便是这一时代的产物，带有中国特定元素的产品，如服饰、食品等，在我们的日常生活中大量涌现，也给了老牌国货们"重生"的机会。

从将运动时尚与民族文化深度融合，打造年轻化品牌"中国李宁"，到以国货身份登上国际时装周，李宁便是借势"国潮"东山再起的成功案例。

虽然国潮风盛行让品牌焕发了新活力，但是事实上真正让国货品牌迈出崛起第一步的，在很大程度上是消费者对国货品牌长久以来所怀有的"情结"。这些国货品牌的成功之处都是取决于"好产品"，而拥有"好产品"也往往能够助力品牌穿越市场周期。

不论是新国货,还是老国货,品牌的热度能否持续取决于产品的质量和口碑。当产品质量收获消费者认可与好评,热度则会持续较长时间,并能够带来销量裂变。但如果产品质量无法满足消费者期待,热度很快消退的同时,品牌也一并沉寂。

不得不说的是,当一个品牌正式进入市场,竞争是全方位的,要想在赛道上跑赢,准确的市场定位、有效的产品和营销策略、快速的反应能力,每一项都至关重要。但这一切的基础,都建立在拥有一个好产品上。

资料来源:https://www.thepaper.cn/newsDetail_forward_24858142.

市场调查作为一种必要的营销手段,最早出现在美国。1919 年美国柯蒂斯出版公司首次运用这种方法并大获成功。百年后的今天,这种营销手段已经被越来越多的企业所采用,并成为许多企业经营制胜的法宝。市场调查也由最初的简单收集、记录、整理、分析有关资料和数据,发展成为一门综合性科学。其内容涉及心理学、社会心理学、社会行为学、统计学等,市场调查的对象也从单一的消费者延伸到现代经济生活的各个领域。

5.1　营销信息系统

企业营销决策和计划的制定,必须以掌握充分而准确的信息为基础,这就需要一套科学的信息管理方法,建立系统、规范的程序来收集、整理和解释信息,使其成为制定和修订市场营销方案的依据。这一程序可以通过营销信息系统来完成。

微课:营销
信息系统

5.1.1　市场营销信息与大数据

为了创造顾客价值并与他们建立可盈利的关系,企业的营销者们必须首先获得关于顾客需要和欲望的及时、深入的了解。但是,这些信息往往不是那么明显的,消费者往往很难准确地描述自己需要什么以及为什么要买。为了深入了解顾客,营销者必须有效地管理来自各种渠道的营销信息。

1. 市场营销信息

市场营销信息是指一定时间和条件下,与企业的市场营销有关的各种事物的存在方式、运动状态及其对接收者效用的综合反映。它一般通过语言、文字、数据、符号等表现出来。市场营销信息是企业经济决策的前提和基础,是制订企业营销计划的依据,也是实现营销控制的必要条件。

优秀的产品和市场营销方案始于优质的市场营销信息的有效使用。为了获得成功,企业必须能够收集到堆积如山的信息,并且能够在其中找到可以帮助自己创造顾客价值、向顾客递送所创造的价值的市场营销信息。

2. 大数据

随着信息技术的迅猛发展,企业现在可以产生和发现大量的市场营销信息。特别是消费者本身就能产生大量的营销信息。人们通过电子邮件、手机短信、博客、微博、微信、直播网络和其他网络平台向企业提供并与其他消费者分享大量信息。"大数据"的概念应运而生。

大数据是指如今成熟的信息生成、收集、存储和分析技术产生的大量复杂数据。大数据在给市场营销者带来机会的同时也提出了严峻的挑战。因为现在的营销者并不缺乏信息,而是苦恼于真正有价值的信息在哪里。大数据的情况越明显，挖掘有效信息的工作量就越大，实施的难度也就越大。因此，营销者不是需要更多的信息，而是需要更好的信息，更需要好好利用已有的信息。这就是营销者需要思考如何管理市场营销信息的问题。

3. 大数据营销

大数据营销是基于多平台的大量数据，依托大数据技术基础，应用于互联网广告行业的营销方式。依托多平台的大数据采集，以及大数据技术的分析与预测能力，能够使广告更加精准有效，给品牌企业带来更高的投资回报率。

大数据营销是通过互联网采集大量的行为数据，帮助广告主找出目标受众，以此对广告投放的内容、时间、形式等进行预判与调配，并最终完成广告投放的营销过程。

在此基础上，大数据营销借助数据库的筛选、分析，寻找目标客户，实现精准营销，从而降低营销成本。对于营销者来说，其实际功能远不止在推广决策方面。

（1）洞察用户的消费行为特征。只有建立在大数据基础上的用户行为分析，才能让企业做到"比用户更了解自己"，这才是大数据营销的前提与出发点。

（2）精准的营销信息推送。只有建立在用户特征数据支撑及详细准确分析基础上的营销信息推送才是精准的营销，才是定向传播。

（3）引导产品及营销活动投用户所好。如果能在产品生产之前了解潜在用户的主要需求，以及他们对产品的期望，那么产品一经生产便是投目标客户所好的好产品。

【观念应用 5-1】
起底"现象级"爆品的秘密

借力数字化营销引爆市场

瑞幸咖啡再次推出联名咖啡"马斯卡彭生酪拿铁"，这次是和经典动画 IP"猫和老鼠"联名，联名款一经推出再次登上微博热搜。

上次联名推出的酱香拿铁首日销售额破亿，这已经是瑞幸连续多年押中现象级爆款了：厚乳拿铁、生椰拿铁、丝绒拿铁、椰云拿铁、生酪拿铁。这样的爆款频出并非偶然。事实上，推新能力背后是瑞幸形成了体系化、数字化的产品营销机制，利用数据为企业提供选品方向、产品营销方式等。

用数字化方式解锁用户喜好

那么这些企业是怎么借助数字化来选品呢？其实就是从消费者购物行为中"开采"出数据，再从这些数据中，总结提炼出"消费者喜欢什么产品"这个关键点，最后利用这个关键点去赚钱。

以前没有数字化系统的支撑，企业都是先做出一个产品，然后再让消费者了解这款产品，慢慢对这款产品产生信任，最后才产生购买行为，整个过程中的数据并没有被应用到线上发掘其中的价值。

把握喜好实现精准营销

企业选品策略中的核心是要有数据支撑的卖点，卖点对做好产品至关重要。

瑞幸利用畅捷通好业财搭建了智能化营销管理体系，企业可以在消费者购买数据中，总结出消费者的需求、偏好、痛点和习惯。

首先是企业把这些信息反馈给采购人员及工厂，采购人员可以根据需求加大对某款产品的采购，扩大销售规模，工厂可以根据这些需求，生产定制化的产品，满足客户喜好。由此,企业借助数字化系统发掘出更受消费者欢迎的产品。

其次是通过营销增加产品曝光。瑞幸借助数智化系统对店铺、商品、优惠券推广效果追踪,精准获客。通过大数据分析,全面展现商品、客户经营情况,理清商品结构,量化商品销售指标,便于调整商品销售策略。

爆品的特点在于一旦引爆,短时间内需求暴增,销量激增。面对爆品,企业必须采用自动化、数字化、智能化的管理系统才能高效处理激增的订单和客户需求。唯有对市场保持敏锐嗅觉,紧随时代潮流转型的人,才能在行业浪潮中乘风破浪。

资料来源:https://tech.china.com/article/20231013/102023_1421044.html.

(4)广告投放更加科学。大数据的前台可以为企业呈现投放覆盖人群的反应。投放费用哪些更有效、哪些更经济、哪些被浪费了……一切都是有数据痕迹,有数据可以参考的。这就与传统的广告投放截然不同。

(5)预测市场变化,调整市场策略。大数据营销的预知性、预测性决定了其对市场变化的敏锐判断,有助于企业在第一时间调整营销策略,让营销更有针对性,更能抓住当下营销问题的重点,精准出招。

(6)让营销策略更有效。作为企业营销的负责人,很多时候不知道企业的营销决策是否有效,是否高效,很多时候是投石问路。现在,企业的营销策略、营销对象、营销投入等将靶向出击、直达要害。

【观念应用 5-2】

大数据看淄博

淄博烧烤火爆出圈,淄博也迅速晋升为网红城市。大数据平台监测显示,网络流量、政府作为、平台推动、大 V 助力,成为带火淄博出圈的重要力量。"好客""热情""努力",成为评价淄博城市品格的网络热词。

谁带火了淄博

数据显示,在淄博出圈前期,社交平台对淄博烧烤爆火起到明显推动作用;出圈之后,网络流量与政府作为耦合联动,主流媒体、大 V 博主形成宣传攻势,成功带火淄博。

淄博城市热度的迅速提升,也是淄博市政府及时抓住流量机遇,积极加大城市宣传、规范市场整治、做好旅客服务,多重作为耦合叠加的结果。淄博市政府一系列举措频繁登上全国热榜,如"淄博政府反应也好快"微博话题获得 4489.6 万次阅读,赢得舆论好感,知名度陡然上升。

淄博带火了谁

淄博烧烤出圈,带动了城市知名度的提升,淄博迎来新的发展机遇。除烧烤外,文旅产业、餐饮行业、美食文化同步带动起来。

1.文旅景点热度大幅提升

周村古商城、淄博博物馆等景点在淄博烧烤带动下,淄博市政府实施烧烤+景区融合发展,吸引越来越多的游客前来淄博旅游观光,为当地的旅游业注入了新的活力和动力。

2.烧烤三件套带红周边美食

"小饼烤炉加蘸料,灵魂烧烤三件套",使淄博烧烤深受游客青睐。在其带动下,当地的传统美食也得到了广泛传播和推广,越来越多的人开始关注淄博的美食文化。

淄博因烧烤而出名,但淄博不仅仅因烧烤才出名。一趟趟烧烤专线,一条条便民措施,一项项真情服务，一个个感人故事，政府、居民、司机、商家、学生、大 V、媒体……正因为有了各方努力，积极参与，主动维护，才有了火出圈的淄博。这是一座城市的品格，更是淄博的文化内核。

资料来源：https://baijiahao.baidu.com/s? id＝1764296482359256620＆wfr＝spider＆for＝pc.

5.1.2　营销信息系统

企业挖掘到来源广泛的大数据后，会利用这些信息来找到消费者内心真正在意、认为有价值却又不自知的那些未被满足的需求和愿望，并在此基础上为消费者创造更多的价值。因此，企业必须设计有效的市场营销信息系统，在恰当的时间、用恰当的形式为管理者提供恰当的信息，以帮助他们运用这些信息创造顾客价值和更加有利的客户关系。营销信息系统（marketing information system，MIS）是指由人、设备和程序组成的一个持续的、彼此关联的结构，其任务是准确及时地对有关信息进行收集、分类、分析评估和分发。营销信息系统的起始和终端都是营销者。首先，该系统中营销经理对信息系统中的信息需求产生影响；其次，该系统通过公司内部记录、营销情报收集、营销调研及信息分析来开发整理所需信息；最后，该系统通过适当的形式，在合适的时间为营销者提供信息，帮助他们更好地进行决策。营销信息系统如图 5-1 所示。

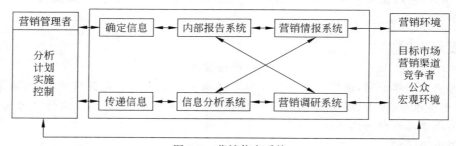

图 5-1　营销信息系统

1. 评估信息需求

市场营销信息系统首先服务于企业的市场营销部门和其他部门的管理者。同时，它还为供应商、中间商或其他市场营销服务机构这样的外部伙伴提供信息。一个营销信息系统能够在经理们想要得到的信息和真正得到的信息之间找到平衡点。一些管理者会想要所有能够得到的信息，而不仔细考虑自己真正需要什么。另外一些管理者则是忽略应该知道的信息，或者自己不太清楚应该想要什么样的信息。所以，市场营销信息系统必须监督市场营销环境，以便为决策制定者提供所需信息，帮助他们更好地了解顾客和制定市场营销决策。

信息的收集、整理、储存及提供都会使成本增加，企业也必须评估信息带来的收益是否高于获取成本。信息本身并没有价值，其价值来源于其在实际工作中的用途。

2. 内部报告系统

目前许多企业都建立了大规模的内部数据库，即从企业内部数据来源收集的关于消费者和市场的电子信息，其信息来源多种多样。比如，财务部门提供的各类财务状况和销售额、订单、成本、现金流等各类详细数据；生产部提供的各类生产进度、发货、库存数据等；竞争对手活动和市场营销的环境等情况；营销部门提供关于顾客特点、交易情况以及网站浏览行为的信息等。以上各类信息都可以为管理者提供营销机会及发现问题的可能性。

企业内部的信息通常要比外部获取的信息更及时，而且相对成本低。然而，由于这些信息通常是为了一定目的而收集的，对营销决策往往并不完全适用。例如，会计部门的销售额数据，本来用于财务分析，若完全用来评估产品的推销能力和分销渠道状况，有时则并不完全适用。营销系统必须对相关的信息进行采集、分类、整理和编类，才能比较适合于管理人员使用。

3. 营销情报系统

营销情报是指与重要环境因素相关的信息，比如政策信息、技术创新、竞争者状况等。此类信息有助于管理人员制订、调整营销计划。企业有时根据国家或地方的政策动向及时调整战略方案或根据竞争者的变化采取新的营销方案。

营销人员可以从各种渠道获得情报：报刊书籍以及与顾客、供应商、经销商、企业外部人员交谈等。也可以从企业内部与经理和员工的交谈中交换信息等。有效管理的企业往往采取有效的措施来增加情报的数量，提高情报的可靠性。训练推销人员，使他们关注市场动态并及时报告市场动态，也可以激励经销商、零售商等企业外部合作对象向企业传递重要营销情报，还可以通过以下途径获取相关竞争者的状况：①购买竞争者的情报。②参加贸易展览会。③阅读竞争者发布的经营报告，参加股东大会。④向竞争者过去或现在的职工、经销商、供应商了解情况等。⑤收集竞争者的广告。⑥阅读相关行业协会的刊物等。此外，还可以向专门的情报机构购买情报。有的公司和组织还专门建立相关小组或办公室负责情报的搜集工作，并做相关的整理和集中。大的企业往往都有一个很庞大的情报系统，帮助决策人员进行分析和评估。

4. 营销调研系统

营销管理者不能等待信息的到来，而是应该想方设法地收集信息，所以企业往往进行经常性的或专门性的调查研究来搜集相关信息。例如，有些企业在新产品投产之前，有必要对该产品的市场潜力做一个预测，有时候，内部报告系统和营销情报系统都无法提供足够而周全的信息完成这一课题；所以，企业就组织专门的力量或委托企业外相关的咨询机构、专业组织进行市场调研。

所以，概括地说，市场调研就是企业为了实现营销管理和做出相应的营销决策而对有关信息进行系统的收集、分析和报告的过程。市场营销调研的功能也可以概括如下：①通过信息把营销者、客户和公众联结起来，营销人员借助以上信息发现和确定营销机会与诊断问题。②开展、改善、评估和监督营销活动，进一步加深对市场营销过程及规律的认识。

5. 信息分析系统

对于情报系统和调研系统收集到的信息，通常来说还要做进一步的分析。信息分析系统是由一个统计库（statistical bank）和一个模型库（model bank）构成的。统计库包括一系列统计程序，这些程序可以帮助分析者了解一组数据中彼此之间的关系及其统计上的可靠性。统计库帮助营销管理者回答如下问题：影响企业销售额的主要变数有哪些？重要性如何？如果提高价格、增加广告支出会给销售本企业产品而不是竞争者的产品带来何种影响？哪些指标最能反映市场细分的依据。模型库包括一系列数学模型，这些模型有助于营销管理者做出最科学的决策。其中的具体逻辑关系如图5-2所示。

图 5-2　信息分析系统

5.2　市场调查概述

微课：市场
调查概述

在企业的市场营销管理中，每一步都离不开市场的营销调研。在市场营销的分析、计划、实施和控制的每一阶段，营销者都需要信息，包括消费者、用户、竞争者、中间商及其他与市场有关的信息。市场调研是获取这些信息的重要途径。在现代社会中，随着企业对信息的需求量和质量上的增加，使营销调研的必要性也日益增加。随着消费者收入的增加和可供选择的产品日益丰富，营销者更需要获得消费者对产品的反应信息，以便改进产品和调整销售手段。当企业在日益激化的竞争环境中运用日益复杂的营销技巧时，也非常有必要了解有关这些营销技巧的效果信息。随着世界经济的不断发展，国际上一些著名企业更是把精确而有效的市场调查作为企业经营、发展的必修课，各种手法可谓洋洋大观，高招迭出。

5.2.1　市场调查的含义

市场调查还有许多其他的名称，如市场分析、市场研究等。市场调查对企业来说，就是企业了解市场客观情况的一种社会实践活动。传统市场调查的对象是消费者，即对消费者和最终用户进行市场调研，获得消费者和用户对购买产品的反馈信息。如购买原因、使用状况等。而现代意义的市场调查已不仅仅局限于对消费者的调研，还包括对经济形式、竞争对手、产品定价、广告宣传、渠道建设等方面的调研。

市场调查的概念有很多，如美国市场调查营销协会给市场调查所下的定义是：市场调查是一种通过信息将消费者、顾客和公众与营销者连接起来的职能。这些信息用于识别和确定营销机会及问题，产生、提炼和评估营销活动，监督营销业绩，改进人们对营销过程的理解。市场调查规定了解决这些问题所需的信息，设计收集信息的方法，管理并实施信息收集过程，分析结果，最后要沟通所得的结论及其意义。

美国著名的营销学专家菲利普·科特勒将市场调查定义为：针对组织面对的特定市场营销问题系统地设计、收集、分析和报告信息。

美国的另一学者大卫·拉克（Dawid J.Luck）认为："市场调查是为了特定的市场营销决策，对有关资料进行系统的计划、收集、记录、分析和解释。"这个定义与上述定义的主要区别是增加了计划阶段。它认为市场调查应花较大精力于计划这个环节上，同时在对资料进行分析后，应再根据所做的决策进行认真的解释，相当于报告。

在从事市场调查工作之前，要充分理解市场调查的内涵，在市场调查的所有定义中，系统性、客观性、信息和决策,每一个词都揭示了市场调查本质内容的一个方面。

(1) 系统性。市场调查必须针对某一问题进行,目的明确;必须先进行设计、经过认真的策划和实施;必须收集充分的、有代表性的数据,并加以精确计算。

(2) 客观性。市场调查必须采用科学的方法;必须不带偏见,不受感情的影响;对事实、证据的阐述必须排除主观性,进行合乎逻辑的推断。

(3) 信息。市场调查帮助企业提高对市场的理解水平,是扩展决策的基础。

(4) 决策。市场调查能帮助企业领导降低决策的风险程度,使其在仔细考虑备选方案后做出合理的选择。

综上所述,市场调查是指采用科学的方法,有计划、有目的地系统收集市场资料,并运用统计分析的方法对所收集的资料进行分析研究,发现市场机会,为企业管理者提供科学决策所必要的信息依据的一系列过程。

5.2.2 市场调查的基本程序

市场调查的程序是指调查工作过程的阶段和步骤。市场调查是一项涉及面广、复杂的认识活动。要顺利进行市场调查,确保调查质量达到预期目的,必须科学安排市场调查过程中的各项工作,必须有计划、有组织、有步骤地进行。市场调查工作的基本过程包括:明确调查目标、设计调查方案、制订调查工作计划、组织实地调查、调查资料的整理和分析、撰写调查报告。但是,市场营销调查并没有一个固定的程序可循,一般而言,根据调查活动中各项工作的自然顺序和逻辑关系,市场调查的全过程可划分为调查准备、调查实施、调查资料整理分析和调查结果处理四个阶段,每个阶段又可分为若干具体步骤。

1. 调查准备阶段

市场调查准备阶段的主要任务就是界定研究主题、选择研究目标、形成研究假设并确定需要获得的信息。主要解决调查目的、范围和调查力量的组织等问题,并制订出切实可行的调查计划。为了保证市场调查的质量,必须充分、周到地做好一切准备工作。具体工作步骤如下。

(1) 确定调查目标,拟定调查项目。这个步骤要回答为什么要进行调查、调查要了解什么问题、了解这些问题后有什么用处及应该收集哪些方面的信息资料等问题。

(2) 确定收集资料的范围和方式。就是要确定收集什么资料,向谁收集资料,在什么时间、什么地点收集资料,是实地调查收集第一手资料还是文案调查收集第二手资料,是一次性调查还是多次性调查,是普查还是抽查等。

(3) 设计调查表和抽样方式。调查表或问卷应简明扼要、突出主题,抽样方式和样本量大小既应满足调查的目的要求,也要便于统计分析。

(4) 制订调查计划。调查计划应包括采用什么调查方法、分几个步骤、调查的人力如何安排、如何分工协作、调查工作的进度以及调查费用的预算等。

2. 调查实施阶段

调查实施阶段就是收集相关的信息资料,包括市场、竞争对手、经济形势、政策与法律等方面相关的信息资料。这些信息资料可以采取定期和不定期的方式收集,且在收集资料的过程中,要做到及时、可靠、灵活。收集资料阶段主要是进行实地调查活动,实地调查即调查人员按计划规定的时间、地点及方法具体地收集有关资料,不仅要收集第二手资料,而且要收集第一手资料。实地调查的质量取决于调查人员的素质、责任心和组织管理的科学性。

这个阶段是整个市场调查过程中最关键的阶段，对调查工作能否满足准确、及时、完整及节约等基本要求有直接的影响。这是调查工作的一个非常重要的阶段。组织实地调查要做好以下两方面工作。

（1）做好实地调查的组织领导工作。实地调查是一项较为复杂烦琐的工作。要按照事先划定的调查区域确定每个区域调查样本的数量，访问员的人数，每位访问员应访问样本的数量及访问路线，每个调查区域配备一名督导人员；明确调查人员及访问人员的工作任务和工作职责，做到工作任务落实到位，工作目标、责任明确。

（2）做好实地调查的协调、控制工作。调查组织人员要及时掌握实地调查的工作进度完成情况，协调好各个访问员的工作进度；要及时了解访问员在访问中遇到的问题，帮助解决调查中遇到的共性问题，提出统一的解决办法。要做到每天访问调查结束后，访问员首先要对填写的问卷进行自查，然后由督导员对问卷进行检查，找出存在的问题，以便在后面的调查中及时改进。

3. 调查资料整理分析阶段

实地调查结束后，即进入调查资料的整理和分析阶段，收集好已填写的调查表后，由调查人员对调查表逐份进行检查，剔除不合格的调查表，然后将合格的调查表统一编号，以便统计调查数据。主要是对所获得的原始信息资料进行加工编辑，资料审核、订正、分类汇总、加工整理；依据一定的统计方法，进行技术分析、数据处理；在编辑加工之前，要对获得的资料进行评定，消除误差，保证信息资料的真实性和可靠性。如果发现不足或存在问题，则应及时拟定再调查提纲，作补充调查，以保证调查结果的完整性和准确性。调查数据的统计可利用 Excel 电子表格软件完成；将调查数据输入计算机，经 Excel 软件运行后，即可获得已列成表格的大量的统计数据，利用统计结果，就可以按照调查目的的要求，针对调查内容进行全面的分析工作。

4. 调查结果处理阶段

市场调查人员要根据整理后的调查资料进行分析论证，得出结论，然后撰写市场调查报告，并在调查报告中提出若干建议方案，供领导在决策时作为参考依据。一份完整的调查报告应包括调查的目的和内容、调查的方法、调查的结果、提出的建议以及必要的附件。撰写调查报告是市场调查的最后一项工作内容，市场调查工作的成果将体现在最后的调查报告中，调查报告将提交企业决策者，作为企业制定市场营销策略的依据。市场调查报告要按规范的格式撰写，一个完整的市场调查报告格式由题目、目录、概要、正文、结论和建议、附件等组成。市场调查报告是市场调查的成果，报告的写作应力求语言简练、明确、易于理解，内容讲求适用性，并配以图表进行说明。如果是技术性的报告，因其读者大多数是专业人员或专家，因此，要力求推理严密，并提供详细的技术资料及资料来源说明，注重报告的技术性，以增强说服力。提出了调查的结论和建议，不能认为调查过程就此完结，而应继续了解其结论是否被重视和采纳、采纳的程度和采纳后的实际效果以及调查结论与市场发展是否一致等，以便积累经验，不断改进和提高调查工作的质量。在整个调查过程结束后，应对所有的信息进行归档存储，以便日后需要时查阅。

5.2.3　市场调查的类型

市场调查根据研究的问题、目的、性质和形式的不同，一般分为以下四种类型。

1. 探索性调查

探索性调查是指在制订正式调查的调查方案时，为了准确定义调查问题，发掘问题的内在性质，获取关于所研究问题的研究思路、研究框架以及设计中的某些难点和灵感所进行的调查研究活动。探索性调查不是正式调查，而是为了制订正式调查的调查方案所进行的预备性调查；调查内容不是收集正式调查中所需要的原始数据，而是了解与所研究问题有关的某些方面的情况，旨在将其作为制订调查方案的根据。探索性调查的结果一般只是试验性的、暂时性的，或作为进一步研究的开始。

探索性研究具有灵活性、多样性的特点，适合于调查那些人们知之甚少的问题。常用的方法有：专家咨询、试点调查、个案研究、二手资料的分析、定性研究等。探索性研究的基本目的是提供一些资料，以帮助调查者认识和理解所面对的问题。常常用于在一种更正式的调查之前，帮助调查者将问题定义得更准确些，以确定相关的行动路线，或获取更多的有关资料。

2. 描述性调查

描述性市场调查是指在收集、整理市场资料的基础上，描述某一总体或现象的基本特征的调查。现实中大多数的调查都属于描述性调查。在描述性调查中，可以发现其中的关联因素，描述性调查的目的更加明确，研究的问题更加具体，就是要描述某些事物总体的特征或功能。描述性调查就是通过调查对样本具体特性进行综合描述，进而找出样本总体特征的调查方式。如全国企业景气调查、编制景气指数即为描述性调查，调查能及时、准确反映宏观经济运行和企业生产经营状况，为各级党政领导宏观管理和决策提供参考依据；及时反映企业对政府及其职能部门的要求和建议，为企业生产经营服务。

描述性调查是对具体的问题作如实反映的调查方法。描述性调查主要对问题进行说明，并提出一些相关的问题。描述性调查必须占有大量的信息情报，调查前需要有详细的计划和提纲以保证获取的资料正确、可靠。描述性调查的设计要求清楚地规定调查的五个要素"谁""什么""什么时候""哪里"和"怎样"这样一些问题的回答。描述性调查假定调查者事先已对问题有许多相关的知识，可以描述不同消费者群体在需要、态度、行为等方面的差异。描述性研究的特点是：事先制定好具体的假设，事先设计好有结构的方案。常用的方法主要有：二手资料的分析、抽样调查、固定样本连续调查、观察法等。

3. 因果性调查

因果性调查也称作因果关系调查，是在描述性调查的基础上进一步研究分析问题的前因后果，找出各个因素之间的因果关系。因果性调查是调查一个因素的改变是否引起另一个因素改变的研究活动，目的是识别变量之间的因果关系。如预期价格、包装及广告费用等对销售额有影响。这项工作要求调查人员对所研究的课题有相当的知识，能够判断一种情况出现了，另一种情况会接着发生，并能说明其原因所在。推测原因的研究应当建立适当的因果次序或事件次序，测量推测原因与结果间的相关性，确认表面上合理的其他解释或原因性因素是否存在。管理部门常常根据一些假设的因果关系来做决策，通过正式的因果关系研究来验证其有效性。因果关系的特点是要处理一个或多个独立变量，要控制其他中间变量和间接变量。

4. 预测性调查

预测性调查是通过收集、分析、研究现有的各种市场资料，运用数学方法，估计未来一定时期内房地产市场对某种类型物业的需求量和变化趋势。市场营销所面临的最大问题就是市场需求的预测问题，这是企业制订市场营销方案和市场营销决策的基础和前提。预测性调查就是企业为了推断和测量市场的未来变化而进行的研究，它对企业的生存与发展具有重要的意义。

上述四种调查是相互联系、逐步深入的。探测性调查主要是发现和提出问题；描述性调查主要是说明问题；因果性调查主要是分析问题；预测性调查主要是估计问题发展的趋势。在调查的早期阶段，当调查人员还不能肯定问题的性质时实施探索性调查，当调查人员意识到了问题但对有关情形缺乏完整的知识时，通常进行描述性调查、因果性调查。

小思考

某大学食堂最近一段时间接到了很多学生投诉，并且光顾的学生越来越少。后勤处长想了解原因，要开展一次市场调查。这是什么类型的市场调查？经调查了解到是因为菜品的味道不尽如人意和价格偏高导致的，后勤处长继续开展调查想要知道学生们究竟喜欢什么样的菜品和能够接受的价格等详细具体的情况。这又是什么类型的市场调查？

5.2.4 市场调查的主要方法

为了满足管理者的信息需求，市场调查可以收集二手数据、原始数据，或者两者兼而有之。二手数据是已经存在的为其他目的而收集的信息，原始数据是为了当前特殊的目标而专门收集的信息。二手数据为调研提供了一个很好的起点，并且常常有助于确定调查问题和目标。不过，大多数的情况，企业还是要收集原始数据的。调查者常常使用文案调查法来收集二手数据，而为了收集原始数据，他们则需要投入更多的精力制订计划，采用多种多样的方法。收集原始资料的主要方法如下。

1. 文案调查法

文案调查法又称文献资料调查法或间接调查法，是指调查人员在充分了解市场调查目的后，通过收集各种有关文献资料，对现成的数据资料加以整理、分析，进而提出有关建议，以供企业相关人员决策参考的市场调查法。文案调查法主要收集、鉴别、整理文献资料，并通过对文献资料的研究，形成对事实科学的认识。作为一种间接资料调查法，有其他调查方法不可替代的作用，特别适用于调查以往的产品销售状况、以往的市场占有率、现在的市场供求趋势和市场环境因素变化等，如调查某地区前两年各种品牌饮料的市场占有率，就可以采用这种方法从有关部门获取相关资料。

（1）文案调查法的优缺点。通过文献档案资料的收集和分析，具有以下优点：不受时间和空间的限制；方便实施，成本低；具有较强的机动性和灵活性。

文案调查法除了有许多优点之外，还存在一些局限性：缺乏可得性；缺乏准确性；缺乏相关性；缺乏现实性。这都需要调查人员在分析研究二手资料的过程中加以注意，确保二手资料得到合理有效的运用。

（2）文案资料的来源。企业在进行市场调查时，由于其所解决的问题不同，也就需要不同的调查方式和途径收集相关的信息资料。在当今的社会中，由于信息流动速度快、更新快、信息量大等，文案资料的收集变得更加快捷简便。文案资料的主要来源是企业的内部渠道和外部渠道两种。

其中，企业内部资料主要是调查对象活动的各种记录，具体包括业务资料、统计资料、财务资料和其他资料四类资料。而企业外部资料是指来自企业外部的各种信息资料的总称，可以从以下主要途径进行收集：各级政府部门发布的有关资料；各级统计部门发布的有关统计资料；各种经济信息中心、专业信息咨询机构、各行业协会和联合会提供的市场信息和有关行业情报；商业性付费的网上数据库；各种公开出版物；新闻媒体所发布的信息资料；国内外各种博览会、展销会、交易会、订货会等促销会议上所发放的文件和材料；国际市场信息；工商企业名录；公共图书馆和大学专业图书馆里的大量经济资料；其他信息来源，各类研究机构的调查报告、研究论文集、各类专业组织的调查报告、统计报告及相关资料；还有互联网资料来源。

在互联网技术被广泛应用的今天，网络搜索引擎已经成为寻找相关二手数据来源的最大帮手。经过严格定义和精心设计的网页搜索可以是任何市场营销调研项目的良好开端。反之亦然，关键词条选择不够精准，则可能给调研人员带来大量毫无用处的信息。

2. 访问调查法

访问调查法又称访谈法、询问调查法，就是访问者通过口头交谈等方式向被访问者了解社会情况或探讨社会问题的调查方法。访问调查法，一般都是访问者向被访问者作的面对面的直接调查，是通过口头交流方式获取信息的口头调查。访问调查法是收集第一手资料最常用、最基本的方法之一。

访问法具有非常好的灵活性，可以在不同情况下获得不同的信息，几乎可以适用于任何市场营销问题或决策。但是采用这种方法也常常遇到被访问者拒绝回答的情况。这种局面有可能是因为被访问者没有时间、不了解调查的情况（或者不记得）、不愿意和陌生人深入交谈，或者考虑到隐私的问题等。当然，调查人员也可能会遇到一些人为了面子提供虚假信息的情况。

3. 观察调查法

观察调查法是指调查员根据一定的研究目的、研究提纲或观察表，用自己的感官和辅助工具深入现场去直接观察被调查对象，记录正在发生的市场行为或市场现状，以获取各种原始资料的一种方法。观察调查法与日常的随意观察是不同的，它是有目的、有计划的、系统的和可重复的观察活动。

采用观察调查法时，被观察对象往往处在自然状态下，由调查员利用眼睛、耳朵等感觉器官去感知观察对象。由于人的感觉器官具有一定的局限性，调查员常常要借助各种现代化的仪器和手段，如照相机、录音机、显微录像机等来辅助观察。

（1）直接观察法是调查者直接对调查对象的行为反应、感受等进行观察，记录调查对象的全部实际活动。如商店里的顾客人数和顾客的逗留时间、消费者的购买过程、消费者购买时的表情等。

【观念应用 5-3】

连锁餐饮行业的神秘人市场调查方式

神秘人调查作为一种常用的市场调查方式，被广泛应用在连锁餐饮、汽车 4S 店、银行、零售网点、福彩、烟草、办事窗口等一系列注重人员服务的渠道行业。其目的是发现人员服务或者产品存在的弱项和问题，从而有针对性地进行改善和提升，最终实现整体客户满意度的提高。

通常，专业调查公司的神秘人均是受过专业培训，以普通消费者的身份来到需要调查的门店或者服务网点，通过真实消费过程的体验（如咨询、体验、购买、售后等），对人员服务和产品进行全方位的评估调查。

很多企业采用这种调研方法来了解顾客对企业服务体验是否满意，并跟进调查结果来对员工实行奖惩，促使他们提高绩效表现。

为何企业需要神秘人调查？

以连锁餐饮行业为例，为了解消费者满意度、门店服务质量、菜品质量等情况，开展神秘人调研的做法是最直接可靠的，可以通过神秘人真实还原门店服务"全貌"。

通过神秘人调查能够帮助餐饮企业：及时发现门店餐品品质和服务等不足之处，提高客户满意度；督促餐厅服务人员提高自身业务素质、服务技能和服务态度；通过神秘人对竞争对手的检查，了解与竞争对手相比的服务优势和差距；帮助企业发现管理问题，加强内部管理，完善管理制度。

资料来源：https://baijiahao.baidu.com/s? id=1753537263078125279&wfr=spider&for=pc.

（2）行为记录法是采用各种机器来记录消费者的行为动态。比如在商场的进出口安装此类仪器可以测试顾客的流量；在柜台附近，可以研究顾客在选购产品的挑选过程、评价标准等。

（3）实际痕迹观察是调查人员不直接观察被调查者的行为，而是通过一定的途径了解他们的行为痕迹。例如，某汽车公司想要在电台做广告，但是不知选择哪个频道的节目投放。于是，他们派出调查员到城市各大中型汽车维修站对前来清洗、维修的汽车进行观察，看看他们的车载收音机最后一个频道是多少，然后就在这个频道播放广告。

4. 实验调查法

实验调查法是市场调查中收集第一手资料的重要方法，是指在影响调查问题的许多可变因素中，调查人员有目的、有意识地通过改变或控制其中一个或几个市场影响因素的实践活动，观察其他因素在这些因素影响下的变动情况，从而认识市场现象的本质和发展变化规律。实验法在市场调查中应用的范围较广，比如企业面临新产品准备进入市场、是否更换产品的包装、产品是否要拍摄新的一系列广告、商品陈列是否变更等问题时都可以先进行实验，尔后根据实验的结果做出经营决策。

根据选择实验场所的不同，实验法可以分为两类：实验室实验和现场实验。

（1）实验室实验包括一般实验室实验和模拟实验。一般实验室实验是指调查人员在严格控制许多外部变量的情况下，使测试者集中注意力于其所感兴趣的变量的一种方法。这一方法最重要的特征就是调查人员能够控制自变量和因变量，通过这种控制可以消除许多外来因素的影响，这使实验室实验具有较高的内在效度。比如调研人员想要比较不同的广告媒体的促销宣传效果，则可以通过测试实验对象的差异，评选出最好的一种广告媒体。

实验室实验的另一种形式就是模拟实验。模拟实验就是让参加测试者扮演某种角色，然后观察测试者的行为，最后根据研究结果推论在现实环境中的情形。

（2）现场实验是指在现实情况下进行的实验，其最大的特点就是调查人员必须在自然环境中进行实验，其实验的环境非常接近实际情况。比如，在几家商场里以不同的价格销售同一商品，以检验是否有必要改变商品的价格。但是，现场实验缺乏对自变量和外生变量的控制，像天气、竞争者的活动等就无法由实验者控制。由于此方法的调查结论易于推广、预测效力较高，所以在市场研究中经常被用于新产品大范围推出前的最后验证，社会领域里也大多采取现场实验方法。

实验法是通过实验活动提供市场发展变化的资料,然后估计实际的情况,做出决策。这是企业表现出一种积极主动的市场态度,可以探索不明确的因果关系,通过实验取得的数据比较客观,实验的结论有较强的说服力。但是实验法的运用也存在一定的局限性:费用较高;只适用于对当前市场现象的影响分析,对历史情况和未来变化则影响较小;很多因素是难以人为控制的,相互关系复杂,这都会影响实验的正确性;所需的时间较长。

小思考

企业在选用调查方法时应考虑哪些因素?

思政融入:儒家忠恕之道

思政素材:市场调查人员要保持公平、正直,要忠于自己的职业,保持忠恕之道。忠恕之道是中国儒家的伦理与哲学范畴,是处理人与人之间关系的原则。"忠",尽力为人谋,中人之心,故为忠;"恕",推己及人,如人之心,故为恕。忠恕就是以待自己的态度对待人。作为推销人员在实现自己的价值时,不仅不要妨碍他人实现自己的价值,而且要帮助他人实现自己的价值。人人都这样做,那么不仅人人都能实现自己的价值,而且人与人之间不会相互损害,社会就能和谐发展,世界就能和谐发展。

讨论:作为推销员,你如何对待对你有意见的客户?

视频:儒家的
忠恕之道

5.3 市场信息测量和预测

企业在营销过程中,往往面临着许多营销机会,需要企业对市场做出合理的选择以确定自己的目标市场。但是在选择自己的目标市场时,需要对市场机会进行认真的分析比较以选出最具有吸引力的细分市场。评估市场吸引力的标准主要有两项:市场规模(market size)和市场增长

微课:市场信息
测量和预测

(market growth)。因此,营销者需要知道如何估计市场规模以及其未来的增长。如整个市场的规模有多大?不同地区的市场规模有多大?目标市场的规模又有多大?未来若干年后,市场规模将会增长到多大程度?企业的销售潜力如何?下文将提供一系列原则和方法来解决这些问题。以下先了解市场需求的有关概念。

5.3.1 需求的不同含义

市场的需求可以从不同的层次进行分析比较:产品、空间、时间三维分析法是一种较为常见的方法。产品可分为六个层次:产品项目、产品形式、产品线、企业销量、行业销量及全国销量等。空间分为五个层次:顾客、地区、区域、全国、全世界;时间方面可分为:短期、中期、长期。这样就可以组合成不同层次的销量(从理论上来讲,应该有 90 种不同组合)。所以企业在对需求进行测量之前,首先要明确是对哪个层次的市场需求,以便为其市场开发决策提供有力依据。

5.3.2 有效市场的确定和规模

有效市场(available market)取决于市场上可能购买者的数量。这种可能的购买者一般由三个条件构成:①有购买欲望;②有支付能力;③有接近商品的可能。

有效市场的规模往往取决于"接触障碍"的大小,有效市场的规模与"接触障碍"的难度成反比;如果一个地区对某种产品的需求很大,然而运输却极为困难,仍然形成不了有效需求。在某种情况下,公司由于受到限制,只能向有效市场中的某一部分人出售产品。如在某些国家,禁止向 18 岁以下居民出售酒类。这样,公司还要在这个被限定的市场中,进一步选择更为具体细小的市场作为自己的目标市场,与其他竞争者共同参与竞争,被占领的市场称为"已渗透市场"(penetrated market)。公司面对市场时可考虑以下对策:仅限于从现有目标市场上吸引更多消费者,还是扩大目标市场的范围;是降低产品的销售价格,扩大潜在购买者数量,还是采取更有力的广告宣传,使对产品不感兴趣的消费者改变态度。

5.3.3 当前市场需求的测量

当前市场需求的测量是企业制订营销计划、开展业务的一项必要前提。对企业来讲,它最关心的是市场总需求、地区市场总需求以及市场占有率。

1. 市场总需求的测量

市场总需求(total market demand)是指在一定区域、一定时间内,以及在一定营销环境和费用水平下,消费者可能购买的商品总量。

总需求量并不是一成不变的。事实上,它是由各个条件综合起来决定的。如果从经济情况和营销费用水平两个条件看,即使没有任何营销费用支出,仍然会有一定的基本需求量,这个量称为市场需求的最低量。随着市场营销费用的增加,市场需求水平也增加,增加速度先为递增,后为递减,在某一点后,无论怎样增加营销投入,都不会增加需求量,这一点称为市场上限,即为市场潜量。市场需求上限和下限之间的范围体现了市场需求对营销支出的敏感程度。

经济状况也影响到市场的总需求量。当环境发生变化时,市场的潜量不能不重新估计。

市场测量的方法有许多种,以下是两种常见的方法。

方法 1:

$$Q = nqp$$

式中,Q 为市场总需求量;n 为特定产品或市场的购买者数量;q 为每个购买者的平均购买量;p 为产品的平均价格。

例如,假设每月有 1000000 名在校大学生购买方便面,每人平均每月购买 9 袋,方便面的平均价格为每袋 1.5 元,则市场的总需求:$Q = 1000000 \times 9 \times 1.5 = 13500000$(元)。

方法 2:连续比例法。

例如,某方便面企业对在校大学生的方便面销售额进行预测,可以通过下面的方法得出该企业的市场总需求量。

在校大学生人数:17000000;

购买方便面的人数:$17000000 \times 80\%$;

购买本企业生产的方便面的人数:$17000000 \times 80\% \times 30\%$;

通过计算可以得出该企业的市场总需求量:$17000000 \times 80\% \times 30\% = 4080000$(元)。

2. 地区市场总需求的测量

企业面临的难题之一,就是如何选择需求潜力最大的地区市场投入他们的人力、物力、财力。常用的方法是先识别影响市场需求的因素,然后分析各因素一定的权数,最后求出总和。购买力的指数,可以在相关资料上查到。购买力指数主要依据三个方面的因素：本地区个人可支配收入占全国的百分比，零售额占全国的百分比和人口占全国的百分比。

这三个系数是三个要素的权数，权数的大小表明该因素对购买力影响的大小。影响力越大，相对的权数也就越大。最后，所有要素的权数相加要等于1。当然，权数需要有一定的依据。这种方法主要适用于既非低档又非高档奢侈品的情况。如果还要更精确地计算，则还要考虑其他因素，如市场上竞争者的潜力、当地促销成本、季节性变动和市场特点等。

3. 估算实际销售额和市场占有率

除了测量总需求和地区市场需求外，企业还需了解它自身的实际销售能力，这意味着它必须了解竞争者，掌握竞争者的销售情况。

各种行业协会通常收集和发表全行业的销售情况。企业可以对照全行业的情况给自己评判。假定企业的销售额增长了6％，而全行业的年销售额增长了10％，这说明本企业在本行业的实际地位下降了，市场占有率实际是下降了。

此外，还可以向专业市场调研组织机构购买有关市场营销和各品牌商品销量的具体资料，然后通过调研比较市场占有率，了解自己与竞争者相比的市场地位如何。

5.3.4 未来市场预测

对大多数企业来说，都要进行市场预测，因为市场的需求总是有波动的，处于不稳定状态。因此，对未来需求的预测是否准确，就成为企业经营成败的关键。预测不准确可能造成存货积压或脱销，也可能被迫降价销售，使企业蒙受重大损失。

国外的企业一般采用三段式程序对需求进行预测。首先分析经济形势，根据一系列指标如经济周期、通胀率、失业率、利率、工商投资、政府开支、进出口额等情况的变动，得出对国民生产总值的预测。其次是在此基础上得出该行业市场的预测，在已知的环境和既定营销支出下，预测该行业的销量。最后根据本企业的市场占有率，做出企业的销售预测。

企业常用的销售预测方法往往有以下几种。

（1）购买者意向调查。购买者意向调查就是在营销环境和条件既定的情况下，预测顾客可能购买些什么。在顾客购买意向非常明显时，此方法特别有效。公司通过调查得到各种可能性的百分比来安排生产，比如某企业通过调查发现肯定不买该企业产品的人占10％，不太可能买的人占15％，有可能买的顾客占9％，很有可能买的顾客占25％，肯定买的顾客占41％，那么企业就可以根据这组数据安排下一年的生产计划。采用这种方法的预测结果，与实际情况的偏差大约在10％以内。

（2）综合推销人员意见。如果对购买者无法询问，企业往往要求推销人员估计未来的市场需求。推销人员比任何人都更接近、熟悉顾客，也更能把握未来市场销售的趋势。但是，对于推销人员的预计往往要做一些必要的修正。推销人员往往有某种片面性：过于悲观或乐观；由于所处地位的影响，对宏观形势缺乏判断或受到近期成功或失败的影响。企业一定要意识到这一点，才能使最后的结果更具有说服力。

（3）征求专家的意见。营销者有时求助于企业外部的专家来预测未来的需求，这些专家包括经销商、供应商、营销咨询机构、贸易协会成员等。一些专门从事市场调研预测的公司，较一般的厂商掌握更多有价值的情报资料，雇用较多的预测专家。因此，他们比起一般的厂商对市场需求发展有更全面的了解。

征求意见的方法也往往有两种：小组讨论法和单独预测集中法（德尔菲法，Delphi），前者是集中专家们聚集在一起相互交换意见，得出小组的结论。后者要求每位专家单独提出他的预测，然后由专项负责人综合修正后发回再重新进行个人预测，专项人员再修正，如此循环，直到得出一个接近统一的结论为止。

（4）市场试销。在购买者无具体购买计划或购买意向模糊的情况下，或专家也难以估计的情况下，往往可以使用试销的手段，在预测某种新产品销量、预测新产品在某一新地区或通过某种渠道销售的前景时，试销法相当有效。

（5）利用领先指标。许多企业试图找到一种或几种领先指标，作为预测自己未来销售变化的晴雨表，这种指标随时间的推移与企业销售量按同一时间、模式、方向变化。如水管供应商往往发现，它的销售量变化总是在房屋开工指数变化大约四个月之后发生。因此，房屋开工指数就成为管道公司预测其市场需求的一个非常有用的领先指标。

（6）需求统计分析。需求统计分析是用来发现那些影响销售的最重要因素的一种方法。这里，最常见的影响因素是价格、收入、人口和促销等。需求统计法的公式为 $Q = f(x_1, x_2, \cdots, x_n)$，它是通过多元回归的分析方法找到最好的需求方程式。

（7）时间序列分析。许多企业是根据过去的销售业绩，预测未来销售发展趋势。当然，这首先要通过分析企业历年来的销售数据，以确定具有连续性的因果关系，然后才能用于预测未来销售发展趋势的依据。

某产品历年的销售量（Y）的时间序列，可以按趋势（trend）、周期（cycle）、季节（season）和偶然事件（erratic events）四个主要因素来分析。

① 趋势（T），即人口、资金、构成和技术等要素发展变化的基本情况。这可以从过去的销售曲线的变化规律中推测出来，也可看作过去销售曲线的自然延伸。

② 周期（C），即经济周期波动的影响。由于经济发展具有一定的周期性，所以剔除周期性的影响对中期预测相当重要。

③ 季节（S），是指一年中销售变化的固有模式，如与日、周、月或季节相关的规律性变动。这种变动往往是与气候、假日等时间概念相联系的。季节性模式往往作为短期销售的一种依据。

④ 偶然事件（E），包括风雨等各种自然灾害及动乱。这些因素都属于不可抗力的范畴。根据历史资料进行预测时，一定要剔除这些偶然因素，以得到规范的销售行为模式。

时间序列分析就是根据以上四个要素（T、C、S、E）分析原始销售数列 Y，再结合这些要素预测未来的销售量，如某液晶电视销售商今年已销售出 12000 台，现在预测明年的销售量。已知年增长趋势为每年递增 5%，估计明年的销量为 12600 台（12000×1.05）。但由于经济下滑，预计销量仅为正常情况下的 80%，即 10080 台（12600×0.8）。如果每月的销量相等，那么月平均销售量应为 840 台（10080÷12）。然而，12 月往往是销售高峰，高于其他月，季节指数为 1.4。所以，预计明年 12 月的销售量可能达到 1176 台（840×1.4）。此外还要预计不会发生社会动乱、各种自然灾害或不可抗力等。

当然，市场营销人员总在不断寻找更好的预测目前需求和预测未来需求的方法，以便为市场营销提供更多更好的分析市场的方法和手段。

【观念应用 5-5】
大数据精准营销已然成为企业"未卜先知"的营销神器

如今大数据精准营销已成为一个"未卜先知"的营销神器，它可以帮助企业大幅提高销售转化率。精准营销是营销人一直追求的目标,要想实现这个目标,首先得利用大数据技术或者更加精确的智能营销系统,摒弃传统的营销观念,来达成摸清客户心理、量身定做营销方式等来获得客户的信任与认可,从而获得长期收益。海量信息面前,如何过滤无用部分,及时捕捉关键信息为我所用,成为决定商战成败之大计。

在大数据时代,企业营销可以利用大数据技术将新型数据与传统数据进行整合,从而更全面地了解消费者信息,细分客户群体,然后针对每一个群体采取具体行动,即精准营销。

精准营销最大的优势就是"精准",即在细分市场的基础上,仔细分析不同的消费者,确定目标对象。

精准营销可以提供高效率、高投资回报的个性化沟通。以往的营销活动都是针对大众的,目标不够明确,传播效果不明显。精准营销就是要划分客户生命周期阶段,把握消费者心理,在目标对象确定之后进行细致有效的沟通。

精准营销为客户提供增值服务,为客户做详细的分析和量身定做,避免了用户选择商品,节省客户的时间成本和精力,满足客户的个性化需求,增加客户交付价值。

先进的信息技术有利于企业实现精准营销。"大数据""互联网+"时代的来临,意味着人们可以用数字的镜像世界来映射出世界的个性特征。这些改进降低了目标定位的成本,提高了目标分析的准确性。

资料来源:https://business.sohu.com/a/595151745_121266784.

思政融入:文化认同,文化共鸣

思政素材:《逃出大英博物馆》是一部由抖音短视频创作者创作的三集短剧,讲述了大英博物馆收藏的一盏"中华缠枝纹薄胎玉壶"试图逃离博物馆,变成人形在伦敦街头与一位中国记者相遇,希望在他的帮助下回到中国的故事。

该剧创作者坦言,他们的创作灵感来自一条参观大英博物馆的短视频下的评论,这条评论说,可以将文物"逃出"博物馆回家的过程做成动画。这让两位创作者有了将文物拟人化的想法。从故事上,这种拟人化手法的呈现,也让人找到了更多共情的着力点。这部剧不仅是一个简单的故事,更是一种文化的共鸣。这部短剧唤起了观众"让文物回家"的共鸣。播出时,大英博物馆正面临文物失窃危机,年轻观众将剧情与时事结合起来,

链接:《逃出大英博物馆》

要求该馆归还文物的心情更为迫切。胸怀"国之大者",以"先天下之忧而忧"的责任"出圈"。新时代的年轻人承载着民族的希望,肩负着历史的重任。在年轻群体中,文物保护的观念日益深入人心,文物所承载的文化内涵也以更加亲和的方式融入社会发展的进程,融入人们的日常生活之中。

讨论:作为市场营销人员,应如何根据市场情况的变化发现客户的精神需求。

本章小结

本章介绍了市场调查、市场信息的测量与预测的相关内容。市场调查是一门复杂的综合科学,要做好市场调查工作,首先要了解市场调查的含义、产生与发展,认识到市场调查对于企业营销活动的重要意义,然后要按照市场调查的原则、目标准备市场调查工作。同时,基于互联网数据开发能力的发展,企业还应了解大数据、大数据营销对于企业营销活动的意义。

市场调研工作的基本过程一般包括:明确调查目标和对象、设计调查方案、制订调查工作计划、组织实施调查计划、调查资料的整理和分析、撰写调查报告。在这一过程中,要求市

场调查人员要客观、公正,尽量减少市场调查的误差。在调查方法的选择与应用上,需要注意,任何调查方法都有其优势和局限,必须按照调查的需要,灵活选择、综合运用,才能使市场调查结果更加科学。

市场信息的测量与预测为企业目标市场的选择,企业决策提供了科学的依据。根据对市场的科学测量与预测企业可以有的放矢,减少不必要投入,大大提高生产营销效率,避免资源浪费。但是无论是市场调查还是市场信息的测量与预测,都应该建立在客观、公正的基础上,否则不但不能对企业决策起到良好的指导作用,反而会让企业陷入运营不良的困境。

基础练习

1. 简答题

(1) 什么是市场调查? 市场调查的原则与作用是什么?

(2) 简述市场调查程序。

(3) 市场调查的主要方法有哪些? 各有何利弊?

2. 讨论题

《大数据时代》一书的作者维克托·迈尔·舍恩伯格说"大数据,决定企业竞争力"。可以说,大数据的时代已经来临了,在未来几十年里,大数据将是一个重要的话题,也会影响着每一个人,甚至冲击许多行业,彻底改变人们的生活。

沃顿商学院市场营销学教授彼得·费德却指出,现在越来越多地听到人们说,"先把我们的理念放到网上,看看哪个理念的点击率最高。这的确可以告诉你,哪个理念的点击率最高,但这并不能帮助你设计出最好的产品。只有仔细调研、搞清楚点击率背后的驱动因素,我们才能开发出最好的产品和服务"。

沃顿商学院市场营销学教授埃里克·布莱特劳表示,当今世界已经进入了大数据时代,但这并不能否定深度市场调研的重要性。

讨论:在大数据时代如何做市场调研?

案例分析

大数据、AI 选角? 你追的热播剧主演可能都是机器选出来的

在影视剧、综艺节目中运用大数据、AI 来选角、选嘉宾已经不再是新鲜事,各平台的"大案牍术"选角法也在不断升级。

《长安十二时辰》剧中反复出现的一个词"大案牍术"。大量的档案和卷宗资料被分门别类地挂上小木牌标记放置,而这套完备的档案系统可以推算出有用的数据和信息,用来寻人、破案,甚至预言未来。

优酷技术团队在泛内容大数据智能预测平台通过用户观影数据与全网舆情分析,运用于版权内容采买前的评估、筹备期的选角、播中运营、播后复盘等。

《最好的我们》男主刘昊然,《泡沫之夏》中的女主张雪迎,这两个角色的选择其实都出自爱奇艺推出的 AI 选角系统"艺汇"之手。

《最好的我们》中,余准的角色特质是开朗、随和、阳光,而刘昊然当时的标签则是阳光、热情、坦诚,基本符合角色需要。事实也证明,刘昊然不仅成就了这部剧,也靠余准这个角色圈粉无数,国民度大幅提升。

将夏沫的剧本人物输入"艺汇"当中,系统依托强大的自然语言处理技术,快速拆解角色关键信息,并将复杂的人物特质简化为"独立自主""隐忍""坚强"等通俗易懂的标签。基于角色标签与艺人标签的相似性、多标签之间的关联性,计算匹配出数位适合出演该角色的艺人,最终再综合艺人全网搜索指数、影片获奖情况、角色上映后的口碑等多重数据特征,张雪迎脱颖而出,成为最适合出演夏沫的演员。

《这就是街舞》第一季队长易烊千玺,是优酷的智能预测平台"鱼脑"选出来的。优酷通过"鱼脑"对节目受众进行匹配,经过热度分析、角色匹配等一系列手段选出了易烊千玺担任明星队长;通过对《长安十二时辰》的剧本进行 AI 分析,并结合主演各维度标签进行对比,最终确定了雷佳音是最适合扮演张小敬的人选。除此之外,"鱼脑"还为古装剧《媚者无疆》选出了女主角李一彤。

"鱼脑"也被称作泛文娱 AI 大脑,是优酷自主研发的,它依托于阿里大数据能力,建立内容从投资、制作、智能化运营、需求挖掘等辅助角色的工业化标准体系。"鱼脑"通过机器智能技术进行辅助决策,在优酷内容制作过程中承担着重要的选角工作。

当过去的海选变成了"海搜",可以预见的是,技术在娱乐生态系统中将发挥越来越重要的作用。

资料来源:https://baijiahao.baidu.com/s? id=16391281361696320520&wfr=spider&for=pc.

问题:大数据、人工智能给我国带来的商业应用场景有哪些?搜索相关资料,讨论大数据在文化娱乐产业中的重要作用。

课外实践

1. 实践背景
要求学生按照第 1 章课外实践活动中所自组公司和确定的经营背景来完成。

2. 实践活动
(1) 召开公司会议 A:确定调研主题。会议流程:①公司召开会议,经理说明公司要发起"市场调研"活动的目的和初衷。②安排中层(根据公司情况所分派岗位)中相关负责的一个部门经理进行"市场调研"的定义和行业内部所开展的调研活动基本现状。③公司全体高层进行"头脑风暴"讨论:市场调研的作用;市场调研对本公司的作用;公司应该怎么开始市场调研工作;公司的哪个部门更适合负责这项工作;调研活动需要多少钱和多少人等。

(2) 召开公司会议 B:调研活动策划会议,完成调查方案的设计。

负责调研活动的部门经理组织召开策划会议。通过会议,确定调研的主题、学习调研的方法。

(3) 召开公司会议 C:调研问卷的设计会议。

(4) 调研方案的实施,要求全体人员在机房里按照公司的调研方案完成调研活动。实施过程:设计问卷;发放问卷;资料整理与数据分析;完成调研报告。

第6章

目标市场营销战略

知识目标:

1. 掌握市场细分、目标市场选择、市场定位的含义;

2. 了解市场细分的作用与基本程序;

3. 掌握市场细分的标准与方法;

4. 掌握目标市场选择的五种模式,目标市场选择的原则与方法;

5. 掌握市场定位的方式、方法。

技能目标:

1. 培养学生运用市场细分标准对市场进行细分的能力;

2. 根据企业自身的特点选择目标市场的能力;

3. 依据市场定位策略,根据目标消费者的特点,为企业产品进行初步市场定位的能力。

德育目标:

1. 培养面对不同市场需求,采取不同营销策略的职业习惯;

2. 学习贯彻习近平关于定位的重要论述。

导入案例

B站生态护城河及用户规模天花板

阶段一:二次元用户

近年来中国泛二次元用户规模增长较快。据灼识咨询数据显示,2021年中国二次元用户总数达4.6亿,其中泛二次元用户规模达3.5亿;泛二次元用户的年龄主要集中在14～18岁,职业主要为学生和白领,偏好的题材存在年龄差异,冒险热血、奇幻国风、少女恋爱为热门题材。

阶段二:Z世代用户

Z世代享受成长红利,消费能力和消费意愿较强。同时作为互联网原住民,Z世代与互联网深度接触。Questmobile 2022年6月数据显示,Z世代互联网用户人均单日使用时长达7.2小时,高于全网网民6.7小时的使用时长。Z世代社交动机转移,对熟人社交的主动性较低。一方面,Z世代普遍成长于独生子女家庭,对亲戚等熟人社交的主动性较低;另一方面,由于互联网降低了跨地域、跨时间沟通的成本,作为互联网原住民的Z世代更愿意在网上主动获取感兴趣的内容、寻找志同道合的伙伴,并基于共同的兴趣与话题交流。

阶段三:泛娱乐用户

公司将B站定位为“综合性视频社区”,持续丰富社区内容生态,截至2022年12月,B站已有34个分区。随着垂类的逐渐多样化,番剧区播放量占比逐渐下降。由此验证B站不再只是一个二次元社区,而是一个综合性视频平台。

PUGV 是 B 站内容生态的基石,内容、形式逐渐多样化

PUGV(专业用户生成视频)指的是具有创意及一定专业制作和编辑能力的用户生成的视频。B 站成立至今已有十几年,却始终被认为是一个年轻且充满朝气的产品,这是因为 B 站每年都会成长出新 UP 主,这些 UP 主又会带来充满创意性的内容,正是这些新内容,给 B 站用户带来惊喜,让越来越多的新用户加入 B 站。2022 年 B 站创作者人数、投稿规模均保持高速增长,同比增速均在 40% 以上,UP 主创作热情不断上涨。B 站 PUGV 形式丰富,中视频、短视频、直播共同构成 PUGV 内容生态。B 站 PUGV 原以中视频和直播为主,后来逐步开始探索竖屏短视频业务。B 站于 2021 年年底正式推出了 Story Mode,可以实现发送弹幕、点赞、留言、投币、收藏和转发等互动操作。

资料来源:https://baijiahao.baidu.com/s? id=1758680506573462908&wfr=spider&for=pc.

目标市场营销战略又称 STP 营销战略或 STP 三部曲,S 指 segmenting market,即市场细分;T 指 targeting market,即选择目标市场;P 为 positioning,即市场定位。营销大师菲利普·科特勒认为:当代战略营销的核心,可被定义为 STP。

6.1 市场细分策略

大众营销走向衰亡,细分营销已成主流。市场细分是 STP 战略的第一步,是指企业根据消费者的一定特征,把原有市场划分成两个或两个以上的可能值得企业为市场提供独立的营销组合服务的子市场。企业如果想在现代市场中获得胜利,必须分析消费者的不同需求,寻找出最适合本企业的消费人群所组成的市场,这种寻找就是选择目标市场,而目标市场选择需要建立在市场细分的基础上。

微课:市场
细分策略

6.1.1 市场细分的含义及作用

1. 市场细分的含义

市场细分(market segmentation)这个概念,是由美国市场营销学家温德尔·史密斯于 20 世纪 50 年代中期,在总结了企业的实践活动之后,首先提出来的一个新概念。市场细分又称"市场区隔""市场分片""市场分割"等,就是营销者通过市场调研,根据消费者对商品的不同欲望与需求、不同购买行为与购习惯,把消费者整体市场划分为具有类似性的若干不同的购买群体——子市场,使企业可以从中认定其目标市场的过程和策略。

这里所讲的子市场也叫亚市场,就是指消费者群。每一个消费者群就是一个细分市场;每一个细分市场都是由具有类似需求倾向的消费者构成的群体;所有细分市场之总和便是整个市场。由于在消费者群体内,大家的需求、欲望大致相同,企业可以用一种商品和营销组合策略加以满足;但在不同的消费者群之间,其需求、欲望各有差异,需要企业以不同的商品,采取不同的营销策略加以满足。因此,市场细分实际上是一种求大同、存小异的市场分类方法,它不是对商品进行分类,而是对需求各异的消费者进行分类,是识别具有不同需求和欲望的购买者或用户群的活动过程。

2. 市场细分的作用

市场细分的理论和原则在国内外市场营销中得到了广泛运用,它可以帮助企业更好地研究市场、分析市场,并为选择目标市场提供可靠的依据,对增强企业在市场中的应变能力和竞争能力,避免人、财、物的浪费,更好地满足消费者的需要,给企业带来更大的经济效益和社会效益,都具有重要的意义。具体地说,其作用主要表现如下。

(1) 有利于企业分析、发掘新的市场机会。市场机会是已经出现于市场,但未加以满足的需求。这种需求往往是潜在的,一般不易被发现,而一旦被发现,就要动用市场细分手段,将市场按照不同消费者的明显特点进行细分,把整体市场分成若干个子市场,然后再对经营者进行详细分析,掌握他们服务的是哪些市场"空档"。这样,企业就可以根据自己的经营条件,确定能否去开发、占领这些子市场。同时,通过市场细分,还可以有效地分析和了解各个消费者群的需求满足程度和市场竞争状况,其中,市场需求未获满足而竞争对手又较弱的细分市场,正是极好的市场机会。抓住这样的市场机会,结合企业的资源状况,从中形成、确立宜于自身发展的目标市场,并以此为出发点设计出相应的营销战略,就有可能赢得市场主动权,取得市场优势地位,提高市场占有率。

(2) 有利于企业制定和调整市场营销组合策略。市场细分后,每个市场变得小而具体,细分市场的规模、特点显而易见,消费者的需要清晰明了,企业就可以根据不同的商品制定出不同的市场营销策略。离开了市场细分,就无法选择目标市场,所制定的营销组合策略必然是无的放矢。同时,在细分市场上,信息反馈灵敏,一旦消费者需求发生变化,企业可根据反馈信息,迅速改变原来的营销组合策略,制定出相应的对策,使营销组合策略适应消费者变化了的需求。

(3) 有利于中、小工商企业开发和占领市场。进入市场的工商企业很多,大型工商企业由于具有规模优势和规模效益,生存和发展能力相对较强。中、小工商企业,由于受到经营能力限制,很难与大型工商企业正面开展竞争,但是中、小型企业如果能够认真研究消费者的需求,分析市场,运用自己的长处,有针对性地选择目标市场,就有可能在浩瀚的商海中找到一片绿洲。如某一小型商店,因多年经营钟表,积累了丰富的商品知识和销售经验,对顾客的需求和爱好有较深入的了解。所以,在与大型百货商店的竞争中,集中力量经营钟表,避免了人、财、物的分散使用,结果在竞争中不但站稳了脚跟,而且大有发展。

(4) 有利于提高经济效益和社会效益,促进市场经济的发展。市场细分对提高经济效益的作用主要表现在两个方面:一是通过市场细分,确立目标市场,然后把企业的人力、物力、财力集中投入目标市场,形成经营上的规模优势,取得理想的经济效益;二是在市场细分之后,企业可以面对自己的市场,组织适销对路的商品。只要商品适销对路,就能加速商品周转,提高资金利用率,从而降低销售成本,提高企业经济效益。同时,细分后的市场小而具体,经营者可以深入细致地探求每个细分市场上的潜在需求,研究该市场的发展趋势、潜在需求量的大小、将需要提供什么样的商品和服务等。企业可以根据潜在市场的需要,有的放矢地去开发新市场,使潜在需求尽快地转化为现实需求。这样,既为企业带来新的顾客,达到扩大销售、增加盈利的目的,又满足了潜在消费者的需求而受到消费者的欢迎。企业经济效益和社会效益的提高,必然推动社会主义市场经济的发展。

【观念应用 6-1】
户外运动消费的市场细分

2022 年 6 月天猫发布的《运动户外消费者运营白皮书》显示,消费者行为正在发生显著变化:一是线上线下连接,全渠道"逛、试、买";二是社交传播升级,重视圈层影响;三是个性化、精细化消费需求逐渐取代标准化、大众化消费。消费者因其运动兴趣而形成六个圈层,也就是六个细分市场,即健身、跑步、篮球、露营、街潮和滑雪。前三个细分市场的特点是对场地及装备要求都较低,消费者渗透率高,是众多运动人群的首选项目,亦是 GMV 的主要贡献来源,预计将保持平稳增长。后三个细分市场的特点是目前 GMV 和消费者体量都有限,但是呈现高速增长趋势,在"95 后""00 后"中渗透率持续提升,未来发展空间较大。

针对各细分市场,品牌企业的营销对策首先是通过圈层运营工具,对回流人群进行分析,判断本次活动人群的质量和效率,优化投放效率。其次,通过站外营销将品牌心智传播给目标消费者后,与阿里妈妈营销 IP(如超品、欢聚日、小黑盒等)联动,站内外呼应,完成全链路触达的闭环,同时高效地转化新流入的潜在客户,进一步激活人群。最后,将回流的人群沉淀在品牌客户池中,通过数据对人群进一步分析、细分,再通过阿里妈妈营销工具(超级推荐、直通车等)实现触达和转化。

资料来源:https://www.sohu.com/a/710466076_121778552? scm=1019.20001.0.0.0&spm=smpc.csrpage.news-list.1.1671187676500EMbgZmz.

6.1.2　市场细分的原则与标准

市场细分不是随心所欲、无章可循的,而是要坚持一定的原则与标准。

1. 市场细分的原则

实行市场细分必须坚持实用性、科学性的要求,遵循以下四条基本原则。

(1)可衡量性。可衡量性是指市场细分的标准和细分以后的市场是可以确切衡量的。可衡量性包括三方面的内容:首先,它是指顾客对商品的需求具有不同的偏好,对所提供的商品性能、款式、品种、价格、广告宣传等具有不同的反应,即消费者需求具有明显的差异性。只有这样,才值得对市场进行细分。相反,如果顾客对商品的需求差异不大,无法确定清楚、明确的细分标准,就不必劳神费力去进行市场细分了。其次,它是指对消费者需求的特征信息易于获取和衡量,能衡量细分标准的重要程度并进行定量分析,否则,也无必要加以细分。最后,它是指经过细分后的市场的范围、容量、潜力等也必须是可以衡量的,这样才有利于确定目标市场。

(2)可占领性。可占领性是指经过细分的市场是企业可以利用现有的人力、物力和财力去占领的。可占领性也有两层含义:首先,细分后的市场值得企业去占领,即市场细分要有适当的规模和发展潜力,同时有一定的购买力,企业进入这个市场后有足够的销售额。如果细分市场规模过小,市场容量有限,就没有开发的价值。其次,细分后的市场,企业是能够去占领的。市场细分的目的是企业正确选择目标市场。因此,细分市场必须考虑到企业的营销条件和经营能力,使目标市场的选择与企业资源相一致。否则,通过市场细分所确定的目标市场是企业人力、物力和财力所不能达到、无法占领的,那么,细分市场就失去了相应的意义。同时,要充分了解细分市场上的需求满足程度和竞争者状况。若市场需求满足程度已饱和,或竞争者已经处于垄断地位而企业又不能战胜对方,这样的市场也无开拓的必要。

(3)可接近性。可接近性是指企业容易进入细分市场。它有两方面的含义:一方面是指市场细分后所确定的目标市场上的消费者,能够了解企业所经营的商品,并已对商品产生购买兴趣和购买行为,且能通过各种渠道推广本企业经营的商品;另一方面是指企业采取的各种营销措施和营销策略,诸如人员推销、营业推广、广告宣传、公共关系等促销手段,可以达到被选定的细分市场,其营销努力能够引起细分市场上的消费者的注意和反应。

(4)稳定性。市场细分的目的在于正确选择目标市场,集中力量开拓经营,扩大销售,增加企业盈利。这就要求细分市场不但要有一定的市场容量和发展潜力，而且要有一定程度的稳定性，即占领市场后相当长时期内不需要改变自己的目标市场。目标市场的改变必然带来企业经营设施和营销策略的改变，企业的风险和损失也会随之增加。因此，一般来说，目标市场越稳定，就越有利于企业制定长期的营销战略和策略，从而越有比较稳定的利润。

此外，还须指出的是市场细分程度要合理，不能认为市场划分越细越好。近年来，西方市场营销学家反对"超细分策略"，而主张将许多过于狭小的市场合并起来，以便利用较低的价格去满足这一市场较广的需求。尤其在我国当前市场尚处在以中、低档消费为主的情况下，一般不宜将市场划分得过细，应因时因地制宜，并与日渐增长的物质文化的实际需求相适应，可细则细，可粗则粗，以务实为佳。

2．市场细分的标准

采用什么细分标准对市场进行细分，是市场细分化首先遇到的问题。由于消费者需求的差异性是市场细分的依据，所以，凡是构成消费者差异的因素，都可以作为市场细分的标准。为了研究方便和实际操作的需要，市场营销学根据消费者的购买行为和企业市场经营的实际状况，按照生活资料市场和生产资料市场的不同特点，总结出以下细分标准。

（1）消费者市场细分标准，因企业不同而各具特色。一般来说，细分标准主要有地理环境标准、人口状况标准、消费者心理标准和购买行为标准四个方面，每个方面又包括一系列的细分因素，如表 6-1 所示。

表 6-1　消费者市场细分的一般标准

细分标准	细分变量因素
地理环境	国界、区域、地形、气候、城乡、城镇规模、交通运输条件、人口密度、其他
人口状况	国籍、种族、民族、年龄、性别、家庭人口、家庭收入、职业、教育、文化水平、信仰、家庭生命周期、其他
消费者心理	社会阶层、生活方式、性格、购买动机、其他
购买行为	追求利益、使用者地位、购买频率、使用频率、品牌商标忠诚度、对渠道的信赖度、对价格广告、服务的敏感程度、其他

① 地理环境包括区域、地形、气候、城镇规模、交通运输条件、人口密度等具体变量因素。我国市场（除港澳台地区外）按地理方位可分为东北市场、华北市场、华东市场、华中市场、华南市场、西南市场和西北市场等；按地理区域划分，除港澳台地区外，有 31 个省、市、自治区，实际上就是 31 个子市场。市场营销学之所以要把地理环境作为消费者市场细分的标准，是因为地理因素影响消费者的需求和反应，形成不同的消费习惯和偏好，有不同的需求特点，对企业营销所采取的对策也应有所区别。例如，我国南方气候温和湿润，长江流域降水量多，北方寒冷干燥，因此消费者的衣、食、住、行等需要都有很大差别。城市与农村，沿海、东部与内地、西部，由于经济发展程度不同，人均收入和生活水平有很大差异，必然影响到消费者的消费需要。又如，我国南方人爱吃大米，北方人爱吃面食；南方各省喜欢绿茶，华北、东北地区则喜欢花茶，而少数民族地区却喜好砖茶等。副食品经营企业应该针对不同地区消费者的偏好差异而分别加以满足。

② 人口状况包括年龄、性别、家庭人口、家庭收入、职业、教育、文化水平、信仰、宗族、国

籍、家庭生命周期等。例如,以年龄为标准细分市场,可以把市场细分为老年市场、中年市场、青少年市场和婴儿市场等。市场营销学把构成人口状况的因素作为细分市场的标准,是因为人口是构成市场最主要的因素,它与消费者的需求,与许多商品的销售都存在密切的联系。工商企业认真研究人口因素对生活资料市场的影响,是十分重要的。

③ 消费者心理包括消费者的生活方式、社交、态度、自主能力、服从能力、领导能力、成就感等。如以生活方式为标准,可以把市场细分为时髦市场、朴素市场和随俗市场等。细分市场要考虑消费者心理,是因为消费者需求受个人生活方式及其性格等因素的影响极大。如性格外向的个体往往倾向于购买那些能够带来即时快乐的商品,他们享受购物过程带来的愉悦感和社交互动;而性格内向的人则更注重选择实用性的商品,他们倾向于购买那些能够满足日常生活需求、具有实际效用的物品;独立性较强的人,外界因素影响较小;而依赖性较强的人,则经常受外界因素的影响。企业按照心理因素标准细分市场,并根据各个子市场的需求和偏好,选择对路的商品和制定适合的营销策略,更能取得营销的成功。

【观念应用 6-2】
基于收入数据划分消费者(节选)

对于高收入家庭而言,你可能并不想向他们提供折扣优惠。但在某些情况下,你也可能给他们提供折扣,因为对有些高收入人群来说,节约可能是一个原则问题,对另一些高收入人群来说,节约可能是个人乐趣问题。因此,这些人不会以最开始询问的价格(原价)购买商品,你不得不向他们提供折扣优惠。

在消费者承担全价的能力和他们支付的意愿之间存在差异,市场营销者经常把价格敏感型消费者称作价值取向型消费者。这类消费者会等待促销、打折或其他甩卖时才购买,例如,那些从感恩节过后的第二天凌晨3点就开始排队等待抢购商品的人,他们是典型的价值取向型消费者。

在这个系列的另一端是那些享受奢侈品或高档服务的消费者,他们购买高档汽车,支付头等舱机票,这些消费者可以称作服务导向型消费者或体验导向型消费者。当你与体验导向型消费者进行沟通时,你不需要用折扣优惠去刺激他们,而是要用额外的或附加的服务。把你的传播信息集中在排他性、特殊待遇和高档产品的升级特征上,可能会让这类消费者群体产生更多共鸣。

资料来源:大卫·塞莫尔罗斯.大数据营销全流程操作指南[M].赵立敏,王荣,译.北京:人民邮电出版社,2015.

④ 购买行为包括消费者的购买动机、购买状况、使用习惯、对市场营销因素的感受程度等。如根据消费者的购买动机细分市场就可以发现,有的消费者追求物美价廉,有的追求社会声誉,有的追求商品使用的方便。而且,随着市场经济的迅速发展,商品的不断丰富,人们收入水平的逐步提高,这一细分标准的地位越来越重要。分析和掌握这一细分标准是正确制定营销策略的必然选择。

(2)生产者市场细分标准。生产者市场除了使用消费者市场的细分标准之外,还要根据生产者的特点,补充最终用户(客户)、用户规模和要求等作为细分生产者市场的标准,表6-2给出了生产者市场的一般细分标准。

表 6-2　生产者市场细分的一般标准

细分标准	细分变量因素
地理因素	国界、区域、地形、气候、资源、自然环境、城乡、城市规模、生产力布局、交通条件、其他
用户行业	冶金、煤炭、军工、机械、服装、食品、纺织、森林、航空、船舶、化工、其他
用户规模	大型企业、中型企业、小型企业、大用户、小用户、其他
购买行为	使用者地位、购买频率、购买目的、价格服务的敏感度、追求利益、购买批量品牌商标忠诚度、渠道忠诚度、使用率、购买周期、其他
最终用户要求	商品的规格、型号、品质、功能、价格、其他

① 地理因素。用户地点涉及当地的资源条件、自然环境、地理位置、生产力布局、交通运输及通信条件等因素。这些因素决定了地区工业的发展水平、发展规模和生产布局，形成不同的工业区域，产生不同的生产资料的需求特点。工商企业按照用户地点来细分市场，选择用户较为集中的地区作为自己的目标市场，不仅联系方便，信息反馈快，而且可以更有效地规划运输路线，节省运力与运费；同时，也能更加充分地利用销售力量，降低推销成本。

② 用户行业。其包括农业、军工、食品、纺织、机械、电子、冶金、汽车、建筑等。用户的行业不同，其需求有很大差异。即使是同一产品，军工与民用对质量要求就不同，营销人员可以用户行业为依据进行市场细分。

③ 用户规模和购买行为，也是生产者市场细分的重要标准。在生产者市场中，大用户、中用户、小用户的区别要比消费者市场更为普遍，也更为明显。大用户单位数虽少，但购买力很大；小用户单位则相反。企业对大用户市场和小用户市场应分别采取不同的营销组合。

④ 最终用户要求，是生产者市场细分的最通用的标准。在生产者市场，不同用户购买同一种商品的使用目的往往是不同的，因而对商品的规格、型号、品质、功能、价格等方面提出不同的要求，追求不同的利益。工商企业要根据用户的要求来细分市场，把要求大体相同的用户集合起来，以便企业开展针对性经营，设计不同的市场营销组合方案。

市场细分是一项复杂的工作。细分市场需要运用以上标准，但又不是僵化不变的，要针对企业和消费者需要的具体情况，用动态的观点来选择某些变量因素作为细分的标准，根据分析的结果确定企业的目标市场。

6.1.3　市场细分的程序与方法

1. 市场细分的程序

市场细分是一项复杂细致的工作，它要求有科学的程序，有条不紊地按一定步骤进行。一般来说，市场细分的程序分为以下七个步骤。

（1）正确地选择市场范围。企业根据自身的经营条件和经营能力确定进入子市场范围，即经营什么商品，提供什么服务，服务于哪类市场客体。例如，企业确定经营粮食，那么粮食市场就是本企业的市场范围，粮食消费者就是该企业市场细分化的对象。

（2）列出市场范围内所有顾客的全部需求。对企业市场范围内的整体市场进行分析、估价，认清该市场的规模、需求特征及发展趋势。特别要在调查研究的基础上，掌握市场范围内所有顾客的潜在需求，以便进一步列出细分的客体。

（3）确定市场细分标准。企业将所列出的各种需求，交由各种不同类型的顾客挑选他们最迫切的需求，最后集中起来，选出两三个作为细分标准。

（4）为各个可能存在的细分子市场确定名称。以饮料市场为例，可按消费者的不同需求细分子市场,将不同的子市场定名为:包装饮用水、碳酸饮料、蛋白饮料、果蔬汁、茶饮料、含乳饮料、功能饮料等。

(5)确定本企业开发的子市场。企业在各类子市场中,应选择与本企业经营优势和特色相一致的子市场。如果企业对子市场的选择脱离了企业自身的实际情况,那么企业的市场细分战略就不能发挥应有的作用。

(6)进一步对自己的子市场进行调查研究。通过调查,研究本企业所开发的细分市场的规模、潜在需求、竞争状况、发展趋势等,确定本企业在细分市场上的占有份额。

(7)采取相应的营销组合策略开发市场。企业选择能够获得有利机会的目标市场以后,着重寻求营销商品、营销渠道、价格、促销手段等营销策略的最佳组合,使企业在选定的目标市场上能够不断扩大,从而不断提高企业的竞争能力。

以上七个步骤在具体应用时,可根据具体情况进行简化或合并。

2. 市场细分的方法

市场细分的方法是多种多样的,但通行的方法有以下四种。

(1)单一标准法。这是根据市场主体的某一因素进行细分,如按品种细分粮食市场,按性别细分服装市场,按用途细分钢材市场等。当然,按单一标准细分市场,并不排斥环境因素的影响作用;同时考虑到环境的作用,更符合细分市场的科学性要求。如按性别将饮料市场分为女性饮料市场和男性饮料市场。

(2)主导因素排列法。当一个细分市场的选择存在多因素时,可以从消费者的特征中寻找和确定主导因素,然后与其他因素有机结合,确定细分市场,这种方法叫作主导因素排列法。例如,就女青年服装市场而言,职业与收入通常是影响服装选择的主导因素,文化、婚姻、气候则居于从属地位,因此,应以职业、收入作为细分女青年服装市场的主要依据。

(3)综合标准法。这是根据影响消费者需求的两种或两种以上的因素进行综合细分。综合因素法的核心是并列多因素加以分析,所涉及的各项因素都无先后顺序和重要与否的区别。

(4)系列因素法。当细分市场所涉及的因素是多项且各项因素之间先后有序时,可由粗到细,由浅入深,由简至繁,由少到多进行细分。这种方法叫作系列因素法。

【观念应用 6-3】

VALS 细分模型

以心理测试为基础的可用于商业的最受欢迎的分类系统之一就是战略性商业润察公司(strategic business insight)的价值观与生活方式(VALS)模型。

VALS 细分模型最主要的维度是消费者动机(水平维度)和消费者资源(垂直维度)。消费者被三种最主要动机(理想、成就和自我表达)中的一种所驱动。主要由理想动机驱动的人被知识和原则指导,由成就动机驱动的人追求那些可以在同龄人中展现其成功的产品和服务,由自我表达动机驱动的消费者渴望社交和体育活动及多样化与风险性。活力、自信、理性主义、寻求新奇、创新、冲动、领导力和虚荣心这些人格特质与主要的人口统计特征相结合,决定了一个人的资源。不同水平的资源增强或抑制了一个人对于其最主要动机的表达。由此,消费者被分为八种类型。

(1)创新者:拥有高自尊,成功、富有经验、积极、具有领导才能的人。他们偏好较高级、有利基导向的产品和服务。

（2）思考者：受理想驱动，成熟、满足、深思熟虑的人，重视秩序、知识和责任。他们寻求产品的持久性、功能性和价值。

（3）成就者：关注事业和家庭，成功且有目标的人。他们喜欢能向同龄人展示其成功的顶级产品。

（4）体验者：追寻多变和刺激，年轻、热情、有冲动的人。他们将大部分收入花费在时尚、娱乐和社交上。

（5）有信仰者：有具体信念，保守、传统的人。他们更偏好熟悉的产品，并对已建立的品牌很忠诚

（6）奋斗者：资源有限、追求时髦、喜爱娱乐的人。他们喜欢时髦的产品，这样就可以模仿拥有更多物质财富的人的消费。

（7）生产者：喜欢用自己的双手工作，脚踏实地、自给自足的人。他们因为实用目的或功能目的而追寻产品。

（8）幸存者：担心变化的、年长的、被动的人。他们对自己喜爱的品牌很忠诚。

资料来源：菲利普·利特勒，凯文·莱恩，等.营销管理：亚洲版[M].王永贵，金夏芳，等译.6版.北京：中国人民大学出版社，2020：154-156.

6.2　目标市场选择策略

6.2.1　目标市场选择的模式

微课：目标市场
选择策略

市场细分是选择目标市场的基础。市场细分后，企业由于内外部条件的制约，并非要把所有的细分市场都作为企业的目标市场，企业可根据产品的特性，自身的生产、技术、资金等实力大小和竞争能力的分析，在众多的细分市场中，选择一个或几个有利于发挥企业优势的最具吸引力、又能达到最佳或满意的经济效益的细分市场作为目标市场。

一旦企业确定了市场细分机会，它们就必须依次评价各种细分市场和决定为多少个细分市场服务。在评估各种不同的细分市场时，企业必须考虑的两个因素是：细分市场结构的吸引力；企业的目标和资源。首先，企业必须考虑潜在市场对企业的吸引力。例如，它的大小、成长性、盈利率、经济规模、风险高低等。其次，企业必须考虑对细分市场的投资与企业的目标和资源是否一致。某些细分市场虽然有较大的吸引力，但不符合企业的长远目标，因此不得不放弃。或者，如果企业在某一细分市场缺乏一个或更多的提供优势价值的竞争能力时，该细分市场就应当放弃。企业在对不同的细分市场评估后，可考虑以下五种目标市场模式。

1. 密集单一市场

企业可以选择一个细分市场作为目标市场。企业通过密集营销，更加了解该细分市场的需求，可在该细分市场建立巩固的市场地位。另外，企业通过生产、销售和促销的专业化分工，也获得了许多经济效益。如果细分市场补缺得当，企业的投资便可获得高报酬。例如，大众汽车公司集中经营小汽车市场，而波斯卡（Porsche）则专门经营运动车市场。

但是，密集型市场营销比一般情况风险更大。个别市场可能出现不景气的情况，或者某个竞争者决定进入同一细分市场。

2. 有选择的专门化

有选择的专门化是指企业选择若干个细分市场,其中每个细分市场都有吸引力和符合企业要求。它们在各细分市场之间很少有联系,然而,每个细分市场都有可能创造盈利。这种选择若干个有可能盈利的细分市场的目标市场策略优于单个细分市场的目标策略,因为这样可以分解企业的风险。

2. 产品专门化

产品专门化是指企业集中生产一种产品,并向各类消费者销售这种产品。例如,显微镜生产商向大学实验室、政府实验室和工商企业实验室销售显微镜。企业还准备向不同的顾客群体销售不同种类的显微镜,而不去生产实验室可能需要的其他仪器。企业通过这种战略,在某个产品方面树立起很高的声誉。但如果生产被一种全新的技术所替代,它就会产生危机。

4. 市场专门化

市场专门化是一种专门满足某个顾客群体的各种需要而进行的服务。例如,企业可为大学实验室提供一系列的产品,包括显微镜、示波器、化学烧瓶等,企业专门为这个顾客群体服务,而获得良好的声誉,并成为这个顾客群体所需各种新产品的销售代理商。但是,如果顾客突然出现经费预算削减,就会使企业产生危机。

5. 完全覆盖市场

完全覆盖市场是指企业想用各种产品满足各种顾客群体的需求。只有大企业才能采用完全覆盖市场战略。例如,华为技术有限公司在智能手机市场采取完全覆盖市场。大企业可用两种主要的方法,即通过无差别营销和差别营销,达到覆盖整个市场的目的。

(1) 无差别营销(undifferentiated marketing)。无差别营销中,企业可以不考虑细分市场间的区别,仅推出一种产品来追求整个市场。它致力于顾客需求中的相同之处,而非他们的不同之处。为此,它设计一种产品和制订一个营销计划来迎合大多数的购买者。它凭借广泛的销售渠道和大规模的广告宣传,旨在人们的心目中树立该产品的一个超级印象。无差别营销是"制造业中的标准化生产和大批量生产在营销方面的化身"。狭窄的产品线可以降低生产、存货和运输成本。无差别的广告方案则可以缩减广告成本,而不进行细分市场的营销调研和计划工作,又可以降低营销调研和产品管理成本。因此,企业生产低成本的产品售价也低,将赢得对价格敏感的那部分细分市场。比如,早期的可口可乐采用的就是这种无差别营销。

(2) 差别营销(differentiated marketing)。差别营销中,企业决定同时经营几个细分市场,并为每个细分市场设计不同的产品。例如,通用汽车公司为"财富、目的和个性"各不相同的人生产不同的轿车。差别营销一般比无差别营销创造更大的销售额。但是,差别营销也会增加经营成本,如产品修改成本、管理成本、促销成本、生产成本等。因此,企业很难事先预见这种战略的营利性。

6.2.2 目标市场的选择条件

一个理想的目标市场必须具备下列几个条件。

1. 有足够的市场需求

一定要有尚未满足的现实需求和潜在需求。其需求水平能符合企业销售的期望水平。

理想的目标市场应该是有利可图的市场,没有需求而又不能获利的市场谁也不会去选择。

2.市场上有一定的购买力

市场仅存在未满足的需求,不等于有购买力和销售额。如果没有购买欲望和购买力很低,就不可能构成现实市场。因此,选择目标市场必须对目标市场的人口、购买力、购买欲望进行分析和评价。理想的目标市场要有较好的潜在发展前途,能为企业获得较大利润,有利于企业持续地开拓该市场。

3.企业必须有能力满足目标市场的需求

在市场细分的子市场中,可以发现有利可图的子市场有许多,但是不一定都能成为本企业的目标市场,必须选择企业有能力去占领的市场作为自己的目标市场。同时,开发任何市场都必须花费一定的费用。将费用和带来的利润相比较,只有当企业所获利润大于花去的费用的目标市场,才是有效的目标市场。

4.在被选择的目标市场上本企业具有竞争优势

竞争优势主要表现在该市场上没有或者很少有竞争;或竞争者不易打入;或有竞争也不激烈,企业有足够的能力击败对手;该企业可取得较大的市场占有率。

5.企业必须有能力进入目标市场

通过适当的分销渠道,企业可以接触和进入这一市场。如果企业没有进入目标市场的能力,不管这个目标市场多么理想,对于企业来说都不具有任何意义。

6.2.3　可供选择的目标市场策略

所谓目标市场策略,是指企业对客观存在的不同消费者群体,根据不同商品和劳务的特点,采用不同市场营销组合的总称。企业选择的目标市场不同,提供的商品和劳务就不同,市场营销策略也不一样。一般来说,目标市场营销策略有三种,即无差异性市场营销策略、差异性市场营销策略和密集型市场营销策略。

1.无差异性市场营销策略

这是企业采用单一的营销策略开拓市场,即企业着眼于消费者需求的同质性,把整个市场看成一个大市场,对市场的各个部分同等看待,推出一种商品,采用一种价格,使用相同的分销渠道,应用相同的广告设计和广告宣传,去占领总体市场的策略(图 6-1)。其指导思想是:市场上所有消费者对某一商品的需求是基本相同的,企业大批量经营,就能满足消费者的需求,获得较多的销售额,因而把总体市场作为企业的目标市场。这一策略的最大优点是:由于大批量生产和经营,有利于企业降低成本,取得规模效应;由于不需要对市场进行细分化,可相应地节省市场调研和宣传费用,有利于提高利润水平。此种策略的缺点是:难以满足消费者的需求,不能适应瞬息万变的市场形势,应变能力差。因此,一般来说,选择性不强、差异性不大的大路货商品,供不应求的商品,具有专利权的商品等,宜于采用此种策略。在生产观念和推销观念时期,它是大多数企业实施的营销策略。随着消费者需求向多样化、个性化发展,生产力和科技水平进一步提高,其适用范围逐步缩小。

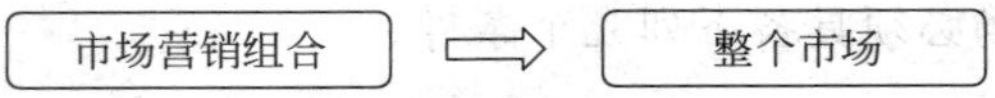

$$\boxed{\text{市场营销组合}} \implies \boxed{\text{整个市场}}$$

图 6-1　无差异性市场营销策略

2. 差异性市场营销策略

这是企业把整个大市场细分为若干个不同的市场群体,依据每个小市场的需求上的差异性,有针对性地分别组织经销商品和制定促销策略,即组织不同的商品,根据不同的商品制定不同的价格,采用不同的分销渠道,应用多种广告设计和广告宣传,去满足不同顾客的需求(图6-2)。其指导思想是:消费者对商品的需求是多种多样的,企业经营差异性商品以满足消费者各种需求,就能提高企业的竞争能力,占领较多市场,因而选择较多的细分市场作为企业的目标市场。很显然,差异性市场策略的最大优点在于:全面满足消费者的不同需求,同时,一个企业经营多种商品,实现营销方式和广告宣传的多样性,能适应越来越激烈的市场竞争,有利于扩大市场占有率,增加企业销售额,提高企业信誉。其缺点在于:销售费用和各种营销成本较高,受到企业资源和经济实力的限制较大。因此,差异性市场策略适用于选择性较强、需求弹性大、规格等级复杂的商品营销。

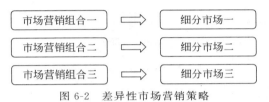

图6-2 差异性市场营销策略

【观念应用6-4】

圈层营销

2022年6月天猫发布的《运动户外消费者运营白皮书》显示,消费者因其运动兴趣而形成六个圈层,也就是六个细分市场,即健身、跑步、篮球、露营、街潮和滑雪。许多企业针对这种市场需求格局,开展了圈层营销。圈层营销主要基于持续、深入的人群经营,有效并且长期地与用户进行互动。

(1)内容营销。圈层人群的兴趣聚人属性,需要在营销活动中传递出对话题、故事、信息载体的关注,需要定制化的场景以及以故事为载体的内容叙事逻辑。

(2)事件营销。圈层人群的自我表达属性,预示着他们对营销活动的参与度、表现欲较强,因而对相关事件的热心程度也较高,并由此引发购买行为。品牌可以营销事件为切入点,引爆话题,利用平台小程序,实现线下营销事件造场、站外媒体传播造势、平台私域场景承接的全链路闭环。

(3)服务创新。圈层人群对所属圈层的认同,造就了圈层共性身份符号的影响力品牌可以打造具有圈层属性的明星单品、经典系列,努力提升服务体验来及时、有效地响应人群的身份属性需求。

(4)培养忠诚用户。圈层天然具备"社区"属性,在平台提供的会员运营工具和社群运营的融合过程中,可以着力培养优质KOC(关键意见消费者),用忠诚客户引领市场需求,提升圈层人群生态圈的凝聚力和市场价值。

资料来源:https://www.sohu.com/a/710466076_121778552? scm=1019.20001.0.0.0&spm=smpc. csrpage.news-list.1.1697187676500EMbgZmz.

3. 密集(集中)型市场营销策略

密集型市场策略也称集中型市场策略。这是企业把整个市场细分化后,选择一个或少数几个细分市场为目标,实行专业化经营,即企业集中力量向一个或少数几个细分市场推出商品,占领一个或少数几个细分市场的策略(见图 6-3)。其指导思想是与其在较多的细分市场上都获得较低的市场份额,不如在较少的细分市场上获得较高的市场占有率,因而只选择一个或少数几个细分市场,作为企业的目标市场。密集型市场策略的主要优点在于:可准确地了解顾客的不同需求,有针对性地采取营销策略,可节约营销成本和营销费用,从而提高企业投资利润率。这种市场策略的最大特点在于风险性较大,最容易受竞争的冲击。因为目标市场比较狭窄,一旦竞争者的实力超过自己,消费者的爱好发生转移或市场情况突然发生变化,都有可能使企业陷入困境。因此,密集型市场策略经常被资源有限的中、小企业所采用。因为,它们所追求的不是在较大市场上占有较小的份额,而是要在较小的细分市场上占有较高的份额。

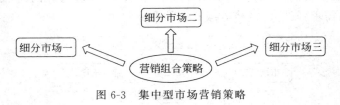

图 6-3　集中型市场营销策略

6.2.4　影响目标市场选择的因素

无差异性市场策略、差异性市场策略和密集型市场策略各有利弊,各自适合不同的情况,一般来说,在选择目标市场策略时,要考虑以下几个因素。

1. 企业资源

企业资源主要包括资金、物质技术设备、人员、营销能力和管理能力等。如果企业资源条件好,经济实力和营销能力强,可以采取差异性市场策略。如果企业资源有限,无力把整体市场或几个市场作为自己的经营范围,则应考虑选择密集型市场策略,以取得在小市场上的优势地位。

2. 商品特点

有些商品在品质上差异性较小,同时消费者也不加以严格区别和过多挑剔,如大米、食盐、钢材、汽油等。这就可以采取无差异性市场策略。因为对于本无多大差异的商品,强行创造它在消费者心中的差异,会引起消费者的反感。相反,对于服装、电视机、照相机等品质上差异较大的商品,宜采用差异性市场策略或密集型市场策略。

3. 商品市场生命周期

一般来说,商品从进入市场到退出市场要经过四个阶段,商品处在不同的阶段,应采取不同的市场营销策略。企业应随着商品所处的市场生命周期阶段的变化而变换市场营销策略。当商品处于进入市场阶段时,由于竞争者较少,企业主要是探测市场需求和潜在顾客,这时宜采用无差异性和密集型市场策略;当商品进入饱和或衰退市场阶段,企业为保存原有市场,延长商品市场生命周期,集中力量对付竞争者,应当采用密集型市场策略。

4. 市场特点

市场特点是指各细分市场间的区别程度。当市场消费者需求比较接近,偏好及其特点大致相似,对市场营销策略的刺激反应大致相同,对营销方式的要求无多大差别时,企业可采用无差异性市场策略；若市场上的消费者需求的同质性较小，明显地对同一商品在花色、品种、规格、价格、服务方式等方面有不同的要求，则宜采用差异性市场策略或密集型市场策略。

5. 竞争状况

竞争是市场经济的必然产物，是价值规律强制作用的结果。市场经济决定企业普遍存在于激烈竞争的市场环境中，企业进行目标市场策略选择时，如果不考虑竞争者状况及其采取的策略，就难以生存与发展。因此企业采用哪种目标市场策略，就需视竞争对手的实力和市场营销策略情况而定。当竞争者采取差异性市场策略时，企业就应当采用差异性市场策略或密集型市场策略对付；若竞争对手力量较弱，则可采用无差异性市场策略或差异性市场策略。

企业选择目标市场策略时，应综合考虑上述诸因素，权衡利弊，方可做出抉择。目标市场策略应相对稳定，但当市场形势或企业实力发生重大变化时，则应及时转换。

小思考

贵州茅台是中国白酒第一品牌，请描述贵州茅台的目标市场。

提示：高端消费者和礼品市场，商务宴请市场，收藏市场，出口市场。

思政融入：培养面对不同市场需求，采取不同营销策略的职业习惯

思政素材：精准扶贫方略，是中国打赢脱贫攻坚战的制胜法宝，是中国减贫理论和实践的重大创新，体现了中国共产党一切从实际出发、遵循事物发展规律的科学态度，面对新矛盾新问题大胆闯、大胆试的创新勇气，对共产党执政规律、社会主义建设规律、人类社会发展规律的不懈探索，对实现人的全面发展和全体人民共同富裕的执着追求。事实证明，精准扶贫方略，不仅确保了脱贫攻坚取得全面胜利，而且有力提升了国家治理体系和治理能力现代化水平，丰富和发展了新时代中国共产党执政理念和治国方略。

链接：善行·脱贫抓住特色精准销售 按下脱贫快进键

在精准扶贫推进过程中，如何把贫困地区农产品销售出去，可以借助市场营销理论，精准定位，选准目标人群，帮助农户脱贫致富。

讨论：观看视频，谈谈如何利用目标市场营销理论进行精准扶贫？

6.3 市场定位策略

6.3.1 市场定位含义

微课：市场定位策略

企业进行市场细分和选择目标市场后，一个重要的问题就是必须回答：如何进入目标市场？以怎样的一种姿态和形象占领目标市场？这就是市场定位。

市场定位是指企业根据所选定的目标市场的竞争状况和自身条件，确定企业和产品在目标市场上的特色、形象和位置的过程。

工商企业进行目标市场定位，是通过创造鲜明的商品营销特色和个性，从而塑造出独特的市场形象来实现的。这种特色可表现在商品范围和商品价格上，也可表现在营销方式等其他方面。科学而准确的市场定位建立在对竞争对手所经营的商品具有何种特色，顾客对

该商品各种属性重视程度等进行全面分析的基础上。为此，需掌握以下几种信息：①目标市场上的竞争者给顾客提供何种商品？②顾客确实需要什么？③目标市场上的新顾客是谁？企业根据所掌握的信息，结合本企业的条件，适应顾客一定的要求和偏好，在目标顾客的心目中为本企业的营销商品创造一定的特色，赋予一定的形象，从而建立一种竞争优势，以便在该细分市场吸引更多的顾客。

6.3.2　市场定位方式

1. 两维定位方式

两维定位方式就是在定位时，选择两种变量或两个因素，每个变量可选择两种状态，分析由两种状态组合而得到的四种不同的结果，这种方法称为平面定位法。

两维分析法的好处有：①非常直观、形象，一目了然。②分析全面，不易漏掉可能出现的结果。③扩展方便，稍微做些改进，就可以进行扩展和更深入的分析。

2. 多维定位方式

多维定位通常选择三个或三个以上的因素进行分析和定位，所以也称为立体定位。一般来说，多维变量的构成越多，直观理解也越困难，这是因为，多维变量的构成是一个立体空间，其分析也是在立体空间上进行的。特殊情况，也有采取树形结构分析的，如旅游鞋市场，可以按照"年龄""性别""收入"三个变量进行市场定位，同样，铝制品市场也可以按"最终用户""所需产品""用户规模""追求利益"四个变量进行"树形结构"分析定位，如图 6-4 所示。

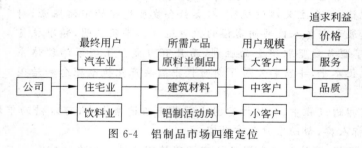

图 6-4　铝制品市场四维定位

在市场定位过程中，不论采用二维定位还是多维定位法，核心是选择好变量。当一种定位不可学时，可通过重新选择变量来找到市场空白和发现可能出现的商机。比如，早餐市场产品定位图，可以选择"价格"和"准备时间"变量，也可以选用"价格"和"质量"变量，或者选用"营养"和"快捷"变量。

上述分析表明，市场定位操作过程中，变量和状态选对了，就可以产生新的思路、新的方法、新的策略；选择错了，就会造成分析上的失误和错误的实践。

6.3.3　市场定位的策略

市场定位策略实质是一种竞争策略，它显示了一种商品或一家企业同类似的商品或企业之间的竞争关系。定位方式不同，竞争态势也不同，下面分析四种主要定位策略。

1. 市场领先者定位策略

这是指企业选择的目标市场尚未被竞争者发现，企业率先进入市场，抢先占领市场的策略。企业采用这种定位策略，必须符合几个条件：①该市场符合消费发展趋势，具有强大的市场潜力。②本企业具备领先进入的条件和能力。③进入的市场必须有利于创造企业的营销特色。④有利于提高市场占有率,使本企业的销售额在未来市场的份额中占40%左右。

2. 市场挑战者定位策略

这是指企业把市场位置定在竞争者的附近,与在市场上占据支配地位的,即最强的竞争对手"对着干",并最终把对方赶下现在的市场位置,让本企业取而代之的市场定位策略。企业采取这种定位策略,必须具备以下条件:①要有足够的市场潜力。②本企业具有比竞争对手更丰富的资源和更强的营销能力。③本企业能够向目标市场提供更好的商品和服务。

3. 跟随竞争者定位策略

这是指企业发现目标市场竞争者充斥,已座无虚席,而该市场需求潜力又很大,企业跟随竞争者挤入市场,与竞争者处在一个位置上的策略。企业采用这种策略,必须具备下列条件:①目标市场还有很大的需求潜力。②目标市场未被竞争者完全垄断。③企业具备挤入市场的条件和与竞争对手"平分秋色"的营销能力。

4. 市场补缺者定位策略

这是指企业把自己的市场位置定在竞争者没有注意和占领的市场位置上的策略。当企业对竞争者的市场位置、消费者的实际需求和自己经营的商品属性进行评估分析后,如果发现企业所面临的目标市场并非竞争者充斥,存在一定的市场缝隙或空间,而且自身所经营的商品又难以正面抗衡,这时企业就应该把自己的位置定在目标市场的空当上,与竞争者成鼎足之势。采用这种市场定位策略,必须具备以下条件:①本企业有满足这个市场所需要的货源。②该市场有足够数量的潜在购买者。③企业具有进入该市场的特殊条件和技能。④经营必能盈利。

当然,企业的市场定位并不是一劳永逸的,而是随着目标市场竞争者状况和企业内部条件的变化而变化的。当目标市场发生下列变化时,就需考虑重新调整定位的方向:①当竞争者的销售额上升,使企业的市场占有率下降,企业出现困境时。②企业经营的商品意外地扩大了销售范围,企业在新的市场上可以获得更大的市场占有率和较高的商品销售额时。③新的消费趋势出现和消费者群的形成,使本企业销售的商品失去吸引力时。④本企业对经营战略和策略做重大调整时等。

总之,当企业和市场情况发生变化时,都需要对目标市场定位的方向进行调整,使企业的市场定位策略符合突出企业特色、发挥企业优势的原则,从而取得良好的营销利润。

6.3.4　市场定位的步骤

市场定位虽然有多种方式,但其基本程序一般为以下三个步骤。

1. 画出目标市场结构图

任何一种产品都有许多属性和特征,如价格的高低、质量的优劣、规格的大小、功能的多少等。其中两个以上的属性变量就可以建立一个市场结构图。这里以旅游车市场为例,以"档次"和"规格"来组建二维平面坐标结构图,如图6-5所示。

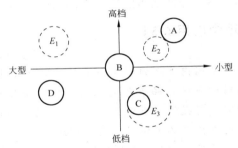

图6-5　目标市场上区位分布

2. 标出竞争对手位置

如图 6-5 所示，A、B、C、D 产品是各个竞争对手在目标市场上实际区位，图上圆圈的面积表明各自销售额的大小。其中，A 是小型高档旅游车，B 是中档面包车，C 是低档面包车，D 是大型旅游车。

3. 初步定位

新进入旅游车市场有四种定位方案可供选择。

（1）避让定位（E_1）。避让定位也称为错位定位，即把自己的产品确定在当前市场的空白地带。以上例说明，唯有大型高档旅游车尚未有企业涉足。这一定位可以避开竞争，获得进入市场的先机，先入为主地建立对自己有利的市场地位。但在决定采取避让定位时，还必须搞清楚以下问题。

① 这一市场空缺为什么存在？是竞争对手没有发觉、无暇顾及还是因为根本没有市场开发前景？如果该市场确实有市场需求，那么要考虑潜力是否足够大，如果收益无法弥补成本或弥补成本开支后只有微利，企业一般不会采取这一策略。

② 企业是否有足够的技术能力去开发产品，是否有一定的质量保证体系和售后服务体系，否则只能造成资源的浪费。

（2）插入定位（E_2）。插入定位即企业将自己的产品定位于竞争者市场产品的附近，或者插入竞争者已占据的市场位置，与竞争对手争夺同一目标市场。采用这一策略的好处是，企业无须开发新产品，仿制现有产品即可。这是因为现有产品已经畅销于市场，企业不必承担产品销售不畅的风险，能免去大量的研究与开发费用。同时，实施插入定位必须有三个前提条件。

① 在企业意欲进入的目标市场还有未被满足的需求，即该市场除现有的供给外，还有吸纳更多商品的能力。

② 企业推出品牌产品时应有特色。这是因为消费者对现有产品已有一定了解，新产品没有特色难以消费者接受。

③ 没有法律上的侵权问题。

（3）取代定位（E_3）。取代定位是将竞争对手赶出原来的位置，或者兼并竞争对手取而代之。企业采取这一策略的原因：一是没有其他区域可选；二是企业实力较雄厚，有能力击败竞争对手，扩大自己的市场份额。当然，企业采取这一策略时应具备以下条件。

① 企业推出的产品在质量、功能或者其他方面有明显的优于现有产品的特点。

② 企业能借助自己强有力的营销能力使目标市场认同这些优势。

（4）正式定位。在初步定位后，企业还应当做一些调查和试销工作，及时找到偏差并立即纠正。即使初步定位正确，也应视情况变化随时对产品定位进行修正和再定位。

【观念应用 6-5】

某企业的手机市场定位

某国内著名的家电企业 G 公司决定进入手机市场。通过市场调查，G 公司了解到消费者对于手机产品最为关注的是功能组合和外观设计；还了解到这一市场上已有 A、B、C、D 四家公司提供同类产品，它们所处的市场地位各不相同。在这种情况下，G 公司应如何为自己的手机产品定位呢？有两种选择方案，如图 6-6 所示。

方案 1：定位于竞争者 C 公司附近，与它争夺客户。这种竞争性定位需要考虑以下条

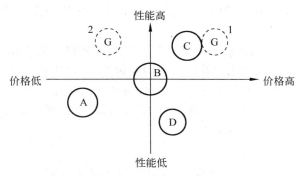

图 6-6　市场定位示意图

说明：图中圆圈大小表示销售额的大小。

件：①高性能手机的市场需求足以吸收两家公司的产品。②G 公司能比 C 公司生产出更好的产品，比如性能组合更全面，具有某种独特的功能等。③这一定位与公司资源、实力、特长、声望是相协调的。

　　方案 2：定位于左上角空白处。这是一个欢迎高性能，同时要求价格较低的细分市场，目前尚未有公司提供这种产品。为此，进入该市场的公司需要具备以下条件：①公司具有生产较高性能手机的技术。②在产品价格上具有优势。③通过宣传，能有效地使潜在顾客相信本公司手机的性能高于 A 公司而与 C 公司不分上下。④预计的市场需求能保证实现企业的利润目标。例如，小米公司 2011 年 8 月发布小米的第一代手机小米 1，它是世界上首款双核 1.5GHz 的智能手机，采用 Adreno 220 图形芯片，1GB 的 RAM，4GB 的 ROM，并支持 32GB Micro SD，800 万像素，电池为 1930mAh，4 英寸屏，售价 1999 元。小米的这款手机凭借售价低、性能好和饥饿营销迅速占领国内市场。

资料来源：吕一林，李东贤.市场营销学教程[M]．7 版．北京：中国人民大学出版社，2022.5.

6.3.5　"互联网＋"时代的市场定位

"互联网＋"时代的市场定位，就是通过搜索引擎、E-mail、自媒体、社交网络等互联网工具进行口碑营销、粉丝营销和社群营销，以使企业的品牌、形象、产品等在预期消费者的头脑中占据有利的位置。大体有以下七种定位方式。

1. 按照兴趣或者特定社群定位

- 小米：为发烧而生！（按照发烧友社群——米粉定位）

- 魅族：因梦想而立，因热爱而极致！（按照手机极客社群定位）

- 蚂蚁星球：为梦想喝彩！（按照梦想者社群定位）

- 长虹电器：一个老牌军工企业，20 世纪 90 年代，品牌口号是"长虹，以产业报国，以民族昌盛为己任"。现在，其品牌口号已经改为"长虹：让想象发生！"这种改变是面对移动互联网时代战略转型的思考，长虹推出的智能家居和 CHIQ，已经将品牌定位从"大嫂大妈级群体"转向年轻的热爱智能家居的互联网人群。

2. 专注年轻群体的定位

"90 后""00 后"崛起，企业专注年轻群体的定位。

- 江小白："90 后"的青春小酒。

- 格兰仕互联网专属新品牌"UU"定位：只有感动年轻的你。满足"90后""00后"消费期望的极致性价比产品。
- 来趣黑椒厨房："90后"厨房。根据当下"90后"年轻人的兴趣特点和行为习惯做出了以下几项创新：店内增设互动情趣的涂鸦墙，允许年轻人按照自己的个性习惯进行涂鸦，充分展现出了"90后"喜欢的自由自在的文化氛围和情绪空间。将店内饰品、餐具以个性定制的方式呈现，奇形怪状的薯片盒，模样新奇的器皿，可以吃的咖啡杯等，都引发了年轻人的关注。

3. 专注"屌丝"群体的定位

余额宝、娱乐宝、足球宝、蚂蚁微贷等专注的都是"屌丝"群体。

4. 互联网专属品牌定位

很多互联网专属品牌定位是为了与线下渠道进行区隔，也有的是为了强调品牌所属企业是"互联网企业"。

- 统帅：互联网时代海尔定制品牌。
- 酷开：为家庭互联网而生。酷开 TV 是创维集团于 2013 年 9 月 10 日推出的互联网电视品牌。
- EasyCooker(易酷客)：美的生活电器旗下的网销新品牌。
- 艺福堂：互联网茶叶领导品牌。
- 三只松鼠：互联网坚果食品品牌。三只松鼠在其官方网站的"关于我们"中是这样介绍的：安徽三只松鼠(中外合资)电子商务有限公司，是中国第一家定位于"纯互联网食品品牌"的企业。

5. 特色定位

特色定位最有利于打造品牌。

- 韩都衣舍：韩风快时尚领先品牌。
- 妖精的口袋：我是妖精，你是谁？
- 初语：中国知名原创设计师品牌。

6. 细分类目销量第一定位

这是目前电子商务最常见的一种。

- 好想你：红枣类目全网销量第一。
- 御泥坊：2012 年"双十一"淘宝销量第一。
- 路途乐：2014 年"双十一"儿童安全座椅类目销量第一。这种定位充其量是一种营销定位，根本谈不上市场定位，但是它已经成为电商企业的一种标准玩法，也把它当作一种定位方式。

7. 先试水，后定位

这是很多"80后""90后"电商人的一种"打移动靶"的新玩法，起初根本不考虑定位，先试水，根据聚集的人群再进行定位。

小思考

曾经红遍大江南北的一档综艺类节目《中国好声音》电影版《中国好声音之为你转身》，票房预想破 10 亿元，但上映后却票房惨淡。请从市场定位的角度分析票房惨淡的原因。

提示：好声音原先的卖点是什么？而电影的卖点是什么？从综艺延伸到电影合适吗？

思政融入：青年担当

思政素材：从打破内地影史票房纪录的《战狼2》，到《红海行动》《八佰》等票房黑马，再到爆红的《长津湖》，主旋律战争片一路高歌猛进，让中国电影市场为之一振。

链接：《长津湖》大热，主旋律战争片频频走红，到底是为啥

早在20世纪80年代我国就提出"主旋律电影"的概念，电影通过一系列声像符号的剪辑加工来阐释影片背后的意义。在主旋律电影的话语体系中，可见的画面与无声地诉说共同构成对国家的敬畏、认同和传承，将影像符号和承载的集体记忆定格，使观影活动上升为一种充满敬畏感的仪式。

讨论：跟早期的主旋律战争片不同，如今的主旋律战争片题材更加多元化，人物更加丰满立体，请扫二维码观看视频，从市场定位角度谈谈对这类题材电影的看法。

本章小结

本章主要介绍了市场细分化、目标市场选择和市场定位（STP战略）。市场细分是一种把一个市场划分成不同购买者群体的行为，这些购买者群体可能值得为其提供独立的产品和营销组合。消费者市场细分的依据主要有：地理、人口、心理和消费行为等；产业市场可按最终用户、顾客规模和地理分布等进行细分。

企业将最佳的细分市场挑选为其目标市场，为此要对细分市场从潜量、盈利能力到竞争状况等方面进行评价。然后，企业可不理会细分市场的差异性，采用无差异市场营销；也可以为几个细分市场开发不同的产品，采用差异市场营销；或者可以只追求某部分细分市场，采用集中市场营销。究竟用何种目标市场的覆盖策略，企业的决策受到诸如企业资源、产品和市场的同质性、产品的生命周期阶段和竞争者的营销策略等因素的影响。

对于已确定的目标市场，企业要为自己的产品进行市场定位，其实质是在消费者心目中标明本企业产品的特色和形象。企业在定位时要尽力避免定位不足、定位过分和定位模糊等错误。借助市场结构图，企业在明确竞争对手，并研究竞争者地位的基础上，做出决定：或填补市场空白，或与竞争者比邻并存，或取而代之。通过产品的市场定位，企业奠定了制订营销组合计划的基调。

市场细分、目标市场选择、市场定位（STP战略）对于企业的生存与发展是至关重要的，都必须建立在科学的市场调查的基础上。没有科学依据的STP战略不仅不能为企业带来利润，甚至可能把企业引向灭亡。

基础练习

1. 简答题

（1）什么是市场细分？它对企业市场营销活动有什么意义？

（2）目标市场的三种营销策略各有什么特点？

（3）如何进行目标市场定位？

2. 讨论题

试论述市场细分的有效标志。

案例分析

年纪轻轻的我，用上了老年 App

网上冲浪多了，是不是总有 App 违规索取权限、开屏弹窗信息骚扰，还有稍不注意就跳转的莫名广告烦扰着你？

随着互联网科技的飞速发展，各类 App 层出不穷。开发 App 的本意，应该是将真实世界的信息与服务通过互联网便捷高效地连接在一起。然而近年来，许多 App 不仅越来越商业化，还让大数据和算法成了厂商不当收集用户信息、强行推送广告的"利器"，用户的"羊毛"都快被薅秃了。

于是，一批年轻人开发新思路，他们把冲浪阵地转移到为老年人量身定制的适老版 App。

打开适老版 App，页面更简洁、字体更大号，没有令人抓狂的弹窗、广告，没有让人眼花缭乱的跳转、推送。另外，适老版 App 阅读浏览更顺畅，功能按键更分明，常用功能更突出。可以说，"大字版"App、"老年版"App 抑或在 App 中的长辈模式、老年模式，解放了由于工作忙碌、不希望有限时间被无谓占用的年轻人。省心省力的老年版 App，正在帮助年轻人找回使用手机的重点：帮助遴选信息、提高使用效率。谁用了不说一句"真香"！

界面设计复杂、人机交互体验极差，只是年轻人逃离普通版 App 的原因之一。个人信息被不当收集，被大数据和算法包裹得密不透风，更让人感到窒息。人们其实为数字化的便利付出了看不见的代价。当个人的兴趣爱好、上网痕迹、搜索记录等隐私数据，被厂商深度跟踪和研究并进行消费性引诱后，我们付出了观看广告的时间成本，选购商品时被"套路"了额外的金钱支出，还有被 App 中产品和服务的夸大宣传、过度包装逐渐消耗掉的信任感。

如今，App 的设计更多地考虑产品的诉求，明明应该用简单的方法解决复杂的问题，却为把流量用到极致，设计出一堆纷繁复杂的功能。过分强调美而忽视功能便利性，只会给用户带来糟心的体验，引起用户的逆反心理。厂商可以引导用户，市场也能淘汰企业。从过度商业化向人性化适当转变，才能留住年轻用户，在市场竞争中凸显优势。

资料来源：https://baijiahao.baidu.com/s？id＝1710655750800429854&wfr＝spider&for＝pc.

问题：
（1）为什么年轻人要使用老年版 App？
（2）根据案例，为相关企业目标市场及市场定位选择提出合理化建议。

课外实践

1. 实践背景
要求学生按照第 1 章课外实践活动中所自组公司和确定的经营背景完成。

2. 实践活动
（1）负责项目的部门经理主持研讨会。
（2）负责活动的部门经理主持研讨会。
（3）利用企业模拟经营沙盘训练系统完成目标市场工作流程。在流程中综合运用分析表、示意图等操作工具，使企业的营销工作变得规范有效。
① 市场细分化到确定目标市场。通过企业模拟经营沙盘软件，完成市场细分表。
② 机会/优势整合分析，确定目标市场，采用二维或三维分析表。

③ 市场定位，选择进入目标市场。

第一步：调查影响市场定位因素。

竞争对手的市场定位情况；目标顾客对产品的评价标准；企业的潜在竞争优势等。

第二步：确定产品定位的依据，绘制矩阵图，在图中横纵坐标上标明所确定的产品定位因素。

第三步：明确目标市场竞争状况。在对竞争者调查、分析的基础上，把现有竞争者的定位情况在定位图上标示出来。

第四步：确定企业产品的市场定位。企业根据市场、竞争状况，准确判定企业的竞争优势所在，选择合适的定位战略，进行正确的市场定位。

④ 现场各个公司进行市场定位图分析。

第7章

产品策略

知识目标：

1. 掌握产品整体概念的主要层次；

2. 理解产品组合的主要策略；

3. 了解产品生命周期各个阶段的策略；

4. 了解新产品开发经过的过程；

5. 了解产品品牌和包装策略的类型。

技能目标：

1. 基本掌握产品生命周期不同阶段的特征及据此制定营销策略的技巧；

2. 具有运用所学知识分析市场营销活动中产品策略相关的实践活动；

3. 理解系统产品概念与营销策略的关系，初步具有产品服务于营销的意识。

德育目标：

1. 产品生产和创新过程中不能给员工带来身心伤害，也不能使社会环境遭到破坏；

2. 企业生产的产品的性能、寿命、安全等指数应符合国家标准。

🎙 导入案例

中国电动汽车崛起：创新与低成本制造引领全球绿色出行革命

自从特斯拉的电动汽车在全球范围内掀起一场绿色出行革命以来，越来越多的汽车制造商开始投入电动汽车市场。然而，与欧美日等地的竞争者相比，中国电动汽车制造商正以其低成本制造能力和创新实力，让全球竞争对手瞠目结舌。

2023年4月的上海车展上，中国电动汽车的创新和低成本引发了欧美日等厂商的关注。一位日本名古屋大学的教授在电视现场直播拆解五菱宏光 Mini EV 时，感慨地说："太便宜了，日本造不出这种车！"这款车的售价仅为3.88万元人民币，同类的丰田 C＋pod 售价高达9.2万元人民币。这次上海车展后，全球顶尖汽车零部件供应商佛吉亚的 CEO 表示，中国电动汽车制造商不仅在低成本方面领先，而且在新科技应用上也大有可为。中国企业仅需1万欧元就可以制造一辆主流电动车，价格仅为欧洲同类电动车的一半。同时，中国在动力电池制造、车机互联网应用创新、激光雷达和智能驾驶等领域均领先于欧洲。

那么，中国电动汽车如何在短短几年内实现这样惊人的成就呢？

首先，中国汽车制造商拥有庞大的国内产业链，包括模具、三电（电机、电控、电池）等零部件的国产化率达到了98％以上。这使得中国企业在降低成本的同时，保证了产品的质量。

其次，中国汽车制造商在智能座舱、智能驾驶、智能互联网方面遥遥领先欧美企业。问界 M5 的智能驾驶和智能座舱都是业界最强的。华为的 HiCar 在功能丰富性、连接便捷和稳定性方面也超过了苹果的 CarPlay。

经过近年的努力,中国电动汽车已经具备了席卷全球市场的潜力。这三年的闭关修炼让中国汽车工业登上了一个新的台阶,让全球汽车市场瞩目。眼下,中国品牌,如比亚迪海鸥、零跑 TO3、江南 U2、五菱缤果等,以其价格优势和技术创新吸引了越来越多的消费者。这些车型的价格仅为 1 万欧元左右,却有着不输于欧美日同行的品质和技术。正是这种创新与低成本制造能力的完美结合,使得中国电动汽车赢得了国内外消费者的认可。面对来自中国的竞争压力,欧洲市场也必须做好准备,以迎接中国每年出口一百万辆电动汽车的挑战。佛吉亚的 CEO 曾表示:"要么超越中国,要么融入。"而他的方案更多的是融入,到中国寻找机会。这表明,越来越多的全球制造商正在认识到中国电动汽车产业的崛起,纷纷寻求与之合作,共创绿色出行未来。

综上所述,中国电动汽车工业正以弯道超车的速度,引领全球汽车产业迈向绿色、智能、互联的新时代。在这个过程中,创新和低成本制造能力将成为中国电动汽车业的关键武器,为全球汽车市场带来更多的惊喜与选择。让我们共同期待中国电动汽车的未来发展,见证它在全球市场中创造更多辉煌!

资料来源:https://baijiahao.baidu.com/s? id=1764313847792642463&wfr=spider&for=pc.

思政融入:创新过程不牺牲环境保护

思政素材:自 2016 年起,华为严格遵循手机产品法规要求,进行有害物质管理,从源头处开展有害物质减量化设计,降低产品对环境的影响。在 2020 年增加了玻璃中砷的管控,避免 LCD 玻璃和玻璃后壳物料供应商在玻璃生产制造过程添加该物质造成环境污染和人身伤害。2021 年以来,华为继续加大"包装减塑"工作的力度,即使是消费者难以注意到的塑料,华为也在努力去除。比如市面上日常所见的包装盒表面,其实还覆盖

视频:创新与
绿色发展

着一层保护表层文字、图案不被刮花的塑料薄膜。为了去除这层塑料薄膜,华为包装设计师开发了一种特殊水油来取代这层塑料薄膜。此项优化,预计每千万台手机将减少约 46.3 吨一次性包装塑料。在产品彩盒包装内部,经过努力,新一代 P50 系列手机较 P40 系列手机,包装塑料含量降低 89% 之多。目前 P50 系列手机的包装塑料占比已经低于 1%,处于业界领先水平。

资料来源:https://consumer.huawei.com/cn/sustainability/environmental-protection/.

讨论:观看视频,谈谈华为是如何将创新和绿色发展相结合的。

7.1 产品整体概念

企业的市场营销活动以满足市场需要为中心,而市场需要的满足只能通过提供某种产品或服务来实现。因此,产品是企业市场营销组合中的重要因素。产品策略直接影响和决定着其他市场营销组合因素的管理,对企业市场营销成败关系重大。在现代市场经济条件下,每一个企业都应致力于产品质量的提高和组合结构的优化,以更好地满足市场需要。取得更好的经济效益。

微课:产品
整体概念

7.1.1　产品及产品整体概念

1. 产品

产品的概念有狭义和广义之分。狭义的产品是指某种有形的劳动生产物，如服装、家具、汽车等。这种对产品的认识基于传统概念，仅看到物质的或实体的产品。从现代市场观念来看，上述观点局限且不够全面。现代市场营销学对产品概念的认识是广义的，它是指向市场提供的能满足人们某种需要的任何东西，包括有形物品和无形服务。这种广义的产品概念具有两个方面的特点：其一，并不是具有物质实体的物品才是产品，而是凡是能够满足人们某种需要的劳务和服务都是产品，如运输、通信、保险以及咨询、修配、金融等服务。其二，对生产企业来说，其提供给市场的产品不仅是具有一定形状和用途的实体自身，同时还包括随同实物出售时所提供的服务。

广义产品概念的提出是现代市场营销观念的产物，它是在满足消费者需求的基础上提出来的。消费者的需求是多方面的，既有生理和物质方面的需求，又有心理和精神方面的需求；既有对产品实体本身的需求，又有对与产品实体相关的各种服务需求。例如，顾客购买空调，他不仅希望买到一定品牌款式、物美价廉的空调机，同时，他还需要卖方能给予送货、安装、调试并实行"三包"等。在这里，顾客购买空调是为了满足其生活舒适化的需求，这种需求具有整体性，因此，把广义的产品概念也称为产品的整体概念。

2. 产品整体概念

产品的整体概念包括五个层次的含义，即核心产品、形式产品、期望产品、延伸产品和潜在产品，如图 7-1 所示。

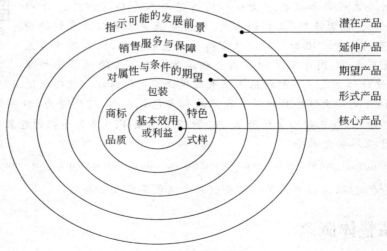

图 7-1　产品的五个层次

（1）核心产品。核心产品是指消费者购买某种产品时所追求的利益，是顾客真正要买的东西，因而在产品整体核心概念中是最基本、最主要的部分。消费者购买某种产品，并不是为了占有或获得产品本身，而是为了获得能够满足某种需要的效用或利益。比如，住旅店的顾客购买的是"休息的条件"，服装购买者购买的是"御寒和遮体"，手表的核心是满足计时的需要，电冰箱的核心是满足制冷、储存食品的需要；化妆品的核心是满足人们护肤和美容的需要等。

（2）形式产品。形式产品是指核心的载体，即向市场提供的实体和服务的可识别的形象表现。如果是有形产品，则所谓的形式产品在市场上通常表现为产品质量水平、外观特色、式样、品牌名称和包装等；如果是无形产品，比如旅店，其无形产品应包括房间、床、卫生间、浴室、衣橱、桌子等。产品的基本效用必须通过某些具体的形式才能得以实现。营销人员应该首先着眼于顾客购买产品时所追求的利益，以求更完美地满足顾客需要，从这一点出发再去寻求利益得以实现的形式，进行产品设计。

（3）期望产品。期望产品是指购买者在购买产品时期望得到的与产品密切相关的一整套属性和条件。期望产品层，也就是购买者购买产品时期望的一整套属性和条件。不同的人对这种期望是不同的，例如，购买洗衣机的消费者，一般所期望的是洗涤、甩干功能以及合适的价格和优良的质量，而另外一些消费者追求的不仅仅是以上的属性和条件，还有其他期望，诸如洗衣机的消毒、烘干功能等。

（4）延伸产品。延伸产品是指顾客在购买产品时所得到的附加利益和附加服务的总和，包括产品说明书、保证、安装、维修、送货、技术培训等。企业只有向消费者提供具有更多实际利益、能更好满足其需要的附加产品，才能在日益激烈的竞争中取悦顾客，赢得胜利。

（5）潜在产品。潜在产品是指现有产品可能发展成未来状态的一种趋势与前景，如电视机可能发展成计算机终端，航空公司在大型客机上增设购物区等。它是产品的第五个层次，也就是指此种产品最终可能的所有的增加和改变，是企业努力寻求的满足顾客并使自己与其他竞争者区别开来的新方法。

上述五个层次构成了整体产品。整体产品是企业贯彻市场营销观念的基础，也是企业竞争的手段。

小思考

产品整体概念通过五个层次的特征，全方位地满足顾客的全部需求。这个概念的出发点是什么？

提示：产品整体概念的五个层次，十分清晰地体现了以顾客为中心的现代营销观念。这一概念的内涵和外延都是以消费者需求为标准的，由消费者的需求来决定的。

7.1.2 产品分类

产品品种繁多，据不完全统计，至少有几十万种。在市场营销中，要针对产品制定营销策略，自然有必要从某些角度对产品加以科学分类。

1. 根据产品的有形性和耐用性划分

按产品的有形性和耐久性特点可将产品分为非耐用品、耐用品和服务。

（1）非耐用品。消费者通过一次或多次使用或消费，产品的利益可全部消费完。这类产品使用时间一般较短，容易消耗的有形产品，购买频率高。如化妆品、食品、烟酒等。对于非耐用品，由于购买频繁，宜分散经营，在营销上应注重消费购买的便利性，在消费者频繁光顾的场所广泛陈列此类商品；大力开展广告宣传活动，以引导消费者和用户优先购买和使用本企业的产品。

（2）耐用品。耐用品是消费者需要通过较长时间或多次使用才能实现全部产品利益的有形产品，如电冰箱、计算机、服装、机床、住宅等。经营耐用品通常要注重考虑其长时间或多次使用的特点,较多地采用人员推销和服务的形式,如提供产品使用方法及维护知识,提供可信的维护服务与品质担保等,以使消费者的全部产品利益得以完整实现。

（3）服务。服务是指出售的活动、利益或享受,如理发、医疗、音乐会等,服务属于无形的非耐用品。服务产品具有无形性、时间性、同步性和差别性等特点。对服务产品营销既具有一般产品营销的共同性,又具有服务营销的特殊性,应当更加灵活地运用营销策略与手段,有针对性地开展服务营销活动。

2. 根据产品的用途划分

按产品的用途可以将产品分为消费品和生产资料。

（1）消费品是用来满足人们物质和文化生活需要的那部分社会产品,也可以称作"消费资料"或者"生活资料"。

（2）生产资料是指企业为生产加工或形成服务能力而购买的产品。根据生产资料进入产品的程度,可以将其划分为：材料和部件,材料和部件是完全转化到成品中的那一类产品;资本项目,它的实体不进入制成品,其价格逐步进入产成品的销售价格中;供应品和业务服务。

3. 根据消费者购买习惯划分

一般产品按消费者消费习惯可分为便利品、选购品、特殊品和非寻求品。

（1）便利品通常是指消费者经常和随时需要的物品,多为食品和日用消费品,消费者不愿花费很多时间和精力去购买。此类物品还可进一步分为三类：一是经常固定需要的,如牙膏、肥皂、文具等;二是即兴购买的,如书报杂志、旅游纪念品、休闲食品等;三是特定情况下急需的,如雨具、蚊香、花露水等。便利品一般单价较低,购买频率较高,消费数量较大,选择性不强。便利品营销,最重要的是在时间、地点和销售方式上要为顾客提供最大限度的便利。

（2）选购品是指品种规格复杂、挑选性强,在质量、价格、花色、款式等方面需要反复挑选和比较才能决定购买的物品。选购品又可分为同质品和异质品两种。同质品是指顾客认为质量相近但品牌和价格不同的物品,如彩电、冰箱、洗衣机等,顾客主要是通过比较品牌、价格和售后服务等方式来选择购买;而异质品是指同类物品中质量、特色相差甚远、顾客偏好各异的商品,如服装、鞋帽、家具等,正所谓"穿衣戴帽,各有所好"。对选购品营销,应在质量、价格、款式、品牌等方面格外注意,同时应配备训练有素的销售人员以帮助顾客挑选。还应使商业网点和名品品牌相对集中,以满足顾客购买时比较和挑选的需要。像上海的南京路、北京的王府井大街、天津的和平路和滨江道等商业街,多经营此类商品。

（3）特殊品是指特定品牌或具有特色,为特定顾客群专门购买的物品,如名车、名表、名牌服装、名贵奢侈品等,消费者愿意花费较多时间、精力和金钱去购买的某种特定品牌,这些产品一般是不能替代的。企业在营销时,应下大力气创名牌、宣传名牌,培养消费者对品牌的忠诚度和吸引力。

【观念应用 7-1】
用"爱情"铸造品牌

2011年获得奥斯卡奖的影片《国王的演讲》讲述了英国国王乔治六世和他的豫园治疗师莱纳尔·罗格的故事。乔治六世的哥哥就是那位为了美人而放弃江山的爱德华八世国王。

1931年,37岁的爱德华认识了平民出身又曾经两度婚嫁的美国女人辛普森夫人。爱德华对其一见钟情,并希望与之完婚。当时正值第二次世界大战前夕,政府、人民、教会都反对他的决定,最终逼迫其退位,成了英国和英联邦历史上唯一自动退位的国王。1937年3月8日,继位的乔治六世为其兄长创建了一个新的名衔——温莎公爵,温莎公爵和辛普森夫人在法国举行了私人婚礼。

婚后,温莎公爵对夫人宠爱有加,邀请著名的珠宝制造商卡地亚为其设计了一系列的珠宝首饰。这些首饰刻录了两位爱情生活的点点滴滴,与珠宝设计融为一体,其中最著名的就是"猎豹"胸针、"BIB"项链、"老虎"长柄眼镜和"鸭子头"胸针等。

1847年成立的卡地亚品牌卡地亚很快就获得了欧洲王室的青睐。1902年即将登基为爱德华七世的威尔斯王子曾经赞誉卡地亚为"皇帝的珠宝商,珠宝商的皇帝",并于1904年委任卡地亚为英国王室的皇家珠宝供应商。20世纪最荡气回肠的爱情故事,为卡地亚品牌文化注入了新的内涵,更巩固了卡地亚的皇家血统,使其成为上流社会的象征,成为区分富有阶层与普罗大众的特殊标志。

资料来源:http://china.toocle.com.

(4) 非寻求品是指消费者尚不知道的,或虽然知道但暂时不想购买的物品。如刚上市的新产品、人寿保险等。对这类产品的营销,应大力加强广告宣传和人员推销等促销力度,促使消费者对这些商品加深了解,产生兴趣,增进购买。

4. 通过网络销售的产品分类

通过网络销售的产品,按照产品性质形态的不同,可以分为两大类:实体(有形)产品和虚拟(无形)产品。

(1) 实体(有形)产品是指具有物理形状的实物产品,如图书、服装、食品等。在网络上销售实体产品的过程与传统的购物方式有所不同。在这里已没有传统的面对面的买卖方式,通过网络界面的交互式沟通成为买卖双方交流的主要形式。消费者通过卖方的主页考察其产品,通过在线填写表格提交自己对品种、质量、价格、数量的选择;而卖方则将面对面的交货改为邮寄产品或送货上门,这一点与邮购产品颇为相似。

在这类产品的销售中,互联网主要起到分销渠道的作用,类似于离线环境中的零售商或分销商。因此,这种网络零售商和分销商构成了网络市场的商家主体,如大家非常熟悉的天猫、京东等都是销售实体产品的网络零售商。

(2) 虚拟(无形)产品与实体产品的本质区别是虚拟产品一般是无形的,即使表现出一定形态,也是通过其载体体现出来,但产品的性质和性能必须通过其他方式才能表现出来。在网络上销售的虚拟产品可以分为两大类:数字化产品和服务。这类产品的特点是:其核心利益可以通过互联网交付,无须后期物流。

① 数字化产品包括计算机软件、歌曲、电子期刊、报纸、杂志、电子书等。与实体产品相比,数字化产品具有一些独特性质。首先,数字化产品是高度无形的,但很容易变换为有形产品。例如,消费者可以将IT经理世界网站上的电子期刊打印出来,或将下载的音乐文件制成CD。其次,数字化产品没有库存,不像实体产品那样被用完或磨损,同时,数字化产品极易被复制并通过网络传播。这一便利使在线商家难以控制数字化产品的所有权,涉及网络知识产权问题。

② 服务。高度依存于海量信息并通过标准化客户交互途径提供的服务,非常适合通过

网络传递。服务可以分为普通服务、信息咨询服务和增值服务三大类。

a. 普通服务包括远程医疗、法律求助、航空火车订票、入场券预订、饭店旅游服务预约、医院预约挂号、网络交友等。对普通服务来说，顾客不仅注重能够得到的收益，还关心自身付出的成本。通过网络这种媒体，顾客能够尽快地得到所需要的服务，免除恼人的排队等候的时间成本。同时，消费者利用浏览软件，能够得到更多、更快的信息，提高信息传递过程中的效率，增强营销的效果。

b. 信息咨询服务包括法律咨询、医药咨询、股市行情分析、金融咨询、资料库检索、电子新闻、电子报刊等。对于信息资料服务来说，网络是一种最好的媒体选择。用户上网的最大诉求就是寻找对自己有用的信息，信息服务正好提供了满足这种需求的机会。

c. 增值服务是指通过网络特性，为现有产品或服务增加特别功能。如利用网络及相关技术，FedEx 的客户就能便利地通过订单号跟踪其货物的运输状况，精确到何时何地在何种运输工具上，只有通过信息网络技术，才能如此低成本地实现此增值功能。

7.2 产品组合策略

在现代社会化大生产和市场经济条件下，很少会有企业专注于少数几种产品的生产和经营活动，而大多数企业都会生产和销售多种产品。但是，企业又受自身能力等因素的限制，并非生产经营的产品品种越多越好。企业必须根据市场需要和自身条件，确定最佳产品组合。这里首先介绍产品组合及其相关的几个概念。

微课：产品
组合策略

7.2.1 产品组合及相关概念

1. 产品组合

产品组合是指某一企业所生产或销售的全部产品大类、产品项目的组合。一个企业的产品组合由若干条产品线构成，每条产品线又包含若干个产品项目。

2. 产品线

产品线也称产品系列或产品大类，是指在技术和结构上密切相关，具有相同使用功能，但型号规格不同的一组产品。例如，汽车制造厂生产的小轿车、大客车和运输卡车以及服装厂生产的西服、衬衣和童装都可以各自形成一条产品线。通常每条产品线都由专人管理，称为产品线经理。

3. 产品项目

产品项目是指产品线中各种不同规格、型号、款式、价格的特定产品品种，是列入企业产品目录中的每一种具体产品。例如，照相器材公司的产品组合可以包括照相机、摄影器材、冲洗药品等产品线，而照相机系列内可能有胶卷和数字等不同的品种，这些不同品种的产品就是产品项目。

7.2.2 产品组合的宽度、长度、深度和关联度

产品组合有一定的宽度、长度、深度和关联度。

产品组合的宽度是指企业拥有产品大类的数目。如华为公司有多条产品线，包括智能手机、平板电脑、笔记本电脑、智能家居、穿戴设备、汽车等。企业经营的产品大类越多，则产

品组合越宽;反之,则产品组合的宽度越窄。一般来说,企业产品线较多,有利于充分利用人力、物力和财力,满足市场多方面需求,降低企业的经营风险;但是产品线过多,生产技术要求高,管理组织复杂,资源分散。产品线少,表明企业专业化程度高,资源集中使用,有利于改进技术,提高产品质量,降低经营成本,但经营方向狭窄,经营风险较大。

产品组合的长度是指企业产品组合中包含的产品项目总数。如宝洁公司的产品组合中共有31个产品项目。产品组合长度能够反映企业产品在整个市场上的覆盖面大小。总长度除以产品线数即为平均长度。

产品组合的深度是指企业产品组合中某产品大类中每种产品的花色、品种、规格的数目。例如,美国宝洁公司的佳洁士牌牙膏,假设有三种规格和两种配方,则深度为6。加深产品组合的深度,可适应市场需求,满足不同顾客的需要,吸引更多的买主,但也会带来加大生产经营成本的问题。企业应权衡利弊,合理决策。

产品组合的关联度是指各个产品线之间在最终用途、生产条件、分销渠道或其他方面的相关联程度。如小米公司生产经营的产品主要集中在智能硬件领域,而且都是通过相同的渠道分销,就产品的最终使用和分销渠道而言,这家公司产品组合的关联性较强。一般来说,产品组合的相关性或一致性程度越高,则各个产品线之间相互支持、协同作用,从而共同利用同一资源(如设备、技术、销售渠道、推销队伍、需求群体等)的可能性越大,因而也越容易降低成本,节约费用,取得较高的效益。

市场需求是经常变化的,不会停留在一个水平上。技术的进步和激烈的竞争迫使企业不断花样翻新,不断地向市场推出新产品,淘汰老产品。只有疲软的产品,没有疲软的市场。企业要经常对自己的产品组合进行分析、评估,调整和优化,力求保持最佳的产品组合状态。

7.2.3 调整和优化产品组合的决策

为了适应市场环境和企业资源的情况,企业可以调整产品组合的宽度、长度、深度和黏度,以达到优化产品组合的目的。根据不同的情况,可选择如下策略。

1. 扩大产品组合

扩大产品组合包括拓展产品组合的宽度和增强产品组合的深度。

扩大产品组合的宽度是在原产品组合中增加一个或几个产品大类,扩大产品经营范围。通常情况下,当企业预测现有产品大类的销售额和利润额在未来一段时期可能下降时,就应考虑在现行产品组合中增加新的产品大类,或加强其中有发展潜力的产品大类。

增强产品组合的深度是在原有产品大类中增加新的产品项目。通常情况下,当企业打算增加产品特色,或为更多的子市场提供产品时,则可选择在原有产品大类中增加新的产品项目。

总体而言,扩大产品组合是企业充分利用人力、财力及物力资源的优势,是实现风险分散,提升市场应变能力及竞争力的有效途径。

2. 缩减产品组合

当市场繁荣时,较长、较宽的产品组合会为许多企业带来较多的盈利机会。但当市场不景气或原材料、能源供应紧张时,缩减产品组合反而可能使总利润上升。这是因为从产品组合中剔除了那些获利很小甚至亏损的产品大类或产品项目,使企业可集中力量发展获利多的产品大类和产品项目。美的电器是中国知名的家电企业之一,早期产品线涵盖了空调、冰箱、洗衣机、微波炉等多个品类。然而，随着市场竞争的加剧和原材料、能源成本的上升，美的电器开始对其产品组合进行调整。在市场繁荣时期，美的电器的产品组合为其带来了可观的盈利。但随着市场环境的变化，美的电器决定缩减其产品组合，专注于发展其核心业务和优势产品。例如，美的电器逐渐退出了低端微波炉市场，专注于中高端市场，并加强了对智能家居和物联网技术的研发和应用。通过缩减产品组合，美的电器成功提高了盈利能力和市场竞争力。它集中力量发展其核心业务和优势产品，加强了技术研发和创新投入，提高了产品质量和用户体验。同时，美的电器还通过优化供应链管理和降低成本等措施，提高了盈利能力。

缩减产品组合的情况通常为，企业的产品大类有不断延伸的趋势，其原因主要有：生产能力过剩迫使产品大类经理开发新的产品项目；经销商和销售人员要求增加产品项目，以满足顾客的需要；产品大类经理为了追求更高的销售额和利润而增加产品项目。

但是，随着产品大类的延伸，设计、工程、仓储、运输、促销等生产和营销费用也随之增加，最终将会减少企业的利润。在这种情况下，需要对产品大类的发展进行相应的遏制，必要时废除那些得不偿失的产品大类或产品项目，使产品组合缩减，提高经济效益。

3. 产品延伸

（1）产品延伸的主要方式。每一种产品都有其特定的市场定位。产品延伸策略是指全部或部分地改变公司原有产品的市场定位，具体做法有向上延伸、向下延伸和双向延伸三种。

① 向上延伸。向上延伸即原来定位于低档产品市场的企业，在原有的产品线内增加高档产品项目，使企业也进入高档产品市场。企业采用这种策略的原因是：企业所面对的行业中高档产品畅销，成长率和利润率较高，具有较大吸引力；该企业也具备进入高档产品市场的经营能力和相应条件；该企业需要重新定位该产品线；该企业还使自己成为产品种类齐全的企业。

尽管产品线上延是一个提升企业形象、产品档次、企业利润的方式，但是要冒一定风险：首先，可能引起生产高档产品的竞争者进入低档产品市场进行反击；其次，对于一直生产低端产品的企业，顾客往往会怀疑其高端产品质量水平；最后，企业的营销人员和分销商若缺乏培训和才干，可能不能胜任为高端产品市场服务。

② 向下延伸。面对市场的变化，有些生产高档产品的企业可能决定生产低档产品，即将产品线向下延伸。这么做的原因通常有：该企业在高端市场上受到强大攻击，因而以拓展低端市场来反击竞争者；还有可能是该企业最初进入高端市场是为了树立优质形象，目标达成后，向下扩展可以扩大产品市场范围；该企业也能发现高端市场增长缓慢而不得不去开拓低端市场；或者企业为填补市场空缺，而增加低档产品品种，以防竞争者乘虚而入。

企业做此种选择也有一定风险：首先，企业新增的低档产品品种可能会损害到高档产品品种的销售，危及企业名牌产品的质量形象。所以企业最好对新增低档产品用新的品牌，以保护原有的名牌产品形象。其次，可能会刺激原来生产低档产品的企业转入高档产品市场而加剧竞争。最后，经销商可能因低档产品获利微薄，及有损原有形象而不愿意或没有能力经营低档产品，从而使企业不得不另建分销网，增加许多销售费用。

③ 双向延伸。原来定位于中档产品层次的企业在占据市场优势后，可能会决定朝产品大类的上下两个方向延伸。所谓双向延伸，是指企业原来生产中档产品，后来决定一面增加

高档产品,一面增加低档产品。

(2)产品延伸的利益。一般来说,产品延伸有下列好处。

① 满足更多的消费者需求。随着市场经济的发展,市场调查技术日益完善,使营销人员能够细分出更小的子市场,进而把复杂的市场细分过程变成立竿见影的促销活动。在这种情况下,往往是产品大类延伸得越长,机会越多,利润就越大。

② 迎合顾客求异求变的心理。随着市场竞争的加剧,企业越来越难要求消费者对某一品牌绝对忠诚,越来越多的消费者在转换品牌,尝试他们未曾使用过的产品。产品延伸就是通过提供同一品牌下的一系列不同商品尽量满足顾客这种求异的心理。企业希望这种延伸成为一条既满足消费者愿望,又保持他们对本企业的品牌忠诚的两全之策。

③ 减少开发新产品的风险。产品延伸所需要的时间和成本比创造新产品更容易控制。在美国,产品延伸所需的成本与费用仅仅是推出一个成功的新产品的成本与费用的1/6。

④ 适应不同价格层次的需求。无论产品大类上原有产品的质量如何,企业往往宣传其延伸产品质量如何好,并据此为延伸产品制定高于原有产品的价格。在销售量增长缓慢的市场上,营销人员可以通过提高价格来增加单位产品的利润。当然也有一些延伸产品的价格低于原有产品。

(3)产品延伸的风险。因为产品延伸具有上述优越性,所以现在很多的企业对此很感兴趣。但是,大家必须要注意的是产品延伸也是存在风险的。

① 造成品牌忠诚的降低。品牌忠诚是对某种品牌的产品重复购买的行为。过去很长一段时间里,许多知名老品牌拥有两三代的顾客。当企业增加产品品种时,就要冒着打破顾客原来的购买方式和使用习惯的风险。这种风险往往会降低品牌忠诚度,并使消费者重新考虑购买决定。此外,尽管产品延伸使某一品牌能够满足消费者的各种需要,但它也起到促使消费者追求新变化的作用,从而导致品牌转换。

② 产品项目的角色难以区分。产品延伸可能会导致过度细分。同一产品大类上如果各项目的角色混乱,就会导致每个产品项目所针对的子市场过小而难以区分,或各子市场之间的特征交叉太多,无法突出自身特点。

对一个产品项目来说,企业赋予它的角色是十分重要的。这个角色类似一个标签,要非常精准地描述产品的特点,同时也要消费者能够迅速地认识、接受,并做出购买反应。如果做不到这一点,消费者和零售商就会感觉混乱。

③ 产品延伸引起成本增加。产品延伸会引起一系列的成本增加。由此而产生的市场研究、产品包装、投产、营销宣传的费用是比较明显的,也便于掌握。但下列因素可能被忽略:频繁的产品大类变动使生产的复杂程度提高;研究和开发人员不能将精力集中于真正的新产品的开发;产品品种越多,营销投入就越大。

4. 产品大类现代化

在某些情况下,虽然产品大类的长度很恰当,但式样却已过时,这时,产品大类就须加以现代化。例如,某企业工作母机的产品大类看起来还是 20 世纪 90 年代的式样,这样,势必会输给产品大类式样较新的竞争者。

产品现代化策略首先面临这样的问题是逐步实现技术改造,还是以最快的速度用全新设备更换原有产品大类。逐步现代化可以节省资金消耗费用,但缺点是竞争者很快就会察觉,并有充足的时间重新设计他们的产品大类;而快速现代化策略虽然在短期内耗费资金较多,却可以出其不意,击败竞争对手。

7.3 产品生命周期

微课：产品
生命周期

7.3.1 产品生命周期的概念

产品生命周期是指产品从进入市场到退出市场所经历的市场生命循环过程。产品只有经过研发、试销，然后进入市场，它的市场生命周期才开始。产品退出市场，标志着生命周期的结束。产品生命周期理论是研究产品的重要理论，是制定产品策略和营销策略的重要依据，一般来说，产品生命周期受市场需求的变化、科技进步和市场竞争等因素的影响而变化，总趋势变得越来越短。

现代市场经济环境中，企业不能只埋头生产和销售现有产品，而必须随着产品生命周期的发展变化，灵活调整市场营销方案，并且重视新产品开发，及时用新产品代替老产品。

7.3.2 产品生命周期阶段

产品生命周期反映了产品在市场上销售能力的变化规律。产品生命周期曲线是产品的销售量随时间的推移而变化的一条曲线，如果以时间为横坐标，以销售量（或销售额）为纵坐标，则典型的产品生命周期曲线表现为如图 7-2 所示的 S 形曲线。

由图 7-2 可见，典型的产品生命周期可以划分为投入期、成长期、成熟期和衰退期四个阶段。

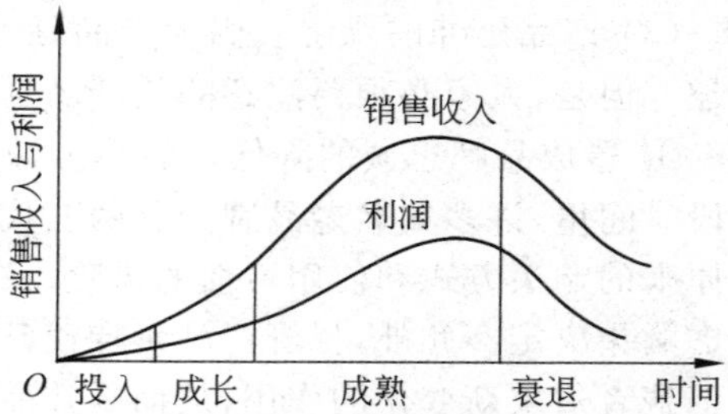

图 7-2 产品生命周期曲线

1. 投入期

投入期又叫介绍期或导入期，一般是指刚投入市场的新产品。此时，顾客对产品还不了解，只有少数追求新奇的顾客可能购买，销售量很低。在这一阶段，由于技术方面的原因，产品不能大批量生产，因而成本高，销售额增长缓慢，企业不但得不到利润，反而可能亏损。产品也有待进一步完善。此时，企业需要多做广告宣传，大力促销，所以销售费用也高；利润往往为负值；市场上一般没有或只有很少竞争者；购买者往往是高收入者或爱好新奇者。

2. 成长期

当产品在导入期的销售取得成功以后，便进入成长期。这时顾客对产品已经熟悉，大量的新顾客开始购买，市场逐步扩大。主要特征是：销售量迅速增长；生产规模扩大，产品成本下降；用户已经熟悉产品，广告费用减少，销售成本下降；企业的利润迅速上升；竞争者看到有利可图，纷纷进入该产品生产领域，出现竞争趋势。

3. 成熟期

经过成长期以后，市场需求趋向饱和，潜在的顾客已经很少，销售额增长缓慢直至转而下降，标志着产品进入成熟期。此时，产品的销售量逐步达到最高峰，然后缓慢下降，市场趋于饱和；生产批量很大，生产成本最低，价格开始下降；利润已达到最高点，并开始下降；很多同类产品进入市场，市场竞争十分激烈。

4. 衰退期

随着科学技术的发展，新产品或新的代用品出现，将使顾客的消费习惯发生改变，转向其他产品,从而使原来产品的销售额和利润额迅速下降。于是,产品又进入衰退期。这一阶段的特征表现为:产品销售量急剧下降;利润大幅度下降;新产品进入市场,逐渐取代老产品;大量竞争者退出市场,市场竞争突出表现为价格竞争,价格竞相跌落。

7.3.3 产品生命周期的其他形态

并非所有的产品都呈现S形产品生命周期,其中两种常见的产品生命周期形态如图7-3所示。

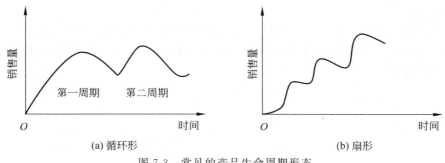

图 7-3 常见的产品生命周期形态

第一种循环形态的产品生命周期,是指当一种产品进入衰退期,销售量已经出现大幅下滑时,企业为了延长产品的寿命,引入新技术增添产品特色或加大营销力度,采用更具吸引力的营销手段,以吸引、维护原有客户继续使用,使产品进入一个新的循环周期。此形态常常可以说明一些新药品、饮料等产品的销售情况。第二种扇形产品生命周期,是基于产品新的特征、用途或用户的不断发现,使产品的销售量不断呈波浪式上升。比如,尼龙的销售量不断上升,就是因为企业不断地研发其新的用途——降落伞、女人的袜子、衬衫、地毯等。

社会生活中还有三种互相区别的产品生命周期类型——风格型、时尚型和热潮型产品(图7-4)。风格是人们活动的某一领域中所出现的一种主要的和独特的表现方式。风格一旦产生,可能会延续数代,根据人们对它的兴趣而呈现出一种循环再循环的模式,时而流行,时而又可能被人们淘汰。时尚是指在某一领域里,目前为大家所接受且欢迎的风格。时尚型的产品生命周期要经过导入阶段、模仿阶段、风行阶段和衰退阶段。衰退期之后消费者开始将注意力转向另一种更吸引他们的时尚。由于时尚一般不能满足广泛的需求,因而生命力很脆弱,真正的营销高手能够最快速地认识时尚并能把它们应用到产品中,使其发挥持久

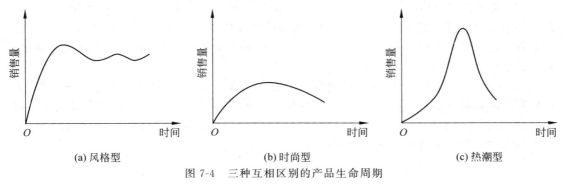

图 7-4 三种互相区别的产品生命周期

的力量。热潮是一种来势汹汹且很快就吸引大众注意的时尚。热潮型产品的生命周期往往快速成长又快速衰退，主要是因为它只是满足人类一时的好奇心或需求，所吸引的只限于少数寻求刺激、标新立异的人，通常无法满足消费者更强烈的需求。

7.3.4　产品生命周期营销策略

针对产品生命周期四个阶段的不同特点，企业应有的放矢地制定市场营销策略，以取得最佳经济效益。

1. 投入期

投入期的营销策略应突出一个"短"字，以最短的时间迅速进入和占领市场，并为成长期打好基础。如果以价格和促销活动作为主要考虑的策略，则投入期的营销策略可有图 7-5 所示四种组合方式。

图 7-5　投入期可选择的营销策略

（1）快速撇油策略，即以高价格配合高促销的方式推出新产品的策略。高价的目的在于尽可能多地获取销售利润，高促销目的在于快速打开销路，占领市场。这种策略适用的条件是：潜在市场上的消费者还不了解该种新产品；已经了解这种新产品的人急于求购并且有能力照价付款；企业面临着潜在竞争者的威胁，希望能迅速使消费者建立起对自己产品的偏好；由于高价格会吸引众多潜在竞争者，所以企业要能扩大生产批量以准备降价。

（2）缓慢撇油策略，即以高价格配合低促销方式推出新产品。一方面卖高价，另一方面低促销，显然这种策略旨在使企业赚取更多的利润。但是，采用这种策略必须是市场容量较小，竞争的潜在威胁不大，这样就不必要用高促销来抢占市场。同时市场上的消费者已经了解该产品且亟待购买，宁愿出高价。

（3）快速渗透策略，指出低价格配合高促销方式推出新产品。这种策略的优点是能以最快的速度取得尽可能大的市场占有率。实施这种策略，往往是该产品的市场容量相当大，消费者对此产品不了解且对价格反应十分敏感，潜在竞争比较激烈，必须抢在激烈竞争前，使产品批量上市。

（4）缓慢渗透策略，即以低价格配合低促销方式推出新产品，逐步打入和占领市场，价格低使产品容易被消费者接受，低促销可以尽量降低成本，实施这种策略的市场条件是：市场容量大，消费者对价格十分敏感且顾客相当了解该产品，促销的弹性低，而价格的弹性高，有相当多的潜在竞争者准备加入行业竞争。

2. 成长期

产品进入成长期,销路打开,形势喜人,此时最忌讳所谓"萝卜快了不洗泥",相反,应该突出一个"好"字,确保质量,争创名牌。具体的营销策略有以下几点。

(1) 在生产方面,随着销路打开、销量大增,要积极组织人力、财力、物力和生产过程,迅速扩大生产批量;同时,改进和提高产品质量,增加款式、功能,吸引更多顾客。

(2) 在广告宣传方面,加强名牌宣传,树立产品和企业形象,提高本企业产品在社会上的声誉,争创名牌。

(3) 在分销渠道方面,寻求新的细分市场,针对不同目标市场上消费者的需求,在完善产品的同时,创造新的分销渠道,以开拓更广泛的市场。

(4) 在价格上,选择适当时机,可以采取降价策略,既能吸引对价格敏感的消费者,又能防止同行业竞争者的介入。

3. 成熟期

产品进入成熟期后,就进入产品生命周期的黄金阶段。在此阶段,产品的销售量达到顶峰,给企业带来巨额利润,所以企业的营销策略都是着重延长产品的成熟期,也就是突出一个"长"字,尽量延长这一阶段。

(1) 产品改进策略。对处于成熟期的产品,可以通过对产品特性、质量、功能等方面做某些改进而吸引新的消费者,使停滞不前的销售量得以提高。具体的产品改进策略有以下几种。

① 品质改进策略,提高产品的使用性能,以高质量产品保持老用户,吸引新用户。

② 特性改进策略,给产品增加新的特性,如重量、材料、大小、附加特性等,以扩大产品的适用性、安全性和方便性等。

③ 式样改进策略。这主要是基于人们的审美观念而进行款式、外观、花色的改变,使产品获得独特的个性,迎合顾客爱好,引领市场潮流。

③ 服务改进策略,对销量趋于饱和的产品附加优质服务工作,增加服务内容,会带来更多的产品市场。

(2) 市场改进策略。这种策略就是要为产品开拓更广泛的市场,使产品销售量得以扩大。也就是要开发新市场,寻找新用户。市场改进可以通过下述几种方式实现:一是开发产品的新用途,寻找新的细分市场,把产品引入尚未使用过这种产品的市场;二是刺激现有顾客,使其增加使用频率;三是重新为产品定位,寻找新的顾客。

(3) 市场营销组合改进策略。这种策略是通过改变定价、促销与分销等市场营销组合因素来刺激销售量的回升,以延长产品的成熟期。例如,采取降价、开辟多种销售渠道、增强广告频率、有奖销售等手段来刺激消费者购买。在这一策略中,最常用的手段是降价,降价是吸引顾客、提升竞争力的有效手段,但绝不是最好的手段,企业应避免竞相降价而引发恶性的价格战,这会导致竞争企业两败俱伤,最终也对消费者无益。

4. 衰退期

产品进入衰退期后,在市场上失去了吸引力,被新产品代替。对进入衰退期的老产品,企业的营销策略应突出一个"转"字。具体应区别情况,分别采取维持、收缩或彻底淘汰策略,以下促上,向市场推出早已研制成功的新产品,进入一个新的产品生命周期。

7.4 新产品开发策略

对很多企业来说，当现有产品进入衰退期之后，需要采取适当的措施，进行新产品开发，代替不再具有生命力的产品是最基本的反应。面对激烈的市场竞争和随时随地变化的局面，开发新产品对企业来说是维护企业生存和实现可持续发展的重要保证，是企业市场营销策略的重要组成部分。自然，如何创造新产品也是企业发展的关键。

微课：新产品
开发策略

7.4.1 新产品的概念

对于什么是新产品，至今没有严格的标准和统一的规定。市场营销学中的新产品含义广泛，对企业而言，一切新开发出来的、能给消费者带来新的利益、新的满足的产品均可被认为是一种新的产品。这里所指的新产品，显然不是指新旧的新，而是创新的新。基于这一原则，新产品可分为以下三类。

1. 全新产品

全新产品是指采用新的科学原理、新材料、新技术制成的前所未有的新产品。一项科技成果从科学发明到研发出产品，需要花费巨大的人力、财力、物力和较长的时间，这种新产品日常是不常见的，它们的出现往往会改变人们的生产和生活方式，如第一台计算机、电视机、手机的出现，卡介苗、青霉素等药品的使用等。全新产品的投入使用极大地改善了人们的生活水平。它要求消费者必须进行相关知识的学习，彻底改变原有的消费模式。在科学技术日益发达，人们需求不断得到满足的今天，全新产品的推出十分困难，绝大多数企业很难做到。

2. 换代新产品

换代新产品又称革新产品或部分新产品，是指采用新材料、新技术、新元件，对原有产品进行较大的革新，性能上有显著提高，给顾客带来了新的利益的产品。新技术革命促使产品更新换代速度加快，如 Windows Vista 就是 Windows XP 的换代产品。还有非常知名的华为 Mate 系列手机，Mate X5、Mate 60、Mate 60 Pro，都是在不断更新换代的过程中给顾客带来了更便利、快捷、多功能的通信服务。

3. 改进新产品

改进新产品是指对现有产品在结构、材料、款式、花色等方面做出改进的产品。这类新产品与原产品的差别不大，是在原有产品的基础上派生出来的变形产品。如日历手表、药物牙膏、新款手机等。改进新产品与换代新产品是市场上大量出现的新产品的主要来源，都是企业开发新产品的重点。但改进新产品的研发更为容易，也比较容易被消费者接受，因而竞争也比较激烈。

【观念应用 7-2】

元气森林：如何快速成为新品类王者

无糖饮料赛道一直存在，但一直鲜有爆品，直到元气森林出现。元气森林的创始人唐彬森是一个爆品高手，唐彬森 2008 年开发网页游戏《开心农场》；2012 年推出爆款游戏《帝国战争》，获得腾讯、创新工场投资；2014 年带领团队推出手游《列王的纷争》，名列中国手游出海收入榜第一。

元气森林 2016 年创立,短短几年时间发展速度惊人,归因于元气森林做对了几件事。

1. 抓住"无糖饮料"这个新的大风口品类

年轻一代消费者,生活方式很"扭曲"。一方面,他们熬夜、久坐,烤串、火锅都不耽误;另一方面,他们比谁都关注养生,热衷低脂低盐低糖,营养成分表被他们仔细研究。根据中商产业研究院的数据显示,中国 80% 的消费者会关注食品饮料的成分,特别是饮料中的糖分占比。

2022 年 6 月国务院办公厅印发的《国家残疾预防行动计划(2021—2025 年)》指出,推广健康生活方式,提倡戒烟限酒、低油低盐低糖饮食。在学校、社区、餐厅、养老机构等特定场所,加强健康生活方式宣传。未来低糖、低脂、健康将是居民所喜爱的生活方式。

2. 在产品上做到爆品级聚焦

传统饮品研发,优先考虑的是成本。"它们是先有定价,再有产品,"元气森林副总裁宗昊说过,"因为传统企业还是认为,低价是中国销售市场的不二法门。"但在元气森林看来,中国消费市场已经是一个质量先行的市场。

这就决定了元气森林研发产品时的态度——把用户体验放在第一位。

所以元气森林的做法是完全颠覆过来,先考虑用户需要什么,然后在研发和生产上不计成本地用心付出,用创新产品满足用户需求,产品选用的都是行业内高标准、高成本的成分和配料,让消费者从产品本身获得更多。

元气森林选用的是成本更高的赤藓糖醇作为代糖方案,比起其他代糖产品(比如零度可乐的阿斯巴甜),甜度适中,更接近蔗糖的自然口感。元气森林所用代糖赤藓糖醇的成本,要比此前常见的阿斯巴甜高出百倍。在气泡水上市后,又因为消费者反馈口味偏甜,降低了产品甜度。

为了让消费者感到"气很足",喝得爽,元气森林不惜增加了 5 到 6 个点的物流成本;为了包装质感,连给产品打码的机器买的都是最好的,只为打出均匀美观的条码。同样是为了确保体验,2016 年,刚起步的元气森林就曾销毁过一批价值 500 万元的产品,原因是产品不达标,没通过内测。

0 糖 0 脂 0 卡、日系风格的颜值,不仅让元气森林在货架上脱颖而出,还让消费者获得了"有面子"的感觉。

资料来源:金错刀. 爆品战略:案例篇[M]. 南京:江苏凤凰文艺出版社,2022.

7.4.2 新产品开发的意义

1. 产品生命周期的客观存在要求企业不断开发新产品

企业同产品一样,也存在生命周期。如果企业不开发新产品,则当产品走向衰落时,企业也将走到生命的尽头。通常情况下,当一个新产品投放到市场上时,企业已经开始进行新产品的研发阶段,以此向生产和销售的各个环节输送着源源不断的新鲜血液,使企业的不同产品分别处在产品生命周期的各个不同的阶段,从而保证了企业利润的稳定增长。

2. 新产品开发能够推动社会进步和经济发展

新产品尤其是创新型产品的出现是科技进步和社会生产力发展的结果,但新产品的出现又进一步促进了科技、经济的繁荣和社会生产力的发展,推动社会不断进步,重大新产品的发现和使用甚至影响人类社会的发展,如蒸汽机的发明带来了工业革命等。现在,新产品的大量涌现和广泛使用,影响到人们的生产和生活的各个领域,极大地造福于人类。

3. 新产品开发能更好地满足不断增长的消费需求

科技进步和经济发展,使人们的生活水平不断提高,消费需求不断向高水平化和高层次化发展,人们生活水平的提高是随着消费水平的提高来实现的。这就要求商品的档次、质量、品种、规格不断丰富,也要求企业大力开发新产品,在衣、食、住、行、用各个方面提供日益增多和丰富多彩的新产品来满足人们不断增长的消费需要。实际上,改革开放以来,我国城乡市场出现的"吃要营养、穿要漂亮、用要高档"的消费倾向,是建立在大量物美价廉的新产品源源不断供给市场的基础上的。

4. 市场竞争的加剧迫使企业不断开发新产品

随着市场竞争的日益激烈,企业要想在行业内处于领先的不败地位,必须时刻保持"危机意识",勇于创新,不断开发新产品、丰富企业产品组合,满足消费者多重的需求。新产品有旺盛的市场需求和良好的经济效益,在激烈的"商战"中,谁拥有新产品,谁就占据了竞争的有利地位,抢占了市场的"制高点",赢得了主动权。在产品开发上力争做到"四世同堂":生产一代、试制一代、研发一代、设想一代,连续不断,推陈出新,企业才能在市场上长盛不衰,永远立于不败之地。

同时,一个积极向上的企业是有着旺盛生命力的企业,一个持续创新的企业意味着在市场上有良好的信誉并处于领先的竞争地位,进而不断地提高销售业绩。

小思考

网易公司创始人丁磊说,盲目的创新是危险的,不能为了创新而创新。你怎么理解这句话？赞同吗？说出理由。

7.4.3　新产品开发策略和过程

1. 新产品开发策略

（1）对现有产品进行改革。这种策略依靠现有的设备和技术能力,改进现有产品。优点是开发费用低,但开发的力度较小,只适合小改革。

（2）扩大现有产品的花色品种。该种策略是在提供某种基本产品的同时,向市场提供若干不同品种。

（3）扩大产品线。利用现有的营销条件和网络,向顾客提供和现有产品不同种类的新产品,使顾客有更广泛的选择,如格兰仕原生产微波炉,后又增加空调机生产线。

（4）仿制。在国外,仿制是一种常见的策略。对小企业来说不失为一条捷径。

（5）多样化新产品策略。就是向市场提供和企业现有的产品在品种、生产技术、分销渠道以及顾客等方面都有不同的新产品。如"春兰"开始以生产空调起家,后来又生产摩托车。这种策略需要增加生产设备、促销和分销渠道方面的投资,风险较大。但是这种策略可以使企业向多元化方向发展,抓住机遇,发展壮大,因此对企业具有较大的吸引力。

2. 产品开发的方式

采用什么样的方式开发新产品,也是企业进行新产品开发时需要解决的问题,一般有以下四种方式可供企业选择。

（1）独立研制方式。这是企业依靠自己的科研、技术力量开发新产品,这种方式可以密切结合企业的特点,容易形成本企业的核心技术和系列产品。使企业在某一方面具有领先地位,提升核心竞争力。但独立研制需要企业具有较强的研发力量和较多的费用。目前,国内外许多大公司都有自己的研究院、研发中心和实验室,进行新产品的独立研制。如微软公司、海尔集团、苹果公司等。

(2)技术引进方式。利用已成熟的技术,购买或借鉴别人的技术专利、技术诀窍或成功经验开发新产品。采用这种方式不仅可以缩短开发新产品的时间,节约研发费用,而且可以促进本企业技术水平的提高。采用这种方式时,应注意密切结合国情、厂情,引进适用的先进技术,还要注意学习、消化、吸收,形成自己的特点。

(3)独立研制与技术引进相结合。其就是在新产品开发上采取两条腿走路,既重视独立研制,又重视技术引进,二者有机结合,相互补充,运用得当,会产生更好的效果。该方式为国内外企业普遍使用。

(4)技术协作方式。这是企业与企业之间,企业与科研单位、大专院校之间开展科技合作开发新产品。这种方式有利于充分利用社会的科研力量和企业的资源,优势互补,有利于把科研成果迅速转化为生产力,值得大力提倡。

3. 新产品开发过程

新产品开发工作要按照一定的科学程序来进行,对独立研制方式来说,新产品开发的全过程包括:构思、筛选、新产品概念的形成与测试、制定营销策略、商业分析、产品研制、市场试销和正式上市八个阶段。

(1)构思。构思是指开发新产品的创意与设想,是新产品开发的源泉。虽然并不是所有的创意与设想都能变成产品,但是寻求尽可能多的创意与设想却能为成功开发新产品提供较多的机会。

① 新产品构思来源。

a. 企业内部。企业内部包括设计开发人员、销售人员、生产人员及其他部门的职工。来源于内部渠道的构思比较符合企业实际情况,可行性较大。

b. 顾客。顾客是新产品开发的源泉和动力,也是征集新产品开发构思的主要来源。美国市场专家调查,新产品有60%~70%来自用户的建议。如创维电视就充分利用了论坛、公众平台、开发者大赛等,掌握用户轨迹,让用户进行需求反馈,挖掘用户内心深层次需求,让用户深度参与产品设计研发。《哈佛商业评论》介绍80%以上新产品的成功上市都来源于消费者的建议。

c. 竞争者。企业在开发新产品时,应密切注视竞争者动向。据统计,企业有27%的产品开发构思是在对竞争对手的产品加以分析后萌发的。如中国品牌元气森林就是针对可口可乐和百事可乐等强大对手,反其道而行之,开发出零糖零卡的元气森林气泡水。

d. 经销商。经销商处于市场前沿,最了解市场需求及其变化和顾客的反映,征询他们的意见对开发新产品构思形成具有指导意义。

e. 其他。其他包括政府机关、大专院校、科研所、市场调研、广告、咨询公司以及报纸、杂志、学术会、展销会等。

② 产品构思方法。

a. 属性排列法。将现有产品的属性一一排列出来,然后修改每一属性,以探求出改良的新产品,在此基础上形成新产品的创意。

b. 强制关系法。先将若干物品排列出来,然后考虑每一物品与其他各个物品之间的关系,由此产生新的构思。

    c. 形态分析法。形态即结构,这种方法要求先找出问题的各个结构面,然后分析各结构面间的相互关系,通过各组新奇的组合,产生构思。

    d. 需求与问题确定法。这种方法是从消费者入手,征询消费者对需求产品存在的问题和新产品构思的想法。

    e. 头脑风暴法。一般由6~10名专家组成专家小组,在确定讨论问题后,各抒己见、畅所欲言,别人不得反驳与评论,只能合并和改进,互相启发,大胆想象,提出的构思可以漫无边际,越多越好。这样,会后经整理可以得到许多有价值的构思方案。

    f. 信息交合法。根据这种方法,可以在 XY 两度空间里设想出数不尽的产品构思方案。

    (2)筛选。筛选就是要从众多的构思方案中,通过评审,挑选出几个确有价值和切实可行的构思。在构思筛选工作中应避免犯两种错误:一是把有价值的构思草率舍弃;二是把坏的创意误以为好。

    对产品构思的筛选常采用加权评分的方法进行。先规定出市场营销、研究开发、财务等方面决定因素的权数,再对每一构思的实施中企业在各因素上能达到的能力水平加以评定,根据加权指数,评定出构思的优劣。一般情况下 $0\sim0.4$ 为差,$0.41\sim0.75$ 为较好,$0.75\sim1$ 为好。目前最低的合格值定在 0.7。某构思的分等计算如表 7-1 所示。

表 7-1　产品构思加权评分表

产品成功的必要因素	相对权数(A)	企业能力水平(B)										评分($A\times B$)
		0.1	0.2	0.3	0.4	0.5	0.6	0.7	0.8	0.9	1.0	
企业信誉	0.20						√					0.12
营销水平	0.20									√		0.18
研发水平	0.20							√				0.14
人力资源	0.15						√					0.09
财务能力	0.10									√		0.09
生产能力	0.05								√			0.04
地理位置和设备	0.05			√								0.015
采购和供应	0.05									√		0.045
总　　计	1.00											0.72

    (3)新产品概念的形成与测试。新产品概念的形成是指企业将产品构思发展成消费者可以接受的明确的产品形象。一个构思可以产生许多个产品概念,比如生产营养液是一种构思,由此可以形成多个产品概念,诸如适用于老年人饮用的补钙强身的保健品,有助于儿童增强记忆帮助学习的营养品,易于患者吸收加快康复的滋补品等,对于每一个产品概念,都需要就价格和属性上的竞争能力进行定位。

    产品概念形成后,还要进行产品概念的测试,即企业将各种产品概念用文字或图示描述出来,拿到某一消费者群中进行评价,以了解潜在顾客的不同反应,从中选择最佳的产品概念。

    (4)制定营销策略。产品概念确定后,就要按实际情况制定产品的营销策略。营销策略主要包括以下几部分。

    ① 目标市场的规模、结构和行为,新产品的定位、市场位置以及开始几年的目标销售额、利润和市场占有率。

    ② 该产品最初的价格策略、分销策略和第一年的营销预算。

    ③ 预计今后的长期销售额、利润目标以及不同时期的营销组合策略等。

（5）商业分析。商业分析实际上就是经济效益分析，具体对新产品未来的销售量、成本和利润进行详细估算、综合分析，预计该产品是否能达到企业的经营目标。包括预测销售额和推算成本与利润两个具体步骤。

① 对销售额的分析。根据购买行为，分析首次销售额、耐用品的重复销售额以及经常性购买商品的重复销售额。

② 对成本和利润的分析。分析的项目包括预测期内可能的销售成本、预期毛利、发展成本、营销成本、分摊固定费用、总贡献、补偿性贡献、净贡献、折现贡献、累计折现现金流量等。

（6）产品研制。产品研制阶段的主要工作有以下几个方面。

① 模型试制。模型或样品必须具备新产品概念的属性，反映消费者的需求，并在经济上、技术上具有可行性。

② 消费者测试。将模型和样品进行严格的模拟市场测试，以确定产品的功能是否符合消费者的要求。

③ 品牌设计。

④ 包装设计。

（7）市场试销。产品研制出来后，为检验产品是否真正能受到消费者的欢迎，可将少量产品投放到有代表性的小范围市场上进行试销，旨在检验这种产品的市场效应，然后决定是否大批量生产。主要目的是了解消费者对产品的意见、建议和接受程度，以发现产品缺陷及在价格、广告、包装等方面存在的问题，以便加以改进和完善，为正式投放市场打好基础。并非所有新产品都必须经过试销，是否试销主要取决于企业对新产品成功率的把握程度。

由于工业品和消费品有很多不同，所以试销的方法也有所不同。消费品试销可采用销售波动研究、模拟商店、控制性试销、实验市场等方法进行。工业品试销可采用产品使用测试以及贸易展览会等方法进行。

（8）正式上市。试销成功后，即可将新产品正式投放市场。由于新产品开发的巨大投入和风险，为确保新产品顺利进入市场，企业在此阶段还应在以下方面慎重决策。

① 时机决策。新产品投入市场要选择适当的时机，季节性产品要在旺季投入，替代性新产品要在老产品销售完后投入。

② 地点决策。企业根据市场潜力、公司在当地的信誉、供货成本以及地区的了解程度、影响力和竞争状况等指标，选取最具吸引力的地方占领市场。一般情况下，企业应集中在某一地区市场上开展广告和促销活动，取得一定市场份额，再向全国各地市场扩展。

③ 目标市场决策。选取最有希望的购买群体以迅速获取高销售量，吸引其他顾客。最理想的目标市场通常具备以下特征：a. 最早采用新产品的市场。b. 大量购买新产品的市场。c. 该市场的购买者具有一定的传播影响力。d. 该目标市场的购买者对价格比较敏感。

④ 营销组合决策。企业将新产品纳入其他正常商品轨道，分摊营销预算到各个营销组合的因素中，根据主次轻重有计划地安排各种营销活动。从此新产品开发结束，进入产品生命周期。

4. 互联网环境下产品开发面临的问题及策略

（1）互联网时代新产品的开发面临挑战。新产品开发是许多企业的市场取胜的法宝。在网络时代，由于信息和知识的共享，技术扩散速度加快，企业的竞争从原来简单依靠产品的竞争转为拥有不断开发新产品能力的竞争。而且互联网的发展，使在今后获得新产品开发成功的难度增长，其原因包括：在某些领域内缺乏重要的新产品构思；不断分裂的市场；社会和政府的限制；新产品开发过程中的昂贵代价；新产品开发完成的时限缩短；成功产品的生命周期缩短。网络时代，特别是互联网的发展带来的新产品开发的困难，对企业来说既是机遇也是挑战。如果企业开发的新产品能适应市场需要，可以在很短时间内占领市场，打败其他竞争对手。如果企业的新产品开发跟不上，企业很可能马上陷入困境。

（2）网络时代新产品开发策略。与传统新产品开发一样，网络营销新产品开发策略有以下几种类型，但策略制定的环境和操作方法不一样。下面分别予以分析。

① 开发新产品即开创了一个全新市场的产品。这是企业的一种产品创新策略。网络时代使市场需求发生根本性变化，消费者的需求和消费心理也发生了重大变化。因此，如果有很好的产品构思和服务概念，即使没有资本也可以凭借这些产品构思和服务概念获得成功，因为许多风险投资资金愿意投入互联网市场。

② 新产品线即公司首次进入现有市场的新产品。互联网的技术扩散速度非常快，利用互联网迅速模仿和研制开发出已有产品是一条捷径，因此企业在开发出一种新产品之后，应迅速占领市场并形成产品线。

③ 延伸产品线即补充公司现有产品线的新产品。由于市场不断细分，市场需求差异性增大，这是一种比较有效的新产品策略。首先，它能满足不同层次的差异性需求；其次，它能以较低风险进行新产品开发，因为它是在已经成功的产品上进行再开发。

④ 现有产品的改良品或更新。即提供改善功能或较大感知价值并且替换现有产品的新产品。在网络营销市场中，由于消费者可以在很大范围内挑选商品，消费者具有很大的选择权。企业在面对消费者需求品质日益提高的驱动下，必须不断改进现有产品并进行升级换代，否则很容易被市场抛弃。

⑤ 降低成本的产品即提供同样功能但成本较低的新产品。网络时代的消费者虽然注重个性消费，但个性化消费不等于高档次消费。个性化消费意味着消费者根据自己的个人情况（包括收入、地位、家庭以及爱好等）来确定自己的需要，因此消费者的消费更趋向于理性化，消费者更强调产品给自己带来的价值，同时包括所花费的代价。

⑥ 重新定位产品即以新的市场或细分市场为目标市场的现有产品。这种策略是网络营销初期可以考虑的，因为网络营销面对的是更加广泛的市场空间，企业可以突破时空限制，以有限的营销费用去占领更多的市场。在全球的广大市场上，企业重新定位产品，可以取得更多的市场机会。

企业网络营销产品策略中采取哪一种具体的新产品开发方式，可以根据企业的实际情况决定。但结合网络营销市场特点和互联网特点，开发新市场的新产品是企业竞争的核心。对于相对成熟的企业，采用后面几种新产品策略是一种短期较稳妥的策略，但不能作为企业长期的新产品开发策略。

7.4.4 新产品扩散和采用过程

新产品成功上市，企业创新过程结束后，消费者采用过程随即开始。新产品的扩散和消费者的采用需要一个过程，新产品营销者应充分认识这一过程的规律性，设法加速新产品的扩散，缩短消费者采用过程。

1. 新产品采用过程的阶段

所谓扩散过程，是指一个新的观念从它的发明创造开始到最终的用户或采用者的传播过程。而采用过程是指个人从第一次听到一种创新到最后采用的心理过程。采用则是一个人使自己变成一个产品的固定拥护者的决定。据观察研究,消费者对新产品的采用过程一般包括以下五个阶段。

(1) 知晓。消费者对该创新产品有所了解,但还缺少关于它的信息。

(2) 兴趣。消费者已对这种新产品产生兴趣,从而寻求有关的信息。

(3) 评价。消费者根据有关信息对新产品予以评估,并考虑是否试用。

(4) 试用。消费者少量试用,并进一步评估产品价值。

(5) 采用。消费者经过试用取得满意效果后,决定全面和经常使用该新产品。

经过这一系列的采用过程分析,可以启发新产品的营销人员如何使消费者通过这些阶段,成为本公司的用户。例如,家用电器公司如果发现许多潜在顾客对微波炉这种新产品处于兴趣阶段,但由于对它的性能、耗电、安全系数、使用寿命等方面还有疑虑,并且这是一笔不小的开支,因而迟迟不能进入试用阶段,那么公司应考虑为顾客提供一个少量收费的试用办法,鼓励顾客试用,让消费者有选择购买的机会。

2. 顾客对新产品的反应差异与市场扩散

在新产品的市场扩散过程中,由于消费者的个人原因、社会地位、消费心理、经济状况等多种因素,不同的人对同一种新产品的态度往往大不相同。概括起来,可以将消费者分为五种类型。

(1) 领先采用者,具有冒险革新精神,勇于接受新事物的人,敢于第一个吃螃蟹的人。他们在消费方面比较前卫,总是最先尝试使用新产品。一般是受教育程度和收入水平较高的年轻人。

(2) 早期采用者,较早但谨慎接受新事物的人。他们的社会地位和经济状况良好,且在所属群体中有一定影响力,也比较新潮。这类采用者对新产品扩散有举足轻重的影响力。

(3) 早期多数采用者,这部分消费者思想不保守,比较稳重成熟,一切行动都经过深思熟虑,但并不甘落后于潮流,虽然很少带头行动,但他们采用新产品仍早于一般采用者。这部分采用者比重较大,因而研究他们的消费心理和行为有重要意义。

(4) 晚期多数采用者,这些人疑虑重重,行动迟缓,对新事物常常持怀疑或观望态度。他们要等大多数人经过使用并得到满意效果后,才决心使用。

(5) 落后采用者,这些人受传统观念束缚较深,他们怀疑任何变革,行为保守,很难接受新事物,一般是在产品进入成熟期甚至是衰退期才肯购买。

从领先采用者到落后采用者,新产品的整个市场扩散过程即采用过程随时间的变化呈现一正态分布曲线,在开始时缓慢发展,之后采用的人数日益增加,直到达到一个高峰,然后逐渐减少,最后只留下少数不采用这一新产品的人,如图7-6所示。

3. 个人影响在产品采用过程中的作用

在新产品采用过程中,个人影响起着很大作用。所谓个人影响,是指某个人对产品的陈述,使其他人的态度或购买可能有所改变的效果。消费者个人彼此经常相互沟通,交流信息,这会强烈地影响他们的购买决策,特别是在某些女性中间,这种影响作用更加明显。有调查报告显示,大约有半数的女性最近从她们习惯使用的一种产品或品牌转变为使用另一种新的产品,其中的1/3转变涉及个人影响。女士们互相商量关于新产品的意见,不同品牌的质量,购买的经济性等。其实不止女性,男性之间也是如此。这种口碑传播的作用一点都不亚于广告,其作用是相当大的。个人影响力的作用,对不同类型的人和采用过程的不同阶

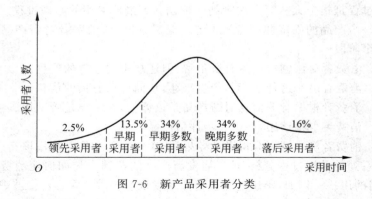

图 7-6　新产品采用者分类

段,影响程度也有所不同。通常对晚期采用者比对早期采用者作用大;在评价阶段比在其他阶段作用大;在风险越大的情况下作用越大。

4. 产品特性对消费者采用率的影响

新产品本身的特性会影响消费者的采用率。有些产品很短时间就流行起来,比如手机;而有的产品则要经过很长一段时间才能逐渐普及,比如个人计算机。对消费者采用率有显著影响的产品特性有以下五个。

(1) 新产品的相对优越性。新产品的性能与现有产品相比,其优越性越明显,则采用率越高。

(2) 新产品的适应性。如果一种新产品比较适合人们的价值观念和消费习惯,就容易被广泛接受和采用;否则,就难以推广。因为要改变人们的消费观念和习惯是需要时间的,并且比较困难。

(3) 新产品的复杂性。新产品的知识和使用如果比较复杂,难以掌握,采用率就低;反之则高。例如,数码相机容易使用,采用率就高;个人计算机比较复杂,因此要经过一段时间才能逐步进入消费者家庭。

(4) 新产品的可分性。新产品在有限制的基础上可能被试用的程度。例如,某些设备采取租赁和购买相结合的方式可以增加它们的采用率。

(5) 新产品的传播性。新产品的使用效果易于观察、描述或传播,采用率就高。例如,纯平彩电的视觉效果明显优于普通彩电,且一目了然,因此采用率迅速增加。

除此以外,影响消费者采用率的还有其他一些产品特性,如产品成本、风险性、科学上的可靠性以及社会的认同等。新产品营销者在开发新产品和制定新产品营销方案时,还必须深入研究这些因素。

小思考

王老吉原本是一款传统的中药配方,由多味中草药组成,口感独特,具有清凉解毒的功效。然而,近年来王老吉的配方发生了变化,一些原有的中草药成分被替换成了其他成分,导致王老吉的口感和功效发生了变化。这一变化引发了消费者的广泛关注和质疑,一些消费者认为王老吉已经失去了原有的特色和功效,而一些消费者则认为这种变化是对传统中药配方的亵渎。王老吉改变品牌未被顾客接受说明了什么? 为什么?

提示:可从消费者的需求、新产品的构思、新产品的概念等多个方面考虑。

7.5 产品品牌与包装策略

7.5.1 品牌概念

微课：产品品牌
与包装策略

品牌是建立在消费者心目中的,是产品与消费者之间的一种关系和纽带。企业通过品牌,培养顾客的品牌忠诚度获取利润。成功的品牌能抓住消费者的心,使企业成为市场竞争中的佼佼者,强势品牌意味着强势的市场地位和巨额的利润。因此,对于现代企业来说,品牌日益成为生存和发展的核心要素之一。品牌资源已经成为商战中最重要的无形资产,品牌策略也逐渐成为企业重要的市场营销策略。

1. 品牌的相关概念

(1)品牌。品牌的定义有多种。所谓的品牌其实就是产品的牌子,它是卖者给自己的产品规定的商业名称。美国市场营销协会定义委员会对品牌的定义是:"品牌是一个名称、术语、标记或设计,或是以上要素的组合,用以识别一个企业的产品或劳务,以便与其他竞争者相区别。"品牌是一个综合概念,它包含品牌名称、品牌标志、商标等概念在内。通常所说的品牌策略,就是关于上述各项的策略。

(2)品牌名称和品牌标志。品牌名称是品牌中可以被读出声音的部分,例如华为、小米、比亚迪等。这些都是知名的品牌名称。品牌标志是品牌中可以被识别但是不能读出声音的部分,常常为某种符号、图案或其他专门的设计,如上述品牌中的字母组合、图案等。

(3)商标。商标是一个专门的法律术语,品牌或品牌的一部分经向有关部门依法注册并取得专用权后,称为商标。商标一经核准,商标持有人便享有专用权,这是一项重要的工业产权和知识产权。他人未经许可不准使用,如果私自使用他人商标,便构成商标侵权。在市场经济条件下,商标依照其知名度高低和获利大小,具有不同的价值,是企业的一项重要的无形资产,其产权和使用权可以依法转让和买卖。

2. 品牌的整体含义

品牌实质上代表着卖家对交付给买家的产品特征、利益和服务的一贯性的承诺。最佳品牌就是质量的保证。品牌的整体含义可以分为六个层次。

(1)属性。一个品牌首先要做到让别人看了之后能够想到某些属性。例如,比亚迪汽车就意味着技术创新、环保理念、产品多样化等。汽车公司还可以采用一种或几种属性为汽车做广告。

(2)利益。在产品如此丰富的今天,企业单一满足消费者对某些属性的需求是远远不够的。更多时候,企业销售的是产品的属性,更是产品能够带给消费者的利益。属性需要转化为功能性和情感性的利益。例如,汽车的耐久属性体现了功能性利益,消费者一旦购买了奔驰汽车后心里会想"我未来几年里不需要再购买汽车了";汽车的昂贵属性体现了情感性利益,消费者会因为拥有了奔驰汽车而觉得自己是较高阶层的社会人,会觉得自己是成功人士,受人尊重;奔驰汽车的良好品质和精湛工艺的属性又同时体现了功能性和情感性利益,让消费者相信坐在这辆车里一旦发生了交通事故,自己也一定会很安全。

(3)价值。品牌还体现出制造商的某些价值感。奔驰汽车公司是世界十大汽车公司之一,其创建人被世人誉为"汽车之父",以生产高质量、高性能的豪华汽车闻名于世。在这样的家世背景之下，"奔驰"代表着高绩效、安全、声望及其他价值。

（4）文化。品牌也代表着某种文化。"奔驰"就会令人联想到德国文化：组织严谨、高效率和高质量。

观念应用
7-3

（5）个性。品牌也能够反映出顾客或者制造商的个性。成功的商业人士都喜欢开红旗汽车，因为"红旗"品牌的个性代表高端豪华、创新科技、历史底蕴、民族自豪等。

（6）使用者。品牌能够反映出使用者和购买者的类型。"奔驰"汽车的使用者的人物特性与人格魅力一定是与奔驰汽车特质或者品牌内涵相匹配。这些人在各自的领域也都是"唯有最好"的践行者，是精英人士。这也是作为普通消费者对于"奔驰"品牌契机内涵的一种认可，对其使用者设定的一种类型标签。

7.5.2 品牌的作用

品牌的作用可以从买、卖双方分别加以分析。

1. 对消费者的作用

（1）有利于消费者识别所需的产品，便于挑选和购买。品牌是商品的脸谱，不仅代表特定的产品，还标志着该产品的质量和特色，使消费者能在商品的海洋中较容易地识别，选择和购买他所需要的产品。如果没有品牌，消费者购物将如同大海捞针。

（2）有利于维护消费者的权益。品牌是一定品质、服务和价值的象征，便于有关部门对产品质量进行监督。打击假冒伪劣产品，维护消费者合法权益。

（3）有利于消费者寻找生产和经销企业，便于联系重复购买，便于修理及更换零件等服务。

2. 对生产经营企业的作用

（1）有助于广告宣传与促销活动的开展。如果没有品牌，企业很难给自己的产品做广告宣传。如果做广告，也只能是"给他人作嫁衣裳"，其效果会大打折扣。而广告中突出宣传品牌则会使人们留下深刻印象，也有助于塑造产品和企业形象。

（2）借助产品品牌，能为企业的营销活动提供方便。便于制造商管理订货和处理销货业务，也便于经销商识别供应商及销售产品。

（3）有助于保持和提高市场份额。品牌可培养顾客的忠诚度，建立稳定的顾客群，保持稳定的销售额。曾有人做过一个试验，把几种牌子的啤酒分别倒在相同的杯子里，请各品牌的忠诚者们品尝鉴别，结果很少有人能准确地尝出他所偏好的品牌。由此可见，品牌偏好是一种心理上的作用，取得顾客的偏好，可以稳定和扩大销售。

（4）有利于企业争创名优产品和自我保护。未来的市场是名牌的天下，争创名牌产品是企业的战略任务。名牌产品具有高质量、高信誉、高效益的特征，对企业具有极大的吸引力。对于名优产品，企业通过注册商标，可以很好地保护自己的合法权益和竞争优势，打击假冒商标等侵权行为。

7.5.3 品牌策略的选择

在市场营销活动中，如何合理地选择使用品牌，使品牌更好地发挥作用，每个企业都面临着诸多策略。

1. 品牌化策略

品牌化策略是有关品牌的第一个策略,就是决定该产品是否使用品牌。

在激烈的市场竞争中,品牌对消费者、对企业以及对整个社会都有重要的作用。在发达的市场经济条件下,品牌化是一种趋势。在我国,品牌无处不在,甚至连水果、鸡蛋都有品牌。拥有一个品牌,便于企业管理订货;有助于企业更明确地细分市场;有助于企业树立良好形象;有利于吸引更多的品牌忠诚度;注册商标也可以使企业的产品特色得到法律的保护,防止别人模仿和抄袭。

要使一个品牌成功地打入市场,往往要花费巨额的费用,导致成本的大量增加,一旦经营失利,将得不偿失。因此,近些年又出现一种"非品牌化"趋势,目的是降低广告和包装费用,降低成本和价格,以此增强竞争能力,如超市中提供的无品牌、简易包装的产品,其售价比同类产品低 30%～50%,很具价格优势,颇受一些消费者欢迎。

一般来说,可以不使用品牌的产品有以下几类:

(1) 产品本身不具备因制造商不同而形成的质量特点的产品,如电力、煤炭、矿石等。

(2) 习惯上不必认定品牌购买的产品,如大米、食盐等。

(3) 生产工艺简单,没有一定技术标准,选择性不大的产品,如小农具、小工艺品等。

2. 品牌归属策略

企业一旦决定使用品牌,就有三种可供选择的策略:一是制造商品牌,也称生产品牌或全国品牌,这是制造商使用自己的品牌;二是经销商品牌,也称中间商品牌或自有品牌,即中间商向制造商大量购进产品或加工订货,用中间商的品牌把产品转卖出去;三是上述两种品牌同时存在,即一部分产品用制造商品牌,一部分用中间商品牌。

过去,品牌几乎都为制造商所拥有,绝大多数制造商都使用自己的品牌,但在现代市场上中间商品牌颇为盛行。许多市场信誉较好的中间商(包括百货公司、超级市场、服装商店等)都争相设计并使用自己的品牌。华润万家是中国知名的零售商,其拥有并使用自己的品牌销售各种商品,包括食品、日用品等。王府井百货是中国知名的百货公司,其拥有并使用自己的品牌销售各种商品,包括服装、鞋帽、家居用品等。许多制造商的品牌都慢慢处于下风,为了获得和强大的中间商的合作,许多小型制造商还主动放弃自己品牌的所有权。

与传统制造商品牌比较,中间商自有品牌的竞争优势很明显:信誉优势,敢于使用自有品牌的商业企业往往有着良好的声誉和企业形象;价格优势,中间商品牌可以更好地控制价格,并相应地控制制造商;特色优势,因为各个零售企业都会销售使用制造商品牌的商品,很难突出某一中间商的特点,中间商拥有了自己的品牌就可以根据自身实力和市场特点准确定位,开发自己的特色;领先优势,零售商直接面对消费者能够准确地把握消费者需求,这样就可以设计、开发属于自己品牌的商品,更快捷地体现市场需求,获得领先优势。但是中间商使用自己的品牌还会带来一些问题:必须花很多钱做广告、促销等活动,大力宣传自己的品牌;还要大批量地订货,这样就需要大量的资金和相应的库存,也因此承担了很多风险。

所以,企业选择制造商品牌还是中间商品牌,要综合考虑各种因素,最关键的是要看谁在这个产品分销链上居主导地位,谁拥有更好的市场信誉和拓展市场的能力。一般来说,如果制造商的市场信誉好,企业实力强,产品市场占有率较高的情况下,宜采用制造商品牌;在制造商资金紧张,市场营销能力差的情况下,则不宜采用制造商品牌,而应以中间商品牌为主,或全部采用中间商品牌。美国有些营销学家预言,除了实力雄厚的著名品牌外,制造商品牌逐渐被中间商品牌所取代。

3. 家族品牌策略

家族品牌策略,是决定企业所生产的各种不同种类、质量、规格的产品全部使用一个品牌,还是分别使用不同的品牌。一般来说,可以有以下四种选择。

(1)统一品牌。企业所有的产品(包括不同种类的产品)都统一使用一个品牌。如海尔集团对其生产的所有产品,包括冰箱、洗衣机、空调等,都使用海尔这个统一品牌。企业采用统一品牌策略的好处是:①可以减少品牌设计和广告费用。②利用品牌已有的良好声誉和影响,可以很容易地推出新产品。③可以壮大声势,显示实力,提高知名度,塑造企业形象,有利于创立名牌。采用这种策略应具备一些条件:首先,企业和产品必须在市场上保持领先地位,品牌在市场上已获得一定信誉,受到消费者的喜爱;其次,采用统一品牌的各种产品具有相同的质量水平,否则,任何一种产品的失败,都会使整个家族品牌蒙受损失。

(2)个别品牌。它是指企业对不同的产品分别使用不同的品牌,对其生产的各种化妆品分别使用不同的品牌,例如六神、佰草集、高夫等。这种策略的最大优点是,把个别产品的成败同企业形象分开,不至于因个别产品出了问题而败坏整个企业形象。但这种做法要为每个品牌分别做广告宣传,费用开支加大,且较难树立企业整体形象,也很难都成为名牌。

(3)分类品牌。企业对不同类型的产品使用不同的品牌,即一类产品使用一个品牌。比如联想也采用统一品牌“联想”,并根据不同产品线采用不同的子品牌,例如,ThinkPad 笔记本电脑和 IdeaCentre 台式计算机都采用联想的标志与品牌名称,但在具体的产品定位和设计上有所不同。企业通过分类品牌策略,可以在统一品牌的基础上对不同产品线进行差异化定位,满足不同消费群体的需求。同时,这种策略也可以降低企业的风险,一个产品线的失败不会影响到其他产品线的声誉。

这么做的主要原因是:企业生产或者销售许多不同类的产品,如果统一使用一个品牌,这些不同类型的产品就容易混淆;还有一些企业虽然生产或销售同一类型的产品,但是为了区别不同质量水平,也往往使用不同的品牌名称。

4. 品牌扩展策略

品牌扩展策略有五种,即产品线扩展策略、品牌延伸策略、多品牌策略、新品牌策略、合作品牌策略。

(1)产品线扩展策略。产品线扩展是指企业现有的产品线使用同一品牌,当增加该产品线的产品时,仍沿用原有的品牌。这种新产品往往都是对现有产品的局部改进,如增加新功能、款式和风格等。通常厂家会在这些商品的包装上标明不同的规格、不同的功能特色或不同的使用者。产品线扩展的原因是多方面的,如可以充分利用过剩的生产力;满足新的消费者的需要;率先成为产品线全满的公司以填补市场的空隙,与竞争者推出的新产品竞争或为了得到更多的货架位置。

产品线扩展的好处有很多,包括扩展产品的存活率高于新产品,而通常新产品的失败率在 70%～90%;满足不同细分市场的需求;完整的产品线可以防御竞争者的袭击。

产品线扩展也是存在一定的风险:可能使品牌名称丧失其特定的意义,随着产品线的不断加长,会淡化品牌原有的个性和形象,增加消费者认识和选择的难度;有时因为原来的品牌形象的影响力过于强大,给产品线的扩展造成混乱,加上销售数量不足,难以冲抵它们的开发和宣传成本;如果消费者未能在心目中成功地区别各种不同品牌产品,会造成同一种产品线中新老产品自相残杀的局面。

(2)品牌延伸策略。品牌延伸策略是指企业利用在市场有一定声誉的品牌,推出改进产品或新产品。例如,海尔最早是电冰箱品牌,后来逐步扩展到洗衣机、空调机、彩电、手机等若干系列的众多产品;世界名牌迪奥已延伸到了服装、箱包、化妆品等多种产品。采用这种策略可以节省促销费用,又能迅速打开新产品销路。但是如果新产品失败,或延伸不当,则会影响甚至损害原有品牌的形象。

【观念应用 7-4】

华为的品牌延伸

华为手机

华为成立了手机业务部门,推出了第一款智能手机 Ascend P1,标志着华为正式进入智能手机市场。华为不断推出了一系列具有创新性和高品质的手机,逐渐在国内外市场获得了认可。

华为芯片

华为最大的优势之一是其自主研发的芯片。华为推出了麒麟芯片,该芯片是华为自主研发的,集高性能、低功耗、安全等多重优势。麒麟芯片的推出不仅提高了华为手机的性能,也增强了其产品的竞争力。随着人工智能技术的不断发展,华为手机也在 AI 技术方面进行了大量投入。华为的 AI 芯片集成了高性能的神经网络处理器,可以支持多种 AI 应用,如语音识别、图像处理等。

华为汽车

华为进军轿车领域,推出的智界 S7 集合了 HarmonyOS 4.0＋ADS 2.0＋奇瑞 E0X 平台的优势,不仅在制造能力上更有保障,并且兼顾了消费者青睐的华为在智能化和品牌渠道方面的优势,可以说起点并不低。

华为从最初的电信设备制造商,逐渐延伸到了智能手机、笔记本电脑、智能芯片、智能汽车等领域。这种品牌延伸帮助华为扩大了市场份额,提升了品牌影响力。

资料来源:https://www.pcauto.com.cn/hj/article/2231959.html,https://baijiahao.baidu.com/s?id=1778259670345273706＆wfr＝spider＆for＝pc.

(3)多品牌策略。多品牌策略是指企业同时为一种产品设计两个或多个相互竞争的品牌。这虽会使每种品牌的销量减少,但几个品牌加起来的总销量却比原来一个品牌时多。美国宝洁公司(P＆G)是这种策略的首创者。在中国市场上,广州宝洁公司为自己生产的洗发液产品设计了"飘柔""海飞丝""潘婷""沙宣"等多个品牌,从而大获成功。仅"飘柔""海飞丝"和"潘婷"三个品牌的市场占有率就达到了 66.7％。

多品牌策略的好处是零售商场的商品陈列位置有限,多一个品牌就可多占一个货位;多品牌可能使企业拥有几个不同的细分市场,即使各品牌之间的差异不大,也能各自吸引一群消费者;许多消费者都是品牌转换者,有求新好奇的心理,喜好试用新品牌,多推出几个品牌能够满足这些顾客的消费需求;多品牌可以把竞争机制引进企业内部,使品牌经理之间相互竞争,提高效率。

多品牌策略也有不足之处:造成企业促销费用升高且存在自身竞争的风险。因此,要注意各品牌市场份额的大小及其变化趋势,适时撤销市场占有率过低的品牌,以免造成自身的过度竞争。

(4)新品牌策略。它是一种为新产品设计新品牌的策略。当企业在新产品类别中推出一个产品时,它可能发现原有的品牌名称不合适,或者对新产品来说有更好更合适的品牌名称,企业需要设计新品牌。例如,生产保健品的养生堂开发饮用水时,使用了更适合的品牌农夫山泉。

小思考

如果你推出一种新款服装,准备采用什么样的品牌战略计划? 准备为自己生产的新款服装起一个怎样的品牌名称?

(5)合作品牌策略。合作品牌也称双重品牌,是两个或更多的品牌在一个产品上联合起来。每个品牌都期望另一个品牌能强化整体的形象或购买意愿。例如,华为与腾讯在智能终端领域进行了广泛的合作,共同推出了多款手机、平板电脑等产品。这些产品中,腾讯提供其旗下的微信、QQ等应用程序,华为则提供其硬件技术和销售渠道。这种合作方式使双方能够充分发挥各自的优势,共同满足消费者的需求,提高产品的市场竞争力。

5. 品牌更新策略

品牌更新策略主要包括形象更新、定位修正或者品牌再定位、产品更新和管理创新。

(1)形象更新,就是品牌不断地创新,适应消费者心理的变化,从而在消费者心目中形成新的印象的过程。形象更新一般包括以下几种情况。

① 消费观念变化导致企业积极调整品牌策略,塑造形象。比如,随着中国"00后"年轻人逐渐成熟,消费观念的变化和国内外市场格局的变化,李宁作为一个家喻户晓的运动品牌就在品牌创立 20 周年时重新进行了目标人群、产品定位和品牌塑造的规划,抽象了原有"李宁交叉"动作,实现 L 和 N 的分离,组成了"人"字形,打造"90后李宁"形象吸引新一代年轻人,鼓励每个人透过运动表达自我,实现自我。

② 档次调整。企业要开发新市场,就需要为新市场塑造新形象,如日本小汽车在美国市场的形象就经历了由小巧、省油、耗能低、低廉的形象到高科技概念车形象的转变,给品牌的成长注入了新的生命力。

(2)定位修正或者品牌再定位,是指因某些市场因素的变化而对品牌进行重新定位,因此也叫品牌重新定位决策。需要进行品牌再定位的情况如下。

① 竞争者接近。竞争者品牌定位靠近本企业的品牌并夺去部分市场,使本企业的市场份额减少。

② 消费者偏好变化。由于消费者的偏好发生变化,形成某种新偏好的消费群,而本企业的品牌不能满足顾客的偏好时,企业有必要对品牌再次定位。

③ 当初定位不准或营销环境发生了变化。如王老吉最初定位为药饮,强调其降火功效,但随着市场竞争的加剧和消费者口味的改变,其定位转变为清爽凉茶品牌,强调口感和品质。波司登最初定位为中低端羽绒服品牌,但随着市场的变化和消费者需求的提升,其定位逐渐转变为高端羽绒服品牌,强调其品质和设计。

企业在进行品牌重新定位时,一定要慎重决策。要确认人们对该品牌的态度,并详细了解竞争者的情况。同时,要综合考虑两方面的因素:一是再定位成本,即把企业自己的品牌从一个市场定位点转移到另一个市场定位点所支付的成本费用,包括改变产品品质费用、包装费用、广告费用等。一般认为,重新定位的距离越远,其再定位成本就越高。二是再定位收益,即把企业品牌定位在新位置上所增加的收益。企业营销管理者应对各种品牌重新定位方案可能的成本与收益进行综合分析,从而选择最佳方案。

(3)产品更新。现代社会科学技术作为第一生产力、第一竞争要素,也是品牌竞争的实力基础。企业的品牌想要在竞争中处于不败之地,就必须重视技术创新,不断地进行产品的更新换代。

(4)管理创新。企业与品牌是紧密结合在一起的,企业的兴盛发展必将推动品牌的成长与成熟。品牌的维系,从根本上说是企业管理的一项重要内容。管理创新是指从企业生存的核心内容来指导品牌的维系与培养,它含有多项内容,诸如与品牌有关的观念创新、技术创新、制度创新以及管理过程创新等。

观念应用
7-5

7.5.4 产品包装策略

美国最大的化学工业公司杜邦公司的一项调查表明:63%的消费者是根据商品的包装来选购商品的。这一发现就是著名的"杜邦定律"。其实,中国古代的故事"买椟还珠"也说明了同样的道理。

企业除了靠产品创新和优质、快速的服务取胜外,包装越来越显得重要。从市场观点看,包装是商品整体中的形式产品,是很重要的一部分内容,通过它可以使消费者产生购买欲望,从而刺激消费。

1. 包装及其作用

大多数物质产品在从生产领域流转到消费者领域的过程中,都需要有适当的包装。包装工作是整个商品生产的一个重要组成部分。所谓包装工作,是指设计并生产容器或包装物将产品盛放或包裹起来的一系列活动。

(1)包装。包装是产品整体的又一重要组成部分,具有两层含义:一是静态的含义,是指盛装产品的容器或其他包扎物,如易拉罐、香烟盒等;二是动态的含义,是指盛装或包扎产品的活动,如包装作业。有时兼指两者,通称包装。产品包装一般分为三个层次:即内包装、中包装和外包装,内包装即使用包装,是盛装产品的直接容器或包扎物,如牙膏袋、酒瓶子、香烟盒等;中包装为销售包装,如牙膏袋外的纸盒、每条香烟的纸盒等;外包装是运输包装,一般以纸板箱为主。

此外,包装上的装潢、标签、标志及其他信息也属于包装的范畴。在现代营销中,包装具有重要的功能,受到高度重视。

(2)包装的作用。

① 保护产品。这是包装最原始和最基本的功能。防止或减少产品在储运、销售过程中出现散落、毁坏、变质等损失,以保证产品的安全完好。现代的包装技术和包装材料可以很好地做到这一点。如食品的真空包装、充气包装、无菌包装,日用小商品的泡罩包装、贴体包装,电子仪器产品的防震包装、防尘包装等,都很好地保护了产品。

② 便于流通。产品在从生产到消费的流通过程中要经过装卸、运输、存储、销售等诸多环节,良好的包装可以提供极大的方便,如集装箱包装方便了储运,也极大地节约了运输工具和储存空间;各种食品、药品和小商品的包装,既便于销售,又便于消费。

③ 促进销售。包装是产品的"嫁衣",精美的包装装潢设计可以美化产品,给产品增色不少,让人赏心悦目,爱不释手,能起到很好的广告和促销作用。实际上,人们在商场里首先注意到的是商品的包装。包装被称作"无声的推销员",对于吸引消费者,刺激消费者的购买欲望,作用极大。

④ 增加价值。由于收入水平和生活水平的提高,消费者一般愿意为良好的包装带来的

方便、美感、可靠性和声望多付些钱。除此之外，拥有较高文化底蕴和价值观的商品更能通过包装向消费者透露出高价的信息。

2. 包装设计的基本要求

包装设计是对产品包装的材质、结构、图案、色彩、文字说明及整体效果等做出的设计。包装设计要从实现包装的功能出发，综合运用技术、艺术和营销等专业知识所进行的创造，现已成为一门专门的科学。包装设计应符合以下基本要求。

（1）针对顾客设计，符合消费心理。不同消费者的审美观点和心理偏好是不同的，包装设计一定要针对产品的目标顾客，投其所好，适其所求。不同国家、地区、民族，不同风俗习惯，宗教信仰，不同性别、年龄、性格的消费者对色彩、图案的理解是不同的，有的甚至截然相反，在包装设计时必须予以注意。这是包装设计最重要的原则。

【观念应用 7-6】

个性化包装的橙子

关于褚橙，百度给出了这样的一段解释：冰糖脐橙的一种，云南特产橙类，甜中微微泛着酸，像极了人生的味道。褚橙原名云冠橙，由于它是由昔日"烟王"、红塔集团原董事长褚时健种植而得名，也被称作"励志橙"。

褚橙是有故事的。最近，褚橙讲述的是一则关于"个性化"的故事。日前，褚橙独家授权网络销售平台"本来生活"发售了家庭版及九款定制青春版的褚橙，穿着个性化包装，褚橙闪亮登场了。

褚橙这次的登场方式不禁让人联想到此前的可口可乐，即通过部分印刷信息的变化来实现包装的个性化，进而实现营销层面的意义。"2014，再不努力就胖了""虽然你很努力，但你的成功主要靠天赋""我很好，你也保重""母后，记得留一颗给阿玛"……这些时下的流行语被印在了纸箱的正面，供消费者根据自己的喜好来挑选。还是原来的产品，只是包装做了一点改变，给消费者带来的却是不一样的感受，这让人们又一次重新认识了褚橙。

资料来源：褚橙的个性化包装.包装财智，2014-02-24.

（2）包装应与商品价值或质量水平相配合。高档贵重商品要用精美高档包装；一般商品或低档商品则用普通或简易包装。不能搞"金玉其外，败絮其中"，欺骗性的包装同现代营销观念是水火不相容的。

（3）保护产品，经济实用。产品包装要能保证产品质量，保持产品数量。要根据产品的不同性质和特点，选用包装材料和包装技术。选用的包装材料要资源丰富，绿色环保，价格便宜，能重复使用。包装尽可能合理和简化，降低成本，适于陈列，方便运输。包装技术和包装方法应科学实用，适合产品的物理、化学、生物性能，安全卫生。

（4）包装的造型与结构设计应便利销售、使用、保管和携带。包装应有不同的大小、规格和分量，以适应不同消费者的需要；封口严密的包装要求容易开启；为便于识别商品，可设计透明包装和开窗包装；易于使用的包装有易开包装、喷雾包装、一次性包装等；携带式包装的造型备有提手，为消费者提供方便等。

（5）美观大方，新颖别致。从艺术角度看，包装构思要新颖，造型要美观，色彩要和谐，寓意要深刻，形式要创新，格调要高雅，给人以赏心悦目、耳目一新的艺术感受，要避免简单雷同、一味模仿，力戒低级、庸俗。

3. 包装策略

良好的包装只有同包装策略结合起来才能发挥应有的作用。可供企业选择的包装策略有以下几种。

(1) 类似包装策略,也称统一包装策略或产品线包装策略,是指企业将其生产经营的各种产品,在包装上采用相同的图案、色彩或其他共同特征,使人一看就知道是某家企业的产品。这样可以加深企业形象,壮大企业声势,还可以节省包装设计费用,尤其有利于新产品上市。这种包装策略适用于质量水平相近的产品,不适合质量等级差异太大的产品。否则,会对高档优质产品产生不利影响,例如著名的美国 IBM 公司就采用这种包装策略,被称为"蓝色巨人"。

(2) 等级包装策略,是指企业所生产经营的产品,按质量等级的不同使用不同的包装。对高档优质产品采用优质包装;一般产品采用普通包装,做到表里一致,等级分明,便于不同购买力层次的消费者选购。但是同类产品采用不同包装,会增大包装设计费用,如糖果可采用盒装、袋装、散装等多种形式。

(3) 综合包装策略,也叫配套包装策略,是指把使用时相互关联的多种产品放在同一包装物中一起销售。采用这种策略,既方便顾客购买、携带、保管和使用,又可扩大销路,还有利于推广新产品。如化妆盒、工具箱、家用药箱等,都是综合包装。但要防止引起顾客反感的硬性搭配。

(4) 再使用包装策略,是指原包装产品用完后,原包装物可作他用,如空瓶、空盒、空罐可做水杯、酒杯、容器等。这样既可以废物利用,又可以起到广告作用,关键在于设计要巧妙。

(5) 附赠品包装策略,是指在包装物内附有赠品,以促使顾客重复购买,这是目前国内外市场上比较流行的包装策略,如在包装内附送小玩具、图片、小饰品、奖券等。这种包装策略对某些妇女、少年儿童的促销作用尤为明显。

(6) 创新包装策略,是指企业随着产品的更新和市场的变化,相应地改变包装设计。当企业的某种产品在市场上销路不畅,或一种包装已使用较长时间,由于包装陈旧而影响销售时,则采用该策略,可以给顾客新鲜感,有可能创造优良的销售业绩。通过改变包装来扩大销路的作用不会是无限的,全靠"一包就灵"也是不会持久的。如果说稳定地提高产品质量和不断开发新产品是扩大市场的基石,那么创新包装就如同锦上添花。

观念应用 7-7

思政融入:可持续发展、环保

思政素材:2023 年 7 月 25 日,安踏携手中国奥委会在西安秦岭脚下的长安唐村启动环保活动"山河计划",旨在唤起更多人的环保意识,号召户外爱好者们在走进祖国秀美山河的同时不留下垃圾,共同保护自然环境。"山河计划"是安踏携手中国奥委会共同发起的一项大型环保活动,倡导绿色健康环保的生活方式,从自身做起,妥善处理户外运动过程中产生的垃圾,保护环境,并通过循环再生科技打造中国体育代表团领奖装备。

链接:安踏携手中国奥委会正式开启"山河计划"

在当日的启动仪式后,拳击奥运冠军邹市明、体操世界冠军孙炜等运动员带领户外爱好者们共同参与徒步体验活动,人们走进秦岭终南山,并沿着徒步路线收集山间遗落的垃圾。接下来"山河计划"还将在全国范围内按照"东、西、南、北、中"五大区域开展环保徒步活动，并将与公益组织、户外运动团体深入合作，倡导绿色低碳的运动生活方式。

资料来源：http://www.xinhuanet.com/gongyi/20230726/38ed7b3bf8bf4be39e85048cf214a9fe/c.html.

讨论：观看视频，谈谈安踏是如何实践可持续发展战略的？

本章小结

产品策略是市场营销组合策略的首要因素，也是整个营销组合的基础。产品策略在很大程度上决定着市场营销的成败。企业间的市场竞争集中体现在产品上，消费者最终也是通过产品感受到企业的实力，产生对企业是否满意的感受。

从市场营销学的角度来认识，产品是能够提供给市场，用于满足人们某种欲望和需要的任何事物，包括有形物品、服务、人员、组织、观念或它们的组合。产品整体概念根据消费需求的发展，将产品的含义分为核心产品、形式产品和附加产品三个层次。

任何一个产品在市场上都必须经历从无到有、由盛到衰直至被淘汰的生命历程，这就是产品的生命周期理论。产品在生命周期各个阶段的销售、成本、利润都有所不同，企业必须及时判断其产品所处的生命周期阶段，根据各阶段不同的特点制定恰当的营销策略。

新产品不断开发和涌现是企业活力之所在。开发新产品是企业有力的竞争武器，也是其不可推卸的使命。企业在市场开发的每一个阶段，都要有科学的组织和策略，力争使所开发产品投入最少、销路最佳、前途最大。

品牌是用以识别产品或企业的特定标志，品牌的内涵可从属性、利益、价值、文化、个性、使用者六个方面去认识。企业可使用的品牌策略有品牌化策略、品牌使用者策略、品牌名称策略、品牌延伸策略、多品牌策略和品牌重新定位策略。

在现代市场营销中，包装的功能与作用越来越大，成为企业产品策略的重要组成部分，企业的包装策略主要有：类似包装、等级包装、配套包装、再使用包装、附赠品包装和更新包装。

基础练习

1. 简答题

（1）怎样从整体上来理解产品？整体上产品包含哪几个层次内容？

（2）企业开发新产品的原因是什么？

（3）企业在进行包装设计时应该注意哪些问题？

2. 讨论题

综合实际，谈谈服务产品和一般实体产品的相同点和差异性。

案例分析

喜临门床垫

喜临门发布 2022 年半年度报告。2022 年上半年，公司实现营业收入 36.06 亿元，同比增长 16.05%；在不确定性增加等复杂环境下，喜临门业绩增速行业领先，诠释了其经营韧劲。究其原因，得益于喜临门通过以"创新、变革"为经营主线，积极达成营销创新、品牌升级、客户服务转型、运营效率优化等目标,公司盈利能力不断提升、规模和管理优势持续拉大,核心竞争力亦进一步显现。

床垫龙头地位稳固,掘金睡眠经济蓝海

日益严重的睡眠问题加深了人们对于健康睡眠的重视,睡眠相关行业的兴起推动了睡眠经济的蓬勃发展。在消费者对于健康重视程度提升、睡眠问题关注度增强等作用下,中国睡眠经济行业仍有一定发展空间。据预测,中国睡眠经济市场规模有望在 2024 年突破 5520 亿元。

床垫具有影响睡眠健康、提升睡眠质量的特点,是睡眠经济中的重要部分。床垫作为睡眠经济重要组成部分及家居硬件板块主打产品,在睡眠经济崛起背景下深受消费者关注,有望获得发展契机。

喜临门作为国内床垫行业头部企业,近年来持续推进从品质领先向品牌领先的转型,坚定"深度好睡眠",已逐步构筑起自主品牌护城河,市场份额快速提升。在中国品牌权威机构 Chnbrand 发布的 2022 年(第八届)中国顾客推荐度指数品牌排名和分析报告中,喜临门以 29.5 分位列行业第一,远高于 11.9 分的行业均值,公司产品力和品牌力得到消费者充分认可。作为床垫行业内第一家国家火炬计划重点高新技术企业,喜临门在不断的研究和实践中已取得多项原创性研发成果,其中,弹簧垫热处理方法获国家发明专利,Smart 1 智能床垫获多项国际发明专利。

全渠道构筑核心壁垒,多元并举发力营销

在渠道拓展上,喜临门逐步构建了一个以线下专卖店和线上平台为核心,分销店、商超家电店为补充的"1＋N"全渠道销售网络。

喜临门旗下自主品牌专卖店数量达 4837 家。公司在门店扩张同时升级终端店铺形象,着力打造五星级店面,全方位赋能经销商,量质提升有效提升了线下门店终端销售业绩。

据喜临门公布的信息显示,喜临门将进一步聚焦业务核心、优化渠道建设,即借助在天猫、京东、苏宁易购等各大电商平台搭建的自主品牌旗舰或自营店,全线覆盖线上消费群体。同时通过新零售、线上线下整合营销等创新模式,强化多元化引流体系,助力终端销售。

随着床垫行业马太效应显现,喜临门作为国内床垫行业的品牌领跑者,在睡眠领域的专业地位和国潮品牌形象深入人心,有望优先受益行业渗透率提升带来的市场空间扩容。公司产品、品牌、渠道动能共振向上,自主品牌规模效应凸显,渠道议价能力增强,预计盈利能力有望持续上行。

资料来源:https://finance.eastmoney.com/a/202208242489488013.html.

问题:

(1)是什么让喜临门的产品受到消费者的青睐?有哪些具体的产品属性是消费者特别看重的?

(2)喜临门应如何与老牌公司和初创公司竞争,以增加其直接面向消费者的产品?喜临门是否应该将部分精力从产品创新转向更积极地沟通和品牌建设?

(3)喜临门是应该专注于延伸其产品线,提供"适用所有人群,满足所有用途"的床垫,还是应该专注于提供单一类型(不同尺寸)的床垫,以简化创新工作,并简化消费者选择?

课外实践

1. 实践背景

要求学生按照第1章课外实践活动中所自组公司和确定的经营背景完成。

2. 实践活动

（1）针对公司现状，结合互联网背景下竞争特点，撰写产品分析报告，并利用波士顿矩阵法进行产品组合分析。

（2）结合第 3 章进行的新产品设计可行性报告和第 6 章所学习的市场营销调研的知识，完成新产品上市可行性调查报告，存入公司档案。

（3）按照自己的设计思路，完成新产品设计草图，存档。

（4）针对上述设计的新产品，进行品牌的确定和包装的设计。

第 8 章

定 价 策 略

知识目标：

1. 理解营销定价的内涵；
2. 了解影响企业定价的因素；
3. 了解企业定价的目标；
4. 掌握定价的基本方法与技巧。

技能目标：

1. 培养学生运用定价策略的知识分析企业定价实践活动的能力；
2. 能够在分析影响营销价格因素的基础上进行营销定价；
3. 具有运用定价的基本方法与技巧调整营销价格的能力。

德育目标：

1. 反对浪费，树立节俭之风；
2. 树立正确的消费观，杜绝攀比，量力而行。

导入案例

周鸿祎：免费是最好的营销方式

我们的合作伙伴高德公司宣布，原先付费的"高德导航"手机应用全面免费。这下我和我的小伙伴们都惊呆了！这是高德的"自我革命"，第一个将专业的手机导航应用带入免费时代。我想，很多人都忘了第一次接触互联网时的那种震撼：有这么多丰富多彩的信息和软件，绝大部分都是免费的，聊天免费、搜索免费、电子邮箱免费，包括我们搭建网站用到的各种数据库，各种编程语言，不仅免费而且开源。为什么互联网经济是免费的经济？这是因为互联网开发产品的成本大体固定，而通过互联网将产品传递到用户手里的费用非常低，接近于零。因此，一项互联网产品或服务的用户基数越大，分摊到每个用户上的成本就越低，也趋近于零。比如，我开发的一个产品如果有 1 亿用户，分摊到每个用户上的成本是 1 元，那么当有 4 亿用户的时候，分摊到每个用户上的成本只有 0.25 元。所以，我认为免费是最好的营销手段，因为它不需要花很多的广告去做推广，本身就能形成口碑。

免费也是一种有效的竞争手段。现在我们说起互联网免费，都觉得是理所当然。但是，五年前我在鼓吹免费的时候，绝大多数人都在以质疑的眼光看待 360 的免费安全。我们推出 360 免费杀毒软件，有竞争对手建议国家有关部门查一查周鸿祎是不是在搞倾销。

作为高德的独立董事，我接触高德的机会比较多，能理解高德这几年的纠结，就跟四五年前杀毒软件厂商的纠结是一样的。可喜的是，高德终于走向了自我革命的道路。

　　我们推出 360 杀毒,免费又好用,因为一分钱不花就能有这么好的软件,360 杀毒的用户量一下子暴涨。当然,我们也曾经很纠结。在推广免费杀毒之前,360 通过销售其他品牌的杀毒软件,每年能有 1.7 亿元、1.8 亿元的收入。推广免费杀毒就意味着要放弃这些收入,当时的投资人很反对,说你再坚持一下,我们做到 2 亿元就可以上市了。上市了你再搞免费杀毒吧。你看,我们给你投资,这几年混得也不容易。

　　我给他们讲革命形势:虽然免费以后,我不知道未来的收入在哪里,但我认为杀毒免费是趋势,这 1.7 亿元、1.8 亿元的收入最终是赚不到的。安全会很快成为互联网的一个基础服务,你看国外的互联网公司恨不得把安全做到路由器和操作系统,大家都想解决安全的问题,安全一定是互联网里一个像空气和水一样的东西。

　　那么,与其维持现状等着被别人革命,还不如自己来革自己的命。如果自我革命,还可能革出一条出路。如果等着被人家革命,那结果就会很惨。然后,我请这些股东们看了一场电影《建国大业》,告诉他们地在人失,人地皆失;地失人在,人地皆得的道理。

　　后来,360 的"自我革命"把互联网安全带入了一个新时代,那些不想自我革命的,最终都惨遭别人的革命。所以,这一次高德宣布专业的手机导航应用免费,走了自我革命的道路,我由衷地为高德感到高兴,希望高德也能把地图导航带入一个新时代。

　　资料来源:https://www.ccdengbao.com/wanan/15012.html.

　　价格是市场营销组合因素中十分敏感而又难以控制的因素,它直接关系着市场对产品的接受程度,影响着市场需求和企业利润的多少,涉及生产者、经营者、消费者等各方面的利益。一般来说,如果企业提供给消费者的产品能够很好地满足目标消费者需要,并且定价十分科学合理,消费者就会乐意购买;反之,如果企业提供给消费者的产品虽然质量很高或样式十分优美,但定价不合理,消费者也会拒绝购买。因此,企业要制定出科学的市场营销组合策略,必须保证定价策略科学合理。

8.1　影响企业定价的因素

微课:影响企业的定价因素

8.1.1　价格构成要素

　　从市场营销角度来看,价格构成有以下四个要素。

1. 生产成本

　　生产成本是价值构成中的物化劳动价值和劳动者创造的,用以补偿劳动力价值的转化形态,是指在生产领域生产一定数量的产品所消耗的物质资料和劳动报酬的货币形态。它是产品价值的重要组成部分,也是制定产品价格的重要依据。

2. 流通费用

　　流通费用是指产品从生产领域通过流通领域进入消费领域所消耗的物化劳动和活劳动的货币表现。具体地讲,一部分是生产领域的生产企业为推销商品而发生的销售费用,它和生产成本共同构成生产企业的全部成本,另一大部分是在流通领域发生的商业流通费用。根据商业流转环节的不同,流通费用还要划分为采购商业费用、批发商业费用和零售商业费用,作为批发价格和零售价格的组成部分。流通费用是发生在流通领域各个环节中的,并和产品运动的时间、空间相依存,所以它是正确制定各种商品差价的基础。

3.税金

税金是生产者为社会创造的价值表现形态。国家是通过法令形式强制规定种类产品的税率并进行征收的。税率的高低直接影响产品的价格，因而税率是国家宏观调控产品生产经营活动的重要经济手段。

4.利润

利润是生产者为社会创造和占有的价值的表现形态，是企业扩大再生产的重要资金来源，体现了企业经营的效益高低。

8.1.2　影响企业定价的因素

产品定价之所以困难，是因为对其影响的因素很多，而且它们大多是企业不可控制的，有些因素更是常常处在变动状态。企业要使定价策略有效，必须对其主要因素进行深入分析。

1.市场需求因素

在激烈竞争的市场条件下，市场需求状况是企业定价决策最重要的影响因素，对其分析主要从以下三个方面进行。

（1）市场供求关系。从理论上讲，大多数产品的价格与需求有这样的规律：如果其他因素不变，产品价格越高，市场需求量越少，反之亦然。这个需求规律可用图8-1中向下倾斜的曲线 D（称为需求曲线）代表。产品的市场供应情况则相反：如果其他因素不变，产品价格越高，该产品在市场上的供应量就越多，反之亦然。这可用图中向上倾斜的曲线 S（称为供应曲线）代表。

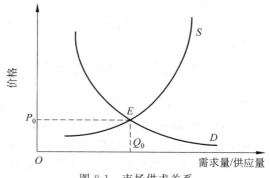

图8-1　市场供求关系

如果产品的市场价格过高，就会产生供大于求，在市场产品过剩的压力下，价格就会下调。如果市场价格过低，就会生产供不应求，在市场需求的刺激下，价格就会上扬。因此，在市场的需求和供应这两股力量的作用下，产品市场价格逐渐会在一定时期均衡于某一点，如图中的 E 点，此时产品的均衡价格为 P_0，市场需求量与供应量会相等，均为 Q_0。这就是所谓的供求规律。企业产品所面对的竞争程度越高，其价格受市场供求关系的影响就越大；市场的垄断性越强，其价格受供求关系的影响就越小。

（2）产品的需求价格弹性。价格的变动会引起市场需求量的变动，但需求量变动的程度会因产品的不同、时期的不同而有很大区别。例如，基本食品价格的变动，对其需求量的变动就较轻微；而高档家用电器价格的变动，其需求量的变动就较大，如图8-2所示。

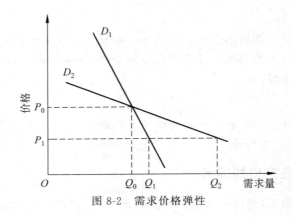
图 8-2　需求价格弹性

若 A 产品需求曲线为 D_1，B 产品需求曲线为 D_2，设当价格为 P_0 时，它们对应的市场需求量都为 Q_0，当价格从 P_0 降为 P_1 时，A 产品需求量增加到 Q_1，B 产品需求量增加到 Q_2，后者变动程度远大于前者。这种变动的不同状况，可以用需求价格弹性来反映。需求价格弹性可定义为：在其他因素不变时，产品价格每变动 1%，而引起产品需求量变动的百分数。可用以下公式表示：

$$需求价格弹性（EP）= \frac{A\,需求量变动的百分比}{A\,价格变动的百分比}$$

$$EP_A = \frac{Q_1 - Q_0}{Q_0} \bigg/ \frac{P_1 - P_0}{P_0}$$

$$EP_B = \frac{Q_2 - Q_0}{Q_0} \bigg/ \frac{P_2 - P_0}{P_0}$$

式中，Q_0 为原产品需求量；Q_1、Q_2 分别为价格变动后的 A、B 产品需求量；P_0 为产品的原价格；P_1、P_2 分别为 A、B 产品的新价格。

由于一般情况下，产品价格变动与需求量变动的方向是相反的，所以需求价格弹性数值通常为负值。

不同产品具有不同的需求弹性，需求弹性影响着定价策略。具体如下：如果需求价格弹性的绝对值大于 1 时，那么，该产品是富有弹性的。当价格作一定变动时，引起产品需求量的变动幅度会超过价格变动幅度。此时企业若将产品降价，会使企业的销售收入增加；若将产品提价，企业的销售收入则会减少。如果需求价格弹性的绝对值小于 1，那么该产品是缺乏弹性的。当价格作一定变动时，引起产品需求量的变动幅度会小于价格变动幅度。此时企业若将产品提价，会使企业的销售收入减少；若将产品降价，企业的销售收入则会增加。因此，对产品需求弹性的测定，可以使企业估计产品价格的变动和调整对市场需求量及企业销售收入水平的影响，从而有助于价格策略的选择。

某产品需求价格弹性的确定，需要建立在长期销售资料搜集分析的基础上。一般来讲，可以总结出以下几条规律：①生活必需品、生产资料产品的价格弹性较低，而生活非必需品的价格弹性较高。②企业在市场的垄断性较强时，企业产品的价格弹性较低；而市场如果存有较多竞争产品、替代产品时，企业产品的弹性较高。③价格低廉的产品的价格弹性低，价格水平高的产品的弹性高。④短期考察产品时，价格弹性较低，而从长期来看，产品的价格弹性较高。

（3）消费者对产品价格和价值的理解。最终评判产品价格是否合理的是消费者,因此,企业在定价时必须考虑消费者对价格的理解以及这种理解对购买决策的影响。换言之,定价决策也必须像其他营销组合决策一样,以消费者为中心。消费者在选购时,总是要将价格同产品价值相比较,因此,了解消费者对产品价值的理解很重要。价值可分为产品的实际价值和消费者个人所理解的价值。例如,消费者在饭店用餐,对饭菜价值的估计比较容易,但对其他方面如服务、环境等价值就不那么容易估计了,不同的人会有不同的认知和理解。如果消费者认为产品价格高于其实际价值,就不会购买这种产品。

对此,企业需要了解消费者购买一种产品的理由,按照消费者对该产品价值的认知来定价。由于消费者对产品附加价值的认识有差异,企业应采取不同的定价策略,即为不同特色的产品制定不同的价格,以适应不同的需要。例如,汽车制造商为一些消费者提供小型、节油、廉价的汽车,而为另一些消费者提供大型、高档、豪华、高价的汽车。

小思考

网上流传着这样一句话:"羊毛出在猪身上让狗来买单",你是如何理解的?

2. 定价目标

任何企业都不能孤立地制定价格,而必须按照企业的目标市场战略及市场定位战略的要求来进行。同时,企业管理人员还要制定一些具体的经营目标,如利润额、销售额、市场占有率等。这些都对企业定价具有重要影响。企业的每一可能价格对其利润、收入、市场占有率也都有不同的含义。与定价直接有关的营销目标主要有如下几种。

（1）维持企业的生存。有些企业由于经营管理不善或其他原因,造成产品大量积压,资金周转不灵,濒临破产,仅以维持生存避免破产为目标。在这种情况下,定价应尽量压低,以能够迅速出清存货,收回资金,克服财务困难为准则。有时,为了及时处理积压产品,避免更大损失,或为了不致错过有利的市场机会,定价可低于成本。但是维持生存只能作为短期目标,从长远来看,企业还是要寻求发展,否则仍难免倒闭。

（2）争取当期利润最大化。企业定价的目标有时是要取得当期的最大利润,而不是着眼于未来的长期利润。在这种情况下,企业需要估计和比较不同价格时的市场需求量,并结合产品成本一并考虑,然后选择可以得到当期最大利润、最大现金流量和最大投资收益的价格。

（3）争取最大限度的市场占有率。有些企业的目标是争取最大限度的市场占有率,因为他们相信,只要占有最大限度的市场份额,就能达到最低成本和取得长期的最大利润。为了达到这一目标,他们将价格尽可能定低。这种策略也就是以牺牲短期利润的办法,获取长期的利益。

（4）产品质量领先。企业也可以考虑产品质量领先这样的目标,并在生产和市场营销过程中始终贯彻产品质量最优化的指导思想。这就要求用高价格来弥补高质量和研究开发的高成本。产品优质优价的同时,企业还应保证提供优质的服务。

（5）其他目标。企业还可利用低价来达到其他目标,如以低价阻止竞争者进入市场;随行就市定价,以稳定市场,缓和竞争;通过适当的价格保住既有的顾客或避免政府干预;用临时性的降价激发顾客的购买欲望;用某一种产品的低价来促进产品线中其他产品的销售等。

3. 产品成本因素

任何企业都不能随心所欲地制定价格,基本要求就是产品的售价必须能够弥补其成本。

因此,产品成本就成为企业制定价格的最基本的因素之一。建立完备、准确的成本资料是科学定价的基础。但仅有齐全的资料是不够的,因为产品实际的耗费情况十分复杂,如果使用成本资料不当,反而会对企业定价决策产生误导作用,这就需要对成本的各种类型做深入的了解和分析。

(1) 固定成本与变动成本。固定成本是指在一定的产量范围内,不随产量的变动而变动的成本,如折旧费、房租、办公费用、管理人员报酬等相对固定的开支。这些费用项目的总体支出水平在短期内是相对固定的,即使企业没有生产产品,也需要支出,而产量增加时,这部分支出并无显著增加。因此,如果产品产量很少时,每个产品就必须承担相当多的固定成本,以致产品的单位成本很高。如果产量增加,就会因承担固定成本的减少,而使产品单位成本迅速降低。

变动成本是指企业在生产经营随着产品产量变动而变动的费用开支,如产品实体的原材料、加工产品的能耗和工资等,这些费用可以直接计入产品成本。一般来讲,在一段时期里变动成本总量增长的速度与产量增长速度是基本同比例的。

固定成本和变动成本之和就是产品的总成本。对于企业定价决策而言,更关心单位产品成本情况。单位成本的变动趋势同时受单位固定成本和单位变动成本的影响。当产量水平较低时,单位固定成本很高,随着产量(销售量)的增加,会迅速降低,但到一定程度后,降低的幅度很小。单位变动成本在一段时期内变动不大,但产量增加到一定程度后,上升幅度较大。于是单位成本的变化随着产量的增加,会呈现 U 形状态,企业在进行定价决策时应考虑这种趋势。

(2) 边际成本。产品的边际成本是指当该产品增加或减少单位产量时,所引起相应成本的变动量。例如,某企业生产某产品 100 件时,其总成本为 10000 万元(单位成本为 100 元),当产量为 101 件时,其总成本变为 10070 元,此时这种产品的边际成本为 70 元。对于企业来说,企业关心的是增加产量能否增加利润,如果产品市场价格高于边际成本,增加产量就会带来利润量增加。假设上述的产品市场价格为 80 元(比单位成本要低),但只要企业生产能力尚有富余,增加生产一件产品,企业可多获利 10 元,增加产量是有利的。同理,如果产品市场价格低于产品的边际成本,则减少产量应是有利的。因此,边际成本对企业的价格决策有重要影响,企业需要经常结合价格,观察边际成本的变化。

(3) 机会成本。企业拥有的资源,如资金、设备、人力、原材料等,可以分别用于不同产品的生产经营,相应也会产生不同收益。由于企业资源的有限性,如果多生产某一种产品,必然要减少另一种产品的生产量。所谓机会成本,是指当企业选择生产经营某种产品时,因需要放弃生产经营另一种产品的机会,而失去的相应收益。例如,某企业可以生产甲、乙两种产品,因为资源有限,如果多生产一件甲产品,就可能要少生产三件乙产品,假设每销售一件乙产品可带来 2 元的利润,那么此时一件甲产品的机会成本为 6 元。如果甲产品的单位成本为 10 元,那么只有当甲产品的售价大于或等于 16 元时,企业才应决定多生产经营甲产品,否则应决定多生产经营乙产品。由此可知,产品价格不仅应能弥补生产经营成本,而且要能弥补它的机会成本。企业研究分析产品的机会成本,对优化资源配置、制定价格策略、提升经济效益和增强风险意识,都有着实际意义。

4. 市场竞争因素

产品价格不可能定得过高,否则会失去大多数顾客,价格也不可能定得过低,以至于无法抵销成本,但可以在一定的幅度内浮动。企业就在分析市场竞争程度的基础上,在定价的可能幅度内,确定具体的价格水平。

(1) 竞争者的价格与其所提供的产品。现实的和潜在的竞争者对企业定价影响很大,特别是那些容易经营、利润可观的产品,潜在竞争者的威胁更大。通常竞争来自三个方面:类似的产品、代用品以及对顾客来说效用相同的其他产品。企业应采取适当方式,了解竞争者提供给市场的产品质量和价格,并以本企业的产品与主要竞争对手的同种产品进行分析比较。如果本企业的产品质量与竞争者产品大体一样,那么这二者的价格水平也大致相同;如果本企业的产品质量比竞争者低,那么产品的价格就要比竞争者价格低一些;相反,则高一些。

(2) 市场结构。由于行业的特点和市场环境的差异,不同企业会面对着具有不同竞争程度的市场,这对企业的定价行为有相当大的影响。因此,企业制定定价策略时,需要认真分析其市场的竞争结构。不同类型的市场有不同的运行机制和特点,对企业具有不同的约束力,因而在定价方面表现出显著的差异性。

① 完全竞争市场。这种市场不受任何阻碍和干预,企业只能按照市场价格出售商品。买主和卖主只能按照由市场供求关系决定的市场价格来买卖商品,都只能是价格的接受者,而不是决定者。从严格意义上来看,完全竞争的市场几乎并不存在,但一些小五金、小食品、农产品等市场与这种类型相似。处于类似完全竞争市场结构中的企业,无须花很多时间和精力去做营销研究、产品开发、定价、广告、宣传、销售促进等市场营销工作,其经营的关键,在于努力降低产品的单位成本。

② 完全垄断市场。在完全垄断条件下,在一个行业中只有一个卖主(政府或私人企业),没有别家竞争,这个卖主可以完全控制市场价格。它根据自己的经营目标在法律允许的范围内自由定价。现实生活存在类似完全垄断的市场,例如拥有某产品专利权的企业、完全控制了某种生产原料或某市场的销售渠道的企业等。另外城市中的公用事业或某些特殊行为的企业,一般是独家经营,如电力公司、邮电局等。

但是,不同类型的完全垄断的定价是有所不同的。

如果是政府垄断,则由于定价目标不同,产品价格制定也有高有低。比如,有些产品和广大人民群众生活关系密切,价格定得就要低于成本(日本核辐射时,政府控制食盐的价格和供应);有些产品的定价相对较高,以限制消费(很多大型城市限制了房屋买卖的手续费用,通过服务成本的增加限制了房地产市场价格)。

如果是私人管制垄断,则政府对某些私营垄断企业的定价加以调节和控制。比如,美国政府允许某些私人垄断企业的收费能得到中等的收益。

如果是私人非管制垄断,则政府允许私营企业随意定价。但是垄断企业怕触犯反托拉斯法或者怕引起竞争,或想以低价加速市场渗透,往往不敢随意提高价格。

③ 垄断竞争市场。它是介于完全竞争和完全垄断之间的一种市场状态。在这种市场上,各企业对自己的产品有垄断权,但由于产品类似,从而企业之间存在竞争。在这种条件下,企业可能利用产品的独特性制定和控制价格。例如,不同企业生产的同样疗效的类似药品实际上是同一种产品,但是不同品牌药品的制造商就通过铺天盖地、五花八门的广告宣传、包装、促销方式来区分产品,使消费者在心理上认为它们之间是存在差异的,吸引消费者花不同价格购买不同产品。

④ 寡头垄断市场。在这种市场上,同行业企业的数目不多,但每个企业生产和销售的产品都在行业中占有较大的比重。它们相互依存、相互制约,各个寡头企业对其他企业的市

场营销战略和定价策略都非常敏感，任何一个寡头企业调整价格都会马上影响其他竞争对手的定价策略。所以，这个市场上产品的价格不是通过市场供求决定，而是通过各企业之间的妥协来决定。

一般来说，寡头垄断企业一般不轻易调整其产品价格，以避免产生恶性竞争。石油化工、汽车制造、冶金、电子等行业的大、中型企业大多是处于这种市场结构。

5. 政府政策因素

价格水平的高低，往往对国民经济、社会稳定以及人民生活有着重要影响，尤其是对于重要生产资料和必需品的价格调整，很容易引起社会各界的关注。因此，各国政府或多或少都会对市场有关产品的价格有所控制，根据不同情况进行干预。在国际贸易中，不少国家政府为了维护本国企业的利益，实行市场保护，也会对进口产品的价格实行限制。企业制定价格必须遵守其目标市场所在地政府的有关规定，特别是在国际市场营销时，必须熟悉进口国政府有关价格方面的法律和政策。政府对产品价格的限制和干预主要有以下几种情况。

(1) 对关系国计民生的重要产品的限价主要是原料、能源、粮食、医药品等，也包括某些支农产品，如农机、化肥等。这些产品的需求价格弹性较低，若价格水平高，影响面很大。政府对这些产品规定较低的市场价格水平，相应也会对有关生产经营的企业给予一定的补助。

(2) 抑制通货膨胀。政府在通货膨胀率较高的时期，会实行物价冻结的政策，此时，企业的定价就会被限制在很狭小的范围内。

(3) 对垄断的限制。实力强大的企业可以通过低价将竞争对手挤出市场，从而达到垄断的目的，少数大企业也可以协商定价，企图共同垄断市场。由于垄断形成后，会损害消费者利益，所以政府往往会通过一些法律，防止因不正当竞争而引起的垄断。对于某些政策允许的垄断行业，如铁路、电力公司、邮电局等，政府会实行限价政策。

(4) 对出口产品价格的协调。政府为了防止各出口企业因争夺客户而竞相削价，以至于损害国家整体利益，就必须由有关部门通过签发出口许可证等方式，协调价格，统一对外。

(5) 反倾销政策。"关税与贸易总协定"对倾销的定义是："凡是一个国家将其产品以低于正常价格的办法挤入另一国家市场时，如因此对某一缔约国领土内已建立的某项工业造成重大损失或产生重大威胁，或对某一国内新建工业产生严重阻碍时，即构成倾销。"进口国政府会对已认定为倾销的进口产品增收高额"反倾销税"，以抵消其危害。因此，出口产品不宜一味地压低价格，否则被指控为倾销，会给产品在该国市场上的销售造成极大困难，甚至会被迫退出该市场。

【观念应用 8-1】

"彩票型"众筹＋竞价

苏州万科城为万科首个房产众筹项目。项目以苏州万科城一套全装 100m^2、市值约 90 万元的三居室商品房作为标的，众筹金额为 54 万元。根据规则，投资者只要投资 1000 元以上，在众筹成功（即众筹金额达到 54 万元）后，便可参与接下来的竞买；万科通过搜房网作为众筹平台在投资者中进行拍卖，标的起拍价为 54 万元，拍卖时间为两小时；所有认筹的投资者都可以竞买，最终只有一位投资者买下该套房产。中标者将获得折扣购房权，即可以以拍卖成交价购买该套标的；而成交金额超出 54 万元的部分，将作为投资收益分给未能拍得房屋的其他人。在这一过程中，投资人的资金在众筹成功后至投资周期结束前，将被暂时冻结无法赎回。通过众筹＋竞价，可以试探市场对项目价格的接受程度，进一步去完善定价方案。

资料来源：刘策.定价策略："互联网＋"时代下的巧妙定价法（节选）.明源地产研究，http://www.mydcyj.com/pronav/jingyingyujuece/2016/0914/7285.html.

8.2　定价方法

微课：定价方法

定价方法是指企业为实现其定价目标所采用的具体手段。尽管影响产品价格高低的因素很多，但现实生活中企业在为其产品定价时往往侧重于其中的某一个因素。正因为如此，根据企业定价时的侧重点不同，可以将企业基本定价方法分为成本导向定价法、需求导向定价法和竞争导向定价法三种。

8.2.1　成本导向定价法

成本导向定价法就是以成本为中心的定价方法，即企业在为产品定价时首先考虑要收回成本，然后才考虑赚取利润。成本导向定价法是一种传统的定价方法，但在现代社会仍被普遍采用，尤其是以实现当期最高利润、获取一定的投资收益率、维持营业或生存、履行社会责任等作为定价目标的企业所普遍采用的一种定价方法。其具体定价方法有以下四种。

1. 成本加成定价法

成本加成定价法就是以单位产品成本为基础，再加上若干百分比的加成率，从而定出产品销售价格。这个加成率就是预期利润占产品成本的百分比。成本加成定价法的计算公式如下：

$$单位产品售价＝单位产品成本×（1＋成本加成率）$$

例 8-1　假设某产品的可变成本为 10 元，固定成本为 300000 元，预计产量 50000 件，生产商想获得占成本 25％ 的利润，求其销售价格。

$$单位产品成本＝可变成本＋\frac{固定成本}{产量}＝10＋\frac{300000}{50000}＝16（元）$$

$$单位产品售价＝单位产品成本×（1＋成本加成率）＝16×（1＋25％）＝20（元）$$

成本加成定价法的关键是合理确定加成率。一般来说，确定加成率应综合考虑产品特点、市场需求、竞争状况三个因素。具体加成原则是：同质性产品的加成率低，异质性产品的加成率高；富有弹性商品的加成率低，缺乏弹性商品的加成率高；竞争激烈市场上商品的加成率低，竞争较弱市场上商品的加成率高。

（1）成本加成定价较多地运用于零售商业企业和一些公用事业单位。其优点如下。

① 简便易行。由于企业的产品成本比较容易计算，从而采用成本加成定价法就可以大大简化企业的定价程序。

② 相对稳定。由于成本的不确定性较小，从而采用成本加成定价法就可以保持价格的相对稳定性。

③ 企业能够获得预期的利润。在正常情况下，企业的产品只要能够卖出去，采用成本加成定价法就能够获得预期的利润。

④ 有助于避免价格竞争。如果同行业中的绝大多数企业都采用成本加成定价法，各企业定出的价格就会比较接近，从而有助于避免价格竞争。

(2) 成本加成定价法的缺点也十分明显,主要表现如下。

① 缺乏灵活性。成本加成定价法忽视了产品生命周期、顾客需求弹性、消费需求的季节性等因素,从而显得机械和呆板。

② 缺乏适应性。成本加成定价法仅仅考虑企业利益而不考虑市场需求和竞争状况,从而就难以适应不同目标顾客的需要和应付竞争。

2. 销售利润率定价法

对于批发企业、零售企业等中间商,同类产品会因为进货的时间、渠道、数量等因素的不同,使其进货成本有较大的差异,所以这些商业企业的利润率不用成本利润率,大多采用销售利润率形式,它用以下公式表示:

$$销售利润率 = \frac{产品价格 - 单位进货成本}{产品价格}$$

如果企业已确定其计划销售利润率,那么产品定价可用以下公式计算:

$$产品价格 = \frac{单位进货成本}{1 - 销售利润率}$$

这种定价方法简便易行,其优缺点与成本加成定价法类似。

3. 目标利润定价法

这种定价方法是根据盈亏平衡分析的原理而产生的。产品成本可分为固定成本和变动成本,前者在短期内不会随着产量(或销量)变动而变动。后者会随着产量(或销量)的增减而增减。企业的销售收入是销售量与价格的乘积,利润是销售收入与成本之差。如果产品的价格已确定,那么成本、收入、利润及产量(或销量)的相互关系可用图 8-3 表示。

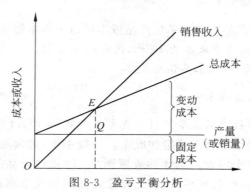

图 8-3 盈亏平衡分析

图 8-3 中,E 点为盈亏平衡点,对应的产量(或销量)Q 为平衡点产量(或销量)。如果企业的销售量大于 Q,那么会产生盈利,否则企业亏损。平衡点产量(或销量)可用以下公式计算:

$$平衡点产量(销量) = \frac{固定成本}{价格 - 单位变动成本}$$

如果企业的计划销售量已确定,从上述公式可得,为保证盈亏平衡时的定价公式为

$$产品价格 = \frac{固定成本}{计划销售量} + 单位变动成本$$

如果企业已确定目标利润,为保证目标利润实现的定价公式为

$$产品价格＝\frac{固定成本＋目标利润}{计划销售量}＋单位变动成本$$

例 8-2　假定某产品的固定成本为 15 万元，单位变动成本为 2 元，预计销售量为 5 万件，请计算收支平衡点的单位产品售价。

$$单位产品售价＝\frac{固定成本}{收支平衡点销售量}＋单位变动成本$$

$$＝\frac{150000}{50000}＋2＝3＋2＝5(元/件)$$

目标利润定价法也是仅从企业主观愿望出发，有其片面性，计算出的价格水平虽然一般不会作为产品的实际定价，但可以作为参考价格，因为这种方法对测定定价的经济效果有较高的参考价值。

4. 边际贡献定价法

边际贡献是指产品销售收入与产品变动成本之间的差额，用公式表示为

$$边际贡献＝销售收入－变动成本$$

边际贡献定价法又叫变动成本定价法、目标贡献定价法等，是指以能够弥补变动成本和获取一定的边际贡献为原则的定价方法。边际贡献定价法的具体计算公式为

$$单位产品价格＝单位变动成本＋\frac{边际贡献}{产量}$$

显然，如果边际贡献大于固定成本，企业就有盈利；如果边际贡献等于固定成本，企业不盈利也不亏损；如果边际贡献小于固定成本，企业就要亏损。但在特殊条件下，只要边际贡献大于零，即单位产品价格大于单位变动成本，企业就可以考虑进行生产，因为这样至少能够在一定程度上弥补企业的固定成本。如果边际贡献小于零，企业就应当放弃该产品的生产，因为此时企业不仅不能够弥补固定成本，而且连变动成本也不能够弥补了。

例 8-3　某企业生产衬衣需要固定成本 500 万元，每件衬衣的变动成本为 40 元，假设某客商愿以 70 元/件的价格订购 10 万件，请计算该公司能否接受这批订单。

$$边际贡献＝销售收入－变动成本＝70×100000－40×100000＝3000000(元)$$

$$企业利润＝边际贡献－固定成本＝3000000－5000000＝－2000000(元)$$

根据计算，企业如果接受这批订单，将亏损 200 万元，但能够弥补 300 万元的固定成本，因此，企业在没有其他生产任务的情况下，接受这批订单要比停产划算。

边际贡献定价法是企业在产品供过于求、生产任务不足、承接临时生产任务或产品生命周期处于衰退期时所采用的一种暂时定价方法，其目的是保证开工、维持生存和保住既有的市场，因此，它是一种短期和临时的定价方法。

观念应用 8-2

8.2.2　需求导向定价法

需求导向定价法就是以需求为中心的定价方法，即企业在为产品定价时首先考虑顾客需求的强弱和对价格的接受能力，然后才考虑能否弥补成本。需求导向定价法是现代营销观念所要求的一种定价方法，因此，在现代社会备受推崇，尤其是以实现当期最高利润、维护企业形象、履行社会责任、保持价格稳定等作为定价目标的企业经常采用的一种定价方法。

其具体定价方法有以下两种。

1. 理解价值定价法

理解价值定价法又叫觉察价值定价法、认知价值定价法等，这种定价方法是根据消费者对某种商品价值的认识和理解来为商品进行定价。需要说明的是，这里的"理解价值"是指顾客在观念上所形成的价值而并非产品的实际价值。理解价值定价认为，顾客在购买商品时总是选择那些在质量、性能、服务等方面能够满足其需要、同时在价格上又符合其所理解的价值的商品。但是不同的消费者对商品价值的理解是不同的，企业应当研究该商品在不同消费者心目中的理解价值，运用产品质量、服务、广告、宣传、包装等加深消费者对产品的印象，建立新的价值观念并提高产品的理解价值。对于理解价值定价法，具体来说，这种方法包括以下两个步骤。

（1）采取措施提高顾客对商品价值的理解程度。一般来说，为了提高顾客对商品价值的理解程度，企业可采取以下措施。

① 实行差异化战略，以制造出与众不同的产品。

② 搞好广告定位，以突出产品的特色和个性。

③ 加大宣传力度，以使目标顾客更多地了解产品的使用价值或效用。

④ 塑造良好的企业形象，以提升品牌价值。

（2）正确分析和判断顾客对商品价值的理解程度。一般来说，企业可采取以下方法分析和判断顾客对商品价值的理解程度。

① 直接评议法即邀请有关人员如顾客、中间商和有关专家等，根据他们对商品价值的认识和理解直接评议出商品价值，即按照大多数人所认定的价值制定产品价格。

② 评分法即根据理想产品的各种属性对顾客重要程度的不同，分别定出不同的权数，然后用实际产品属性与理想产品属性相对照，从而计算出实际产品价值（见表 8-1）。

表 8-1　顾客理解商品价值方法

产品 属性	理想产品		实际产品	
	重要性权数/%	认知价值/%	重要性权数/%	认知价值/元
耐用性	30	300	35	350
可靠性	30	300	32	320
方便性	25	250	30	300
美观性	15	150	20	200
合计	100	1000	117	1170

例如，美国凯特皮勒公司曾经成功地运用理解价值定价方法，以每台高于竞争者同种型号 4000 美元的价格推销了其拖拉机产品。该公司在宣传推销中强调：a. 本企业产品与竞争者产品质量相同，应定价 20000 美元。b. 耐用性高于竞争者产品，应加价 3000 美元。c. 可靠性高于竞争者产品，应加价 2000 美元。d. 维修服务措施周到，应加价 2000 美元。e. 零部件供应期较长，应加价 1000 美元。f. 为顾客提供价格折扣，企业减利 4000 美元。g. 拖拉机实际售价为 24000 美元。经过以上计算，加深了客户对该公司产品性能价格比的理解，致使众多客户宁愿多花费 4000 美元也不愿意购买替代品，从而凯特皮勒公司的拖拉机在市场上十分畅销。

理解价值定价法体现了以顾客需求为中心的思想，因此，制定出的价格保证顾客能够接受;但其操作较为复杂,因为顾客对商品价值的理解不易把握。

2. 逆向定价法

逆向定价法是通过市场调查和分析,测定消费者对该产品所能接受的市场零售价,然后根据零售商和批发商对利润率的要求,依次计算出该产品的批发价和出厂价。这种方法是以市场需求作为定价的出发点,反推各环节应支付的费用和应得的利润,最终得出生产企业的定价。相应的计算公式如下:

$$销售价格=市场可接受的零售价格\times(1-批零差价率)\times(1-进销差价率)$$

逆向定价法有利于企业加强同中间商的关系,调动中间商的积极性,从而扩大商品销售。现实生活中依靠中间商推销的制造商或大多数批发商采取这种定价方法。

8.2.3　竞争导向定价法

竞争导向定价法就是以竞争为中心的定价方法,即企业以市场上相互竞争的同类产品价格作为本企业产品定价的基本依据,并随着竞争对手价格的变化而调整自己的价格水平,然后才考虑企业产品成本和市场需求。竞争导向定价法是市场商品供应充足和竞争激烈化的产物,为现代企业所普遍采用,尤其是以增加销量或提高市场占有率、应付竞争、避免竞争或保持价格稳定、保持营业或生存等作为定价目标的企业所经常采用的一种定价方法。其具体定价方法有以下四种。

1. 随行就市定价法

随行就市定价法是指按照本行业的平均价格水平为本企业产品定价的方法。这种方法是在完全竞争或寡头垄断市场条件下企业经常采用的一种定价方法。

在完全竞争的市场上,销售同类产品的各个企业在定价时实际上没有多少选择余地,只能按照行业的现行价格来定价。某企业如果把价格定得高于时价,产品就卖不出去;反之,如果把价格定得低于时价,也会遭到削价竞销。

在寡头竞争的条件下,企业也倾向于和竞争对手要价相同。这是因为,在这种条件下,市场上只有少数几家大公司,彼此十分了解,购买者对市场行情也很熟悉,因此,如果各大公司的价格稍有差异,顾客就会转向价格较低的企业。所以,按照现行价格水平,在寡头竞争的需求曲线上有一个黑白转折点。如果某公司将价格定得高于这个转折点,需求就会相应减少,因为其他公司不会随之提价;相反,如果某公司将其价格定得低于这个转折点,需求则不会相应增加,因为其他公司可能也削价。总之,当需求有弹性时,一个寡头企业不能通过提价而获利;当需求缺乏弹性时,一个寡头企业也不能通过降价而获利。

采用随行就市定价法,要求企业必须密切监视本行业的价格动向,如果竞争对手的价格未进行调整,即使本企业的产品成本或市场需求发生了变化,产品价格也应维持不变;反之,如果竞争对手调整了产品价格,即使本企业的产品或市场需求没有发生变化,企业也必须相应地调整自己的产品价格。总之,按照随行就市定价法定价,企业产品价格不应该是固定不变的,而应该是经常变化的。

2. 追随市场领导者定价法

追随市场领导者定价法是指按照本行业中处于领先地位的企业的价格水平来为企业产品定价。这种定价方法通常是垄断竞争市场条件下的企业所采用的一种定价方法。采用这种定价方法:一是有助于避免招致竞争对手的报复,从而与竞争对手和平共处;二是有助于提升企业或品牌形象，从而赢得更多的顾客。但需要说明的是，采用这种定价方法必须以产品质量不低于竞争对手或者高于竞争对手为前提，否则，就难以赢得顾客。

3. 主动竞争定价法

企业如果销售的产品有自己的显著特征，如有独特的性能、驰名的商标、良好的服务等，虽然市场有众多销售同类产品的竞争者，但由于产品的差异性，顾客能有所区别而加以选择。此时企业对自己的产品就有一定的控制权，在一定程度上可以根据自己的策略进行定价。一般来讲，企业主动定价时有三种选择。

(1) 将产品价格定得高于竞争者的价格。这主要是企图通过价格这个信号，告诉顾客：本企业产品在市场上是优质品牌，甚于竞争者的产品。如果企业产品或销售方法有明显优势，这种策略易于成功。

(2) 将产品价格定得低于竞争者的价格。这时企业是准备以价格竞争为主要手段，与竞争者争夺市场份额。但低价会影响产品、商标在市场上的形象，需要用促销等手段的努力作为补充策略。

(3) 将产品价格定得等于竞争者的价格。这时主要是企业对自己产品的各方面都有较强的信心，不准备与竞争者打价格战，但也不愿竞争者低价夺取本企业市场，企业相信可以通过非价格方面竞争取胜。

产品差异化是企业主动定价能够成功的关键，企业应深入研究竞争者的产品，加强自己的产品在市场上已有的优势，以保证定价的主动权。

4. 密封投标定价法

密封投标定价法是指当买主通过招标方式购买时，参加投标的企业为了能够中标而根据对竞争者报价的估计来确定本企业产品价格的定价方法。当前，政府采购、大型成套设备采购和工程承包等，多采用公开招标方式，即采购单位在报刊或其他公开媒体上刊登招标公告，说明拟采购商品的品种、规格、数量等具体要求，邀请供应商在规定期内投标，然后再在规定日期开标，选择报价最低和最有利的供应商成交，签订采购合同。供货企业要想做成这笔生意，就必须参加投标，即在规定期限内填写标书，注明可提供商品的名称、品种、规格、价格、交货日期等，然后密封送交给招标人。由于供货企业参加投标的目的在于中标，因此，它的报价不是根据成本费用或市场需求来制定的，而是根据对竞争者的报价的估计来确定的，即一般要低于竞争对手的价格。

采用密封投标定价方法，报价高低是影响中标的因素，但也影响着企业利润水平。一般来说，报价高，利润大，但中标机会较小，甚至如果不能中标，利润就减为零；报价低，中标机会大，但利润较少，甚至会出现亏损。因此，企业在报价时，既要考虑中标概率，又要考虑有利因素，一般来说，最佳报价应是预期利润最大化时的报价。所谓预期利润，是指企业中标所能够获得的利润与中标概率的乘积，也就是说，目标利润与中标概率的最佳组合就是企业的最佳报价。因此，企业在报价时必须在目标利润和中标概率的各种组合之间进行选择。

由表 8-2 可知，当报价为 11000 元时，预期利润最高，为 52500 元，因此 11000 元是最佳报价。如果报价 9700 元，虽然中标概率很高，但实现预期利润较少；如果报价 12000 元和13000 元，尽管目标利润很高，但中标概率极低，因此，实现的预期利润较低，甚至极有可能因为投标失败而导致实际利润为零。

表 8-2　最佳报价分析

报价/元	成本/元	目标利润/元	中标概率	预期利润/元
9700	9500	200	80	16000
11000	9500	1500	35	52500
12000	9500	2500	10	25000
13000	9500	3500	1	3500

密封投标定价方法的最大困难在于正确估计中标概率,这涉及对竞争者投标情报的掌握,为此,企业可通过市场调查和对过去投标资料的分析进行大致估计。

思政融入：诚信经营

思政素材：活力 28 坚持退 23 万单的货款,再次见证了国产品牌的朴实无华。网友说,换成别人早就偷笑了,哪有退款一说的！活力 28 的三个"老头"主播走红,与直播间的不加修饰有关,朴实得令人心疼。背景就是工人在包装,只有一部手机和一台支架,直播时夹杂着风扇、机器的噪声,画面也常常卡顿。如此简陋,不事奢华,让人如何不动容。

链接：活力 28 将退款 230 万元！公司称价格算错了,要诚信经营

活力 28 直播账号的主页上写着："如果巅峰留不住,那就重走来时路。"一路走来,始终如一地朴实无华,这颗金子般的心终究会有闪光的一天。国货老品牌不投机取巧,虽然在市场竞争中有起起落落,但那些宝贵的品质,终究会俘获人心。有消费者的支持,有老品牌的深厚底蕴,相信所有的坚守都是值得的,有朴实无华就有永恒的老品牌活力,就会有柳暗花明的一天,只要坚持来时路,就会有新的巅峰时刻。

资料来源：https://baijiahao.baidu.com/s? id=1777346111741235394&wfr=spider&for=pc.

讨论：结合视频案例,分析国货重新走上巅峰的原因。

8.3　企业的定价策略

微课：企业的定价策略

上述讲解的定价方法是依据成本、需求和竞争等因素决定产品基础价格的方法。基础单位价格是单位产品在生产地点或经销地点的价格,尚未计入折扣、运费等对价格的影响。但是在市场营销实践中,企业还需考虑或利用灵活多变的定价策略,修正或调整产品的基础价格。根据产品的需求弹性、产品生命周期所处的阶段、消费者购买的心理、消费者购买数量和时机等,可采用不同的定价策略。在这里,主要介绍折扣定价策略、地区定价策略、心理定价策略、差别定价策略、新产品定价策略和产品组合定价策略。

8.3.1　新产品定价策略

新产品上市时,缺乏价格的参照系,通常难以把握定价的准确性,这时市场的竞争者少,产品富有特色,企业定价的自主权较大,新产品正式投放市场前,企业应通过一定方式预测其价格的大体水平,可以选择几个具有典型意义的市场进行测试,也可以邀请一些顾客、推销员或中间商参与考评。通过这种方式所得的价格称为新产品的预期价格。预期价格是新产品定价的参考,企业根据具体营销目标有两种新产品定价的策略：撇油定价与渗透定价。

1. 撇油定价策略

撇油定价策略是对新产品制定较高的价格，意图是在新产品投入市场的早期就能获得最大的利润。相当于新鲜牛奶，首先撇取处于最上层的精华部分——奶油，所以称为撇油定价。

撇油定价的主要优点：①新产品定高价有其可能性，竞争者较少，特别当新产品有明显的相对优势特征时，能降低顾客对价格的敏感程度。②高价能抬高产品的形象，有利于吸引中、高阶层的顾客，而这部分顾客往往是新产品的早期购买者。③新产品的高价位，可以保有较大的降价空间，若发现定价过高，企业可适当调低价格，顾客易于接受。如果定价过低，企业若想调高，则不易为顾客所接受。④高价能够使企业早期回收新产品开发的投资，特别对产品生命周期很短的产品，需要制定高价。⑤新产品高价能相对使市场需求适应产品生产能力，因为在投入期新产品的生产能力尚未完全形成，市场规模有时不易扩张过快。

撇油定价的主要缺点：①高价产生高利润率，极易使激烈竞争过早产生，因为这等于向其他企业发出信号："该新产品有利可图"，犹如邀请他人加入竞争。所以高价一般难以长期维持。②高价人为地抑制了产品的扩散速度，使销售增长率受阻。③高价如果与产品质量不能一致，会引起消费者反感，对企业形象有损，而新产品投入初期，质量可能不够稳定。④高价不适应中、下阶层顾客要求，而这部分顾客是构成市场的大部分。

从市场营销实践来看，在以下条件下可以采取撇油定价策略：①市场有足够的购买者，他们的需求缺乏弹性，即使把价格定得很高，市场需求也不会大量减少；②高价使需求减少一些，因此产量减少一些，单位成本增加一些，但这不致抵销高价所带来的收益；在高价情况下，仍然独家经营，别无竞争者（比如有专利保护的产品）；某种产品的价格定得很高，使人们产生这种产品是高档产品的形象。

2. 渗透定价策略

渗透定价策略是对新产品制定较低的价格，从而使新产品能迅速地扩散，很快渗透到各个市场中。

渗透定价的主要优点：①低价能迅速打开市场，特别是顾客对价格相当敏感的产品。销售量的扩大可使生产批量扩大，使规模效益得以发挥，可导致产品成本下降。②低价可以阻止竞争者进入该市场，由于低价会使早期经营者亏损，它等于向其他企业发出信号："该产品无利可图，不必染指该市场。"③低价能适应中、下阶层顾客，使新产品有较宽的目标市场。

渗透定价的主要缺点：①低价可能使新产品在市场上形成大众化、低档化的形象，以后若要再提升产品的形象就比较困难。②低价使企业的新产品开发投资回收放慢，甚至要忍受一段亏损的局面，使企业资金利用效益降低。③如果新产品生产能力的提高，来不及满足因低价而导致销售量的增长速度，那么企业的销售收入、利润等就会受到不应有的损失。

从市场营销实践来看，企业采取渗透定价需要具备以下条件：市场需求显得对价格极为敏感，因此低价会刺激市场需求迅速增长；企业的生产成本和经营费用会随着生产经营经验的增加而下降；低价不会引起实际和潜在的竞争。

撇油定价与渗透定价这两种策略截然相反，各有利弊，企业应根据具体情况加以选择。表 8-3 中的选择标准可供参考。

表 8-3 新产品定价策略选择因素

渗透定价	影 响 因 素	撇油定价
大	潜在市场容量	小
相似性大	与竞争产品的相似性	差异性大
容易	仿制的难易	困难
高	需求价格弹性	低
弱	目标市场顾客的购买力	强
较大影响	销售量增长对产品单位成本降低的影响	影响不大
逐渐回收	投资回收期的要求	迅速回收

8.3.2 折扣定价策略

折扣定价策略是企业根据不同情况,按一定的标准给予顾客在价格上作某种程度的减让或优惠,以达到不同的营销目的。折扣策略的实质是一种降价行为,但如果企业直接对产品降价,可能会产生较严重的负面影响。例如,影响产品和商标的声誉、引起同业的不满、打击销售者士气等。因此采用各种折扣策略成为营销中常用的间接降价手段。

1. 价格折扣的主要类型

(1) 现金折扣。它是指对购买者在约定的期限内付款或提前付款给予一定的价格折扣,目的是鼓励购买者尽快支付货款,以利企业及时回收资金、加速资金周转。折扣的大小一般根据付款期间的利率(或资金成本)和风险成本等因素来确定。最典型的例子是"2/10,净 30",意思是:买方应在 30 天之内付清货款,但如果在成交后 10 天内付款,照价给予 2% 的现金折扣。

(2) 数量折扣。这是企业对购买产品的数量达到某种标准的顾客给予一定的折扣。这种折扣可以仅给超过标准部分的产品,也可以对全部订购产品都给予折扣。具体做法有累积数量折扣和非累积数量折扣两种策略。

① 累积数量折扣。这是当顾客在一段时期内,购买某种商品的数量累积达到一定标准时的折扣,与顾客的购买次数无关。例如,企业规定:在一年内顾客历次购买某产品数量累积达到 200 件以上时,给予 3% 的价格折扣。这种策略的主要目的是鼓励顾客重复购买,培养企业的长期顾客。

② 非累积数量折扣。这是当顾客在一次购买过程中,如果购买批量达到某一数量标准时,企业给予一定的价格折扣。例如,顾客每次购买批量达到 100 件以上时,企业可给予 2% 的价格折扣。这种策略的主要目的是鼓励顾客增加购买批量,达到降低销售成本的目的。

累积数量折扣和非累积数量折扣策略在使用上并不矛盾,可以联合采用。数量折扣的形式除了可以减少顾客现金的支付以外,还可以采用给予顾客等值的产品或购买券,或给予顾客某些特殊的待遇等。

(3) 功能折扣。功能折扣也称贸易折扣,是指制造商给中间商的折扣,是生产者给某些批发商或零售商的一种额外折扣,促使他们执行某种市场营销功能,如推销、储存或者服务等。这种策略的主要目的是要调动中间商经销本企业产品的积极性。

(4) 季节性折扣。这是生产季节性产品的生产企业,对一定季节内的购买者给予折扣优待,鼓励中间商提早储存商品的一种策略。如防晒霜、羽绒服就是季节性消费的产品。生产企业为了鼓励经营者和消费者提早订货储备商品与购买给予一定的折扣,目的在于保证生产企业不受季节性影响并充分发挥生产能力。

（5）运输折扣。这是企业为了弥补远方顾客的部分运费,给其一定的价格折扣。具体折扣率可以按照路途远近、运费高低等情况确定。这种策略的主要目的是吸引远地客户,扩大产品销售的地理范围。

（6）价格折让。这是减价的一种形式。例如,"以旧换新折让",多见于汽车行业或其他耐用品;"促销折让"是生产者对中间商提供促销的一种报酬。

价格折扣形式还有很多,如节日折扣、特殊顾客（如老人、军人）折扣等,企业应根据具体情况,多种方式配合使用才能取得良好的效果。

2. 影响折扣策略的主要因素

折扣被用在战术上和策略发展上会表现出不同的特点,其原因主要有以下三个。

（1）竞争对手以及联合竞争的实力。市场中同行业竞争对手的实力强弱会威胁到折扣的成效,一旦竞相折价,要么两败俱伤,要么被迫退出竞争市场。

（2）折扣的成本均衡性。销售中的折价并不是简单地遵循单位价格随订购数量的上升而下降这一规律。对生产厂家来说,有两种情况是例外的:一种是订单量大,很难看出连续订购的必然性,企业扩大再生产后,一旦下季度或来年订单陡减,投资难以收回;另一种是订单达不到企业的开机指标,开工运转与分批送货的总成本有可能无法用增加的订单补偿。

（3）市场总体价格水平下降。由于折扣策略有较稳定的长期性,当消费者利用折扣超需购买后,再转手将超需的那部分商品以低于折扣价卖给第三者,这样做会扰乱市场,导致市场总体价格水平下降,给采用折价策略的企业带来损失。

企业实行折扣策略时,除考虑以上因素外,还应该考虑企业流动资金的成本、金融市场汇率变化、消费者对折扣的疑虑等因素。目前在我国商界,总代理、总经销方式越来越普遍。折扣在经销方式中的运用也非常普遍。一种现象极为突出,即厂家和大的经销商注意在地区影响范围内消除折扣的差异性,因为市场内同一厂家的同种商品折扣标准混乱,会使消费者或用户难以确定应该选择哪一种价格,结果折扣差异性在自己市场内形成了冲抵,影响了经销总体目标的实现。

8.3.3 地区定价策略

一般来说,一个企业的产品不仅卖给当地顾客,而且会销售给外地的顾客。当面对外地顾客时,需要考虑到把产品从产地运到顾客所在地的费用问题。地区性定价策略就是企业决定对于卖给不同地区的顾客的某种产品时,要考虑是分别制定不同的价格,还是制定相同的价格。即企业要决定是否制定地区差价,一般包括以下几种地区性定价方法。

1. FOB 原产地定价

FOB 原产地定价即指卖方负责将产品装运到原产地的某种运输工具上交货,并承担此前的一切风险和费用。交货后的一切风险和费用包括运费则由买方承担。这样,每个顾客各自担负从原产地到目的地的运费,看上去是很合理的。但这种定价法有失去远方顾客的危险,因为远途顾客必须承担较高的运输费用。

2. 统一交货定价

与 FOB 原产地定价相反,这种定价法是没有地区差价的。企业对不同地区的顾客实行统一价格加运费,运费按平均运费计算,也叫邮资定价。这种定价法简便易行,并可争取远方顾客,但对近处顾客不利。

3. 分区定价

这种形式介于 FOB 原产地定价和统一交货定价之间。所谓的分区定价,是把产品的销售市场划分为两个或两个以上的区域,在每个区域内定统一价格。一般来说,较远的区域定价高些。企业采用分区定价也存在问题:第一,在统一价格区内,距离企业较远的顾客就比距离企业较近的顾客划算;第二,处在两个相邻价格区界两边的顾客,他们相距并不远,却要按照高低不同的价格购买同一种产品。

4. 基点定价

基点定价是指企业指定一些城市为基点,按基点到顾客所在地的距离收取运费,而不管货物实际上是从哪里起运的。如果所有的卖主都以同一个城市为基点,那么所有顾客都支付同样的装运价格,就可消除价格竞争,但其他形式的竞争依旧存在。

5. 免收运费定价

有些急于同某顾客或某地区做成生意的企业,由自己负担部分或全部实际运费,以促成交易,这样做是为了增加销售额,使平均成本降低而足以补偿这部分运费开支,以达到渗透市场,在竞争中站住脚的目的。

8.3.4 心理定价策略

消费者购买心理会影响到购买行为,不同消费者的购买心理是有所不同的,但在许多情况下,存在消费心理相似的消费群体,利用定价来满足不同购买心理的消费群体的策略称为心理定价策略。

1. 尾数定价策略

尾数定价策略也称非整数定价策略、零头定价策略或奇数定价策略。这种策略定价,有意使产品价格不是整数而留有尾数,如 2.97 元、9.8 元、24.5 元,常用的尾数多是 5、7、9,特别是 9 用得最多。根据调查发现,有尾数的价格使消费者感到便宜和真实,由此产生信任并刺激购买。对于普通日用消费品,尾数定价效果更为明显。

2. 整数定价策略

这种策略用整数来定价。如 92 元的价格变成 100 元的价格,1120 元的价格变成 1200 元的价格,去掉尾数提高价格,相应地提高了商品身价,满足消费者的炫耀需求。这种策略适用于价值昂贵的商品,特别是高档商品和消费者不太了解的商品,消费者往往以价格作为辨别质量的"指示器",认为"一分钱,一分货"。

3. 声望定价策略

这种策略对有声誉的名牌产品制定高价以满足消费者求名的心理。用整数定价策略的产品是价值较大的产品,用声望定价策略定价的产品只是有声望的名牌产品而不一定是价值较大的产品。如有的人用名牌衣服、名牌领带、名牌皮鞋。在质量相当的情况下,名牌产品价格要高出非名牌产品价格,并具有更大的盈利率,但它的价格不一定是整数,也可以是尾数。消费者具有崇尚名牌的心理,往往以价格来判断质量,低价反而被认为有质量问题。除名牌产品外,一些艺术品、文物古玩也常常使用声望定价策略。

4. 习惯定价策略

这种策略是按照习惯的价格心理制定价格。消费者经常购买的日常消费品，如自来水、方便面、洗涤剂等，其价格在消费者心目中已形成一种习惯性的标准。高于这个习惯价格会被认为是不合理的涨价，低于这个习惯价格则会被认为是质量可能下降。这类商品宜按照习惯定价，不能轻易和频繁地调价。如果企业的产品要提价，可以通过减少数量或适度降低的办法来解决，这样消费者较易接受；或者通过改变品牌、变换包装来实现提价。康师傅方便面标出"建议零售价1.10元"，使顾客认为"厂家反对暴利和欺诈"，从而产生信任感和良好形象。

5. 招徕定价策略

采用这种策略，有意将少数几种商品的价格降低到市价以下，甚至低于成本，以招徕顾客，增加其他商品的连带性购买来扩大销售额。采用这种策略时，选择降低的商品应是消费者购买频率高的日用消费品，才能达到招徕目的。另外，企业经营的产品品种必须要多，以便顾客和消费者选择与连带购买。如有的企业举办"大展销""酬宾减价"等活动，把一些低值畅销商品用处理品价格或大减价来招徕顾客，带动其他商品的销售。

8.3.5 差别定价策略

差别定价是指企业销售某种产品时，根据不同细分市场的需求差异情况，制定不同水平的价格。这种策略具有很强的市场针对性，应用得当能使企业取得很好的经济效益。差别定价具体方式主要如下。

1. 对不同的顾客群制定不同的价格

顾客之间有很大差异，如不同阶层的收入不一样，不同文化的消费习惯不一样等。只要顾客有差异，其需求性质就有区别，从理论上来讲，即使完全相同的产品也可以制定有差异的价格。例如，许多公园、影院和展览馆等对学生或老年人给予优惠。

2. 对不同改良程度的同类产品制定不同的价格

在同类产品中，不同品种之间的特性有区别，如果各自成本水平差距较大，其价格的制定自然也要有差距。但即使不同品种的成本相近，也可以制定差别性价格，这样可以通过价格的明显差异，将产品的特性充分突出，满足部分顾客的需求，也能使企业利润率提高。

3. 对不同地理区域制定不同的价格

当不同地理区域的经营成本、竞争程度、潜在销售量等市场条件相差较大时，可以使用差别定价。例如，日本的家用电器、照相器材等产品在北美地区销售时，定价较低，在本国市场销售时，定价较高。

4. 对不同时间制定不同价格

有些产品价格特别是饮食服务业的价格，可因季节、日期甚至同一天里的不同时间，制定不同的价格。例如，长途电话在不同时间收费不同；旅游服务企业在淡季和旺季收费不同；餐馆在同一天的午餐和晚餐，也可定不同的价格等。

差别定价策略的应用必须具备以下条件，否则难以实行：①不同细分市场的需求价格弹性有显著差别，企业才能在弹性较低的市场定高价，在弹性较高的市场定低价。②不同细分市场之间不能相互渗透，处于低价市场的产品不会流入高价市场，例如国内市场与国际市场之间因海关隔离,则可以进行差别定价。③在计划实行高价的细分市场内,预期不会出现同类产品的低价竞争者,否则差别定价反而可能会引起竞争的不利。

【观念应用 8-3】

锁定定价策略

锁定定价策略也被称为主流化策略,目的在于使自己的产品成为标准,成为主流。该定价策略是为了获得足够的消费者规模而制定的,原因在于只要获得的消费者规模足够大,到一个临界量,就会产生"滚雪球"效应。网络产品的网络外部性及锁定效应也使此定价策略在发展期非常可行。例如,以 QQ 为主导产品的腾讯公司,通过锁定方法使得 QQ 成为即时通信产品市场主流,"锁定"了几亿的用户群,然后再对其产品不断升级换代,通过其他附属产品如 QQ 商城服务、各种 QQ 钻、会员服务等的收费来攫取利润。

8.3.6 产品组合定价策略

当产品只是某一产品组合的一部分时,企业必须对定价方法进行调整,以实现整个产品组合取得整体的最大利润。产品组合定价主要有以下情况。

1. 产品线定价

产品线定价就是针对整个产品线制定价格,而不是对单个产品定价。通常企业开发出来的是产品线,而不是单一产品。当企业生产的系列产品存在需求和成本的内在关联性时,为了充分发挥这种内在关联性的积极效应,需要采用产品线定价策略。在定价时,首先,确定某种产品的最低价格,它在产品线中充当领袖价格,以吸引消费者购买产品线中的其他产品;其次,确定产品线中某种商品的最高价格,它在产品线中充当品牌质量和收回投资的角色;最后,产品线中的其他产品也分别依据其在产品线中的角色不同而制定不同的价格。

例如,奇瑞汽车在国内销售时定价较低,在俄罗斯销售时定价较高。如果两种类似产品的差价较小,顾客就会买那种售价略高但技术更先进的产品。在这种情况下,如果产品成本的差距比价格的差距更小,则对企业有利。但是,如果两种类似产品的差价较大,则顾客可能购买不太先进但价廉的那种产品。

在许多行业中,企业还利用顾客对产品线系列产品的价格所形成的理解来制定价格。例如,美国有些服装商店,将男人的套服制定 3 种价格:每套 180 美元、250 美元和 340 美元。顾客自然会按这 3 种价格把服装的质量也分为低、中、高 3 个档次。即使 3 种价格都分别提高一些,顾客仍会按他们对价格的理解去购买某一档次的产品。这里,企业的任务是使顾客心理上产生这样的认知:价格高是质量高的必然结果,即所谓"一分钱,一分货"。

2. 选择品定价

许多企业在提供主要产品的同时,还会附带一些可供选择的产品。如汽车用户可以订购电子开窗控制器、扫雾器和减光器等。但是对选择品定价却是一件棘手的事。汽车公司必须确定价格中应包括哪些产品,又有哪些产品可作为选择对象。汽车制造商只希望对简便型汽车做广告,吸引人们到汽车展示厅参观,而将展示厅的大部分空间用于展示昂贵的特征齐全的汽车。饭店也面临同样的定价问题。其顾客除了订购饭菜外也可买酒类。许多饭店的酒价很高,而食品的价格相对较低。食品收入可以弥补食品的成本和饭店其他的成本,而酒类则可以带来利润。这就是为什么服务人员极力向顾客推销各种品牌的酒的原因。也有的饭店会将酒价制定得较低，而对食品制定高价，吸引爱饮酒的消费者。

3. 补充产品定价

在某些产品中，附属品或补充产品的存在至关重要，如剃须刀片与硒鼓。制造商通常会对主要产品（如剃须刀和打印机）设定较低的价格，而对附属产品采取较高的加成策略。举例来说，若没有圆珠笔，人们可能不会意识到圆珠笔芯的存在，即便购买了圆珠笔芯，若无圆珠笔也无法发挥作用。反之，一旦拥有圆珠笔，消费者必然需要购买圆珠笔芯，否则圆珠笔便成了一件废品。因此，对于价值较高、使用寿命较长但购买频率较低的主产品，有意降低其价格；而对于与之配套、价值较低、使用寿命较短但购买频率较高的次产品，则设定较高的价格，以实现综合和整体利益的最大化。

4. 副产品定价

在生产加工肉类、石油产品和其他化工产品的过程中，经常有副产品产生。如果副产品价值很低，处理费用昂贵，就会影响到主产品的定价。制造商确定的价格必须能够弥补副产品的处理费用。如果副产品对某一顾客群有价值，就应该按其价值定价。副产品如果能带来收入，将有助于公司在迫于竞争压力时制定较低的价格。

5. 分部定价

服务型企业经常收取一笔固定费用，再加上可变的使用费。例如，电话用户每月都要支付一笔最少的使用费，如果使用次数超过规定，还要再交费。游乐园一般先收门票费，如果游玩的地方超过规定，就再交费。在新加坡，新车的价格包括两个部分：第一部分是包括进口税在内的汽车成本；第二部分是获取驾驶执照的价格——拥有新车的权利。后者在拍卖行可以购得，那里每月都提供一定数量的用于不同车辆的驾驶执照。成功的驾驶执照投标人要为享有买车的权利支付费用。服务型公司面临和补充产品定价同样的问题，即应收多少基本服务费和可变使用费。固定成本应较低，以推动人们购买服务，利润可以从使用费中获取。

6. 产品系列定价

企业经常以某一价格出售一组产品，例如化妆品、计算机、假期旅游公司为顾客提供的一系列活动方案。这一组产品的价格低于单独购买其中每一产品的费用总和。因为顾客可能并不打算购买其中所有的产品，所以这一组合的价格必须有较大的降幅，以此来推动消费者购买。有些顾客不需要整个产品系列。假设一家医疗设备公司免费提供送货上门和培训服务。某一顾客可能要求免去送货和培训服务，以获取较低的价格。有时，顾客要求将产品系列拆开。在这种情况下，如果企业节约的成本大于向顾客提供其所需商品的价格损失，则公司的利润会上升。例如，供应商不提供送货上门可节省 100 美元，这时向顾客提供的价格的减少额为 80 美元，则它的利润无形中就增加了 20 美元。

8.3.7 网络环境下的其他定价策略

1. 拍卖定价策略

所谓网上拍卖，是指通过互联网进行价格谈判的交易活动，利用互联网公开发布将要招标的商品或服务的相关信息，通过竞买者竞标投标的方式来确定商品或服务的买受人。

比较适合网上拍卖竞价的是企业的原有积压产品，也可以是企业的新产品，可以通过拍卖展示起到促销作用。目前非常受欢迎的网站淘宝网、当当网等都有自己的拍卖平台。

现有拍卖网站的时间终止规则有两种：固定时间规则、固定期限无应答规则。

固定时间规则是规定一个拍卖结束的时间到达这个时间点时拍卖结束，不准再延续时间。eBay 是使用固定时间规则的典型代表。固定时间规则的优点是所有竞买人事先都明确知道该拍卖活动到什么时间截止。这种规则的缺点是会引起很多的竞买人到最后时刻投标。

固定期限无应答规则是在规定的截止时间之后若有新的出价，截止时间延续一个固定的时间期限，只有在这个期限之内没有新的出价提交时，该拍卖活动才结束。固定期限无应答规则的优点是可以在同一时间结合起所有对拍卖感兴趣的竞买人。它的缺点也体现在策略方面，只要有竞买人继续出价，拍卖即无法结束，通常竞买人也会采用最后时刻投标的策略。

2. 议价定价策略

议价定价是指交易各方按照事先制定的规则通过动态商议价格的方式确定价格并进行交易，或由供货方对产品、服务、项目给出一个指导价格，交易双方根据自身和对方的议价能力及其他影响因素来互相商讨定价。这种定价方式被 B2B、C2C 电子商务模式的网站平台广泛采用，例如淘宝零售商、中国制造网供应商等。

这种定价方式的优势：①采用议价定价的方式，供应商有很大的自主定价空间，能根据对不同客户的偏好、消费能力等具体信息制定出相应价格，这样供应商的利润空间会有很大的弹性。②议价定价策略也迎合了很多人讨价还价的心理，并可以激发客户购买的成就感。③通过讨价还价可以让店铺多一些人情味，显示出店铺的灵活性，客户有很大的和店主交流沟通的空间，给客户形成一种亲切舒服的感觉，这样无形中会拉近双方的距离，增加客户对店铺的好感，从而增强客户的忠诚度。

议价定价中有一种集体议价策略非常盛行。集体议价是很多购买者联合下单购买同一类商品而形成一定购买规模，该商品订购价格随参与人数的增加而不断下跌，最终所有人都将获得优惠售价的交易方式。提出这一模式的是美国著名的 Priceline 公司。"集体议价"充分利用了互联网的特性，将零散的消费者联合起来，形成类似集团采购的庞大订单，从而与供应商讨价还价，争取最优惠的折扣。例如，集体议价《没完没了》电影票的活动，此次活动原本 500 张电影票，原价 30 元，竞价人数达 400 人时，价格可降为 5 元，结果活动 6 天之内，500 张票以每张 5 元的价格销售一空。"集体议价"集中体现了互联网时代消费者主权的理念，买方定价将逐步成为现实，个体消费者通过聚合成为强大采购集团的一分子，充分享受到以大批发商的价格买单件产品的实际利益。

集体议价可分为两种：一种是预先议价，由发起人预估销售量，直接跟商家切货买断，以大量订购的方式取得低价，然后转卖给其他购买者。这种方式中发起人要负担一定的风险，因为如果预估不准，没有将订购的商品全部卖出，发起人要承担后续处理的费用。另一种是先征集需求，然后与厂商商量各个购买数量级别的价格折扣，购买的人越多，则价格越低。这种方式中，经营者承担的风险比较低。

3. 个性化定制生产定价策略

个性化定制生产定价是基于网络的互动性特征而产生的，是商家在具备定制生产条件的基础上，利用网络技术和辅助设计软件，为消费者提供个性化的服务，消费者可以根据自己对产品外观、颜色等方面的具体需求，自行选择配置或自主设计产品，再由商家完成加工、生产、包装等环节，消费者根据所享受的服务承担相应的价格成本。Dell 公司的个性化营销很成功,用户可以通过其网页了解本型号产品的基本配置和基本功能,选择不同尺寸的显示器、不同品牌的微处理器或者其他配件设备,配置出自己最满意的产品,使消费者能够一次性买到自己中意的产品。在上面配置计算机的同时,消费者也相应地选择了自己认为价格合适的产品,因此对产品价格有比较透明的认识,增加企业在消费者面前的信用。

4. 免费定价策略

免费定价策略是指将企业的产品和服务以免费的形式提供给顾客使用,满足顾客的需求,同时对企业和商品起到推广和宣传的作用。它是一种产品促销推广手段,也是一种非常有效的产品和服务定价策略。免费定价策略一般有以下四种形式。

（1）完全免费,是产品或服务的购买、使用及售后等所有环节均免费提供。例如,腾讯QQ免费试用。

（2）有限免费,是指用户可以在有限次数或固定期限内免费使用产品或服务,超过规定的次数或期限就不再享受免费。例如,武汉亿次源信息技术有限公司旗下的 PaperYY 论文查重系统提供一个账号每天免费查重一篇论文的服务。

（3）部分免费,是指将产品整体进行划分或将服务全过程分成若干个环节,只对其中某些部分或某些环节提供免费的策略。例如,腾讯视频网站部分影视剧免费,而有些是收费的。

（4）捆绑式免费,是指消费者在购买某种产品或服务时可以免费获得商家赠送的其他产品和服务。例如,网上购买某商品,免费邮寄服务;购买软件产品时,免费享受赠送的其他软件或插件等。

思政融入："国潮"崛起

思政素材：在推销过程中我们会遇到对中国品牌的偏见,作为推销人员首先要对中国自己的产品有自信,随着中国的崛起,中国的产品在质量和美誉上也有了质的飞跃,许多产品享誉海内外,我们要树立民族自信。

讨论：分析"国潮"兴起的深层次原因。

链接："国潮"崛起！你骄傲了吗

8.4 价格变动与企业对策

8.4.1 价格变动及带来的反映

产品价格一直是处于变动的状态,因为价格作为极为灵活的竞争手段,企业会根据内外环境变化而调整。研究价格变动对企业、顾客及竞争者的影响,是制定价格策略的重要内容。

1. 价格变动的原因

企业调整价格,可采用降价及提价策略。企业产品价格调整的动力既可能来自内部,也可能来自外部。倘若企业利用自身的产品或成本优势,主动地对价格予以调整,将价格作为竞争的利器,这称为主动调整价格。有时,价格的调整出于应付竞争的需要,即竞争对手主动调整价格,而企业也相应地调整价格。无论是主动调整,还是被动调整,其形式不外降价和提价两种。

企业降价的原因主要有：①生产能力过剩,需要扩大市场份额。②处理库存积压、回笼沉淀资金。③市场战略撤退,迅速转移资源投入新方向。④开展价格竞争,或者是通过低价渗透进入竞争者的市场范围,或者是通过低价反击竞争者的侵入。

企业提价的主要原因有：①需要提高利润率,满足财务上的要求。②产品成本上升,迫使价格上调。③社会通货膨胀压力,价格随之上扬。④产品供不应求,企业生产能力不能满足,通过调价适当降低需求。⑤提高产品、品牌的声誉,以价格上升反映产品品质、性能等方面的提高。

2. 消费者对价格变动的反应

企业无论是提价还是降价,这种行动必然影响到购买者、竞争者、经销商和供应商,而且政府对企业变动价格也不能不关心。在这里,首先分析购买者对企业变动价格的反应。

不同市场的消费者对价格变动的反应是不同的,即使处在同一市场的消费者对价格变动的反应也可能不同。从理论上来说,可以通过需求的价格弹性来分析消费者对价格变动的反应,弹性大表明反应强烈,弹性小表明反应微弱。但在实践中,价格弹性的统计和测定非常困难,其状况和准确度常常取决于消费者预期价格、价格原有水平、价格变化趋势、需求期限、竞争格局以及产品生命周期等多种复杂因素,并且会随着时间和地点的改变而处于不断变化中,企业难以分析、计算和把握。消费者对调价的反应主要体现在以下几个方面。

(1)在一定范围内的价格变动是可以被消费者接受的;提价幅度超过可接受的价格上限,则会引起消费者的不满,产生抵触情绪,而不愿购买企业产品;降价幅度低于下限,会导致消费者的种种疑虑,也会对实际购买行为产生抑制作用。

(2)在产品知名度因广告而提高、收入增加、通货膨胀等条件下,消费者可接受的价格上限会提高;在消费者对产品质量有明确认识、收入减少、价格连续下跌等条件下,下限会降低。

(3)消费者对某种产品削价的可能反应是:产品将马上因式样陈旧、质量低劣而被淘汰;企业遇到财务上困难,很快将会停产或转产;价格进一步下降;产品成本降低了。而对于某种产品的提价则可能这样理解:很多人购买这种产品,我也应赶快购买,以免价格继续上涨;提价意味着产品质量的改进;企业将高价作为一种策略,以树立名牌形象;卖主想尽量取得更多利润;各种商品价格都在上涨,提价很正常。

3. 竞争者对价格变动的反应

企业在考虑改变价格时,不仅要考虑购买者的反应,而且必须考虑竞争对手的反应。当某一行业中企业数目很少,提高同质的产品,购买者颇具辨别力与知识时,竞争者的反应就越显重要。

(1)了解竞争者反应的主要途径。企业如何估计竞争者的可能反应呢?首先,假设企业只面对一家大的竞争者,竞争者的可能反应可从两个不同的出发点加以理解:第一种假设是竞争者有一组适应价格变化的政策;第二种假设是竞争者把每一次价格变动都当作一次挑战。每一种假设在研究上均有不同的含义。

假设竞争者有一组价格反应政策,至少可以通过两种方法了解它们:通过内部资料和借助统计分析。有一种方法是从竞争者那里"挖"来经理,以获得竞争者决策程序及反应模式等重要情报。此外,还可以雇用竞争者以前的职员,专门成立一个部门,其工作任务就是模仿竞争者的立场、观点、方法思考问题。类似的情报也可以从其他渠道如顾客、金融机构、供应商、代理商等处获得。

(2)估计竞争者反应的统计分析方法。用统计分析方法来研究竞争者过去的价格反应,也可以得知其适应价格变动的对策。从市场营销实践看,可以用"推测价格变动"(V)的概念,即竞争者的价格变动反应对本企业上次价格变动的比率来测定。用数学公式表示如下:

$$V_{A.t} = \frac{P_{B.t} - P_{B.t-1}}{P_{A.t} - P_{A.t-1}}$$

式中，$V_{A.t}$ 表示竞争者 B 在 t 期间的价格变动与企业 A 在 t 期间的价格变动的比值；$P_{B.t} - P_{B.t-1}$ 表示竞争者 B 在 t 期间的价格变动；$P_{A.t} - P_{A.t-1}$ 表示企业 A 在 t 期间的价格变动。企业 A 观察比值可估计竞争者的可能反应。假设 $V_{A.t} = 0$，表示竞争者上次并没有反应。假设 $V_{A.t} = 1$，表示竞争者完全跟进企业的价格变动。假设 $V_{A.t} = 1/2$，表示竞争者只跟进企业价格变动的一半。然而，如果仅仅对上次的反应进行分析，可能也会因此而误入歧途，最好是将过去若干个期间的 V 值平均，但对近几年的比值给予较大的权重，因为它更能反映竞争者目前的政策。最可能对竞争者未来价格反应的估计公式为

$$V_{A.t+1} = 0.5V_{A.t} + 0.3V_{A.t-1} + 0.2V_{A.t-2}$$

依照此公式，将过去变动的三个推测值用加权平均法结合在一起。

必须指出，只有在竞争者有相当一致持久的价格反应政策的情况下，统计方法才有意义。否则，就必须以不同的假设来分析，也就是假设竞争者在每次价格变动时所采取的反应都不相同。

（3）预测竞争者反应的主要假设。企业可以从以下两个方面估计、预测竞争者对本企业的产品价格变动的可能反应。

① 假设竞争对手采取老一套的办法来对付本企业的价格变动。在这种情况下，竞争对手的反应是能够预测的。

② 假设竞争对手把每一次价格变动都看作新的挑战，并根据当时自己的利益做出相应反应。在这种情况下，企业就必须断定当时竞争对手的利益是什么。企业必须调查研究竞争对手目前的财务状况，以及近来的销售和生产能力情况、顾客忠诚情况以及企业目标等。如果竞争者的企业目标是提高市场占有率，它就可能随着本企业的产品价格变动而调整价格。如果竞争者的企业目标是取得最大利润，它就会采取其他对策，如增加广告预算，加强广告促销或者提高产品质量等。总之，企业在发动价格变动时，必须善于利用企业内部和外部的信息来源，推测出竞争对手的心思，以便采取适当的对策。

实际问题是复杂的，因为竞争者对本企业削价可能有种种不同理解。例如，竞争者可能认为企业想偷偷地侵占市场阵地；或者认为企业经营不善，力图扩大销售；或者认为企业想使整个行业的价格下降，以刺激整个市场需求。

上面假设企业只面临着一个大的竞争者。如果企业面对着好几个竞争者，在变价时就必须估计每一个竞争者的可能反应。如果所有的竞争者反应大体相同。就可以集中力量分析典型的竞争者，因为典型的竞争者反应可以代表其他竞争者的反应。如果由于各个竞争者在规模、市场占有率及政策等重要问题上有所不同，因此他们的反应也有所不同，在这种情况下，就必须分别对各个竞争者进行分析；如果某些竞争者随着本企业的价格变动而变价，那么就有理由断定其他竞争者也会这样做。

小思考

新零售名创优品 10 元店做到了 50 亿元，请查阅资料后思考其中的奥秘。

8.4.2　企业对竞争者价格变动的反应

在现代市场经济条件下，企业经常会面临竞争者价格变动的挑战。如何对竞争者的价格变动做出及时、正确的反应，是企业定价策略的一项重要内容。

1. 不同市场环境下的企业反应

在同质产品市场上,如果竞争者降价,企业也必须随之降价,否则顾客就会购买竞争者的产品而不购买企业的产品。如果某一些企业提价,其他企业也可能会随之提价(如果提价使整个行业有利),但是如果一个企业不随之提价,那么最先发动提价的企业和其他企业也不得不取消提价。

在异质产品市场上,企业对竞争者的价格变动的反应有更多的自由。在这种市场上,购买者选择卖主时不仅考虑产品价格高低,而且考虑产品质量、服务、可靠性等因素,因而在这种产品市场上,购买者对于较小的价格差额无反应或不敏感。

企业在对竞争者价格变动做出适当反应之前,须调查研究和考虑以下问题。

(1) 为什么竞争者要变价?

(2) 竞争者打算暂时变价还是永久变价?

(3) 如果对竞争者的变价置之不理,将对企业的市场占有率和利润有何影响?其他企业是否会做出反应?

(4) 竞争者和其他企业对于本企业的每一个可能的反应又会有什么反应?

2. 市场主导者的反应

在现代市场经济条件下,市场领导者往往遇到一些较小的企业进攻。这些较小企业的产品比得上市场领导者的产品,它们往往通过"侵略性的削价"和市场领先者争夺市场阵地,提高市场占有率。在这种情况下,市场领导者有以下几种选择。

(1) 维持价格。市场领先者认为:如果降价就会使利润减少过多;保持价格不变,市场占有率不会下降太多;以后能恢复市场阵地。在维持价格不变的同时,还要改进产品质量、提高服务水平、加强促销沟通等,运用非价格手段来反击竞争者。许多企业的营销实践证明,采取这种战略比削价和低价经营更合算。

(2) 降价。市场领先者采取这种战略是因为:第一,降价可以使销售量和产量增加,从而使成本费用下降;第二,市场对价格很敏感,不降价就会使市场率下降;第三,市场占有率下降,以后就难以恢复。但是企业降价后,应当尽力保持产品质量和服务水平,而不应降低产品质量和服务水平。

(3) 提价。提价的同时,还要致力于提高产品质量,或推出某些新品牌,以便与竞争对手争夺市场。

3. 企业应变需考虑的因素

受到竞争对手进攻时,企业必须考虑:①产品在其生命周期中所处的阶段及其在企业产品投资组合中的重要性;②竞争者的意图和资源;③市场对价格和价值的敏感性;④成本费用随着销售量和产量的变化情况。

面对竞争者的变价,企业不可能花很多时间来分析应采取的对策。事实上,竞争者很可能花了大量的时间来准备变价,而企业又必须在数小时或几天内明确果断地做出明智的反应。缩短价格反应决策时间的唯一途径是:预料竞争者的可能价格变动,并预先准备适当的对策。

本章小结

价格是商品价值的货币表现。所有企业无一例外都面临着价格决策问题。价格的制定和变化不仅直接影响消费者的购买行为，也直接影响着企业产品的销售和利润，因此，尽管在现代市场营销进程中，非价格因素的作用在增大，但价格策略仍是市场营销组合中重要的基本因素。

价格形成及运动是经济活动中最复杂的现象之一，除了价值这个形成价格的基础因素外，现实中的产品价格还受到多种因素的影响和制约。企业对这些因素的关注程度不同，选择的定价方法就会不同。

企业确定了产品的基础价格后，往往还会在不同时期、不同情况下实行灵活多变的定价策略。企业在制定了价格策略后，常常又面临修改价格的局面。但不管是提高价格还是降低价格，企业要预测消费者和竞争者对价格变动的反应都是很困难的。另外，企业还要应对竞争者发动的价格变化，根据产品是否同质做出相应的反应。

基础练习

1. 简答题

（1）在什么样的条件下需求可能缺乏弹性？

（2）企业在选择不同的折扣策略时所考虑的主要因素是什么？

2. 讨论题

结合某一具体产品，讨论企业在定价时应该考虑哪些因素。请具体说明。

案例分析

李想亲自解析理想 L9 定价策略

理想 L9 发布会之后，迅速引爆社交媒体。无论是同样的单一车型、单一定价，还是据传的高订单量，都让外界对理想 L9 的诞生历程足够好奇。到底是什么原因，让李想这次带着理想 L9 冲刺 50 万元高端市场时，依然选择单一车型的定价策略，而这回胜算又有多大？

"关于订单，肯定非常好，L9 的销量肯定会稳稳超过理想 ONE，尽管价格贵了 10 万元以上，这是没有任何问题的。具体的订单数我们就不报了，新势力比较诚实，传统厂商报数报得太虚了，咱们就看销量，看订单没有用，要看销量、看交付量。"李想首先回答了关于理想 L9 上市后的订单问题，一个"肯定非常好"就已经掩盖不住他的喜悦。

李想认为，把理想品牌打造成家庭用车的概念足够聚焦，产品团队才有明确的研发目标做创新、体验才能突破现有的格局。正因为有技术创新和体验升级，所以即便产品的价格贵一些，但实际上性价比是提升的。

在理想 L9 车型中，一款 2160W 大功率、支持杜比全景声的 7.3.4 音响系统，其成本与豪华品牌五六万元选装的 5.1 声道音响系统并无显著差异。然而，后者在我国市场上一年的选装量仅数百套，且由于每辆车均需匹配不同的研发费用，其成本较高。这种差异并非源于价格虚高，而是由其商业模式决定的。每一套音响系统都需要分摊大量的研发成本，甚至高达上万元，因此形成了较高的价格模式。然而，将该音响系统作为每辆车的标配，意味着一年销售 15 万辆 L9 的情况下，每辆车的分摊成本仅需 100～200 元，从而使理想汽车能够更为顺利地实现标配。

　　此外,采用单一配置和价格策略的另一个原因在于用户逻辑。一辆汽车拥有多种配置和众多选配,但在选择时,用户往往会感到与厂商存在钩心斗角的现象。选择最高配置,用户会觉得花费了较多冤枉钱;选择低配置,又会感到不甘心。理想汽车的产品策略则避免了这种现象,使消费者在选购时无须费心计算和比较。

　　李想认为车型配置和选装应被视为一种"费用",而汽车本身则是一种"资产"。在二手车交易时,这些配置的价值会被清零,因此不具备实质意义。因此,当理想汽车仅提供一个配置时,二手车的价格得以保持稳定,不会因配置高低和选装多寡而有太大波动。

　　总而言之,理想 L9 的定价策略就是把很多过去大家觉得遥不可及的功能、配置,甚至是遥不可及的车型,变成大家努力跳一跳就可以够得着的选择。

　　资料来源:https://baijiahao.baidu.com/s? id＝1736402422872427567＆wfr＝spider＆for＝pc.

　　问题:理想 L9 是如何运用定价策略的? 在未来市场竞争中能否取胜?

课外实践

1. 实践背景

要求学生按照第 1 章课外实践活动中所自组公司和确定的经营背景完成。

2. 实践活动

(1) 完成现有产品定价现状调研。结合第 6 章所学习的市场营销调研的知识,利用网络进行二手资料调研,完成××公司产品价格调查报告,存入公司档案。

(2) 完成新产品定价调研。结合第 6 章所学习的市场调研知识,进行现场调研,了解消费者对该公司新产品能够接受的心理价格,确定价格带,为制定新产品价格做准备。

(3) 新产品定价方案的撰写。定价方案的内容:新产品定价背景概述;确定定价策略与方法;设计定价方案;定价方案的分析、评价。

第 9 章

分销渠道策略

知识目标：

1. 了解市场营销渠道的特征；

2. 熟悉分销渠道的设计流程；

3. 掌握批发商与零售商的主要类型；

4. 了解渠道管理内容。

技能目标：

1. 培养判断各渠道资源的能力；

2. 培养运用不同渠道资源为企业营销活动服务的能力；

3. 培养根据渠道特点调整渠道管理方案的能力。

德育目标：

1. 树立正确的企业管理观念和合作观念；

2. 树立正确的企业文化价值观；

3. 鼓励创新精神，增强创业意识。

导入案例

搭上互联网快车 福建武平县农产品迎来好收益

农业要发展，农产品是重点；农民要致富，畅通销售渠道、创新发展模式是关键。2016 年中央一号文件指出，"大力推进'互联网＋'现代农业，应用物联网、云计算、大数据、移动互联等现代信息技术，推动农业全产业链改造升级。"近年来，福建省武平县供销合作社依托区位优势和资源优势，把本地特色农产品纳入线上销售渠道，让果蔬坐上电商快车，拓展农产品销路，推动农业提质增效，助力农民增收致富。

2022 年，武平县的脐橙、百香果、羊肚菌等特色农产品获得大丰收。如何将"好收成"变为"好收益"，助力农民增收，助推乡村经济发展，武平县社给出了供销电商方案。

线上，武平县社引领基层企业实施"互联网＋"农产品出村工程，强化与小农户、家庭农场、农民专业合作社等主体的产销对接，通过直播带货、网店、小程序等新载体销售推广农副产品，促进农民增收。

线下，武平县与多个大型超市签订协议，提供各类果蔬供应；与食品生产企业合作，将小果、次果生产成果干、果脯，增加产品附加值。同时，武平县社还创建集红色供销文化、武平地标优品展示于一体的供销农特产品线下展示馆，为武平县的农特优产品提供一个集中展示的平台。

据统计，仅武平县社电商公司 2022 年度累计直播 230 余次，场均观看人次 5 万人，累计销售脐橙、无花果及其果干、果脯等特色农产品 2900 多吨，实现销售额 3800 余万元；在淘宝、拼多多等线上平台销售额累计 2000 余万元；线下为各大超市供应应季水果 1800 多吨，累计帮助 640 多户农民切实解决了农产品销路难的问题。

"互联网＋农业"是一种生产方式、产业模式与经营手段的创新，通过便利化、实时化、物联化、智能化等手段，对农业的生产、经营、管理、服务等农业产业链环节产生了深远影响，为农业现代化发展提供了新动力。以"互联网＋农业"为驱动，有助于发展智慧农业、精细农业、高效农业、绿色农业，提高农业质量效益和竞争力，实现由传统农业向现代农业转型。

资料来源：https://www.chinacoop.gov.cn/news.html? aid＝1766824.

本章将要介绍第三种营销工具——分销渠道。一个企业要实现盈利目标，不仅要生产出符合目标市场消费需要的产品，制定出目标消费者乐意接受的价格，而且要使其产品让目标消费者在最方便购买的地点能够买到，即要制定出科学的渠道策略。

在现代营销环境中，绝大多数的公司不再独自为顾客创造价值，而只是成为更庞大的供应链和营销渠道中的一个环节。一家公司的成功不仅仅取决于自身的表现，还取决于营销渠道与竞争者相比是否更具有优势。因此，公司无法独自递送顾客价值时，必须与更大的价值递送网络中的其他公司紧密合作。

9.1 供应链和分销渠道

9.1.1 供应链的含义

微课：供应链
和分销渠道

企业生产产品或服务，并将其提供给购买者。这一过程不仅需要与顾客建立关系，还要与企业供应链中关键的供应商和分销商建立关系。供应链包括"上游"和"下游"合作者。企业上游合作者是指那些为生产产品或服务供应所需原材料、零部件、信息、资金和专业技术的企业。但是企业往往更重视供应链下游部分，即面向顾客的分销渠道。下游的渠道合作伙伴（如批发商和零售商）在生产企业与其顾客之间形成了至关重要的联系纽带。

供应链是指从原材料的供应商经过开发、加工、生产、批发、零售等过程到达用户之间有关最终产品或服务的形成和交付的每一项业务。

国家标准《物流术语》（GB/T 18354—2021）将其定义为生产及流通过程中，围绕核心企业的核心产品或服务，由所涉及的原材料供应商、制造商、分销商、零售商直到最终用户等形成的网链结构。

随着互联网和移动营销的流行，供应链也进入移动时代，利用无线网络实现其基本技术。它将原有供应链系统上的客户关系管理功能迁移到手机。在竞争日益激烈的全球化市场，企业要想在市场上生存，除了要努力提高产品的质量之外，还要对它在市场的活动采取更加先进、更加有效率的管理运作方式。供应链管理是以市场和客户需求为导向，在核心企业协调下，本着共赢原则，以提高竞争力、市场占有率、客户满意度、获取最大利润为目标，以协同商务、协同竞争为商业运作模式，通过运用现代企业管理技术、信息技术和集成技术，达到对整个供应链上的信息流、物流、资金流、业务流和价值流的有效规划和控制，从而将客户、供应商、制造商、销售商、服务商等合作伙伴连成一个完整的网状结构，形成一个极具竞争力的战略联盟。简单地说，供应链管理就是优化和改进供应链活动，其对象是供应链组织和他们之间的"流",应用的方法是集成和协同;目标是满足客户的需求,最终提高供应链的整体竞争能力。

9.1.2 分销渠道的含义与职能

1. 分销渠道的含义与特点

在市场营销理论中,有两个与渠道有关的概念经常不加以区别,混为一谈地交替使用,这就是市场营销渠道和分销渠道。菲利普·科特勒在其《市场营销管理》一书中曾就两个概念的关系和区别进行了论述。

所谓市场营销渠道(marketing channel),是指配合生产、分销和消费某一些生产者的商品和服务的所有企业和个人。也就是说,市场营销渠道包括某种产品的供产销过程中的所有有关企业和个人,如供应商、生产者、中间商、代理中间商、辅助商以及最终消费者或用户等。而分销渠道(distribution channel)是指某种商品和服务从生产者向消费者转移的过程中,取得这种商品和服务的所有权或帮助所有权转移的所有企业和个人。因此,分销渠道包括中间商(因为他们取得所有权)和代理中间商(因为他们帮助转移所有权)。此外,它还包括处于渠道起点和终点的生产者和最终消费者或用户。但是,它不包括供应商和辅助商。

营销渠道执行的工作就是把商品从生产者那里转移到消费者手里。它弥补了产品、服务和其使用者之间的缺口,主要包括时间、地点和持有权等缺口。就其本身而言,渠道中通常会有三种流程:正向流程是从生产者向消费者前进的流程,如实物、所有权;反向流程是从消费者向生产者方向的流程,如订货、付款;双向流程是在生产者与消费者之间实现的双向流动,如信息流、谈判等。企业放弃对于如何推销产品和销售给谁等方面的控制权利而选择运用营销渠道的目的在于换取渠道所拥有的一系列重要功能,包括信息交流、产品销售、资金融通、服务传递、库存转移、风险承担等。这些功能帮助企业能够在可承受的风险和成本下保持正常的运作。

小思考

分析营销渠道与分销渠道的异同。

2. 分销渠道的功能

为什么制造商将一部分销售工作交给渠道伙伴完成?这样做意味着制造商在如何销售、销售给谁等方面丧失了部分控制权。制造商之所以使用中间商,是因为后者在目标市场提供产品方面具有更高的效率。凭借所拥有的关系、经验、专业知识和经营规模,中间商往往可以做到很多制造商无法独自完成的事情。简单来说,分销渠道把产品从生产者转移到消费者手中,解决了产品或劳务与使用者之间存在的数量、品种、时间、地点等方面的矛盾。具体来说,分销渠道的功能主要包括以下几点。

(1) 信息。收集和发布计划及协助交易所需要的关于顾客、生产者与营销环境中其他行动者和主要影响因素的信息。

(2) 促销。开发和传播具有说服力的沟通信息。

(3) 联系。寻找潜在购买者,并与之沟通。

(4) 匹配。根据购买者需求形成提供物,包括生产、分类、组装和包装等活动。

(5) 谈判。就价格和其他条件形成协议,以便所有权和使用权转移。

(6) 实体分销。储藏和运输货物。

（7）融资。获得和使用资金，补偿渠道工作的成本。

（8）风险承担。承担与从事渠道工作有关的全部风险。

上述的分销渠道功能是非常必要的，但关键的问题在于由谁来执行这些功能。当由制造商来执行这些功能时，制造商的成本增加，其产品的价格也必然上升。如果该功能转移到中间商手中，生产者的费用和价格下降了，但是中间商必须增加一些收费，以补偿他们的工作。因此，由谁来执行各种功能，是一个有关效率和效益的问题。

9.1.3　分销渠道的类型

企业可以设计不同形式的分销渠道，使消费者更容易获得产品或服务。凡是可以完成某些工作从而使产品及其所有权更贴近消费者的每一层营销中介都代表一个渠道层级。中间商层级的数量表示渠道长度。根据有无中间商参与交换活动，可以归纳为以下两种最基本的销售渠道类型。

1. 直接分销渠道

直接分销渠道，没有中间商层级，制造商直接将产品出售给消费者。其优势在于买卖双方直接见面，有利于产、需双方沟通信息，可以按需生产，更好地满足目标顾客的需要，也可以降低产品在流通过程中的损耗，加快商品的流转，还保证在销售过程中直接进行促销，使购销双方在营销关系上相对稳定。这样的分销渠道也意味着企业必须拥有较高的广泛分销能力和产品销售能力，其渠道成本也相对比较高。

2. 间接分销渠道

与直接分销渠道不同的是，间接营销渠道包含一家或多家营销中介。我国消费品、生活资料商品的销售，中小企业的销售工作大多利用间接渠道使自己的产品广泛分销。这样的分销渠道有助于产品广泛分销，缓解生产者人、财、物等销售资源方面各种力量的不足，也有利于企业之间的专业化协作。与此同时，企业因此与最终顾客隔离，可能形成"需求滞后差"和营销信息沟通不畅的问题，也必须面对流通环节中的商品损耗。

根据流通过程中所经过的渠道环节或层次的多少，间接分销渠道还可以分为长渠道与短渠道。

（1）长渠道是指商品从生产领域向消费领域转移过程中利用两道以上的中间商完成商品流转的分销渠道。企业采用长渠道的销售方式能够使产品销售的市场覆盖面扩大，减轻其营销的责任，市场风险也可以较早地得到转移。但长渠道的流通环节较多，流通费用就会增大，产品最终售价可能会较高，也会增加产品的损耗，生产企业对市场的控制力很小。

（2）短渠道是指商品从生产领域向消费领域转移过程中利用较少的中间商完成商品流转的分销渠道。采用短渠道的模式，可以加快商品流转速度，从而使产品迅速进入市场；可以减少中间商分割利润，从而维持相对较低的销售价格；有助于生产者和中间商建立直接、密切的合作关系。但短渠道模式不利于产品在大范围内大批量销售，从而会影响其销售量。

【观念应用 9-1】

从直营到加盟，"喜茶"瞄准下沉市场

用"芝士奶盖茶和高端性冷淡风"引领了新茶饮中高端化的喜茶，不仅仅是新茶饮的开创者，而且在很长一段时间内都是奶茶界的顶流。然而这两年随着奈雪的茶成为"新茶饮第一股"成功搭上资本，还有主攻下沉市场的蜜雪冰城带着3年净赚30亿元的业绩冲击IPO，并释放出加盟模式的巨大魅力，喜茶的经营战略也在实施巨大的转向。

2022年11月3日，在"喜小茶"最后一家门店关店的第二天，喜茶向外界确认了向非一线城市开放"事业合伙人"加盟的消息。作为高端茶饮品牌的代表之一，喜茶在过去多年里向来有着"坚决不做加盟"的名头，官网也曾明确写明"不接受任何形式的加盟"。但是，事实上，喜茶一直都想开辟新的战场。早在2020年4月，喜茶就推出了子品牌"喜小茶"，定位是单品价格在6～15元的小型店，主攻中低端市场。2021年发布的《喜小茶一周年小报告》显示，开业一年时间，喜小茶在深圳、广州、东莞、中山、佛山、惠州六个广东城市落成22家门店，全年共卖出超280万杯饮品。但在喜小茶两周年之际，小报告没有了，反而传来的是门店陆续关闭的消息。喜茶方面给出的回应是，"喜小茶已经完成其历史使命"。现在看来，喜茶的历史使命大概是为喜茶证明了：奶茶不是非得30元一杯才能赚钱的。

2022年1月开始，喜茶产品宣布全线降价，最低9元即可买到一杯，最高价的产品也锁定在了29元，正式告别"30元奶茶时代"。连2022年6月和《梦华录》推出的联名新品，价格都保持在了20元以下。

从全线降价，到开放加盟，原因不外是下沉市场实在太香了。要成为喜茶的事业合伙人，需要一次性支出的加盟费是41.3万元。之后，还有每月营收1%的营运管理费。对比"下沉之王"蜜雪冰城37万元起的投资费用，相差无几。从这一点来看，喜茶并没有要在加盟费上"割韭菜"的意思。相似的还有门店的面积，喜茶目前提供给事业合伙人的门店，不同于一线城市核心商圈动辄200平方米的主力店，而是平均面积在40平方米左右，分布在二三线城市的店面。对比之下，蜜雪冰城的标准门店面积为15～20平方米。看起来，喜茶的加盟性价比还不错，按照喜茶给出的门店60%毛利率，以及以往全线门店盈利的传说来看，加盟似乎是一笔稳赚不赔的买卖。

就目前情况来看，喜茶在下沉市场试点的一些城市业绩尚可。和一线城市一些门店的疲软不同，下沉市场的喜茶似乎依然拥有一定的品牌势能。喜茶相关负责人表示："虽然很多二三线城市还没有喜茶门店，但想近距离喝到喜茶的用户呼声依然不绝于耳。每次喜茶上新品或者推出联名活动，许多喜茶未开店城市的消费者，都在社交媒体上呼吁喜茶进入其所在城市。"数据似乎也证明了这一观察，近一年来，喜茶已连续进入哈尔滨、长春、淮安、龙岩、襄阳、临沂等新城市。据了解，喜茶在三线城市淮安的楚州万达店，在美团上的月销量为6745单，平均每天的单量为225单；而喜茶在二线城市长春摩天活力城的门店，在美团上的月销量为5622单，平均每天的单量为187单。

此外，在喜茶对外招事业合伙人的公告里，喜茶也输出了自己摸索的方法论。喜茶在公告中表示，事业合伙门店预计毛利率60%，而门店店型中，中山古镇世贸天地店、靖江泰和吾悦广场店、宜昌兴发广场店都在45平方米以内。

不仅如此，两年前喜茶就在内部开启了合伙人机制。据了解，喜茶从2020年7月就开始在部分门店运行了合伙人机制，不过是在小范围内运行。通过合伙人分红激励机制，2021年，喜茶店经理全年发放合伙人分红超过千万元，看起来已经小有成就。

资料来源：吴梦宸.从直营到加盟，高端品牌瞄准下沉市场.商业观察，2023,9(9).

3. 窄渠道和宽渠道
渠道宽窄取决于渠道的每个环节中使用同类型中间商数目的多少。

(1) 窄渠道是指商品从生产领域向消费领域转移过程中使用较少数目同种类型中间商

的分销渠道。它一般适用于专业性强的产品，或贵重耐用的消费品，由一家中间商统包、几家经销。

企业采用窄渠道的模式，将有助于密切厂商之间的关系，同时，它使生产企业容易控制分销渠道。但其市场分销面受到限制，从而会影响商品销售量。

（2）宽渠道是指商品从生产领域向消费领域转移过程中同时使用较多数目同种类型中间商的分销渠道。如一般的日用消费品（毛巾、牙刷、开水瓶等），由多家批发商经销，又转卖给更多的零售商，能大量接触消费者，大批量地销售产品。

企业采用宽渠道的模式，能方便消费者购买，从而扩大商品的销售量；促进中间商竞争，从而提高销售效率。但是它不利于密切厂商之间的关系，并且生产企业几乎要承担全部推广费用。

在消费品的销售市场，由于其分布广泛，顾客的需求情况差异很大，每次购买的数量较少，但是购买次数频繁。因此，消费品销售渠道的最主要特点是零售商占有重要地位。消费品市场销售渠道组合模式如图9-1所示。

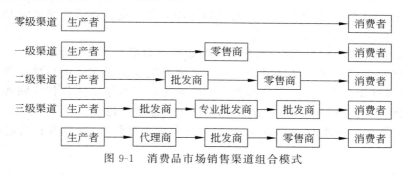

图 9-1　消费品市场销售渠道组合模式

这里还需要指出，在产业市场的分销渠道中，企业可以依靠自己的销售人员直接向企业客户进行销售，也可以将产品销售给不同类型的中间商，再由这些中间商销售给最终客户。事实上，必须承认产业市场中零售商的作用很小，因为这类产品的市场比较集中，用户的需求比较类似，购买批量较大。因此，除了标准件、小型工具等低值易耗品以外，其他生产资料产品的转移极少通过零售环节。产业市场销售渠道组合模式如图9-2所示。

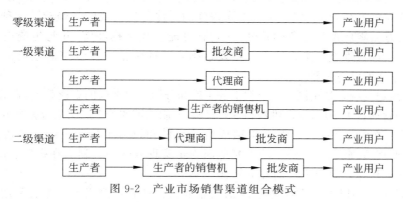

图 9-2　产业市场销售渠道组合模式

从制造商的角度来看，更多的渠道层级意味着更弱的渠道控制力和更复杂的渠道结构。而且渠道中的所有组织都由几种"流"联系在一起。这些"流"包括产品的物流、所有权流、付款流和信息流。它们的存在使渠道变得非常复杂。

9.1.4 渠道行为与渠道系统

1. 渠道行为

分销渠道是由那些因为共同利益而成为合作伙伴的公司组成的。在这个渠道中，每个渠道成员在扮演特定的角色的同时，也与其他渠道成员形成相互依赖的关系。单个渠道成员的成功依赖整个渠道的成功，因此理想的状况是渠道内的所有企业都紧密合作，实现协同。但是，单个渠道成员很难去全面地考虑问题，在实现渠道目标时就意味着要放弃自己的目标。所以，现实中渠道成员还是难免以短期利益最大化为自己的行动指南，忽略或轻视"依赖关系"。而不同渠道成员对于目标、角色和回报的不同意见最终导致了渠道冲突。

（1）水平渠道冲突又叫横向渠道冲突，是指渠道内同一层次成员之间的冲突，如特许经销商之间的区域市场冲突、零售商之间对同一品牌的价格冲突等。

（2）垂直渠道冲突又叫纵向渠道冲突，是指同一条渠道中不同层次之间的冲突，如制造商与经销商之间的冲突、批发商与零售商之间的冲突等。垂直渠道冲突通常是因为购销服务、价格高低、促销策略等原因引起的。

（3）多渠道冲突是指同一制造商建立的两条或更多渠道之间的冲突。

应该清醒地认识到，有些渠道冲突也可以带来有利于渠道发展的良性竞争。没有这种良性竞争，渠道可能会丧失活力和创新性。有些冲突就代表了渠道伙伴之间各自利益的冲突问题。问题如果长期存在或者十分严重，则会大大影响渠道效率，对渠道关系产生持久的伤害。企业应该正确处理渠道冲突，并有效进行渠道关系管理，确保其在自己的掌控范围之内。

2. 渠道系统

为了确保整体渠道运行良好，每个渠道成员都应承担特定的工作，很好地管理渠道冲突。传统分销渠道是由制造商、批发商和零售商组成的松散网络，渠道上各个成员各自为政，缺乏共同目标，合作基础脆弱，各行其是，竞争激烈，并影响了整体效益。20世纪70年代以来，分销渠道出现了新的发展趋向。

（1）垂直渠道系统是指由制造商、批发商和零售商组成的统一联合体，在此网络系统中，各个成员为了提高经济效益，采取不同程度的一体化经营或联合经营。这种系统的经营规模、交换能力和避免重复经营的特性，使它有可能实现规模经济，并与传统渠道系统展开有效的竞争。当前，垂直渠道系统在一些发达国家已成为消费品分销的主要形式。垂直渠道系统具体可分为以下三种类型。

① 公司渠道系统是指由同一所有权下的生产和分销部门组成的渠道系统，它通常由一家公司拥有和统一管理若干工厂、批发机构和零售机构，控制渠道的若干层次甚至整个分销渠道。

② 管理渠道系统是指依靠某一渠道成员的规模和权力来协调生产和销售两个连续阶段的渠道形式，它通常是素享盛誉的大制造商为了实现其战略计划而在推广、存货、定价、商品陈列、购销业务等方面与零售商建立协作关系。

管理渠道系统不以单一所有权为基础，大企业仅仅在管理意义上处于支配地位而不改变其他渠道成员的所有权性质，即由于制造商规模大、声誉高、实力强，零售商在商品定价、展销、宣传等方面愿意听从生产企业的安排。但由于大企业一方面提供资金融通、技术咨询、管理协助等优惠条件，以稳定改善渠道关系；另一方面也以此为手段逐步控制整个渠道系统。

③ 合同渠道系统是指不同层次的独立制造商和中间商为了实现其单独经营所不能达到的经济效果而以契约形式为基础形成的联合体。这一系统被人们称为"增值伙伴关系",近年来发展很快。这种渠道系统一般可分为三种:特许经营组织,是指由生产与市场营销系统中的各个机构与其中某一机构组成的联合体;批发商倡办的自愿连锁,自愿连锁实际上是参加联营的各个独立中小零售商在采购中心统一管理下进行统一进货推销批发商经营的商品;零售商合作社,这是一群独立的中小零售商为了和大零售商竞争而联合经营的批发机构,以共同名义统一采购一部分货物,统一进行宣传广告活动以及共同培训职工等活动。

（2）水平渠道系统是指两家或两家以上的独立公司通过某种形式的合作,共同开发新的市场机会而形成的渠道系统,目的是通过联合发挥资源协同作用和规避风险。在现实生活中,一些公司因资本、技术、营销资源不足而无力单独开拓市场机会,或不愿意冒风险,或者看到与其他公司合作可以带来更大的效益,从而愿意组成水平渠道系统。他们可以暂时或永久合作,也可以联合建立新的经营单位。这种联营主要是由于单个企业无力单独积聚进行经营所必须具备的巨额资金、先进技术、生产设备及市场营销设施,或是由于风险太大不愿单独冒险,或是由于期望能带来更大的协同效应等。水平渠道系统可以发挥协同效应,实现优势互补;能够节省成本,避免重复建设;可以共享市场,实现互惠互利。

（3）多渠道市场营销系统的发展。当企业全部产品都由自己直接所设的门市部销售,或全部交给批发商经销,称为单渠道。多渠道则可能是在本地区采用直接渠道,在外地则采用间接渠道;在有些地区独家经销,在另一些地区多家分销;对消费品市场用长渠道,对生产资料市场则采用短渠道等情况。

【观念应用 9-2】
小米的全渠道建设

在互联网到移动互联网发展过程,小米按照雷军的思路,不放过任何一个网络时代发展的风口,通过九年的积累和摸索,小米最终形成了线上、线下融合的全渠道模式。

1. 小米电商平台

小米线上第三方代理,在国内,主要与京东、苏宁合作,代理商直接购买小米的产品后向终端用户分销。

小米线上直营通过小米商城,主打小米手机、平板等科技数码产品,也涉及周边生活商品。同时,小米在天猫开设旗舰店,进行小米产品的自营。2017 年,小米推出小米有品,打造精品生活电商平台,这次,小米有品采用了多品牌合作的模式,里面除了小米和米家的产品,也有第三方独立品牌。

2. 小米线下布局

小米线下布局基本分为小米之家、自建自营、线下直营几种类型,一二线城市,进驻大型商城,集形象展示、产品体验咨询和销售功能为一体。小米与各地优秀服务商、零售商合作,小米直供产品、直接管理运营。小米体验店,他建他营,小米指导,类似代理商模式,四线城市以下主推。小米直供店,做 C 端客户,店主在线申请即可获得销售资质,直接从小米小规模订货,店主可通过微信、电商、抖音等方式推广。

3. 小米社交电商

小米自 2017 年小米有品上市,打造精品生活电商平台,2019 年小米有品有鱼开始推广社交电商,全国范围招募合伙人,通过平台赋能模式,发展小米渠道的外部合作力量,开始大规模的社交电商。

小米有品同时打造会员模式"有品推手"，小米有品推手采用邀请制注册，新用户通过邀请码注册开通成为推手会员。小米推手会员享有自购省钱，推广赚钱的权益。

4. 小米物流

物流是全渠道策略成功实施的保障，小米在物流方面不断建设。早前，小米大多数快递需求均通过与如风达快递合作完成，但遭到用户多方吐槽，此后，小米逐步将如风达的订单压缩，将物流转向顺丰、圆通等快递公司。2019年小米宣布与中国邮政建立战略合作，签署战略合作协议。在快递物流方面，小米集团将充分利用邮政优势资源，与中国邮政开展更广泛的业务交流与合作。

资料来源：https://roll.sohu.com/a/607336302_121606957.

9.2　分销渠道的设计

微课：分销渠道
的设计

在设计分销渠道时，制造商常常需要在理想的设计方案与现实中可操作的设计方案之间艰难取舍。为了达到最佳效果，企业应当有目的地进行渠道研究和决策制定。分销渠道设计要求分析消费者的需要，制定渠道目标，确定主要的渠道备选方案并对这些方案进行评估。

9.2.1　分析消费者的需要

分销渠道是顾客价值递送网络中的一部分。每个渠道成员和渠道层级都为顾客增加价值。因此，在设计分销渠道时，首先应该考虑消费者需要什么？一般来说，送货速度越快，产品类型越丰富，提供的附加服务越全面，渠道服务的水平就越高。不言而喻，这是一种理想化的状态，实施的过程中所需要的资源和技术都是难题。另外，高水平的渠道服务也意味着高渠道成本，从而也导致更高的顾客支付价格。因此，顾客在价格相对较低的情况下，也就可以接受同样较低水平的服务了。

不可否认，一个将自己定位于较高服务水平的公司，也会拥有愿意为之付出更高价格的顾客。因此，在设计分销渠道时，不仅要平衡顾客需要与提供服务的可行性和相对成本，还要平衡顾客需要与其价格偏好。

9.2.2　制定渠道目标

一个有效的渠道系统策略选择，首先要明确渠道目标与限制。有效的渠道，应以确定企业所要达到的市场为起点，即应当根据上一步确定的目标顾客服务水平来制定渠道目标。通常，企业会发现不同细分市场对服务水平的需求是不同的，企业应当确定服务于哪些细分市场以及不同市场中的最佳渠道设计。有利的市场加上有利的渠道，才可能使企业获得利润。渠道策略设计问题的中心环节，是确定到达目标市场的最佳途径。每一个生产者都必须在消费者、产品、中间商、竞争者、企业政策和环境等所形成的限制条件下，确定其渠道目标。所谓渠道目标，是指企业预期达到的消费者服务水平以及中间商应执行的职能等。

企业的渠道目标常常受到企业、产品、市场、营销中介、竞争者以及环境的影响。

1. 企业因素

销售渠道类型的确定还要充分考虑企业自身情况，这方面因素主要包括企业的资金能力、实际的销售能力、对市场控制程度的要求和可能提供的服务水平等。

2. 产品因素

不同种类的产品有着各自的销售规律,所以企业在确定销售渠道类型时,要分析本企业产品的特性,依据产品的特点,选择最有效、最适宜的分销渠道推销其产品。比如,产品价格、体积和重量、易毁性或易腐性、技术性、是否为定制品和标准品、生命周期的不同阶段等因素都会影响渠道的设计问题。

3. 市场因素

目标市场状况也是影响分销渠道选择的重要因素,这一因素主要包括购买批量大小、消费者的数目、消费者的地区分布、消费者的购买习惯等。

4. 营销中介因素

营销中介因素包括各类各家中间商实力、特点不同,中间商的不同、中间商的数目不同、对生产企业分销渠道选择产生的影响。

5. 竞争者因素

当市场竞争不激烈时,可采用同竞争者类似的分销渠道;反之,则采用与竞争者不同的分销渠道。一般来说,生产者应尽量避免与竞争者使用相同的分销渠道。由于消费者购买习惯的影响,有些产品的生产者不得不使用竞争者所使用的渠道。例如,消费者购买洗发用品、牙膏等商品,往往要在不同品牌、不同价格之间进行挑选,这些商品的生产者就不得不使用竞争者所使用的分销渠道。

6. 环境因素

经济形势、法律约束等环境因素也会影响渠道目标和设计。

(1) 经济形势。在经济繁荣、需求上升时,生产者会考虑采用长而宽的渠道扩大产品的销售;在经济萧条或衰退,需求下降时,生产者就要尽量采用较短的分销渠道,减少流通环节,以降低成本和价格。

(2) 法律约束。企业选择分销渠道必须符合国家有关政策和法规的规定。一个国家的法律、法规在很大程度上影响着分销渠道的选择。例如,在实行烟草、医药、酒类等专营专卖的国家,这些产品的生产企业在选择分销渠道时,就必须遵循法律、法规的要求。另外,如税收政策、价格政策、出口法、商品检验规定等,也都影响分销途径的选择。

9.2.3　确定备选的渠道方案

企业分销渠道设计首先应决定采取什么类型的分销渠道,是自销还是通过中间环节分销的决定可能会决定企业的命运。如果决定利用中间商分销,还要进一步决定选用什么类型和规模的中间商,以及渠道成员的责任。由于各地区的情况不同,企业在不同地区、不同市场的分销渠道选择不同。

1. 中间商的类型

中间商可以按照不同的标准进行分类,按照中间商是否拥有商品所有权可将其划分为经销商和代理商;按照销售对象的不同,中间商分为批发商和零售商。

1) 经销商和代理商

(1) 经销商是从事商品交易业务,在商品买卖过程中拥有商品所有权的中间商。

① 一般经销。经销商通过与卖方签订买卖合同购买商品后,自行在选择的市场上任意

销售,经销商与卖方的关系为简单的买卖关系,双方不需签订经销协议,各自履行了买卖合同义务后即告结束。在这种方式下,供货商可以在同一时间,同一地区,委派几家商号来经销同类商品。

② 独家经销。独家经销又称包销,是指在一定时期和一定地区内将某种商品给包销商以专营权,交给包销商全权销售的商品销售方式。包销商享有专营权,即销售商或制造商在同一时期、同一地区对同一类商品只能交给自己所选定的包销商经营,不能同该地区其他商人做该种买卖。同时包销商也只能在该地区经营与之签订包销协议的制造商或销售商的商品,既不能经营其他来源的有关商品,也不能将制造商或销售商的商品向其他地区转售,并要保证在一定时间内购买一定数量的包销商品。

包销具有三定,即双方定商品、定地区、定时间;三自,即包销商自行购买、自行销售、自负盈亏;一专,即包销商享有专营权的特征。

(2) 代理商是直接接受委托人的授权,以委托人的名义向第三者办理与交易有关事项的商业机构或商人,代理商与委托人之间是委托代理关系,不是买卖关系。在商品交易过程中,商品所有权的转移不经过代理商,代理商一般不承担经营风险,不垫支流动资金。

根据代理商取得的委托权限的大小,代理商可分为以下三类。

① 独家代理,即代理商依照代理协议,在一定的期限和约定区域内,享有指定产品的专营权,其职权范围一般仅限于商业性活动。在独家代理情况下,委托人产品在该区域内的销售,无论是否通过该代理商进行,其销售业绩都会计入代理商的名下。

② 一般代理,即代理商不享有产品的专营权,委托人可以在同一地区与两个以上的代理商建立业务关系。委托人也可以越过代理商,直接与顾客成交。

③ 总代理,即代理商依照代理协议,不仅有权代表委托人从事推销产品、签订合同等商业性活动,而且有权代表委托人处理非商业性的事务。总代理拥有委托授予的广泛权限,其行为若引起不良后果,对委托人会产生较大的损害。所以企业在确定其总代理时要十分慎重,一般是由企业直接的外派机构或关系很密切的单位担任。

代理商一般都具有以下特点。

① 代理商具有法人地位,是独立经营的商业组织,并与制造商有长期固定关系,他们之间联结纽带是具有法律效力的经济合同。

② 代理商在指定的销售区域内只能销售其代理的商品,不能再销售其他有竞争性的商品,但可以自由经营或代理与其代理的制造商没有竞争关系的其他商品。

③ 代理商要严格执行制造商的商品定价,不得随行就市或任意浮动价格。

④ 代理商按销售额或采购额的固定比例提取佣金,但其在销售过程中发生的费用要自理。

⑤ 代理商对其所代理销售的商品一般不具有法律上的所有权。代理商只是作为制造商的代理人执行业务,不能对所代理销售的商品进行业务之外的活动,如加工、包装、储存和拆散等。

2) 批发商和零售商

批发商是指供进一步转售或进行加工而买卖大宗商品的经济行为(交易行为),专门从事这种经济活动的商业企业叫批发商业企业(国外均称批发商)。

零售商是指将所经营的商品直接出卖给最终消费者的个人或组织。作为生产和消费的中介,零售商处在中介地位靠近最终消费者的一端。

2. 中间商的数目

确定中间商的数目,即决定渠道的宽度,这取决于产品本身的特点、市场容量大小和需求面的宽窄。通常有以下三种可供选择的形式。

(1)密集型分销。这种策略是指企业在某个市场内,尽可能广泛地与各中间商合作交易,对任何要求经营本企业产品的客户都加以欢迎。密集型分销能增加产品与消费者接触的机会,能使消费者购买方便。但采用这种策略时,生产企业不容易控制中间商,中间商经营的积极性也不易调动,中间商一般也不愿在产品的宣传、广告上给予协助,因为他们知道有很多中间商同时都在经销该企业产品,生产企业必须独自承担产品促销工作的责任和费用。密集型通常与长渠道方式相结合,使产品的覆盖面尽可能地扩展。便利品和普通原材料的制造商更愿意选择这种分销策略。

(2)独家分销。相比之下,制造商有意地限制中间商数量时,其极端的做法就是企业在特定的市场内,仅选用一个中间商从事经营本企业的产品,即独家分销。具有"三定一专"的特点,即定产品(或品牌)、定市场区域、定期限和享有专营权。专营权通常是指专卖权和专买权。前者是生产企业在规定的地区和期限内,给予某一中间商独家经销某产品的权利,生产企业承担不向该地区其他客户直接销售的义务;后者是中间商承担仅向某一生产企业购买同类产品,不向其他生产者购买的义务。实行独立分配时,生产企业与独立中间商之间可以将专卖权与专买权作为互惠的条件加以确定,也可仅规定专卖权或专买权。这种方式常常用于奢侈品的销售。

(3)选择性分销。这种分销策略是介于密集性分销和独家分销之间的方式,是企业在某市场内,从众多要求经销本企业产品的中间商中,选择部分中间商进行合作交易,过多的中间商会增加企业的营销费用。通过选择性分销,企业可以与精挑细选的渠道成员发展良好的合作关系,并获得高于平均水平的销售率。选择性分销使制造商能用比密集型分销更大的控制权和更低的成本很好地覆盖市场。

9.2.4 评价主要的渠道方案

每一渠道交替方案都是企业产品送达最后消费者的可能路线。生产者所要解决的问题,就是从那些看起来似乎很合理但又相互排斥的交替方案中,选择最能满足企业长期目标的一种。因此,企业必须对各种可能的渠道交替方案进行评估。评估标准有三个,即经济性、控制性和适应性。

1. 经济性原则

经济性原则是指企业选择分销渠道应能够最大限度地节约成本,减少开支,以获取更多的收益。为此,就要求企业在选择分销渠道时,必须将分销渠道决策可能引起的销售收入增长同实施这一渠道方案所需要花费的成本进行比较,如果生产企业自身销售渠道的投资报酬率低于利用中间商的投资报酬率,就应选择中间商来开展销售;反之,则可以实行直销。

2. 控制性原则

控制性原则是指企业选择分销渠道应考虑能够对分销渠道进行有效控制,以便建立一套长久和稳定的分销系统,从而保证市场份额和销售的稳定性。一般来说,生产企业自销系统是最容易控制的,但是成本较高,市场覆盖面较窄;"长而宽"的分销渠道,企业则比较难以控制。相比之下,建立了特约经销或代理关系的中间商一般比较容易控制,并且市场覆盖面也较高,因此是一种较理想的形式。但需要说明的是,企业对分销渠道的控制也要适度,要将控制的必要性与控制成本进行比较,以达到良好的控制效果。

3. 适应性原则

适应性原则是指企业选择分销渠道时应充分考虑分销渠道的适用性。为此,它要求企业在选择分销渠道时,在销售区域上要考虑不同地区的消费水平、市场特点、人口分布等;在时间上要根据产品特性、消费季节性等因素,以适应市场的客观要求;在中间商的选择上,要合理确定利用中间商的类型、数量及其对分销产品的态度,以避免中间商的渠道冲突,同时又调动其积极性。总之,在评估各渠道交替方案时,还有一项需要考虑的标准,即是否具有适应环境变化的能力,也称应变力如何。企业进行分销渠道决策要保持灵活的适应性,做到多而不乱,稳而不死,以便最有效地实现企业的营销目标。

在这三项标准中,经济标准最为重要。因为企业是追求利润而不是追求渠道的控制性与适应性。一个涉及长期承诺的渠道方案,只有在经济性和控制性方面都很优越的条件下,才可予以考虑。

9.3　分销渠道管理决策

微课:分销渠道管理决策

一旦企业经过仔细的评估,选择了最合适的渠道设计方案,就必须有效地实施和管理。分销渠道管理要求企业选择、管理和激励每一个渠道成员,并定期评价其工作表现。

9.3.1　选择渠道成员

不同的制造商在吸引合格的营销中介的能力上存在差异。对于许多刚刚上市的全新的制造商来说,必须做出很大努力才可能招募到足够的合格中间商。有时甚至是已经成功的品牌,想要获得和保持理想的分销渠道也并不容易,尤其是与强大的零售商合作更是如此。

因此,在选择渠道成员时,企业应当明确具有哪些特质才是好的中间商,要评价每个成员的从业年限、经销的其他产品线、增长和盈利记录、合作意愿和声誉。如果中间商是销售代理,企业需要评价其现有的其他产品线的特点和数量,以及销售队伍的规模和资历。

9.3.2　管理渠道成员

一旦选定渠道成员,企业就需要不断地管理他们,并致力于激发其发挥最大的潜力。

1. 合作管理

针对具备资格的中间商,要与其正式确定合作关系,即签订合作协议,以明确双方合作的细节及要求。生产者与中间商的关系主要有三种不同的形式,即合同、合伙和分销规划。

（1）合同关系,是指生产者与中间商建立的合同关系。

（2）合伙关系,是指有些生产者通过签订协议与中间商建立合伙关系。明确合作关系后,要详细制定具体的分销规划。即生产者与中间商建立一个有计划的、实行专业化管理的垂直市场营销系统,统一规划营销工作,如拟定销售目标、存货水平、商品陈列计划、广告和营业推广计划等,把生产者的需要和中间商的需要结合起来,在提高营销工作绩效中共同发展。

2. 信息管理

（1）销售渠道信息管理。渠道成员的自然信息管理(即中间商的商业信息)包括经销商企业的经营注册信息、经营状况信息；销售业绩、银行信用、市场地位、资信状况、营业资源情况、商业信誉、与政府职能部门的关系；渠道各成员与本企业商业合作活动信息、与其他企业如同业、竞争对手间商业活动信息。还包括中间商对本企业产品销售活动各方面信息的收集、建档与动态管理，如销售任务完成情况、销售政策执行情况，销售价格制度的执行情况、促销政策落实情况、服务职能完成情况等信息，作为渠道成员评价管理和渠道改进的依据。

（2）市场信息管理。市场信息收集包括本企业产品相关信息收集与管理，如客户对产品质量、价格、服务接受程度的信息；竞争对手的情况、消费变动趋势等信息的收集与管理。对市场信息的收集与管理，可作为企业经营决策的依据，如产品开发、价格制定、包装设计、促销政策设计等提供决策依据。

为了管理渠道成员，企业必须说服分销商，彼此联合形成具有凝聚力的价值递送网络。这样的合作比单独行动能取得更大的成功。例如，从2010年开始，我国的智能手机产业逐渐成熟，其市场份额也在不断扩大。在众多品牌中，小米手机强势崛起，市场销量和品牌口碑都显著提高。始终坚持自建商务模式的小米手机在面对供求紧张的情况下，转换思路，与京东商城、天猫、苏宁易购等电商平台开始合作，以达到促进小米手机销售的目的。2022年"双十一"期间，小米手机包揽了天猫、京东、拼多多、抖音四大平台安卓手机品牌销量和销售额第一。在这个过程中，合作双方和顾客都从中获益。

9.3.3 激励渠道成员

制造商不仅要选择中间商，而且要经常激励中间商使之尽职。

1. 制定激励政策，激励渠道成员最出色地完成销售任务

激励政策主要措施有：给予销售政策支持，如放宽信用条件、改进产品组合、提供广告等促销支持、提供员工业务培训等有利于中间商的政策。

2. 建立良好的合作关系和合作氛围

建立良好的合作关系和合作氛围，刺激中间商使之付出更大的销售努力。例如，进行联谊活动，提供专业指导和服务支持中间商产品推广活动等。

随着科技的进步，很多的企业都在安装高科技的渠道伙伴关系管理系统（PRM），以协调整个渠道的营销努力。企业可以利用这个软件和供应链管理软件来招募、培训、组织、管理、激励和评估公司与渠道伙伴的关系。

9.3.4 评估渠道成员

生产者除了选择和激励渠道成员外，还必须定期地评估他们的绩效。

1. 考核履约情况

在契约中应明确经销商的责任，如销售强度；绩效与覆盖率；平均存货水平；送货时间；返款速度；次品与遗失品的处理方法；对企业促销与训练方案的合作程度；中间商对顾客必须提供的服务等。制造商应对合约规定的项目达成情况进行评价，并测量中间商的销售绩效。

达到既定标准，及时兑现奖励政策；如果某一渠道成员的绩效没有达到既定标准，且与标准差距较大，则需找出主要原因，寻求补救、改进的方法。对于销售业绩欠佳，合作性差的

中间商可以考虑取消其渠道成员资格。

2. 评价合作意愿与对竞争对手的态度

企业除了定期检查渠道成员的绩效，还要对渠道伙伴的需求保持高度的敏感，考核中间商的合作意愿。如果出现怠慢本企业产品销售的活动，主观上故意不执行企业销售政策，或者对于与竞争对手采用同渠道销售时中间商偏重对竞品的销售等情况，要及时发现，及时纠正。对拒不改进者可以考虑放弃该中间商或开辟新渠道。

9.4 物流管理

在分销管理过程中，从事产品的匀速、储存、配送，将产品从分销渠道上游流通到下游的过程，即物流，是一项重要的职能。在当今的全球市场中，有时候销售一件产品比将产品送到消费者手中更容易。物流的效率对顾客满意和企业成本都有重要影响。

9.4.1 营销物流

为了解决生产与消费在时间上的背离，满足消费需要，必须在商品交换的同时，提供商品的时间效用和地点效用。于是，便出现了与商品交换密切相关的物流概念。

营销物流也称实体分销，涉及计划、实施和控制产品、服务以及其他相关信息从起运点到达消费地的实体流动，以满足消费者的需求并赚取利润。简单来说，就是将恰当的产品在恰当的时间和地点送到恰当的消费者手中。

9.4.2 营销物流系统的目标和职能

1. 营销物流系统的目标

物流系统在企业流通系统中发挥桥梁和纽带的作用，联结着生产与再生产、生产与消费。因此，许多企业物流系统的目标常常表现为快速、及时，节约、规模化和库存调节。但是，快速、及时就意味着大量存货、灵活搭配产品品种等，也就是说"不够节约"。相反，节约物流成本也就代表着缓慢的交付、更小规模的存货、更大批量的装运批量，这些就造成了较低的顾客服务水平，很难达到快速、及时的送达。

因此，营销物流的目标应该是以最低成本提供既定水平的顾客服务。首先，企业必须分析各种分销服务对消费者的重要性，其次为每个部分制定期望的服务水平。正确的目标是利润最大化，而非销售额最大化。在制定营销物流系统的目标时，企业必须权衡更好水平的服务带来的收益和导致的成本。

2. 主要的物流职能

企业物流系统应当以最小的成本实现其系统目标。在产地到顾客所在地之间的物流中，主要体现的渠道职能包括仓储、存货管理、运输和物流信息管理等过程。

（1）仓储。生产和消费周期很难完全匹配。因此，在货物待售期间必须经过仓库储存。仓储的作用就在于消除生产和消费之间在时间上和数量上的矛盾，保证了在消费者打算购买产品时能够及时提供产品。

企业必须决定仓库所在位置和仓库的数量、规模，要考虑顾客的位置，运输是否方便以及顾客对货物的需求量，同时也要考虑成本。企业可以采取储备仓库或者配送中心的形式。储备仓库用于中心长期的货物储存，而配送中心则是用于配送货物而非仓储。企业在选择仓库时也视具体情况而定。有的仓库靠近工厂,有的则分散在全国各地;企业可用自己的仓库,也可租用别人的仓库。比如为了将商品存储离消费者更近,京东自建物流,布局全国,在一、二线及三线城市,基本可以做到"当日达"。2020年8月,京东更是开展了"千县万镇24小时达"的时效提速计划,将商品仓储部署在距离乡镇客户更近的地方,运用消费大数据精准备货,提升商品满足率,提升低线城市服务体验,将偏远地区订单升级为每日一送或每日两送,使24小时配送服务触达更多人群。

(2)存货管理。物流管理的另一项重要决策是存货管理。存货管理水平的高低与顾客的需求量密切相关,要保持精准的均衡。存货不足,不能满足顾客的需求和保证源源不断地供应;存货过量又会增加成本,减少经济效益。因此,在进行渠道管理时,企业必须在持有大量存货的成本与销售和利润之间权衡。

为了保持适当的水平,要做好两项决策:一是何时进货(进货点);二是进多少货(进货量)。进货点是指存货水平随着不断的销售而下降,当降到一定的数量时,就需要再进货。进货量是指每次进货的数量。进货量同进货频率是相联系的,二者成反比例。

现代很多企业通过准时制物流系统大大降低了存货及其相关成本。为了保证所需货物及时送到,准时制系统要求进行精确的预测和迅速、频繁、灵活的货物递送。但它确实能够大大降低存货水平和经营成本。

(3)运输。运输影响着运输时间、运输费用、产品价格和货运条件,也影响着顾客的选择。运输方式有铁路、水路、公路、管道和航空五种,还有数字产品的递送模式——网络。企业可根据不同的情况进行选择。

除此之外,还可以采取联合运输的方式,即将两种或两种以上的运输方式结合起来。

(4)物流信息管理。企业利用信息管理其供应链。渠道伙伴之间通常会互相连接共享信息,以便制定更好的联合物流决策。从物流的观点出发,如顾客交易、账单、装载量和存货水平甚至顾客数据等组成的信息流与渠道效率紧密相关。企业需要建立一个简单、易操作、快速、精确的流程来获取、处理和分享渠道信息。

物流信息管理就是对物流信息资源进行统一规划和组织,并对物流信息的收集、加工、存储、检索、传递和应用的全过程进行合理控制,从而使物流供应链各环节协调一致,实现信息共享和互动,减少信息冗余和错误,辅助决策支持,改善客户关系,最终实现信息流、资金流、商流、物流的高度统一,达到提高物流供应链竞争力的目的。

9.5 零售

零售包括直接向最终消费者销售产品或服务以满足个人或非商业用途的所有活动。从事零售活动的个人或组织就是零售商。绝大多数的零售活动都是由零售商完成的。在购买的最后阶段和售点,零售商在顾客与品牌的联系中扮演着重要角色。

9.5.1 零售商类型

什么是零售?大家知道华润万家和大润发超市,也会去北京市百货大楼、大悦城购物广场和万达广场购物;喜欢逛逛泡泡玛特的潮玩店,也愿意在名创优品店里选漂亮的日用品;下班回家后,用手机打开App在京东、淘宝或者拼多多采购,或者看看微信社区团购群里哪些商品又便宜了;逛街的时候,会去小红书上的网红店打卡消费,也可能会遇到保险公司的业务员向我们介绍好的产品。这就是人们的日常生活，随时随地都可以进行消费。对大家而言，他们都是零售商。甚至在我们听一名外教讲授英语时，在医院看病问诊时，也是一种消费服务的过程，他们也是零售商。因此，零售包括直接向最终消费者销售产品或服务以满足个人或非商业用途的所有活动。零售商是指将所经营的商品直接出卖给最终消费者的个人或组织。

1852 年，世界上第一家百货商店出现后，"前店后厂"的小作坊运作模式被打破，第一次零售业革命发生。随后连锁商店、超级市场的出现，人们购物的手段和途径一次次发生变化。进入信息时代，互联网给人们带来了电子商务这种全新的消费模式。不管"零售"的手段如何变化，其本质都是在"高效"地完成供给与需求的匹配，在合适的"场"，把合适的"货"，卖给合适的"人"。虽然绝大多数零售交易仍然在零售店内完成，但是近年来的直复营销和网络营销的增长速度已经远远超过了店铺零售。大家对零售的研究应该时刻带着一双探索的眼睛和一颗勇于创新的心灵，与时俱进，不断推陈出新。

1. 按经营商品类别分类

根据经营商品类别不同，零售商可分为专卖店、百货商店、超级市场、便利店、折扣店、廉价零售商、超级商店和服务行业。

（1）专卖店经营狭窄的产品线，但产品线内花色品种繁多，例如服装店、运动品商店等，如丝芙兰化妆品专卖店、李宁专卖店（常规店）等。

（2）百货商店经营数条产品线，一般为服装、家居以及家居用品；每条产品线都作为一个独立的部门，由专业的采购人员或经销商进行管理，如太平洋百货集团、百盛百货等。

（3）超级市场是一种采取自动销售、薄利多销、一次结算的大型零售商店，以满足消费者对食品杂货和居家用品的全面需求，如华润万家、大润发超市等。

（4）便利店是一种小型商店，多设在居民区附近，出售家庭常用的商品，营业时间长，以较高的价格销售有限产品线、快转的便利品，如全家便利店、新天地超市、罗森便利店等。

（5）折扣店以薄利多销的方式通过低价格销售标准规格的商品。一般来说，折扣店是由综合大型超市所经营的商品中挑选出更大众化、更实用的商品进行集中经营的大型自选店。如早期的燕莎-奥特莱斯购物中心、"365"折扣广场等。

（6）廉价零售商。其主要是以低于零售标价的价格出售以低于常规批发价的价格从制造商或其他零售商处购得的库存剩余产品、过时商品和特号商品。这类零售商，主要包括制造商所有或经营的工厂直销店、由企业家或更大规模的零售企业的部门所有或运营的独立低价零售店（独立商店）和向缴纳会费的消费者以高折扣出售限量精选的品牌商品的仓储（批发）会员店，如沃尔玛山姆俱乐部等。

（7）超级商店。传统意义上的超大型零售店，旨在满足消费者对日常食品和非食品商品采购的全面需求，包括由超级市场、折扣商店和品类杀手构成的超级购物中心，如北京金源时代购物中心等。

（8）服务行业不出售商品，只是提供劳务，服务范围很广，如旅行社、航空公司、电影院、茶馆、饭店、理发、美容、干洗等。

2. 按提供服务的数量分类

根据提供服务的数量不同，零售商可分为自助服务、有限服务以及全面服务。

（1）自助服务很少或不向购物者提供服务，主要面向那些为了节省时间和金钱而自己完成购物过程的消费者，一般是为销售便利品和全国品牌的快速消费品的零售商。比如，超级市场。

（2）有限服务向购物者提供少量的服务，主要是销售那些消费者更需要了解有关信息的选购品，运营成本较高。比如，全球最大的家居用品零售商之一瑞典的宜家家居，战略定位核心就是"低价"和"有限服务"。

（3）全面服务向购物者提供全面的服务，通常销售消费者在购物过程中需要或想要店员协助或建议的特定商品，如一些高端品牌专卖店。

3. 按产品线分类

根据产品组合的长度和宽度进行分类，零售商分为专卖店、百货店、超级市场、便利店、超级商店等。

许多零售商经营的产品线实际上是一种服务，所以，服务零售商的概念应运而生，包括酒店和银行、航空公司、大学、医院、电影院、主题游乐园、美发店、餐馆等。

4. 按零售商组织管理类型分类

根据零售组织的形式不同，零售商分为公司制连锁店、自愿连锁、零售商合作组织和特许经营组织。

（1）公司制连锁店是指在同一资本系统和统一管理下，共同所有或控制的两家或多家零售店，实行统一化和标准化的管理制度，同一组织的各家商店在定价、宣传推广以及售货方法等方面都有统一规定，具有成本较低的优势。

（2）自愿连锁是由批发商发起的独立零售商连锁，采取联合采购和统一推销。

（3）零售商合作组织是独立零售商群体通过成立共同所有、集中采购的企业，实施联合推销和促销活动。

（4）特许经营组织是由一个特许人（一家制造商、批发商或服务组织）为一方，若干家特许专营（若干批发商和零售商）为另一方，以契约形式固定下来，独立经营，自负盈亏。

5. 按是否设有店铺分类

根据零售商是否拥有实体店铺分类，零售商分为有店铺和无店铺。

传统的零售业态大多数为有店铺的形式。不设铺面的零售商则包括邮购、电视直销、自动机售货、购物服务、流动售货和线上零售。特别是由互联网技术和移动信息技术的飞速发展，消费者不再拘泥于传统的实体店铺购物体验，反而开始热衷于网络购物这种"触不可及"的便捷消费方式。在线上店铺平台上，消费者通过浏览产品信息产生兴趣，依据其他顾客的购后评价，进而形成联想，最终做出购买决策，鼠标点击或者指尖滑动的瞬间完成购买过程。在智能移动终端普及之后，伴随着手机应用程序 App 的开发和推广，"线上电商＋线下物流配送"的新零售模式逐渐成为当代人购物的重要途径。在"触屏"的"弹指之间"，人们便完成了购物活动。因此，这种新零售模式也被称为"触屏消费"。对于新零售的研究，将在后面小节做详细分析。

9.5.2　零售业的发展形势

零售商面临残酷又瞬息万变的经营环境，是机遇与危机并存的时代。现在的零售市场面对消费者生活方式、购物模式的快速改变，零售市场也变得异常活跃。近年来，涌现了众多新型的竞争对手和竞争形式。所以，零售商在规划和执行竞争战略的时候，必须思考零售业的发展形势。

1. 出现了新的零售形式和组合形式

为了满足顾客对便利的需要，各种新的零售形式开始出现。西西弗书店里的矢量咖啡店，加油站里的便利店，抑或许多城市的地铁站里摆放着的泡泡玛特自助贩卖机。许多购物中心抓住"夜间消费"这个新的经济增长时段，在商场的户外广场、天台等地方，以"夜市摆摊"的形式构建涵盖餐饮、零售、娱乐体验等内容的"24小时不眠城区"。零售商也在尝试使用快闪店（pop-upstores），在人流量大的区域针对季节性购物者进行为期几周的品牌推广活动。快闪店的设计通常是通过互动体验创造舆论效果。2018年10月26日由人民日报社新媒体中心创办的纪念改革开放40周年"时光博物馆"活动，通过快闪形式的线下传播极大增强了受众对《人民日报》品牌的信任感。

思政融入：鼓励创新精神，增强创业意识

思政素材：烟火气、叫卖声、铁板上吱吱作响的美食，无一不在挑逗着人们的味蕾。从泗泾夜市的天桥往下看，在霓虹闪烁的招牌和熙熙攘攘的人群中，有一个摊位前排起的队伍格外显眼。

摊主叫大彬，主营"鸡蛋汉堡"。2018年，大彬从南京某211高校机械专业毕业，进入光伏行业做机械设计师。然而，程式化的工作流程、单调的工作内容和"没有惊喜"的工资，让他逐渐有了转行的念头。

2022年5月，大彬瞒着家人偷偷辞职，打算重新择业。因为大学时做过食堂窗口的兼职，大彬想试着从餐饮业入手。考察一段时间后，他决定到上海松江的泗泾夜市摆摊，主打自己从小喜欢吃的鸡蛋汉堡。

得知儿子辞职，母亲和大彬爆发了第一次争吵。"你要摆摊的话，我还用供你那么多年读大学吗？"面对母亲的质问，大彬没有反驳，只是闷头在家里研究配方。

"最开始的时候口感、颜色、卖相什么都不对。本来自己就难受，加上父母每天看到我就说，你做的这个东西，怎么可能拿出去卖呢？"在厨房里忙活的那三个月，他无数次想过放弃，但想到自己已经辞职，只能放手拼一次。

在这期间，大彬还拾起了自己的老本行机械设计制造。为了提升原料加工的效率，他在研究鸡蛋汉堡配方的间隙，还研发了一款自动拌料的机器。

2022年8月底，在朋友和家人的帮助下，大彬的鸡蛋汉堡终于在泗泾夜市出摊。

在社会这所"学校"里，大彬依旧是个"新生"："我刚开始置办这些东西的时候，其实花费还是蛮高的，主要就是因为大家不认识你，觉得你是一个小毛孩子，能坑一次是一次。之后我就复盘了一下，出现这种情况如何去应对。"

过去这一年的时间里，大彬充分认识到了"做生意是一门与人相处的学问"。如何迎客叫卖，如何维持秩序，如何与周边的摊主相处……一个又一个"难题"不断出现在他面前，他也从最初的"小毛孩子"逐渐成长为一个能独当一面的"小老板"。大彬坦言，从主动失业到再就业的整个过程中，自己学到了很多东西："这些东西是你在公司、在学校都接触不到的"。

收摊后，大彬给记者算了一笔账："差不多一天营业额是2000元左右。周末的时候还会雇兼职。总体来说收入是稳步上升的。"

随着泗泾夜市的火爆，大彬的生意越来越红火："好多时候我都很疲惫，每天都是超负荷工作。但是每次听到'支付宝到账8元''微信到账

链接："工科男"辞职摆摊 成泗泾夜市"排队王"

8元',一下就提起神来了,我觉得我还能再做500个蛋堡。"

当初辞职的时候,大彬以为自己从此可以不必打卡上下班。而如今,起早贪黑成了常态。年轻人创业,也许没有诗和远方的浪漫,但能以兴趣为生,并获得家人的认可,这何尝不是一种幸运?

资料来源:https://baijiahao.baidu.com/s? id=17708111635620 68464&wfr=spider&for=pc.

讨论:结合视频案例,分析培养大学生创新创业能力的重要性。

2. 零售商整合大势所趋

零售行业不断发展的趋势下,企业如何满足消费者快速变化的需求,如何加强上下游企业的合作,如何实现将所获取的数据在平台上进行实时共享,同时还要降低存货成本,已经成为零售企业在供应链中对存货进行管理的新要求。对于一些巨型零售商来说,它们凭借着所拥有的卓越的信息系统、物流系统和议价能力,既能够以富有吸引力的价格向消费者提供良好的服务和大量产品,又对制造商产生了一定的控制力。所以,这类零售商选择整合供应链,对制造商发号施令,要求它们生产什么、如何定价和促销、何时以何种方式送货,甚至如何改进生产和管理。

3. 移动零售的增长

受益于发达的移动基础设施,我国的消费者将手机当成计算机使用。他们正在从根本上改变购物方式,在商店购物时,消费者越来越多地使用手机向朋友或亲戚发消息告知产品情况。与此同时,门户网站的地位也在逐步下降,垂直类 App 崛起,用户获取信息的起点从浏览器的综合信息搜索,变成了一个个垂直的 App。这时,搜索与服务的界限模糊,距离越来越短。以前的网络购物方式,是消费者要坐在计算机前,打开"百度"搜索"淘宝",然后跳转到淘宝的网站上,再进一步搜索想要买的鞋子或者衣服。在移动时代,只需要在手机上直接打开淘宝 App,搜索鞋子或者衣服就可以完成服务。

2020 年 5 月,百度上线"服务频道"后,手机上的百度 App 底部菜单栏上线"发现"入口,可以打开"服务中心""购物""健康"等频道。此时百度的移动搜索结果已经不再是"信息＋网站"导向,而是"信息＋服务"导向。比如,消费者想要了解电影《流浪地球 2》的信息,打开百度 App 后,搜索关键词"流浪地球 2",其首条搜索结果包含百科、演员表、图片、影评、视频等多样化的信息,同时也包括购票渠道,用户可以直接跳转至百度票务入口进行直接购票,而无须再打开另一个网站重新搜索。

【观念应用 9-3】
百度健康推出精准医患匹配引擎

过去几年,国民的健康意识大幅提升,互联网健康知识和服务的需求大幅增长。随着"互联网＋医疗"产业的不断发展,新兴医疗和健康领域移动应用正在逐步改变传统诊疗方式。同时,健康科普也承担起构筑全民健康和健康中国的第一道坚固壁垒。

百度公司通过自身优势孵化和打造的一站式健康管理平台百度健康,日均服务医疗健康用户群体超 1 亿,满足超过日均 2 亿次精准医疗健康相关搜索(截至 2022 年 3 月数据)。针对用户对健康的庞大需求量,百度健康收录 5 亿条权威健康内容,吸引超过 30 万专业医生入驻,每天响应在线医疗咨询量 240 万次,与 100 多家医疗行业头部生态伙伴达成合作,业务覆盖商城购药、疫苗预约、健康保险等健康医疗服务,构建了从权威内容科普到权威精准到院的完整服务链条。同时,百度健康医典还积极探索科普创新,通过图文、长图、直播、视频等多元化的内容形式为用户提供权威专业、丰富全面、通俗易懂的健康科普知识。

资料来源：https://baijiahao.baidu.com/s?id=1741211305354429179&wfr=spider&for=pc，https://baijiahao.baidu.com/s?id=1692032511019002684&wfr=spider&for=pc。

4. 全渠道零售的增长

零售业已经从纯粹的实体店形式，发展到实体店和网上商店相结合的形式，以满足喜欢网上购物的消费者的需求。在这种"实体＋在线"的形式中，实体店和网店发挥着同样的功能，网店甚至部分蚕食了实体店的销售。意识到管理两个独立分销渠道可能带来的低效率局面，许多零售商已经转向全渠道模式，让实体店和网上商店相互补充，而不是相互竞争，包括大润发超市、永辉超市、华润万家超市等在内的众多零售商正在整合线上和线下业务，开通网上购物 App，以对公司有效且具有成本效益的方式，为客户提供无缝衔接的客户体验。例如，消费者在超市 App 下单，超市送货人员将在短时间内快速送达，消费者可以更轻松地体验最有效的服务。当然，顾客也可以通过在线退货到附近的商店退回不想要的产品。

5. 快销零售业的增长

快销零售业的出现不仅是时尚零营业的一个重要趋势，还有着更广泛的影响。零售商开发截然不同的供应链和分销系统，以便为消费者提供持续变化的产品选择。快销零售业需要在多个维度做出深思熟虑的决定，包括新产品的开发、采购、制造库存管理和销售实践等。快时尚零售商，如热风提供了价格低廉、款式新颖、兼具价值感和时尚感的产品，吸引了大量消费者，并取得了成功。热风的销售网络已全面铺到天猫、京东、唯品会及线下门店。特别是对于门店库存不足或尺寸不全的产品，热风还支持用户微信小程序下单，由最近的中转仓库快递配送到家，提升运营效率，提高顾客满意度。

6. 技术的作用越来越大

技术正深刻影响着零售商开展业务的方方面面。如今，几乎所有的零售商都使用技术进行预测，控制库存成本，通过电子订单向供应商订货，从而减少通过打折和销售来处理积压库存的需要。技术也直接影响消费者在店内的购物体验。电子货架标签使零售商能够即时改变产品价格。店内展示程序可以持续进行演示或播放促销信息。零售商正在尝试使用虚拟购物屏幕、音频/视频演示和二维码整合。他们还通过精心设计的网站、电子邮件、搜索策略和社交媒体活动开发了全面整合的数字信息战略。购物者会在节假日在社交媒体上寻求信息和分享成功经验，因而社交媒体对零售商而言尤其重要。2017 年 7 月 8 日，无人超市"淘咖啡"正式落户杭州。目前，这种无人超市是新零售技术升级的最明显体现。消费者扫码进店，无须排队结账，支付宝就会自动扣款。除了杭州的"淘咖啡"，北京、大连等地的缤果盒子，上海的 TakeGo，广东省的 F5 未来商店等零售模式也纷纷出现。

7. 中型市场零售商的衰落

百货是商业零售行业里最早成熟的、成规模的、可复制的业态。改革开放到 21 世纪初，这段时间是中国百货发展最迅速的时期，也是百货的高光时期，百货塑造了几十年不败的神话。进入新世纪，百货业态的增长逐步减缓，被其他新型业态逐步分割零售市场。近几年，受电商和新型商业综合体的影响，传统百货业经历了发展的低谷期，除少数高端百货和创新能力较强的百货企业外，大多数百货企业业绩出现下滑。

曾几何时，在中国市场，百货业态、大卖场业态也经历辉煌。以大卖场业态为例，早前家乐福、沃尔玛等外资企业曾领跑中国市场,但最后被本土企业打败。但近几年来,消费者消费习惯在改变,来自行业内外的竞争也在加剧,在电商乃至更多新兴模式的冲击下,零售业整体经历着阵痛期,一些传统的零售模式更是处于衰退阶段。从大批量的门店关闭能窥出,重压之下的零售业亦在不断尝试自救,而除了关店,更多变革方式也推动着行业进入全新的发展阶段。

9.5.3 数字时代的全渠道零售

基于目标市场分析,零售商必须决定采用何种渠道接触客户。这个答案越来越倾向于"多渠道"。对于多渠道的依赖程度增加,就意味着需要有效整合渠道设计。在数字时代,越来越多的公司采用实体零售店铺、在线零售及同时拥有实体店和在线业务的全渠道(线上和线下)。

1. 在线零售商

在线零售销量爆炸性增长,原因显而易见。在线零售可以为大量不同类型的消费者和企业提供方便、信息丰富和个性化的体验。通过节省售卖空间、员工成本和库存成本,在线零售能够向利基市场销售少量产品并从中获利。

为了给网站带来流量,许多公司采用了联盟营销方式,向在线内容提供商支付费用,以为品牌网站导流。消费者经常去网上寻找低价商品,但在线零售商的竞争维度更多元,包括产品种类、便利性、购物体验、交货速度、退货政策以及问题处理能力等。调查表明,抑制在线消费最显著的因素是缺乏愉快的购物体验、社交互动,以及与公司销售代表的个人咨询。确保在线购物的安全和个人隐私仍是非常重要的。

尽管 B2C 网站引起媒体的广泛关注,但更多的营销活动是在 B2B 网站上进行的,供应商与客户的关系也随之发生改变。B2B 网站上提供关于供应商网站、汇总各种供应商及竞争产品信息的第三方信息中介机构、连接买卖双方的第三方中介以及客户社区等信息,使买方能够从中轻松地获得各种有用的信息,提升市场效率。

在线零售商们正在利用 B2B 拍卖网站、现货交易、在线产品目录、易货网站和其他在线资源来获得更好的价格。这些 B2B 交易机制使价格变得更加透明。无差异化的产品将面临更大的价格压力。对于高度差异化的产品,买家能更好地了解它们的真实价值。优质产品的供应商能够用价值透明度抵消价格透明度;而无差异产品的供应商将需要降低成本进行竞争。

与此同时,在线零售面向的消费群体较广阔,同时通过一定的信息技术可以有效地节约库存成本、搜寻成本等,从而为特殊偏好的消费者提供另一个购物平台,并已经成为传统零售业面临的最大敌人。当然,网络对营销的影响不仅仅在于"零售"的过程,还涉及整个营销系统。

网络营销是指通过互联网借助公司主页、线上广告和促销、电子邮件、短视频平台、微博和微信等方式进行的营销。社交媒体和移动营销也发生在网上,一定要和其他形式的数字化营销协调配合,才能实际完成"销售"活动。当然,除了在线零售平台之外,社交媒体也开始试水"零售"。互联网的使用越来越普遍,数字技术和设备的迅猛发展催生了网络社交媒体和数字社区的浪潮。社交媒体的功能是给人们提供了一个可以彼此聚集、社交并交换想法和信息的网络虚拟空间。消费者原本在社交媒体上了解和发表个人的消费体验,慢慢地可以尝试与志同道合者沟通"以物换物"或者"二手商品置换"等信息

（如在微博上发布信息之后，在淘宝网络进行交易或者私下交易），进而敏感的网络店铺的店主们便在社交媒体上直接发布产品信息，吸引消费者购买。目前流行的一个名词"微商"便源于此。微商，其实就是微电商，利用微信、微博、小红书、抖音等社交媒体进行信息发布，借助微店、淘宝店铺、抖音等网络销售平台完成营销活动。当然，社交媒体开展营销活动的更大优势还是利用其互动性、针对性、即时即刻性、低成本等特点使企业直接面对消费者，发起对话和倾听顾客反馈，吸引消费者投入其品牌的营销活动。上述相关内容，将会在第 10 章进行专门讨论。

2. 全渠道零售与新零售

面对大量来自线上渠道的业务订单时，从事实体零售的公司逐渐开始选择拥抱互联网，为公司发展开辟新渠道。随着消费者越来越喜欢使用计算机、手机进行网上购物，包括华润万家、大润发、苏宁易购等在内的许多传统零售商也迅速开始采用全渠道零售。

除了将实体零售商和在线零售商相结合，全渠道零售商还包括那些将业务范围扩大到在线零售的非商店零售商，即增设电商，并将其作为联系客户和产生销售的一种渠道。

随着电子商务的发展，线上零售正在迅速改变，传统的零售商纷纷向全渠道零售商转变。"全渠道零售"这一名词突出表现出了网站、实体店、社交媒体、移动设备等不同的渠道都将成为零售商与顾客互动的工具等特点，有效拓展了零售行业的销售渠道。这时，"新零售"一词横空出世。新零售的出现，改变了传统零售模式的生产、销售、服务和管理方式，具有更高的效率、更低的成本和更好的用户体验。

2016 年，国务院办公厅在《关于推动实体零售创新转型的意见》（简称《意见》）一文中明确提出了实体零售创新转型的思路，尤其部署了线上线下融合的新零售发展路径，提出"建立适应融合发展的标准规范、竞争规则，引导实体零售企业逐步提高信息化水平，将线下物流、服务、体验等优势与线上商流、资金流、信息流融合，拓展智能化、网络化的全渠道布局。"该《意见》为新零售发展提供了理论上的指导和政策上的支持，是新零售实践发展的行动指南。商务部流通产业促进中心（2017）发布报告，对新零售中的"新"进行了解释：由于技术变革以及需求变革的共同作用，消费者的消费需求呈现出多元化的态势，这就要求零售行业在主体角色、经营理念、组织形态等方面进行创新，以满足消费者不断变化的需求。

由此可见，新零售就是以满足消费者不断变化的新需求为中心，通过信息技术的变革在零售企业经营理念、组织形式等多方面进行创新的零售模式。与传统零售模式相比，新零售凭借大数据的支持能够更加全面地收集用户信息，了解其需求和偏好，提供适应的产品和服务，实现精准营销；新零售能够紧密联系企业内部的采购、入库、销售等多个环节，提升内部整体循环速度，缩短货物周转和消化周期，提升货物的运作效率；新零售能够通过信息技术收集线上信息，并及时反馈给线下门店，进而优化门店的消费体验，带动线下门店的流量。

3. 自有品牌的管理

自有品牌，也叫"中间商品牌""商店品牌""商号品牌"，是指零售商或批发商自己开发的品牌。

对生产商而言，零售商既是合作伙伴又是竞争对手，很多消费者都认为自有品牌与全国性品牌一样好，甚至品质更好，几乎家家户户都会时不时地购买自有品牌。所以，自有品牌营销的收益很高。正因如此，自有品牌迅速占领市场的势头让不少生产商感到恐惧。

为什么零售商要推出自有品牌呢？首先,自有品牌利润更大。零售商可以利用产能过剩的生产商以低成本生产自有品牌商品。而其他成本,如研发、广告、推广和分销也要比全国性品牌低得多,所以自有品牌利润率更高。其次,零售商开发的独有产品品牌可以很容易与竞争对手区别开。许多对价格敏感的消费者偏好某些品类的自有品牌商品,这种偏好使零售商的议价能力比全国性品牌销售商更强。零售商正努力提升自有品牌的质量,并设计富有吸引力的、创新十足的包装。超市零售商正在尝试推出优质的自有品牌产品。

以"年轻人都爱逛"的生活好物集合店名创优品为例,近几年,都在致力于撕掉渠道品牌,努力开发自创品牌。走进名创优品的门店,大到毛绒玩具小到牙签纸巾,这些产品上都挂着名创优品的牌子。名创优品在国内开了 3000 多家门店,店内 95% 以上都是名创优品的自有品牌,只有少量的其他品牌入驻。

9.6　批发

批发商是指供进一步转售或进行加工而买卖大宗商品的经济行为(交易行为),专门从事这种经济活动的商业企业叫批发商业企业(国外均称批发商)。批发商主要分为三种类型：独立批发商、代理商和经纪人。代理商和经纪人与独立批发商有两个明显的不同之处：不拥有商品的所有权,且只能履行几项职能。

9.6.1　批发商类型

1. 独立批发商

独立批发商是批发商中最大的群体,是独立所有,对所经销的产品拥有所有权的企业。在不同的行业中,他们被称为经纪人、分销商或工厂供应批发商。这类批发商主要包括以下几种。

(1) 全面服务批发商。全面服务批发商,能够提供一整套服务内容,包括保管存货、维持销售队伍、提供赊销、配送并提供管理支持。全面服务批发商包括批发商人和产业分销商。

① 批发商人主要面向零售商销售并提供全面服务。综合商品批发商经营多条产品线。全线批发商经营一条或两条深度较深的产品线。专卖批发商则仅仅专业经营一条产品线中的一部分产品。

② 产业分销商主要面对制造商销售并提供多种服务。其经营的产品种类可能很多,也可能是一般商品产品线或是特殊的产品线。

(2) 有限服务批发商。形形色色的有限服务批发商对他们的供应商和消费者提供较少的服务,主要包括以下几种。

① 现购自运批发商经营有限的几条快速消费品产品线,以现金支付的方式销售给小型零售商。通常不提供送货服务。

② 卡车批发商主要履行销售和运输职能。

③ 直运批发商没有存货,也不进行产品加工处理,只有在接到一笔订单时,选择一家制造商,由该制造商将商品直接运送给顾客。他们在从接受订单到货物送达顾客手中的时间

段里，拥有商品的所有权，并承担相应的风险。

④ 货架批发商为食品杂货和药品零售商提供服务，大多集中在非食品产品领域。它们向零售店铺派出货运卡车，送货人员负责商品的准备，比如为商品标价，保持商品的新鲜，陈列和存货记录。它们还保留商品的所有权，只有将商品出售给消费者时才向零售商收款。

⑤ 生产合作社由农业生产者会员所有，收集农产品并在当地市场上销售。合作社的利润在年底会分发给会员。

⑥ 邮购批发商向零售客户、产业客户和机构客户寄送产品目录，出售特色的珠宝、化妆品、特殊食品等小型商品。没有外勤销售人员。

2. 代理商和经纪人

代理商和经纪人没有商品的所有权，主要职能是促进购买和销售，从销售价格中赚取佣金。通常专门针对特定的产品线和顾客。

（1）代理商和经纪人一样都是将买方与卖方撮合在一起，并协助交易，但要比经纪人更持久地代表买方或卖方，分为以下几种。

① 制造商代理商是代表两家或多家进行互补性产品生产的制造商。与每家制造商签订涵盖定价、分管区域、订单处理、运输服务和担保以及费率等内容的正式书面协议。这种方式通常应用于服装、家具和电器等产品线。

② 销售代理商持有契约型授权，销售一家制造商的所有产品，相当于制造商的"销售部门"，对产品的销售价格、条款和条件等有重要影响。

③ 采购代理商通常与买方保持长期关系，负责为其进行采购。一般为买方接收、检查、仓储和运送商品。

④ 佣金商人持有商品实体并协商交易。它们将大批商品送至中心市场，以最优的价格出售，扣除费用和佣金后，将余额返给制造商。

⑤ 制造商和零售商分支机构与办事处，由卖方或买方自己而非通过独立的批发商来完成批发任务。各个分支机构和办事处可以专门致力于销售或采购。

⑥ 销售分支机构和办事处，由制造商建立以改进存货控制、销售和促销。它们可保管存货，也可以不保管，视具体行业而定。

⑦ 采购部与经纪人和代理商扮演的角色相似，但属于买方组织的一部分。

（2）经纪人主要的职能是促成买方和卖方的联系，协助洽谈和交易。由雇用它们的一方支付佣金，不保管存货，参与融资和风险分担。比如，地产经纪人、保险经纪人和证券经纪人等，都是日常生活中比较常见的经纪人类型。

9.6.2　批发商的主要职能

（1）联系个体零售商。批发商的销售团队可以让制造商以相对较低的成本接触到众多小型零售商和商业客户。批发商与零售商之间有更多的联系，零售商往往更信任批发商而不是离他们更远的制造商。

（2）采买和构建产品组合。批发商能够选择商品并构建客户所需的产品组合，从而节省大量时间、金钱和精力。

（3）化整为零。批发商通过购买大批量的货物，并将其分拆成小批量单位，从而为客户节约成本。

（4）仓储。批发商持有库存，从而降低客户的库存成本，减少供应商和客户的库存成本风险。

（5）运输。批发商离买家更近，它们能够更快地向买家交货。

（6）融资。批发商通过发放信贷为客户提供资金，通过提前预订、按时付账为供应商提供资金。

（7）承担风险。批发商在获得货物所有权的同时也承担相应的风险，包括货物被盗、损毁、变质和过时等成本。

（8）市场调研。批发商向供应商和客户提供与竞争对手活动相关的信息，如新产品和价格变化。

（9）管理服务和咨询。批发商经常通过培训销售员、协助设计商店布局和陈列、帮助建立会计和库存控制系统来改善零售商的运营。批发商还通过提供培训和技术服务来帮助工业客户。

近年来，批发商面临着不同来源的巨大的竞争压力，如风头正劲的数字平台、高要求的客户、新技术以及越来越多的大型工厂、机构和零售商的直接采购项目。制造商对批发商的主要抱怨包括：它们更像是订单接收者，而没有积极推广制造商的产品线；它们没有足够的库存，因此不能快速完成客户的订单；它们没有向制造商提供最新的市场、客户和竞争信息；它们对自己的服务要价太高。

精明的批发商会直面这些挑战，并通过调整它们的服务以满足供应商和目标客户不断变化的需要，它们认识到必须为渠道增加价值。

9.6.3　批发业的发展趋势

在整个渠道不断要求更高的效率、更低的价格和更高价值的质量时，批发商的存在显得有点力不从心。现代的批发商正在积极通过提高整个营销渠道的效率和有效性达到实现价值的目的，最终满足供应商和目标顾客不断变化的需求。

与客户的关系是公司发展前景的关键所在。首先，建立增值的客户关系是绝对正确的选择。对于批发商而言，其核心价值是在制造商与目标客户之间发挥了纽带作用。因此，一定要保证目标客户在“纽带”上获取的利益比直接与制造商合作的利益更多。除了经济利益之外，批发商可以向目标客户提供管理订单、薪资核算、商品库存等增值服务，进而在渠道中实现了增值。

另外，现在越来越多的大型零售商的经营形式已经行使了很多批发商的职能，而批发商也开始着手建立自己的零售业务。像美国的超级商店，既是批发商又是零售商，在美国食品工业的两个重要环节——批发与零售上都发挥着举足轻重的作用。

如今，计算机化、自动化和互联网系统的普遍使用，有效保障了批发商在为零售商提供更多的增值服务（如零售定价、联合广告、营销和管理信息报告、会计服务、在线交易等）的同时继续持有有效的利润空间。

思政融入：通过“直播＋助农”，实现乡村振兴战略与新媒体碰撞，树立“服务社会”的理念

思政素材：短视频博主刘元杰长期在户外工作，风吹日晒下的皮肤显得黝黑，在一场帮助蜂农直播卖蜂蜜的过程中，他的形象与新疆清透靓丽的背景形成了鲜明反差，显得格格不入。之后回应网友的视频又被二次恶搞剪辑，因此，刘元杰在带货期间获得了不小的流量

热度。

从意外走红，到半年后的现在，依据镜头前幽默大方的性格和身后的美景加持，刘元杰已经是一名360万粉丝的博主。他的直播使当地原本滞销的农副业产品供不应求，因此他也被推荐并成功当选为新疆尉犁县政协委员。半年时间里，他几乎每天都是面对着手机、计算机度过的。

刘元杰早期在家乡苏州创业失败后，一次前往新疆尉犁游玩的途中，偶然品尝发现当地的蜂蜜极其可口，但了解得知销量并不好，因此他嗅到其中的商机，在美景的吸引下，他选择留下来，将当地滞销农副产品通过直播带货的形式销售出去。

在他的宣传帮扶下，原本营销困难的农副产品销量大增，直播背景中的优美风光也吸引了不少游客前往。仅仅两个月，直播间营销额便突破800万元。一时间，短视频平台逐步成为他促进乡村发展的"新农具"，而流量则转化为助力乡村振兴的"新农资"。

链接：刘元杰：
助农达人

2023年春节期间，刘元杰一切照旧，仅五天时间，他就和团队完成成交量600多万元，是其他时候一个多月的数额，创出销售额新高。冬日零下37℃的雪原之上，晶莹雾凇挂满枝头，绽放别样芳华，他脱去上衣，卖力地融入美景，介绍着产品。

刘元杰在新疆的这段时间，发现当地年轻人大多选择外出务工，留下来的占少数，采访中，他表示希望更多年轻人能够帮助家乡致富，刘元杰现在是巴州自媒体协会副会长，招收的更多团队成员中，不乏外地来者。他想和更多年轻人，共同在文旅业和产销上为新疆助力。

资料来源：https://baijiahao.baidu.com/s? id=1758213650926712725&wfr=spider&for=pc.

讨论：结合视频案例，分析在众多的直播带货助农达人中，刘元杰为何能够脱颖而出，引起消费者共鸣？

本章小结

本章主要介绍了如何对销售渠道进行管理与控制，共进行了六方面的内容介绍。第一，首先介绍了供应链和销售渠道；其次介绍销售渠道主要类型和特点；销售渠道的基本职能和结构。第二，分销渠道的设计的步骤，具体为分析消费者的需要、制定渠道目标、确定备选的渠道方案和评价主要的渠道方案。第三，分销渠道决策的基本内容。包括对渠道成员选择、管理、激励渠道成员和评估等。第四，物流管理。在第五和第六部分，主要是分析零售和批发的特点、重要性、主要类型，并重点讨论它们未来的发展趋势。本章的内容对如何选择销售渠道，如何管理销售渠道资源及针对销售渠道中存在的问题提出解决方法有一定借鉴意义。

基础练习

1. 简答题

（1）销售渠道的主要功能是什么？

（2）简述销售渠道的作用和重要性。

（3）针对不同类型的渠道冲突，谈谈你对解决对策的建议。

（4）分析通常企业进行渠道改进的原因。

2.讨论题

如果你是零售业的龙头企业,面对"互联网＋"的新环境你的企业将如何进行渠道模式改革,说出你的理由并与同伴进行讨论。

案例分析

门店云零售:把门店开在直播间

在大数据时代,零售的本质依然是要无时无刻不为消费者提供产品或服务,通过大数据进行全息消费者画像,以用户为中心,在人、商品与服务、供应链等各个环节数字化基础上,通过数据流动进行串联,提供覆盖全渠道的无缝消费体验。零售的主体、载体、客体都将数字化并在云端进行整合,形成三位一体的云平台。零售资源都将"云化",经过云端的计算让消费可以按需分配,这就是新零售的终极演化形态——云零售。

互联网的崛起使越来越多的消费者宁愿在家里,用手机下单购买商品,也不愿到店消费。为了增加产品销量,实体门店开始尝试"云零售",开启了线上营销,进入了全新的营销模式。

2022年4月,某品牌将南京东路旗舰店开在了抖音直播间,一位主播以销售顾问的角色向屏幕前的消费者,正热情洋溢地讲解着该品牌的理念、衣服做工材料、流行元素与出门穿搭等信息,一旁的工作人员也在全力配合主播节奏,不断强调商品卖点、促销价格、物流时效等信息。从中午两点开播到晚上八点结束,六个小时直播时长中,该直播间实时在线人数维持在50人左右,直播结束时显示,累计观看人数为18635。该品牌的线下门店每日零售额同比下降超60％,抖音云零售能吸引来更多精准用户,每日下单成交金额已经超过门店零售。

什么是门店云零售?即为把门店最潮、最酷、最全的货盘组装,通过直播的方式,面向来自全国的用户进行展示售卖。与目前众多品牌商家走低价促销的策略路线不同,重品牌、卖正价、讲潮流、玩穿搭,已经成为这些做门店云零售直播间的共性。

抖音电商讲求以"兴趣"为驱动点,向用户进行流量推荐。以观看频次、关键词搜索、停留时长、视频完播率等关键性数据作为指标,被大数据算法智能识别推荐,比如经常观看达人健身、极限运动、旅游探险等内容的用户,就有一定概率会被流量推荐至与其关键词匹配的相关品牌直播间。

FILA品牌新零售运营总监刘先生认为,"要把门店云零售做好,既要对门店的货盘有足够的了解,又要明确好品牌门店不同账号的定位,做地域化单店集群矩阵账号模式,抖音会通过流量大数据算法给每个单店账号以每天500人精准用户流量,200个门店账号就是10万流量。"

把开在城市中心商圈的品牌线下门店,打破地域和空间限制,面向全国数以千万的消费者敞开大门营业。未来,云零售能实现的消费愿景就是"所想即所得,所得即所爱",当然,反过来念也成立。

资料来源:http://biznews.sohu.com/a/537355544_121198369.

问题:整个零售系统有主体、载体和客体三个要素,三位一体服务于消费者。分析云零售的三要素有哪些特征。

课外实践

1. 实践背景

要求学生按照第 1 章课外实践活动中所自组公司和确定的经营背景完成。

2. 实践活动

科学地分析营销环境是渠道选择的依据与基础。要求各个公司根据收集的市场信息资料，进行分析市场环境状况，依据产品因素、市场因素、中间商状况、厂商本身条件、环境因素设计分销渠道的"长度""宽度""成员"方案，对分销渠道能独立进行设计。

第 10 章

促 销 策 略

知识目标：

1. 了解沟通顾客价值的促销组合决策基本内容；

2. 了解有效沟通的过程和步骤；

3. 熟悉促销工具的选择与促销效果的测量；

4. 了解常见促销工具和网络营销新媒体的特点。

技能目标：

1. 培养判断消费者接触媒体的习惯的能力；

2. 运用不同的促销组合设计促销活动，制订促销计划的能力；

3. 具备在"互联网＋"时代运用社交媒体和移动营销方式展开有效沟通的能力；

4. 根据客户特点执行促销策略的能力。

德育目标：

1. 关注社会现实问题，树立良好的职业道德观念；

2. 建立正确的企业文化价值观；

3. 维护社会公平正义，增强公民意识。

导入案例

"公关＋直播"助鸿星尔克翻身

过去，大多数的运动品牌企业都会选择电视广告、赛事赞助进行促销宣传。近年来，大家开始逐渐转向社交媒体、明星代言、联名和事件营销。促销方式变化背后，体现了消费市场从"品牌主导"向"消费者主导"的转变。

2022 年 7 月 31 日，"鸿星尔克再捐 1 个亿"的话题登上微博热搜榜首。据悉，这次鸿星尔克是向福建省残疾人福利基金会捐赠了价值 1 亿元的物资和捐款，用于帮助困难残疾人和家庭改善生活质量。消息传出当天，鸿星尔克的淘宝直播间就涌入了近 17 万人。而当天抖音"运动户外"类目的直播间中，鸿星尔克有三个矩阵号都排进了销量榜的前五。对此，有网友调侃说："踩了一年缝纫机，又都捐了""你敢捐，我们就敢让你不停地踩缝纫机。"

因为一年之前，鸿星尔克就曾因向受到暴雨洪灾的河南捐赠 5000 万元物资登上过热搜。当网友们知道鸿星尔克在常年亏损的情况下还默默捐款以后，备受感动。一时间鸿星尔克的线下店和直播间都"人满为患"。鸿星尔克这次捐款事件，为它在消费者心目中树立了一个有着社会责任感的企业形象。

据统计，当时鸿星尔克捐款的消息才传出两天，鸿星尔克官方旗舰店在淘宝的直播销售额就突破了 1.07 亿元，总销量 64.5 万件，观看人次近 3000 万。而在它的抖音直播间，三个矩阵号在两天内的销售额就超过了 1.3 亿元。

在 2021 年 7 月流量爆发之前，鸿星尔克刚刚建立好配置齐全、规律开播的直播间。捐款事件冲上热搜后，鸿星尔克董事长吴荣照第一时间注册了抖音账号，对捐款一事进行回应。此条回应视频的点赞量接近 680 万。此后，吴荣照一直给自己立下"憨厚"的反差人设，频繁出入鸿星尔克直播间的同时，也大有要成为网红的趋势。与此同时，鸿星尔克的直播间也迅速响应，24 小时不间断直播，完美承接住了蜂拥而至的流量。

回顾过去的几年，鸿星尔克仿佛逐渐消失在大众视野里，很大程度上是因为其款式设计屡遭诟病。诸如李宁、安踏等品牌，早就打出了"国潮"的旗号，用潮流设计俘获了大批年轻人的心。至于鸿星尔克，即使是 2021 年网友支持它的评论下方，也基本是赞赏它的质量，像是"我也想买，但是质量太好，几年了都不坏"，等等，但鲜有夸赞鸿星尔克设计好的。

在捐款事件树立良好形象之后，又乘上直播带货的东风，网友和鸿星尔克品牌方的互动更加便捷有效，其后来的很多款式设计都听取了网友的建议。比如 2022 年推出的"国风浔""云舒"等款式都凭借简约清爽的设计摆脱了"老土"的标签，受到大批年轻人追捧。

很多老牌国货都是因为在研发的道路上停滞了太久，以至于跟不上主流消费人群的需求。而直播带货这些新的模式，最大的作用不是拓宽销售渠道，而是让它们有机会更多地聆听消费者的声音。

资料来源：https://baijiahao.baidu.com/s? id＝1740010567593152355&wfr＝spider&for＝pc.

10.1 促销与促销组合策略

成功的市场营销活动，不仅要努力开发适销对路的产品，制定具有竞争力的价格和选择合理的分销渠道，善于经营的企业应根据实际情况，正确制定并合理运用促销策略，采用适当的方式进行促销，及时有效地将产品或劳务的信息传送给目标顾客，沟通生产者、经营者与消费者之间的联系，激发消费者或客户的欲望和兴趣，进而满足其需要，促使其实现购买行为。促销不是一种简单的工具，而是多种工具的组合。在整合营销沟通观念下，企业必须仔细地协调这些促销工具，以传递关于组织及其品牌的清晰的、一致的和有力的信息。

微课：促销组合
策略与整合
营销沟通

10.1.1 促销的含义

市场交换活动是由买方和卖方共同实现的，这种商品交换活动的顺利进行，要求买卖双方相互沟通信息。促销（promotion）是指企业将产品或服务的有关信息进行传播，帮助消费者认识商品或服务所能带给购买者的利益，从而达到引起消费者兴趣，激发消费者欲望，促进消费者采取购买行为的一种活动。现代市场营销理论特别强调企业与其现实的和潜在的消费者之间的沟通，从一定意义上说，销售促进的本质就是信息沟通。

一般来说，信息沟通方式概括起来可以分为几大类。即单向沟通的广告、公共关系、营业推广；双向沟通交流信息，如人员推销方式。促销工具彼此之间具有一定互换性，各促销工具也各具优势，因此大部分厂商都综合运用各种促销工具，利用各种促销工具的长处，以达到良好的与消费者进行信息交流、沟通的目的。

10.1.2　促销组合策略

企业促销是告知信息,说服客户,提醒客户采取购买行动等。要达到促销的目的,必须采取各种促销工具,制定促销组合。促销组合,又称为营销沟通组合,由广告、人员推销、营业推广、公共关系和直复与数字营销等工具的特定组合,用于有说服力地沟通顾客价值和建立顾客关系。以下是几种主要的促销工具。

(1) 广告是指由确认主办者支付费用,旨在宣传构想、商品或者服务的大众传播行为。它是一种高度公开的信息传播方式,具有普及性,传播范围广,形式多样,表现力夸张的特点。

(2) 人员推销是企业的销售人员为了实现达成销售和建立客户关系的目的而进行的商品介绍和展示。

(3) 营业推广是为了鼓励产品和服务的购买或销售而进行的短期激励。

(4) 公共关系是通过获得有利的宣传,建立良好的企业形象,处理或应对不利的流言、事故和事件,与公司的各种公众建立良好的关系。

每一种促销方法都有与消费者沟通的特殊工具。例如,广告包括广播、印刷、互联网、移动、户外以及其他形式;营业推广包括折扣、优惠券、陈列和示范;人员推销有销售展示、展销和激励计划等;公共关系则包括新闻发布会、赞助、特殊事件以及网页等。还有新兴的数字营销模式也是效果非常良好的沟通工具。数字营销是与确定的个体消费者与消费者社会群体直接联系,以获得即刻反馈和培养持久客户关系的方式,包括目录、直接答复电视、信息亭、网络、移动电话等。

企业在决定促销组合时要考虑多种因素的影响和制约。

1. 产品类型与特点

工业品(生产资料)与消费品(生活资料)对各类促销工具的效果有着明显的差别。一般对于消费品适合采用非人员促销方式。而对生产资料这样单价高、价值大、风险程度高、市场上买主有限或者购买批量大的商品的最有效的推销方法为人员销售。

2. 推或拉的策略

企业采取"推"或"拉"的方法促进销售在很大程度上决定和影响着促销组合。"推"和"拉"两种策略正相反,"推"的策略要求用特殊推销方法和各种商业促进手段通过营销渠道把商品由生产者"推"到批发商,批发商再"推"到零售商,零售商培植消费者的需求,推动各级分销商的订货需求;拉式战略更注重和利用品牌效应,在拉式战略中,广告与营业推广的适当配合尤为重要,各个不同的企业对这两种策略各有偏好。

小思考

推式策略与拉式策略要求各自的主要促销对象是谁?像肥皂、牙膏等生活日用品宜采用哪种策略?

3. 现实和潜在顾客的状况

企业对不同类型的顾客依据其特点,采用不同的促销方式。企业常按照购买商品的时间把顾客分为最早采用者、早期采用者、中期采用者、晚期采用者和最晚采用者,并对不同类型的顾客采用不同的促销方式。如对第一、第二类顾客常常以"激励"的方法通过各种手段宣传商品的"新"以鼓励购买。同时，在分析中还应考虑作为消费者的心理变化过程。如处在"认识"阶段的消费者就比较多地接受广告和人员销售的影响。

4. 产品的生命周期"阶段"

在产品市场生命周期的不同阶段，企业的促销目标不同，因此对处于不同阶段的产品所采用的促销方式也有所区别。

5. 促销费用

促销费用的高低，直接影响促销方式的选择。一般来说，广告宣传和人员推销的费用较高，营业推广花费较小。企业在选择促销方式时，要根据企业的资金状况，以能否支持某一促销方式的顺利进行为标准，同时，投入的促销费用要符合经济效益原则。

6. 人力资源

促销效果是否能够达成，关键看促销执行。促销执行，尤其是人员推销和营业推广是推销人员面对面地与客户交流。那么，推销执行人员的素质、能力、促销目标的贯彻，计划的执行，取决于企业现有推销执行人力资源状况或促销预算下的费用支持。

特别值得注意的是，市场营销沟通又不局限于这些具体的促销工具。产品的设计、价格、形状和包装，以及出售它的商店，都会向消费者传递产品及企业的信息。因此，尽管促销组合是公司的主要沟通活动，但是，为了取得最佳的沟通效果，促销必须与市场营销组合中的产品、定价、渠道保持一致。

10.2　整合营销沟通

有效的大众传媒沟通技巧在今天似乎无法重现往日的风采。企业再想用一支广告营销数千万顾客，已经几乎不太可能了。今天的营销领域正经历着巨大且深刻的变化，营销者面临新的营销沟通现实。

10.2.1　新的市场营销沟通环境

一些重要的因素正在改变营销沟通的面貌。

1. 消费者的变化

在这个数字化的无线时代，消费者在信息更加灵通的同时，具有更强的沟通能力。消费者可以利用互联网和其他技术自主地搜索信息，而不必再依赖市场营销者提供。而且，消费者还能轻易地联系其他的消费者交换品牌的信息，甚至创造他们自己的市场营销信息和体验。

2. 市场营销战略的变化

随着大众市场的细碎化，市场营销者逐渐放弃了大众营销。市场营销者越来越倾向于设计更加聚焦的市场营销计划，在更加精确定义的微观市场中，与顾客建立更加紧密的联系。

3. 沟通方式的变化

通信技术的巨大进步极大地改变了公司和顾客间的沟通方式。从智能手机和 iPad，到卫星和有线电视系统，再到互联网世界里的电子邮件、社交网络、品牌网络等，数字时代孕育了这些新型的信息和沟通工具。这些新的沟通方式和工具的迅猛增长对营销沟通产生了惊人的影响,新的数字媒体正在催生新的市场营销沟通模式。

近年来,尽管电视仍然是主导性广告媒体,但是企业用于有线电视网的广告开支已经明显减少了,甚至有的企业直接略过了传统媒体。比如,一些网络游戏、电影等产品通过网络视频、网上广告、微信、微博等媒体宣传,既符合产品个性,营销效果又好,最重要的是花费不高。在营销沟通的新世界,与那些强行把产品信息灌输给消费者的做法不同,新媒体形式使市场营销者以更加互动和有吸引力的方式到达小群消费者。

尽管转向数字新媒体,传统的大众媒体仍然在大多数主要营销公司的预算中处于重要地位。传统媒体并不会那么迅速地被新媒体代替,而是与网络、移动和社交媒体逐渐融合,以更加个性化和互动的方式精准地吸引目标顾客。归根结底,无论采取哪些沟通渠道,关键是以最好地沟通品牌信息和强化顾客品牌体验的方式整合这些媒体。

【观念应用 10-1】

安利纽崔莱冬奥营销斩获三项大奖

作为体育和奥运营销的老手,安利纽崔莱在北京冬奥周期,引领营销新玩法,以冬奥＋健康的内容营销为核心,实现品牌与平台的最大乘数效应,覆盖线下线上受众,打通众多兴趣社群,最终引爆社交互动。

绑定官方转播商,引爆冬奥荣耀时刻

互联网巨头腾讯作为冬奥官方转播商,盘踞流量高地。安利纽崔莱与腾讯双向奔赴,冠名《中国骄傲》栏目,在微信视频号、腾讯网、腾讯体育、腾讯视频、腾讯新闻、腾讯浏览器六大流量端,见证冬奥开闭幕式、中国队奖牌全记录等中国军团全程荣耀时刻,点燃全民爱国热情。

"守护健康燃情冰雪——2022 一起健康向未来"启动仪式

安利纽崔莱支持北京卫视打造《守护健康燃情冰雪》栏目,通过权威媒体传播科普权威内容,助力改善我国居民营养素养欠缺、营养疾病多发、缺乏运动等不健康生活方式等问题。

"守护健康燃情冰雪——祝福北京"主题雕塑

安利纽崔莱与北京广播电视台、北京奥运城市发展促进中心,携手著名雕塑家袁熙坤,在北京奥林匹克塔揭幕落成"守护健康燃情冰雪—祝福北京"主题雕塑。赛事后,雕塑被奥林匹克博物馆永久收藏,并在博物馆外场即鸟巢入口处永久展示,为北京冬奥留下一份美丽的艺术遗产,成为双奥之城北京的又一个奥运新地标。

爆款社交互动＋精准广告营销双轮驱动

通过腾讯及北京卫视,打造奥运＋健康的双热点话题内容后,安利纽崔莱后续在抖音和微信视频号,发起＃守护健康燃情冰雪手势舞短视频挑战赛,号召网友守护自身健康,助力中国健儿为国争光。

安利纽崔莱的冬奥整合营销,强调内容、重视互动,各方资源借力、多个平台打通,将品牌的健康主张融入奥运的顶流 IP,通过全链路社交生态,将精准内容有效触达用户,实现高价值品牌曝光与口碑收获,为品牌体育营销带来全新玩法和思路。

资料来源:https://baijiahao.baidu.com/s? id=1753621645627366391&wfr=spider&for=pc.

10.2.2 整合营销沟通的必要性

市场营销者现在倾向于使用更加丰富的媒体组合和沟通手段,大量地向消费者投放商业信息。他们却忽略了消费者不会专业地区分信息的来源和差异，而是将其看作一个整体。换句话说，对于消费者而言，来自不同媒体的信息和促销方式汇总在一起构成了企业和其产品（或品牌）的整体形象。

随着人们生活节奏的加快，人们越发依赖移动互联网，移动互联网的进一步扩张和渗透，已经完全生活化。移动互联网让很多东西碎片化了，各方的连接方式会变成网状形式，商家接触消费者的地点越来越不固定，接触消费者的时间越来越短暂。所以，消费者的购物地点、购物时间和购物需求也越来越碎片化。消费者每天通过微博、微信等各种社交网络媒体随时随地创造碎片化内容，这些碎片化内容又通过朋友圈或者粉丝大规模传播。所以，短信、微博通知、朋友圈状态的更新、微信聊天等大量的碎片信息，每天都在包围着消费者，影响消费者的决策，刺激消费者的即时冲动消费需求，进而又使消费者需求和消费者购物时间的碎片化程度更为加剧。这无数碎片化内容散落在浩瀚的社交信息和多种媒体信息交错的海洋里，既有企业需要的消费者个性和需求的蛛丝马迹，又在消费者内心构建起企业的整体形象。

因此，互联网时代是量的时代，移动互联网时代是效率的时代。在这个时代里，市场营销者一定会觉得自己非常幸运，可以利用各种各样的沟通渠道，大量又及时地传播商业信息，更接近消费者、更及时和深刻地了解消费者。但是，在这个时代里最大的问题是信息的复杂和细碎，所以，营销者亟待解决的问题是如何以有序的方式整合这些沟通渠道和沟通信息。

整合营销沟通要求识别消费者可能与企业及其品牌接触的所有时间点。每一次品牌接触都是一次信息传达。企业应该在与消费者每一次接触中都传达协调一致的正面信息。整合营销沟通就是将企业所要传达的信息与形象联系在一起，不管是电视广告和印刷广告，还是电子邮件或者卖场销售人员，都应呈现和表达一致的内容。

另外，在整合营销沟通的过程中，企业要基于不同的媒体的独特作用，以整体市场营销计划将其整合起来，达到吸引、告知和说服消费者的效果。企业要精心制订整体营销沟通计划，有效协同各种媒体和作用。

10.2.3　有效整合营销沟通的步骤

市场营销者在开展有效整合营销沟通和促销计划时，必须要做到：确定目标受众，明确沟通目标，设计信息，选择传递信息的媒体，选择信息来源和收集反馈信息。

1. 确定目标受众

营销沟通始于确定受众目标。他们应该是当前或潜在的购买者、制定购买决策的人或影响购买决策的人。受众也许是个人、群体、特定受众或一般公众。目标受众将极大地影响营销沟通人员的多项决策，包括说什么、何时说、在哪里说、谁来说等问题。

2. 明确沟通目标

一旦确定了目标受众，市场营销者就要明确沟通的目标是什么。在消费者购买决策制定的过程中，市场营销者应该根据目标受众的状态不同而确定沟通目标。购买者准备购买阶段包括知晓、了解、喜爱、偏好、信服和购买。

如果目标受众对产品一无所知或知之甚少，沟通的目标就是建立知晓度和了解产品。比如 2023 年"双 11"前期，当人气带货主播李佳琦反驳花西子 79 元的眉笔太贵事件愈演愈烈时，原本在当代年轻人眼中籍籍无名的国货品牌蜂花却发现了商机。9 月 12 日，蜂花上架了三款标价79元的洗护套装,净含量为五斤半,按克数折算,500克仅卖14.36元。此次营销事件中,蜂花表现出了与消费者共情的态度。于是,两天内其抖音账号涨粉100多万,产品卖到了断货,实现品牌知名度和销量的大幅提升。

如果目标受众已经知道该产品,营销者就应该进一步培养受众群体对产品的强烈的情感。2023年9月4日,贵州茅台与瑞幸咖啡联合推出酱香拿铁,瞬间火爆出圈。瑞幸咖啡微博称,该单品首日销量突破542万杯,单品首日销售额突破1亿元。与此同时,贵州茅台的股价应声上涨。截至9月4日收盘,贵州茅台报收1866.0元,上涨0.81%。期间,最高涨幅1.5%,市值涨约200亿元。这次酱香拿铁营销非常具有独特性和创新性。原本两个拥有不同消费群体和市场需求的品牌在联名推出新产品后却满足了更多消费者的需求,扩大了产品的受众群体。

如果部分目标受众被说服,产生了购买意愿,但尚未做出最后的决策。沟通者则必须利用各种促销工具引导这些潜在消费者采取最后的购买行动,以此为该阶段的沟通目标。

3. 设计信息

确定理想的受众反应之后,营销沟通者开始制定有效的信息。理想的信息应该能够引起注意(attention)、产生兴趣(interest)、激发欲望(desire)和促进行动(action),即AIDA模式("爱达"公式)。实际上,很少有信息能够经历所有环节,将消费者从知晓阶段一直引导到购买阶段。但是,营销沟通者在组织信息时,可以参考AIDA模式理想信息的要求思考说什么(信息内容)和怎么说(信息结构和形式)的问题。

(1)信息内容。市场营销者在沟通信息内容时,必须提出恰当的诉求或主题,以产生预期反应。一般情况下,诉求分为三种:理性诉求,即与消费者自身利益有关系,展示产品能够提供的预期利益(如"怕上火,喝王老吉""白天服白片,不瞌睡;晚上服黑片,睡得香");情感诉求,即旨在激起消极或积极情绪,以激发购买(如999感冒灵的广告词"暖暖的,很贴心");道德诉求,即帮助受众了解什么是"对的""恰当的",经常常用于鼓励人们支持社会事业(如中央电视台推出的公益广告"孩子不是你的缩小版,儿童要用儿童药")。

(2)信息结构。信息的结构主要涉及三个问题:第一,应该是直接给出结论,还是让受众自己判断;第二,强有力的论点是在开始提出还是在最后提出;第三,应该提供单方面论点(正面论述),还是正反两方面都论述。

(3)信息形式。如今,信息展示的形式十分丰富,营销者需要为其要传达的信息确定对市场有吸引力的形式。

4. 选择媒体

确定信息内容、结构和形式之后,市场营销者需要选择沟通渠道,即人际沟通渠道和非人际沟通渠道。

人际沟通渠道,两个或者更多的人彼此通过面谈、电话、通信、网络交流等方式直接进行沟通和反馈。人际影响对产品的宣传效果影响很大,尤其是昂贵的、有购买风险或高可视度的产品。有的人际沟通渠道可以由企业控制(如企业的销售人员与消费者接触),有的人际沟通通过不由企业直接控制的渠道到达购买者(如行业专家的推荐)。企业应该采取有效措施推动对自己有利的人际沟通行为。

非人际沟通渠道,是没有人际接触或反馈的信息传播方式,包括主要的媒体、气氛和事件。主要媒体,可以选择印刷媒体(报纸、杂志、直邮),广播媒体(广播、电视),陈列媒体(告知牌、标志、海报),网络媒体(电子邮箱、网站)。气氛,是经过设计的环境,用于创造和强化购买者的产品购买倾向。所以，装修建筑公司的内部设计一定要具有特色，教育培训机构多愿意在醒目的地方陈列学员的获奖证书或者优秀作品，都是在证明自己的服务能力，也是服务有形化的表现。

5. 选择信息来源

无论是人际沟通渠道还是非人际沟通渠道，信息对目标受众的影响都会受到受众对沟通者本身看法的影响，即信息来源的影响。来源可靠的信息总是更具有说服力。企业可以选择行业专家的推荐、名人的代言，或利用普通人的视角表现一个故事。值得一提的是，在选择名人代言时一定要谨慎，保证名人的社会形象与产品要切合，相得益彰。代言人选择不当，可能会对产品造成不可挽回的破坏。

6. 收集反馈信息

信息发送之后，营销者还应了解这些信息对目标受众群体的影响力。具体包括：目标顾客是否记得该信息，看过该信息的次数，是否能够追忆部分要点，看过之后的感受，以及对产品及企业的前后态度等。这些信息对目标受众更实际的影响在于信息发布之后，多少人购买了该产品，与其他人谈论过该产品或者惠顾过商店。根据市场营销沟通的反馈，可能需要改变促销计划或产品自身。

10.3　广告

微课：广告

广告是现代企业重要的促销方式。它是一门带有浓郁商业性的综合艺术。随着商品经济的发展，广告的重要作用将越加突出。与所有的促销工具一样，广告必须融入完整的整合营销沟通计划中。

10.3.1　广告的含义和功能

"广告"一词源于拉丁语 Adventure，意为唤起大众对某种事物的注意，并诱导于一定的方向所使用的一种手段。广告的历史可以追溯到人类历史刚有记载的时期，考古学家就在地中海附近的国家发掘出了表明不同事件和所售产品的标志。罗马人在墙上绘画，预告角斗士的战斗。时至今日，广告仍是企业营销活动中普遍使用，且花费最多的促销工具之一。

1. 广告的含义

关于广告，有多种不同的表述，归纳起来，可分为广义和狭义两类。广义广告泛指能唤起人们注意、告知某项事物、传播某种信息、宣传某种观点或见解的信息传播方式，如政府公告、宗教布告、公共利益宣传、教育通告、各种启事、标语、口号、声明等，都称为广告。它既包括经济广告（商业广告），又包括非经济广告，因此，可概括为"有目的地唤起人们注意或影响观念的特殊信息传播方式"。狭义的广告是指经济广告，是广告主体有目的地通过各种可控制的有效大众传播媒体，旨在促进商品销售和劳务提供的付费宣传，是商品经济的产物。市场营销中研究的广告是狭义的广告。

广告既可为产品建立一个长期的印象，也可以刺激购买行动，它是一种能将信息送至地理上的分散接收者最多的方式，而平均展露成本又最低。

2. 广告的功能

同人员推销、公共关系和营业推广三种促销方式相比，广告宣传是能见度最高的公共沟通方式,受众面广,许多人共同接收同样的信息,并在一定范围中表现为无差异的提供信息。商业广告具有多种功能:在市场营销工作中广告是很好的传递信息、刺激需求的方法,同时有利于在市场上争取顾客,是打击竞争对手的手段。

(1)传播信息。传播信息是广告的基本功能,也是广告最为重要的功能。广告可以向消费者介绍产品或服务知识,可以通报产品及服务的情况。一般来说,在当今社会,一种新产品问世,都必然要伴之以一场大规模、高密度的广告宣传,让消费者对新产品形成深刻的印象。

(2)刺激需求。对于消费者的某些处于潜在状态的需求,若不加以刺激,则可能被抑制;若加以有效地刺激,则可能转变为实际的购买行为。形形色色的广告手段是激发人们潜在消费需求的最普遍、最直接、最有效的工具。

(3)争夺顾客。利用广告这个手段来开拓市场、促进销售、争夺顾客,以此来提高经济效益。

(4)抑制竞争对手。知名大企业抢占各种媒体的黄金时间和黄金版面,并不是因为广告可以传播信息,而是不让竞争对手抢走具有良好效果的广告播出时间段和版面,使竞争对手没有更好的机会宣传自己。

10.3.2 广告媒体

广告媒体是指广告主与广告对象之间信息传递的载体。广告媒体是传递广告信息的通道和媒介,合理选择和购买媒体,对于提高广告效果和降低成本至关重要。

1. 广告媒体的种类

常用的广告媒体包含印刷媒体、电子媒体、户外媒体、实物媒体四大类,见表10-1。

表 10-1 常用的广告媒体

印刷媒体	电子媒体	户外媒体	实物媒体
报纸、刊物、产品说明书、样本、广告信、电话簿、挂历、台历、门票、车船时刻表、工具书插页、手册	网络、移动媒体、电影、电视、广播、幻灯、电子显示大屏幕	公路广告牌、霓虹灯、橱窗、气球、灯箱	商品、模型、包装装潢、礼品、标志徽章、纪念册等附赠品

(1)印刷媒体是指以印刷品作为传播广告信息的媒体,包括各种报纸、刊物、产品说明书、样本、广告信、电话簿、挂历、台历、门票、车船时刻表、工具书插页、手册等。

(2)电子媒体是指网络、移动媒体、电影、电视、广播、幻灯、电子显示大屏幕等。这类广告媒体在现实生活中的作用越来越大,应引起企业重视。特别是网络越来越成为企业开拓市场、宣传企业和产品不可忽视的媒体。

(3)户外媒体。不论是城市还是乡村,广告牌的作用越来越大。在一些重要的交通枢纽或高速公路入口、出口处均有巨型的广告牌,城市的霓虹灯、橱窗、气球、灯箱等也被充分利用起来。

(4)实物媒体是指商品、模型、包装装潢、礼品、标志徽章等。如火柴盒、打火机、手提包、包装纸、购物袋、纪念册、运动衫、附赠品等,文体表演也是很好的广告媒体。

选择广告媒体是一种创造性的活动,不应仅集中在某种个别媒体做广告,那些新奇的广告形式往往能收到意想不到的效果。如有些企业在公厕里做广告,由于人们在厕所里不可避免地要看到广告,宣传的效果相当不错。

广告主可以依靠传统媒体传达产品信息,也可以从一系列能够直接接触到消费者的信息电子媒体中选择，如手机和其他数字设备。每种媒体都有各自的优缺点。因此，广告主必须考虑各种媒体的效果、信息传递的有效性和成本选择广告媒体，并使之充分融入整合营销沟通活动中。

2. 传统广告媒体的特点

（1）电视。电视广告具有视觉、听觉和实例示范的特点，广告画面形象、生动、鲜明。其优点是：广泛覆盖大众市场，每次展露成本低，结合画面、声音和动作，对感官吸引力强。但是，电视媒体的绝对成本过高，易受干扰，展露的时间短暂。最重要的是，其很难选择观看受众。

（2）报纸。报纸的发行量大，覆盖面广，阅读阶层广泛且较稳定。信息传播及时，很好地覆盖当地市场，比较普及，可信程度也比较高。但报纸广告也有局限性，其生命短促，印刷质量差，且以刊发新闻为主，影响广告的阅读率。

自 2008 年以来，由于受新媒体冲击，传统报业普遍面临读者流失、广告下滑、盈利降低、渠道衰减等挑战，包括我国第一家中央级新闻报纸《中华新闻报》在内的多家报纸停刊。更多的像《生活新报》这样的传统媒体进行了经营模式转型，建立自己的网站、App 等，充分利用网络的特点，向读者提供远远超过纸质媒体的更多内容。通过建立报纸的立体营销网络，以提升报纸的广告价值。

（3）杂志。杂志对不同目标市场针对性强，宣传效率较高，持续时间长，可信、有一定威望。但杂志广告预备时间较长，影响信息的传递速度。由于其专业性强，因而影响广告信息的扩散。

作为纸媒，近年来，杂志也同报纸一样受到新媒体的巨大冲击。《外滩画报》《瑞丽时尚先锋》《芭莎艺术》《新视线》等知名杂志或停止出版纸质刊物，或彻底休刊，或将更多精力投入发展刊物数字化形式上。如今，互联网以及自媒体的兴盛加速了以手机、计算机或电子阅读器为载体的数字化阅读方式的普及和流行。人们已经习惯于借助可移动、便携式的媒介工具进行即时即地的交流与沟通，乃至分享各种信息。虽然这种碎片化阅读仍存在争议，但却实实在在地影响了纸质媒体。杂志媒体也应同报纸一样寻求转型的新模式。

（4）广播。广告信息传播迅速、及时、灵活，时效性较强，本地接受度高，成本低，具有很好的人口和地理选择性。但广播媒体只有听觉效果，展露时间短暂，很多听众往往在收听时心不在焉，注意力差。因此，广播广告投放期间，往往需要利用其他媒体进行补充。

3. 互联网广告的特点

在信息时代，互联网媒体已经成为非常重要的广告媒体。企业可以建立自己的网站、移动媒介，宣传企业和自己的产品，可以向某个网站或移动媒介平台购买广告版位和空间，还可以通过互联网或者移动媒体以其他形式来宣传自己。同时，营销者可以通过记录页面或广告的独立访客点击率，访客的浏览时长、页面行为以及后续访问，轻松跟踪广告效果。这使公司能够测试不同的信息和创意解决方案，从而以一种最有可能引发期望的消费者反应的方式对广告活动进行优化。

互联网广告的优势非常明显，具有非强迫性、选择性好、互动性强、低成本等特点，可以更直接地接触到受众。互联网广告还具有情景投放的优势，这意味着营销者可以在与他们自己产品相关的网站上购买广告。他们还可以根据消费者在搜索引擎中输入的关键词投放广告，以便在消费者真正开始购买时就接触到广告。互联网广告允许大量的内容类型，如纯文本广告、平面广告、视频广告和纯互动的体验型广告等。

思政融入：积极投身公益事业，维护社会公平正义，增强公民意识。

思政素材：儿童失踪信息紧急发布平台上线，多家新媒体App参与联动。2016年5月15日公安部儿童失踪信息紧急发布平台（"团圆"系统）正式上线。该平台是发布儿童失踪信息的权威渠道，发动群众搜集拐卖犯罪线索，以失踪地为中心，通过25个移动应用和新媒体向一定范围内的群众推送失踪儿童信息，用于全国各地一线打拐公安民警及时上报各地儿童失踪信息。

链接：公安部：儿童失踪信息紧急发布平台上线

2016年11月16日、2017年5月17日、2018年5月24日，该平台二期、三期、四期先后上线运行，得到了社会各界的关注和支持。

截至2021年3月，"团圆"系统共发布4722条儿童失踪信息，找回率达到98.1%。

资料来源：https://www.gov.cn/xinwen/2016-05/16/content_5073614.htm.

讨论：结合案例分析新媒体相对于传统媒体的优势。

但是，互联网广告也存在着一定的劣势。由于互联网受众群体有限，其影响力相对小一些，而且消费者可以有效地屏蔽大多数广告消息。并且如果网站使用软件生成了虚假的点击率，营销者还可能会高估他们的广告效果。

值得注意的是，一种新兴的互联网广告形式，即原生广告，正在我们的生活中越来越流行起来。原生广告是指媒体平台从不打断用户浏览体验、不产生用户干扰的角度出发，将符合该平台内容调性和形式特征的广告以融入媒介的形式输送给用户的一种广告形式。广告的媒体形式可以是文字、图片、视频、文章、音乐或者任何融入广告所投放的媒介平台的其他形式。原生广告作为移动广告形式中的一种，拥有着"内容即广告"的核心特点以及较强的互动性、直接针对消费者的营销过程、良好的用户体验以及优秀的广告效果等诸多优势。

以小红书为例，自称"内容分享者"，通过分享自己的生活故事和经验，营造情感共鸣。比如像美妆、时尚、健身、护肤、读书、旅行以及美食等都是当下年轻人最热衷的话题和他们真实的生活剪影，也是小红书App上每天被分享最多的内容。登录小红书的用户愿意利用碎片时间浏览小红书App中多元领域的笔记。由于平台社区信息丰富、流动性很大，笔记内容带有指引性，以至于用户浏览时间久了会催生出需求感，久而久之为用户购物提供前期决策，即在用户习惯了运用小红书App之后，也会主动去小红书App搜索想要购买的各类品牌产品。小红书的分享者有品牌官方号、明星小红书分享、网络红人和普通用户。他们都通过内容分享形成了引导式消费，共享消费偏好与消费信任。在抖音App内丰富多样的原生广告类型与小红书类似，有企业号、明星号、网络红人号和许多素人号。基于用户和内容的个性化推荐算法使抖音、小红书这些平台可以精准地把用户真正感兴趣的内容触达用户，这样原生广告内容被阅读的可能性大大增加。

【观念应用 10-2】

老乡鸡"挑战岳云鹏上新舞"活动

2020年9月20日，老乡鸡在抖音发起"挑战岳云鹏上新舞"活动，鼓励广大用户发布带有"老乡鸡月月上新舞"贴纸的模仿岳云鹏舞蹈视频，参加活动赢取流量和现金奖励。同时，品牌方还邀请众多粉丝数量百万级的抖音达人造势，鼓励更多的网友模仿参与。基于抖音音乐平台的特性，魔性的舞蹈配合音乐引发极具抖音风格的热潮。该话题一经推出就登上抖音热搜榜。抖音数据显示，截至9月27日，该话题下的参与人数超10万次，投稿数量超

1.5万，视频总播放量已超2亿。此外，老乡鸡官方与投稿的粉丝积极互动，实现了和网民玩在一起，拉近了品牌方和受众之间的距离。

资料来源：刘婉仪.抖音原生广告及其传播机制与传播策略研究[D].北京：北京外国语大学，2022.

4.场地广告媒体的特点

场地广告的形式很广泛，包括许多创造性的和意想不到的形式，在消费者工作、娱乐、购物的场所吸引其注意力。场地广告比较流行的方式有广告牌、公共空间广告、产品植入广告和购买点广告。

（1）广告牌。广告牌的形式比较灵活，展露时间长且重复率高，信息竞争少，投放位置选择性好，而且成本相对较低。广告牌使用丰富多彩和数字化的图像、图形、背光、声音和动态效果展示广告。但是，受众群体的选择性差和广告创意发挥空间有限是户外广告的最大劣势。同时，户外广告通常被称为"15秒的销售展"，因为消费者对广告的接触转瞬即逝，并且必须在短时间内抓住信息重点。随着城市的发展建设，许多大型建筑户外广告凭借其面积大、动感化的特点全方位刺激受众感官，通过独特的内容来吸引更多人关注，更改变了大众与公共空间的交互模式。比如，成都春熙路银石广场的裸眼3D大屏，将户外广告牌做成了城市的一道风景线。2021年2月26日晚18点，王一博代言的Redmi K40宣传广告登录成都春熙路3D大屏，广告首发时，春熙路附近人山人海。广告中的王一博从一扇科技感十足的窗户中露面，似乎"看"到在场的粉丝并不意外，镇定地挥一挥手，接下来就是利用3D效果展示手机。这种广告投放方式显然比普通的平面式广告更吸引人，犹如真人亲临，广告投放效果极佳。

（2）公共空间广告。广告开始出现在一些不同寻常的地方，如电影屏幕、飞机机身和健身器材，以及教室、体育场、办公室和酒店电梯等公共空间。公共汽车、地铁和高铁上的公交广告已经成为触及职场人士的有效方式。公共汽车候车亭、电梯里和公共区域等"街头设施"则是另一种快速增长的公共空间广告方式。随着一些传统沟通方式有效性下降，广告商转而利用公共空间在消费者心目中建立其对公司和产品的深刻印象。越来越多的广告商在各种公共空间购买广告位，如体育场、垃圾桶、共享单车和电动车架、机场行李传送带、电梯、汽油泵、比赛奖杯和游泳池底部、航空公司零食袋等。越来越多的公司冠名赞助竞技场、体育场和其他活动场所，甚至耗费巨资购买体育设施的命名权。

【观念应用10-3】

2023年1—5月，广告市场电梯广告表现醒目

数据显示，2023年1—5月广告市场同比上涨3.9%，与2022年同期对比由负转正。在户外广告市场中，电梯LCD、电梯海报、火车/高铁站、机场地铁广告花费同比均呈现两位数的增幅。电梯LCD上的广告花费，同比增加21.7%；电梯海报上的广告花费，同比增加37%。

电梯广告取得如此优秀的成绩自然在于其有着难以比拟的媒介优势。无论是社区居民还是商务人士，进出楼宇大厦基本会经过并停留在电梯空间中，作为人们日常生活中必不可少的事物之一，电梯以优良的封闭性与可观的流动人群规模保障了广告的到达率。

资料来源：https://www.thepaper.cn/newsDetail_forward_23766543? commTag=true.

（3）产品植入广告。产品植入广告是指把产品及其服务具有代表性的视听品牌符号融入影视或舞台作品中的一种广告方式。产品植入广告是随着电影、电视、游戏等的发展而兴起的一种广告形式,它在影视剧情、游戏中刻意插入商家的产品或服务,以达到潜移默化的宣传效果。由于受众对广告有天生的抵触心理,把商品融入这些娱乐方式的做法往往比硬性推销的效果好得多。

(4)购买点广告。购买点广告(point of purchase advertising)简称POP广告,是指在商业空间,购买场所,零售商店的周围、内部以及在商品陈设的地方设置的各种广告形式。

购买点广告的吸引力在于消费者会在商店中做出许多品牌购买决策。在购买点进行沟通的方式有很多种,包括在购物车、推车带、过道和货架上的广告,以及店内展示、现场样品和即时优惠券机。

一些超市将地面空间出售给公司用于展示公司标志,并尝试使用智能语音货架出售广告机会。移动营销则是通过智能手机向身处店内的消费者推送广告。

【观念应用10-4】

大润发的趣味广告文案又火了

2022年上半年,大润发超市凭借一组"冷宫蔬菜"海报火出了圈。到了8月,面对节节攀升的气温,这家超市海报又以"大润发烧烤文学41℃版"广告(图10-1),开启了新一轮的"吐槽",被网友称为"打工人的互联网嘴替"。

图10-1　"大润发烧烤文学41℃版"广告

这一组"烧烤"文学,配图和文字都很有趣,既是优秀的产品促销文案,又吐槽了高温天气引发了共鸣,成功吸引了消费者的关注。

资料来源:https://baijiahao.baidu.com/s? id=17419203805527148727&wfr=spider&for=pc.

5. 包装广告的特点

由于包装通常在购买者第一次接触产品时就能被感知到,因此它可能是激发购买者兴趣的决定性因素。它还将影响购买者对产品的后续评估和最终的购买决策。由于包装能够影响消费者的感知和选择,许多公司都使用包装来创造独特的顾客价值,并将其产品与竞争对手的产品区分开。

标签是包装中高度可见且重要的元素。标签包括直接放置在包装上的说明、电子或图形的沟通元素,以及与产品相关和附在产品上的任何内容,例如信息标签。标签不仅能够描述产品的关键属性、突出产品的利益,还能够向消费者、渠道成员和公司传达有助于识别产品的信息,并指导购买者正确使用、储存和处置产品。同时,经过精心设计的标签还可以增加产品的美学吸引力,利用和增强与供应品相关的品牌形象。

这时，不难发现，包装的许多功能类似于广告。两者都充当沟通手段，告知购买者关于公司产品的关键信息。然而，包装和广告传达的是不同类型的信息，并以不同的方式传递这些信息。一方面，广告通常是为了在潜在购买者的脑海中创造令人难忘的产品印象；另一方面，包装对购买决策的影响要直接和快速得多，因为购买者通常在购买场所对产品包装做出反应。因此，包装通常被设计得在视觉上能对购买者产生更为直接的影响。更重要的是，客户在考虑购买时通常不会花费太多时间或精力评估熟悉的低成本产品，而倾向于依赖包装和产品本身的视觉特性。

10.3.3　制定广告方案的重要决策

企业在创造顾客价值的同时，也必须找到清楚的和有说服力的向目标消费者沟通这些价值的工具和方式。由上述数据可以看出，广告就是一种非常有效的沟通工具。营销管理部门在制订广告方案时，必须要做出四个重要的决策：确定广告目标、编制广告预算、制定广告策略和评估广告活动。

1. 确定广告目标

制订广告计划的第一步是确定广告目标。这些目标应当根据既定的目标市场、定位和营销组合决策来确定。它们明确了广告在整个营销计划中的地位和作用。广告的总体目标是通过沟通顾客价值来帮助吸引顾客和建立顾客关系。

广告目标是在一定期限内针对特定目标对象而设定的一项具体的沟通任务。广告的目标可以根据告知、劝说和提醒等目的来分类，具体如下。

（1）告知性广告主要用于新产品的导入时期，目标是建立基本需求。比如，建立品牌和企业形象、告知市场将有新产品出现、介绍产品功能、建议产品的新用途、通知市场价格变动、更正错误的印象等。

（2）劝说性广告。随着市场竞争的加剧，以说服为目标的劝说性广告便出现了。它是为了建立选择性需求，比如树立品牌偏好、鼓励消费者改用本公司的品牌、改变顾客对产品价值的感知、劝说顾客要立即购买、说服顾客向他人介绍本公司品牌等。被视作现代人冷落身边人的"罪魁祸首"之一的《王者荣耀》，在2019年的春节期间却抓住"暖"这一关键词，从"家"这一角度切入，推出了"有你才有团，有团才有聚"的广告。《王者荣耀》没有大张旗鼓地宣传自身产品，而是大胆地指出年轻人渴望回家过年、因打游戏忽略家人的爱与团聚的现象，"劝说"大家好好回家过年，打好生活这一关。这样的广告主题很容易引起玩家或非玩家的共鸣。有家才有"团"，既指游戏，也是人生。如此新颖而独特的立意，真是让人大为惊喜。

（3）提醒性广告在产品成熟阶段发挥了很大作用，它帮助维持顾客关系，提醒顾客购买地点，并使消费者一直记住该产品。很多成熟的大品牌都会在各大媒体上播出广告，其目的就是建立并维持品牌关系。

2. 编制广告预算

广告预算是企业在制订广告方案时预先安排的广告预期支出的金额。预算过低，广告花费不足，无法达到预期目标效果；反之，会造成浪费，降低广告投资效率。因此，为实现企业的销售目标，企业必须花费必要的广告费用。

（1）影响广告预算的因素。

① 产品的生命周期。新产品通常需要较高的广告预算，以期在消费者心目中树立起它的形象；已经在市场站住脚的产品则只需占销售额的一定百分比用以维持产品的地位。

② 市场份额和消费者群体规模。市场份额大的产品,一般情况下广告预算占销售额的百分比相对较小,如果要增加自己的市场份额,要花费较高的广告费用。此外,面向广大消费者的产品,人均广告费用较低;而面向较小的特定消费者的产品,人均广告费用必然要高得多。

③ 行业竞争和市场秩序。在一个充满激烈竞争的市场上,企业的广告费用总是不堪负担;而如果市场秩序混乱,企业需开支的广告费用就更高了。

④ 广告频率。广告次数越多,广告费用越高;为自己的产品树立与众不同的形象,也需要做更多的广告。

⑤ 产品替代性。产品的可替代性较高或可替代产品种类较多,将通过增大行业竞争程度而要求企业分配较多的广告预算;相反,则可以减少预算。

(2)广告预算的方法。决策者应认真仔细地审查广告活动的费用与效果,提高预算准确性。目前,广告专家已提出了各种不同的预算模型用于确定广告预算,在使用模型中可参考上述因素,加以确定。通常可供企业选择的、确定广告预算的方法有以下四种。

① 量力而行法,即根据企业资金状况,能允许做多少钱的广告,就做多少。这种方法有片面的一面,广告是销售最有力的方式,不把有限的资金投入最有力的销售方式实在不是一个好的选择。而且使企业无法制订和实施长期的广告计划,无法发挥广告促进销售目标实现的作用。

② 销售额比例法,即按照一定时期内的销售额的一定百分比确定广告预算。此法简便易行,在一定程度上反映了广告费用与销售额的关系。其计算公式:

广告费预算=销售额×广告费对销售额的比例

③ 竞争平衡法(也称竞争对抗法),即根据市场上与本企业处于相当竞争地位的其他企业广告费用开支为参考依据,来决定本企业的广告支出费用。但是这个方法可能导致广告费的互相攀比,因为广告费的攀比增长造成企业亏损。

④ 目标任务法,即依据营销目标的要求,决定广告活动的任务,根据对完成广告任务费用的预测制定广告预算。目标任务法要求全面衡量市场的环境和地位,综合考虑主客观因素的作用和影响,科学地预测和计算费用与效果的关系,是一种比较科学、可取的广告预算方法。但这种方法经常忽略了企业的财务能力而使广告支出变成公司财务上的重大负担。

目前,广告专家已提出了各种不同的预算模型用于确定广告预算。不论这些模型如何复杂、包含多少内容,决策者都应当记住:需要认真仔细地审查广告活动的费用与效果的关系,依据企业自身的营销目标、企业资源状况科学、合理地进行广告费用预算。

3. 制定广告策略

制定广告策略包括两个主要方面:广告创意和媒体决策。广告创意部门先创作出好的广告,然后媒体部门针对期望的目标受众选择最好的媒体发布这些广告。由于媒体成本暴涨、更加聚焦的目标市场营销策略,以及新型数字媒体和社交媒体的发展,媒体策划在广告策略中显得更加重要。

(1)广告创意。不论预算水平高低,只有能赢得关注并且发挥良好的沟通作用的广告才是成功的。在如今耗资巨大且鱼龙混杂的广告环境中,出色的广告创意尤为重要。

① 广告和娱乐。人们的生活被无数商业信息包围着。打开电视,可以看到上百个电视频道或者听到十几个地方广播电台;走到报刊亭,可以买到成百上千种报纸杂志;等地铁或坐公交车时,或许被许许多多一闪而过的户外广告牌、商厦的楼宇展示吸引;面对计算机或

手机屏幕，会跳出无以计数的企业网站、电子邮件、智能 App、微博或朋友圈的转发……无论在家、在工作场所，还是在上班或下班的路上，广告轰炸无时无刻、无处不在。想要在这样浩瀚的广告海洋里脱颖而出，让目标受众注意到自己的企业广告，难度可想而知。

另外，曾几何时，消费者只能选择扔掉产品宣传单或者不去看报纸的广告版面，对电视或广播的广告却无可奈何。但是，从使用 VCD 的快进键到视频下载，数字技术使消费者有能力选择观看或不观看某个节目的同时，也让消费者拥有了拒绝广告的能力。广告对消费者而言，仿佛可有可无了。

因此，广告主已经不能再通过传统媒体向被动的消费者灌输千篇一律的广告创意。如今，仅仅为了吸引人们的注意力，广告创意也必须有更完善的规划、更丰富的想象力，并对消费者而言更具娱乐性和情感联系。以强行入侵式的传播作为营销的基本前提已不再奏效。除非广告提供的信息有趣、有用或足够娱乐，否则消费者就会跳过广告。

广告与娱乐的融合常用两种形式：广告娱乐或者品牌化的娱乐。广告娱乐的目的是广告本身非常具有娱乐性或非常有用，使人们想要看广告。比如，每年都有成千上万的人关注的超级碗橄榄球联赛已经成为广告娱乐的年度盛宴，甚至赛前、赛后发布的网络广告都能吸引数千万人次的观看。而品牌化的娱乐（或品牌整合）是品牌成为其他形式的娱乐活动不可分割的一部分。品牌化娱乐最常见的形式就是产品植入，比如在 2021 年热播的电视剧《小舍得》中就有包括唯品会、闪送、999 感冒灵在内的 18 个品牌植入。还有秉承"做更好的自己"品牌主张的特仑苏与打造"田园慢生活"的综艺节目《向往的生活》合作，在节目中巧妙的、多次的、多场景的出现品牌名称或相关品牌因素，是非常成功的植入。

② 创意策略。有效的广告创意的第一步就是制定创意策略，即决定向顾客传播什么样的信息。广告的目的是用某种方式让消费者对产品或企业有印象或有所反应，顾客只有在觉得自己会受益时才会有积极的反应。所以，制定有效的创意策略从确认顾客利益开始，顾客看重的利益可以作为广告的诉求点。理想的情况是，广告创意策略严格遵循企业的定位和顾客价值策略。

创意策略的陈述应当平实、直截了当地概括出广告主想要强调的利益和定位点。然后，广告主必须设计一个激发兴趣的创新性概念，或者一个好创意，用富有特色、令人难忘的方法让创意策略变成现实。

概念构想将指导广告运动中具体诉求的选择。广告的诉求应具有三个特点：有意义、可信和独特。

另外，利用现今的互动技术，企业也可以从消费者身上得到创意灵感，甚至是广告本身。企业可以搜索现有的视频网站，或建立自己的网站，或者赞助广告创意比赛或其他促销活动。消费者创造的内容可以使顾客成为品牌谈话的日常组成部分，让消费者谈论和思考品牌及其价值。

③ 创意执行。有了好的创意之后，广告主必须把它转化成赢得目标市场关注和兴趣的真正的广告制作。创意团队必须找到最好的方法、风格、格调、文字和样式来执行创意。任何创意都可以用不同的执行风格来呈现。

- 生活片段：表现一个或多个"典型"人物在正常环境下使用某种产品。
- 生活方式：表现一种产品怎样符合某种特定生活方式。
- 幻境：围绕产品及其使用创造一种奇妙的情境。
- 情调或形象：围绕产品或服务建立一种情调或形象，只是暗示，并不做产品性能的说明。

- 音乐：表现人物或卡通形象演唱关于该产品的歌曲，比如趣多多饼干的广告中，趣多多卡通人物一直哼唱"Don't you want me"。
- 人物象征：塑造一个代表产品的人物，比如中美史克的以康泰克胶囊为原型的"康泰克先生"、全球知名的"米其林轮胎先生"等。
- 专业技术：表现企业在制造产品方面的专业知识。
- 科学证据：提出该品牌优于其他品牌的调研结果或科学证据。
- 证言或代言：请可信度高或受欢迎的人代言该产品，或请一个普通人讲述自己多么喜欢该产品。

广告主还要为广告确定一个基调，并使用一些引人注意、让人难忘的字眼。

当然，具体采用什么风格和格式，广告主还要考虑广告的效果和成本。

（2）选择广告媒体。为了选择合适的广告媒体，广告主必须先确定为达到广告目的，需要的广告范围和频率，并且决定期望的媒体效果。换言之，广告主应该明确通过某一特定媒体所展示的信息的质的价值。一个有价值的媒体，并不是观看者的数量多，而是观看广告后与品牌联系并参与进来的程度高。高度参与的观众更有可能接受品牌信息，进而与他人分享。

在明确了广告范围、频率和效果之后，广告主要从一系列能够接触到消费者的媒体中选择合适的一种或几种媒体组合，使之充分地融入整合营销沟通运动中。同时，广告主还要在各种媒体的大类别中选择最好的载体。比如电视载体《中央电视台春节联欢晚会》、杂志载体《中国新闻周刊》、互联网和移动设备载体（包括 Facebook、优酷视频）等。

能够选择优秀的媒体载体固然重要，但是媒体策划者还需要考虑"成本"和"质量"的问题。比如，媒体广告的制作成本、平衡媒体费用和多个媒体效果因素的关系、评估载体的编辑质量都是影响广告主最终选择的因素。

广告主还必须决定如何安排全年的广告时间。具体到产品的淡季和旺季的广告时间调整、产品的节日促销活动的广告播放时间的问题。广告时间还涉及广告播放模式是在一定时间内持续均匀播放还是在给定时间内脉冲式非均匀地播放。

4. 评估广告活动

广告效果就是广告作品通过广告媒体传播之后所产生的影响。对广告效果的评估，是检验广告活动成败、促使广告更适合市场需要的重要手段，也是企业调整市场营销组合策略、确立目标市场的重要依据。在整个营销过程中，影响销售额变化的因素很多，它们之间的关系也非常复杂，以致人们很难精确统计广告所带来的直接销售增长额。因此，广告效果的评价是一件极为困难的工作。

广告效果评价可以从两方面入手：一方面为广告沟通效果评价；另一方面为与沟通效果相关的销售效果评价。

（1）广告沟通效果评价。它主要包括对认知效果和态度效果的评价。认知效果是指目标受众通过广告接触对广告产品品牌和产品类别的知晓、认识情况。认知效果评价可以通过认识测定法、回忆测定法进行调查测试；态度效果可以采用态度测定法。这种方法主要用来测定广告效果的心理感受。例如，一个广告在电视上播映，收视率很高，而且给消费者留下良好而深刻的印象，从而使消费者感兴趣，虽然没有立即购买，广告也收到了提高企业知名度的效果。但是如果直接询问消费者："您觉得您购买这类产品是因为广告的影响吗？"

会有 90％以上的消费者都会直接回答"不是"。事实上，广告的确对消费者的购买决策产生了一定的影响，广告对消费者的影响往往是潜移默化的，也就是说，通常在消费者自己都说不清的情况下，广告已经对其决策产生了影响。鉴于这种情况，要研究消费者对广告的接受情况不可能采用直接的手段去研究，而必须采取其他辅助性的方法来推测消费者的感知行为。

①　认识测定法。主要用来测定某广告效果的知名度，即消费者对广告主及其商品、商标、品牌等的认识程度。

②　回忆测定法。主要用来测定广告效果的记忆度和理解度。

③　态度测定法。主要用来测定广告效果的心理感受，一般是通过语意差异试验来进行的。

以上三种广告效果的测定方法只能说明广告效果的部分情况，因而多有其局限性。为此，要将上述三种方法综合运用，得出比较全面的综合性指标，便于人们检验广告的整体效果。

（2）广告销售效果的测定。销售效果是指广告费用与销售额之间的比例关系。可采用销售效果的测定方法，它以广告活动前后的销售差额作为衡量广告效果的指数。当然，广告与销售量或销售额增加的关系有多大，是很难量化的。如欲相对测定广告的效果，就要对广告前后的其他影响因素做认真评估，同时还要充分考虑广告播出后的时间因素。

应该指出，广告沟通的效果和广告的销售效果是广告效果的两个方面，它们之间应该是正相关关系，但并不能肯定一定呈正比例关系。有些广告从广告本身的创意新颖性、高超的艺术水平、观众喜闻乐见等方面确实很优秀，由广告专家评比还可能获得大奖，但如果脱离了产品实际，与目标市场的消费者并不吻合，广告宣传并没有对销售产品起到多大积极作用，广告的总体效果就会大打折扣。因此，测定广告效果要把两者结合起来进行综合分析。

5. 其他广告因素

制定广告策略和方案时，企业可能会遇到其他两个问题：谁负责广告任务和面向国际市场的广告策略的调整。

（1）广告组织是承担广告经营活动任务的主体机构，它包括专业广告公司、媒介广告组织、企业广告组织和广告团体组织。

①　专业广告公司是专门从事广告经营活动的商业性服务组织，实际上是"广告代理商"的俗称。选择广告代理机构，有利于减少企业成本开支，精简机构、人员；有利于借助广告公司的专业经营经验和技能，提高广告促销的效果；也有利于在广告宣传中更好地"定位"，避免主观随意性，保证客观公正地树立企业品牌形象；还有利于广告主能更好地专注于提升自身的产品和服务品质。

②　媒介广告组织是新闻媒体自有的专门的广告组织，实现媒介广告经营的职能。在没有推行广告代理制或没有实行完全广告代理制的国家和地区，媒介不仅负责广告的发布，还兼任广告承揽与广告代理之职。在我国，广告代理制还处于初步推行阶段，除规定外商来华做广告必须经由广告代理商外，媒介的广告经营几乎与广告公司没有差别。

③　企业广告组织是企业内部设置的专门负责企业广告业务的部门（广告部或附设广告公司）。一般情况下，大型的企业会建立负责编制广告预算的部门，与广告代理机构合作，解决广告代理商不能处理的事情。

④　广告团体组织主要是指广告行业组织，由从事广告业务、广告研究、广告教育或与广

告业有密切关系的组织和人员自愿联合组成,对促进广告行业的业务交流、沟通协调及增强行业自律和管理具有重要作用。

（2）国际广告决策。国际广告是与国际营销联系在一起的,是为了配合国际营销所进行的广告活动。一些广告主已经尝试以高度标准化的全球性广告来支持其全球品牌。例如,麦当劳在其全球100多个市场中,将其创意元素和品牌介绍统一在人们耳熟能详的广告主题"我就喜欢"之下。士力架在80多个不同的国家投放的广告中使用当地的语言和任务表现统一的主题"士力架能帮助你做回自己"。

近年来,日益兴起的在线社交网站和视频共享网站激起了全球品牌广告标准化的需求。因为相互连接的消费者能够通过互联网轻松地跨越国界,所以广告主很难以受控制的、有序的方式推出针对不同市场的宣传活动。

标准化带来很多好处:更低的广告成本、全球广告工作更大程度的协调、更一致的全球形象。但是与国内广告相比,国际广告由于其诉求对象和目标市场是国际性的,需要考虑不同国家和地区不同的社会制度和政策法规、不同的风俗习惯和宗教信仰、不同的经济发展情况和自然环境,以及由此形成的不同的消费习惯和市场特征。因此,尽管广告主可以设计全球广告策略,从整体指导广告工作,但必须调整具体的广告方案,以适应当地的文化风俗、媒体特点以及相关法规等。

10.4　人员销售

微课:人员销售

在实际生活中,提到"销售人员"或者"推销员",脑海中往往浮现出卖力推销的零售店店员、声嘶力竭的电视购物推销员或者彬彬有礼的保险公司业务员的形象,以及不厌其烦的各种推销电话。但是,作为一名营销者,心里非常清楚,这并不是推销人员的真实写照。时至今日,一个推销员如果想要获得成功,绝对不是单纯依赖"推"销产品,而是要努力倾听顾客的需要,为顾客提供利益,帮助他们解决问题。对大多数公司而言,人员销售在建立营利性客户关系中发挥着非常重要的作用。

10.4.1　人员销售和销售人员

1. 人员销售

人员销售是营销沟通的人际方式,销售人员直接与顾客和潜在顾客沟通,与顾客建立关系并完成销售。

人员推销与促销组合中其他非人员促销方式最大的不同点是:销售人员与潜在顾客直接接触,因而信息沟通过程是双向性的,销售人员可以立即获得信息反馈,并据此对信息的内容及信息的表达方式做出相应的调整。因此,人员销售在购买过程的某些阶段起着最有效的作用,常用于建立购买者的偏好、信任及行动方面,其作用是广告所不能代替的。人员推销主要特点如下。

（1）面对面的接触。人员销售涉及两人以上,信息沟通过程是双向性的,是一种生动、灵活、能相互影响的沟通方式。销售人员可就近观察对方的特征及需要,适当调整自己的谈话内容和方式。

（2）培养关系。有利于促使各种关系产生,常用于建立购买者的偏好、信任及行动方面,尤其有利于销售人员与顾客之间长期关系的建立和维持。

（3）刺激反应。销售人员与潜在顾客直接接触，能使顾客感到需要倾听销售人员的谈话，较之其他方式更能引起注意并刺激购买。

2. 销售人员

销售人员具体包括许多不同的职务。一方面，销售人员可能是订单接受者，比如柜台销售人员；另一方面，销售人员可能是订单获取者，比如到医院推销大型医疗器械的人或者向某一经济管理类大学的院长推销企业模拟经营沙盘软件的人，他们没有真实地将产品递交给顾客，却实现了产品和服务的销售并建立关系。

无论是面对面，还是通过电子邮件、电话或其他社交媒介，人员销售涉及销售人员与消费者之间的人际互动。销售环境越复杂，人员销售的促销作用更大。销售人员在销售过程中，可以对顾客进行深入调查，了解更多的问题，调整营销提供物和展示内容，以适应每一个顾客的特殊需求，其主要作用如下。

（1）连接企业和顾客。销售人员在企业和顾客之间起到关键的纽带作用。因为在很多情况下，他不是代表某一方的利益，而是在服务于卖方（企业）和买方（顾客）两方面。一方面，销售人员代表公司与顾客接触，将产品或者服务的信息有效地传达给顾客。他们通过接近顾客、产品展示、解决推销过程中存在的问题、谈判价格和条件、达成交易、提供客户服务和维持售后的客户关系来出售产品。另一方面，销售人员也代表顾客与企业进行沟通，在企业内部将顾客的需要和诉求表达出来，努力解决顾客的问题、提高顾客价值，管理卖方和买方的关系。

（2）协调营销和销售。在整个营销活动中，企业的每一个部门都是在精诚合作为顾客创造价值的，主要体现在营销职能和销售职能上。营销人员要了解顾客真正的需求，设计产品、营销战略和计划等，销售人员则要正确理解营销思路，并有效地执行营销战略和计划。销售人员必须和营销人员密切合作，协调营销和销售的关系，才能做到创造顾客价值，进而获得价值回报。

10.4.2　人员销售的形式

人员销售有其独到的优越之处，是最重要的一种促销形式。人员推销中销售人员的说服和解释能力会直接影响推销效果，理想的销售人员很难得且管理难度较大，成本也最高。人员推销主要包括上门推销、柜台推销和会议推销三种基本形式。

1. 上门推销

上门推销是最常见的人员推销形式。它是由销售人员携带产品样本、说明书和订单等走访顾客，推销产品。这种推销形式，可以针对顾客的需要提供有效服务，方便顾客，并为顾客广泛认可和接受。此种形式是一种积极主动的、名副其实的"正宗"推销形式。

2. 柜台推销

柜台推销又称为门市推销，是指企业在适当地点设置固定的门市，或派出人员进驻经销商的网点，接待进入门市的顾客，介绍和推销产品。柜台推销与上门推销相反，它是等客上门的推销方式。柜台推销适合零星小商品、贵重商品和容易损坏的商品推销。

3. 会议推销

会议推销是利用各种会议向与会人员宣传和介绍产品，开展推销活动。例如，在订货会、交易会、展览会、物资交流会等会议上推销产品。此种推销形式接触面广，推销集中，可以同时向多个推销对象推销产品,成交额较大,推销效果良好。

人员推销与促销组合中其他三种非人员促销方式最大的不同点是:人员销售在购买过程的某些阶段起着最有效的作用,其特点是广告所不能代替的。

10.4.3 人员销售的任务和程序

1. 人员销售的任务

人员销售的关键在销售人员。与早期销售人员相比,现代销售人员的作用已不仅仅限于商品销售,他们的地位日益重要,作用也日益广泛。在人员销售活动中,销售人员的主要有以下几项任务。

(1)开发新顾客。销售人员要积极寻找和发现新顾客或潜在顾客,从事市场开拓工作。不仅了解和熟悉现有顾客的需求动向,而且积极寻找和发现更多的可能的顾客或潜在顾客。

(2)信息传递。销售人员向潜在的顾客了解他们的需求,传递企业产品和服务方面的信息,注意了解他们的需求,同时注意沟通产销信息。

(3)销售产品。销售人员通过运用推销的技术,与消费者的直接接触,介绍产品、分析解答顾客的疑虑,报价并千方百计达成交易。

(4)提供服务。除了直接的销售业务,还要向顾客提供各种服务,包括向顾客提供咨询、建议、技术,帮助融资,安排办理交货等。

(5)信息反馈。销售人员可以利用直接接触市场和消费者的便利进行市场调查,报告推销访问情况,并反馈市场信息,协调资源,为开拓市场和有效推销提供依据。

(6)顾客资信评价。通过与顾客直接接触,收集和评价顾客资信情况,为企业提供顾客融资和支付优惠提供决策参考。

2. 基本推销程序

人员销售是一门艺术,也是一门科学,拥有内在规律和技术。对一名真正的潜在顾客的推销,要经过一个基本推销程序,如图 10-2 所示。同时推销面对的是一个个鲜活、个性鲜明的个体,因此又要灵活运用推销技巧,巧妙运筹,融会贯通,才能取得良好的推销效果。

图 10-2　人员销售程序

(1)推销准备。销售人员具有成功的信心,是必不可少的推销准备,同时要充分了解潜在顾客的情况。其主要包括顾客需要什么、什么人参与购买决策、采购人员及决策人的性格特征和购买风格;确定访问目标、访问时间和访问方式。例如,选择拜访、电话访问或信函访问。准备推销活动中语言、资料,做到能够运用自如,制订对客户的全面销售方案。

(2)接近顾客。顾客的信任是销售人员得以顺利展开促销活动的基础,因此接近顾客并取得顾客的信任是销售人员得以顺利展开促销活动的重要环节。良好的开端是赢得顾客信任的基础,能找到推销的理由和途径。销售人员的推销首先是推销自己,要求销售人员善于与人交流,仪表、态度、语言恰当,以赢得顾客的信任。

(3)讲解和示范产品。要达成有效的推销,在整个过程中,推销员应以产品为依据,着重说明产品对顾客带来的利益;通过示范和演示产品使顾客建立良好的产品印象或体验产品利益，产生明确的需求，了解客户如何做出购买决策及其中的关键人物。

（4）异议处理。顾客在产品讲解、示范后提出异议和表现抵触情绪是正常反应，抵触包括对价格、交货期、产品或对某个公司的抵制。面对抵触情绪，销售人员要采取积极的方法，应用谈判技巧，消除疑问。如果顾客对销售人员的合理建议没有疑问，距达成交易也就不远了。

（5）达成交易。推销的有效性是由顾客的行动来衡量的，现在销售人员应该设法达成交易。如果无法成交，你就无法卖出产品。所有的交易在最后时刻都面临三种结果：拒绝、拖延、成交，成交是一系列促使顾客做出购买决定的行为。这就要求销售人员在推动交易时，要选择适当的成交时间，说服顾客现在采取行动。

（6）后续服务。如果销售人员想保证顾客满意，并能获得重复购买，后续工作必不可少。它包括具体落实交货时间、购买条件及提供技术指导、服务和进行持久的追踪调研和持续访问，持之以恒地追踪访问，保持同顾客的关系，使顾客相信销售人员的关心，往往可以长期保持销售关系，甚至扩大销售。

小思考

"推销是从被顾客拒绝开始的"，这句话对吗？

3. 人员销售和客户关系

上述讨论的推销过程各步骤都是交易导向的，其目标在于帮助销售人员与顾客达成一笔具体的交易。但实际情况往往是，企业不能单纯地追求一次性销售，而是希望以互惠互利的方式与顾客建立长期深入的关系。那么，销售人员在推销过程中，应向顾客展示自己的企业有能力满足客户需求，以争取建立一种长期共赢的客户关系。这时，企业希望销售人员推销的就不是一种产品或服务，更不能简单地通过降低价格来达成交易，而是"价值销售"——展示和传递更好的顾客价值，并基于该价值获得对客户和企业双方都公平的回报。价值销售需要销售人员代表企业倾听顾客的意见，理解他们的需求，并将这些传达给企业；还需要企业根据销售人员的反馈，精心协调企业的全部力量来创建基于顾客价值的长期关系。

10.4.4　销售人员的管理

销售人员的管理是指分析、计划、执行和控制销售人员的活动，主要包括设计销售团队的策略和结构，以及销售人员的招聘、挑选、培训、指导、考核、激励和评价等。

1. 设计销售团队的策略和结构

销售人员管理的第一步，就是营销经理要考虑如何安排销售人员的工作和任务、销售团队的规模有多大、销售人员是单独推销产品还是团队合作、他们是采用现场销售还是电话或者网络销售等问题。这也就是设计销售团队的内容。

（1）销售团队的结构。企业可以根据产品线来划分销售责任。如果企业只向一个行业销售一条产品线，且顾客分布于各地，则采用区域销售结构。区域销售团队结构中，每一个销售人员都分配到一个专职服务的地区并在区域内向所有顾客推销公司所有产品或服务。如果企业向许多不同顾客销售多种不同产品，则可以采用产品销售结构、顾客销售结构或将两者结合。产品销售团队结构是销售人员根据产品线来划分，在不同的产品和服务事业部内雇用不同的销售人员。顾客（市场）销售团队结构是按照顾客或行业来组织销售人员。当市场分布和产品组合更加复杂时，企业会结合使用几种销售结构，即销售人员可根据顾客和地区、产品和地区、产品和顾客或者地区、产品和顾客做专业划分。

理想的销售组织应该既符合顾客需求,又适合企业总体营销战略。

(2)销售团队的规模。企业确定销售团队组织结构后,就应该考虑其规模的大小。许多公司采用工作负荷法来确定销售人员的规模。公司现将客户根据其规模、交易数量以及保持顾客关系所需努力的相关因素分成不同的等级,然后再确定拜访这些顾客的理想次数,最终得到所需的销售人员的数量。

(3)其他销售团队策略和结构问题。

① 外部和内部销售人员。外部销售人员(现场销售人员)是外出拜访顾客的销售人员,内部销售人员则在公司通过电话、互联网、社交媒体互动或接待来访的潜在顾客等方式开展业务。近年来,由于外部销售成本增加,而网络、移动和社交媒体技术迅猛发展,内部销售人员的作用日渐提高。

② 团队销售。组织企业的销售、营销、技术和支持服务、研发、工程、运营、财务等各个领域或各个层次的专家形成团队为需求负责的大型客户提供帮助。

2. 销售人员的挑选

招聘和挑选到具有良好素质的推销员是降低人员推销成本、提高人员推销效率的基础。一般而言,企业应根据其企业性质、产品特点、推销对象的特点来确定销售人员选拔标准,制订招聘计划,确定选拔途径,核定招聘配额和费用后实施销售人员甄选。销售人员选拔主要有两个途径:一是从企业内部选拔;二是对外公开招聘。销售人员选拔的重点是在满足预算的前提下,获得符合促销目标要求的促销人员。

3. 销售人员的培训

有效的销售人员培训是一种总体效率投资。既可以提高企业对销售人员的吸引力、凝聚力,又可以成为队伍稳定剂,保证企业总体销售效果。销售人员培训一般包括:入职培训、管理技能培训、专业知识培训、语言培训、产品培训、专业技术培训等阶段;推销员培训的内容一般包括:本企业的历史、现状、发展目标、人员、机构,产品、企业的销售政策、推销技术、推销员的任务与职责等;销售人员培训的方法有课堂教学、模拟实验、现场训练和网上培训等。

4. 销售人员的激励

推销效率除了培训,还来自企业对销售人员的有效管理、监督和激励。企业对销售人员的激励模式通常是通过推销系列指标和竞赛等激励手段来实现的。企业通常用于激励推销员的主要形式有工资或奖金、教育培训、表扬、晋升、休假等。激励的标准可以是销售额、毛利或对销售努力的评价等辅助手段。

5. 销售人员的监督考核

绩效考核包括基础信息的收集、汇总与分析,工作业绩的评价与比较。监督与考核必须以准确的信息和翔实的数据为基础,因此管理部门应建立一套考核指标体系,随时注意收集有关信息和资料、数据,尽可能做到公平合理,符合客观实际。

10.4.5　社交销售与人员销售

社交销售是运用网络、移动和社交媒体吸引顾客,建立稳固的顾客关系和提高销售业绩,是目前增长最快的销售趋势。新数字销售技术为销售人员在数字和社交媒体时代联系与吸引顾客提供了新途径。有专家分析甚至预测，销售人员最终会被网站、网上社交媒体、移动应用、视频会议技术和其他直接接触顾客的新工具取代，互联网将意味着人员销售的消亡。事实并非如此夸张，恰当使用的网络和社交媒体会使销售人员更有效率和效果。

1. 社交销售的优势

新数字技术为销售人员提供了强有力的工具，确定和了解潜在顾客，吸引顾客、创造顾客价值、达成交易，并培训客户关系。

（1）社交销售简化了销售过程。在如今数字化的世界里，消费者不再像以往那样严重依赖销售人员提供的信息和帮助，而是在做出购买决策之前主动通过浏览网页、博客等方式了解产品和行业情况，并对比同类产品的情况来寻找和甄选卖家，还通过微信、微博、贴吧等社交媒体分享其他买家的经验等。因此，当销售人员介入顾客的购买过程时，顾客已经对产品了如指掌，销售人员可以直接针对其在购买过程中的异议展开推销活动。

因此，销售人员应该围绕新的顾客购买过程重新安排销售。为了尽早吸引顾客，通过社交媒体、网站论坛、网上社群、博客等媒介，开始推销工作。

（2）社交销售改变了销售方式。现今，销售人员大量使用数字工具监督顾客社交媒体行为，以发现趋势，确定潜在客户，了解顾客希望购买什么、对供应商的想法、影响交易的因素有哪些等。不再像以往那样地毯式找寻顾客，在潜在客户访问企业网站或社交媒体网站时，销售人员就可以主动通过实时聊天工具发起对话，谈论产品和服务，并提供产品视频或者其他信息。

（3）社交销售提高了销售效率。销售人员利用社交媒体在消费者购买过程中的各个阶段吸引他们，并且应用数字技术可以更好地展示产品或服务。比如，用友公司向客户推销财务软件产品时，利用公司网站介绍产品信息，并提供下载体验。

因此，数字技术帮助推销员用更快、更省钱的方式，更好地做到通过解决客户问题来建立顾客关系。

2. 社交销售的局限

任何事物都存在两面性，数字技术的应用也有一些局限性。例如，价格比较昂贵，系统可能会吓到技术能力不高的销售人员或客户。此外，人员销售的根本是人际互动，这是非常高明的科学技术都无法完全代替的。在进行人员销售时，社交媒介和数字化技术还应发挥其辅助作用，可以完成网络技术培训、与客户开展视频会议、提供更便捷的售后服务（如波音公司推出 iPad 应用可快速全面检测飞机性能）和初步的客户销售演示。但是，当交易快要达成时，最好还是采用传统的、面对面的洽谈。

10.5　营业推广

微课：营业推广

营业推广是指为刺激需求而采取的，能够迅速激励购买行为的促销方式。许多单价不高的居民日用消费品都可以采用营业推广策略。

10.5.1　营业推广的概念和种类

营业推广又称销售促进，是指企业运用各种短期诱因鼓励消费者和中间商购买、经销或代销企业产品或服务的促销活动。是企业为刺激需求而采取的，能够迅速激励购买行为的促销方式。与其他促销方式不同,营业推广多用于一定时期、一定任务的能刺激需求、扩大销售的短期特别推销,是企业采取的除广告、公关和人员推销之外的所有企业营销活动的总称。由于营业推广对象不同,如面向消费者的营业推广是为了鼓励老顾客继续购买,使用本企业产品,激发新顾客试用本企业产品;面向中间商的营业推广是为了促使中间商积极经销本企业产品;面向销售人员的营业推广是为了促进销售人员的销售努力。根据营业推广的对象不同,企业应选择不同的营业推广工具,以保证营业推广目标的达成。

营业推广常常和广告、人员销售、公共关系或者其他促销工具一同使用。在经济低迷和销售不景气时,企业往往会提供更大幅度的折扣以刺激消费者购买。营业推销不仅是创造短期销售额或者暂时的品牌转换,还有助于强化产品定位和建立长期的客户关系。尤其是新兴的数字化技术的应用,企业在设计和实施营业推广方案时,更便于摆脱促销现场其他因素的干扰,更具有针对性,更让利于消费者,更加富有创新性和创造性。

营业推广的具体方式多种多样,其中较为常见的包括如下几种。

1. 对消费者的营业推广方式

(1)赠送样品。赠送样品就是提供产品给中间商和消费者免费试用。通过赠送样品,可以鼓励消费者认购,也可以获取消费者对产品的反映。当一家企业推出一种新产品时,就需要向用户或消费者介绍新产品,介绍的方式很多,赠送样品就是其中一种最有效的方式,但费用较高。自送商品给用户或消费者使用,会很快扩大产品的知名度和影响,积极作用于产品的销售。样品赠送可以有选择地赠送,如闹市派发、挨家派送、邮寄发送、店内发送、随其他商品的销售配送、随广告无选择地分发等。

(2)优惠券/折扣券。优惠券/折扣券是一种凭证,持有者在购买某种特定商品时可凭其少付一部分价款。多数消费者喜欢优惠券/折扣券。这种营业推广方式能够促进新品牌的早期试用,或者刺激成熟的品牌的销售额。由于优惠券/折扣券使用得过于频繁,而考虑到成本,其优惠/折扣力度又往往缺乏吸引力,现在更多的零售商致力于如何提高优惠券/折扣券的针对性和发放的新方式。从超市货架上的优惠券/折扣券手册到销售网点优惠券/折扣券电子打印机,再到电子邮箱、微博、微信、官方 App、美食团购平台、直播间团购等数字优惠券/折扣券的发放,商家们都在不断努力实现优惠券/折扣券高度的针对性和个性化。特别是直播间的团购活动,从"哈根达斯也出抖音团购啦"到"必胜客比萨抖音团购优惠了,59 两个 9 寸大比萨,家人们赶紧吧",这样"经典"的文案话术,消费者已经耳熟能详了。像抖音这样的网络平台通过与企业合作开通直播、做团购,而商家也做补贴让利,取悦平台用户,最大限度将线上曝光度引到线下店铺实现消费,实现了一种全新的"营业推广"模式。

(3)现金返还。现金返还与优惠券/折扣券类似,所不同的是在购买产生后发生价格削减,而不是在购买付款的同时。消费者购买后出示购买"凭证",商家将购买价格中的部分退款返还。在淘宝网上,很多店铺热衷于这种促销方式。消费者收到产品后在评价时晒图(产品的照片或者试用的效果图)并给予"好评",商家便利用淘宝网的支付宝账号返还部分现金。虽然金额不大,但是对于消费者来说是非常具有吸引力的促销手段。

(4)折旧换新。商品总要更新换代,使用一定时期后卖给废品收购站往往价格很低,所以商家如果允许以旧换新,就会受到广大消费者的欢迎。常见于家电产品、黄金饰品等。

(5)有奖销售。有奖销售就是为消费者提供赢得一些奖项的机会,如现金、旅游或商品。这些中奖机会,可能是通过竞赛、抽奖或者游戏等活动获得。有奖销售,特别是零售企业,在销售商品时,若能提供较高金额的奖金(法律允许的范围内),能刺激消费者大量购买本企业的产品。

（6）实物奖品。实物奖品是免费或低价向消费者提供某种物品，以刺激顾客购买特定产品。实践证明，对于某些商品，效果非常显著。小物品可附于主要产品包装之内，也可另外赠送。有时商品包装本身就相当于一种附带礼品，附送赠品运用得当会极大地促进产品的销售。

（7）特价品。特价品又称为"减价交易"，以产品的常规价格为基础给消费者提供优惠。生产厂家直接将优惠价格写在标签或包装上。特价品可以是单独包装、降价销售的产品（如买一送一），或者组合包装，即把两种相关的产品包装在一起（如牙膏和牙刷）。在刺激短期销售额方面，特价品比优惠券/折扣券更有效。

（8）广告特制品。广告特制品又称为"推广产品"，是指作为礼物送给消费者的印有广告主名称、标识或信息的有用的物品。典型的物品包括笔、笔袋、日记本、咖啡杯、日历、钥匙环、卡套、购物袋、收纳盒等。

（9）累计购买奖励。累计购买奖励又称积分奖励制度，即在消费者购买某种产品或光顾某一场所达一定次数或消费一定金额后，凭某种证明可获得奖励。实施积分奖励制度，对吸引顾客长期购买该企业的产品具有一定的积极作用。这种营业推广方式对高档商场、高档商品、高档饮食服务企业效果尤其明显。

（10）免费试用。免费试用通常是指在销售现场请顾客试用产品，或者把样品送给顾客试用一段时间后收回。免费试用对于一些软件类的产品或者食品的销售，尤为有效。

（11）展销会。通过参加各种形式的展销会促进产品的销售。在展销会上可展出本企业产品并进行操作表演，以吸引参观者（包括中间商和消费者），促使其了解产品，并当场或事后订货。

（12）限时降价。对于网络销售来说，限时降低商品的价格是最常见的促销手段，也是一种屡建奇功的促销手段。因为降价时间规定得很短，但降价的幅度非常大，这样就可以通过极小的利润损失产生极大的促销效果，更重要的是通过某滞销商品的超常规降价，可带动其他商品的销售。

小思考

随着各种 App 的出现和使用，在移动互联网技术的支持下，本地生活类的视频推广活动越来越多。在互联网短视频时代，探店类内容逐渐在微信公众号、大众点评、小红书等平台上迎来井喷式的发展。这类以"探店"为主的短视频创作者通过探店本地生活商家并创作商家内容进行发布，利用自己创作内容吸引身边消费者为本地商家带货从而赚取佣金。

思考：为什么这种探店类短视频能够刺激消费者产生购买欲望，为商家带动销售？

2. 对中间商的营业推广方式

上述营业推广方式主要是针对个人消费。其中大部分方式也适用于零售商或批发商。一些营业推广方式是专门用来对中间商使用的，其中常见的如下。

（1）购买价格折扣和免费产品。购买价格折扣即在某个特定时期，生产厂家对中间商所采购的商品给予一定比例的折扣。目的是鼓励中间商更多地进货或者配销新产品；免费产品是指在中间商购货时额外赠送一定数量的同种产品，其目的与价格折扣相似，是鼓励中间商更多地进货或者开发新产品市场。

（2）费用资金资助。生产者为中间商提供陈列产品，支付部分广告费用和部分运费等补贴或津贴。为提高中间商陈列本企业产品的兴趣,企业可以免费或低价提供陈列品;中间商为本企业产品做广告,生产者可以资助一定比例广告费用;为激励路途较远的中间商经销本企业产品,可以给予中间商一定比例运费补贴。或提供促销资金,即生产者向中间商提供资金,以供其进行广告宣传等促销活动。

(3) 经销奖励。对经销本企业产品有突出成绩的中间商给予奖励。此方式能刺激经销业绩,使突出者加倍努力,更加积极主动地经销本企业产品,使其他经销商为提高本企业产品销量而努力,从而促进产品销售。

(4) 销售竞赛。根据各个中间商销售本企业产品的实绩,分别给优胜者以不同的奖励,如现金奖、实物奖、免费旅游、度假奖等。

(5) 交易会或博览会、业务会议。

(6) 工商联营。企业分担一定的市场营销费用,如广告费用、摊位费用,建立稳定的购销关系。

3. 对销售人员的营业推广方式

鼓励销售人员(企业的销售人员或者合作零售商的销售人员)热情推销产品或处理某些老产品,或促使他们积极开拓新市场。

(1) 销售竞赛。根据各个销售人员销售产品额度及产品种类的实绩,分别给优胜者以不同的奖励。如有奖销售、比例分成。

(2) 免费提供人员培训、技术指导。

10.5.2　营业推广的特点

营业推广是配合一定的营业任务而采取的特种推销方式,工具多种多样,它具有如下特点。

1. 直观的表现形式

许多营业推广工具具有吸引消费者注意力的性质,并能提供信息使消费者很快注意到产品,可以打破顾客购买某一特殊产品的惰性。它们告诉顾客说这是永不再来的一次机会,这种推销方式,尤其是对于那些精打细算的人是一种很强的吸引力。

2. 灵活多样,适应性强

可根据顾客心理和市场营销环境等因素,提供诱因,使用一些明显的让步、优惠、服务、提供方便等,采取针对性很强的营业推广方法,向消费者提供特殊的购买机会,能让消费者感到有利可图。具有强烈的吸引力和诱惑力,能够唤起顾客的广泛关注,强化刺激,立即促成购买行为,在较大范围内收到立竿见影的功效。

3. 有一定的局限性和副作用

如影响面较小,刺激强烈,但时效较短。而且如果选择和运用不当,求售过急,可能会贬低产品档次,顾客容易产生疑虑。过分渲染或长期频繁使用,引起消费者怀疑产品质量或价格的合理性,有损产品形象,导致不良结果。

企业常利用此方式来创造较强烈、迅速的反应,以加速商品的推销或刺激销售不佳的产品的购买。此方式见效快,但也存在不足,因此,运用营业推广方式促销时,一定要审慎选择。

10.5.3 营业推广的实施过程

企业在组织实施营业推广促销活动的过程中,必须确定目标,选择工具,制订方案,实施和控制方案,评价结果。

1. 确定营业推广目标

企业在自己的整体营销方案中,常常包含了营业推广活动的内容,对营业推广的目标的确定,包括两方面内容:首先,必须确定企业在一定时间内应达到的目标;其次,企业准备设计每一项营业推广活动时都要首先确定这次营业推广的目标。就消费者而言,目标包括鼓励消费者更多地使用商品和促进大批量购买;争取未使用者试用,吸引竞争者品牌的使用者;就零售商而言,目标包括吸引零售商经营新的商品品目和维持较高水平的存货,鼓励他们购买过季和滞销商品,储存相关品目,抵消各种竞争性的促销影响,建立零售商的品牌忠诚和获得进入新的零售网点的机会;就销售队伍而言,目标包括鼓励他们支持一种新产品或新型号,激励他们寻找更多的潜在顾客和刺激他们推销过季和滞销商品。

为使目标管理真正实现,营业推广的目标应该做到细化、量化,以便于检查和控制。如常见的营业推广目标有:以消费者为营业推广目标;以中间商为营业推广目标;以推销员为营业推广目标;以抵制竞争者为营业推广目标;以巩固市场占有率为营业推广目标;以提高新产品市场渗透率和吸引早期消费者为营业推广目标;以扩大企业知名度和美化企业形象为营业推广目标等。明确每一次营业推广目标的时限要求,并注意积累营业推广活动的成果;保证营业推广目标与企业的营销组合方案相匹配。

2. 选择营业推广工具

营销人员在目标既定的情况下,应综合考虑各种相关因素,以选择适当的营业推广工具,灵活有效地选择、使用。其中应考虑的主要因素有:市场的类型、企业希望得到的效果、竞争者的策略,特别应对准备采纳的每一种营业推广工具的成本、效益进行深入的分析。根据目标市场要求以及市场类型、营销环境、消费者需求偏好、购买习惯、政策法规等因素,选择能最早、最好实现营业推广目标的方法和技巧。特别值得注意的是,营业推广工具的选择不是越多越好,而应简单、直观、易于理解,方便实际营业操作为宗旨,避免过于复杂的多重活动的叠加。

3. 制订营业推广方案

一个完整可行的促销方案至少应包括如下内容。

（1）刺激的力度。刺激的力度即确定通过营业推广对消费者进行刺激的力度的大小,营销人员必须决定准备拿出多少费用进行刺激。为消费者提供的额外利益太小,难以引发顾客的购买行为,达不到企业的目标;额外利益大,有时能立竿见影,但企业的财力承受压力大,同时其产生的效应是递减的。

（2）刺激对象的范围。企业需要对促销对象的参加者做出明确的规定,即刺激哪些人。刺激可以提供给任何人,或选择出来的一部分人。如规定对持某商品包装标志的顾客赠奖等。

（3）实施的途径。当确定了刺激的对象和力度后,要规定执行的地点、场合或附着的媒体等,并通过适当方式告知一定范围内的公众。营销人员必须确定通过什么途径和方式告知促销方案。

（4）持续时间。如果持续的时间太短,一部分顾客因来不及购买或无法重新购买而得不到应得的利益,因而影响企业的推广效果;如果持续的时间过长,不仅企业为此支付的成本负担重,而且易失去推广活动的吸引力和刺激强度,企业必须对此认真权衡。调查表示:最佳的频率是每季有三周的促销活动,最佳持续时间是产品平均购买周期的长度。

(5)制定预算。营业推广总预算可以通过两种方式拟定。一种是根据所选用的各种促销方法来估算总费用;另一种是比例法,即按经验比例来确定各种商品营业推广预算占总预算的百分比。用此方法时,通常要考虑所处的不同市场、产品处于不同的生命周期阶段以及竞争者的营业推广支出和方式等因素。

4. 方案试验

为了保证大规模营业推广的安全性和有效性,对已经拟订的方案进行测试是必要的。面向消费者市场的营业推广能轻易地进行预试,可邀请消费者对几种不同的、可能的优惠办法做出评价和分等,也可以在有限的地区进行试用性测试。测试的内容主要有:刺激力度对消费者的效力、顾客的反应、所选用工具的适当预算能否满足需要,以及实施的途径等,对不适当的部分可及时做出调整。这种预试,被企业营销活动的实践证明是十分重要的,其重要程度依营业推广活动的规模显现。

5. 实施和控制营业推广方案

对每一项营业推广工作确定实施和控制计划,明确实施和控制标准,设计一套执行和控制系统,从组织、制度和人员上落实营业推广工作,保证落实责任到人。

6. 评价营业推广结果

最普通的一种方法是把推广前、推广中和推广后的销售情况进行比较。就推广带来的销售情况变化进行对比,评估目标达成情况,并就实施中计划的可行性及例外情况处理进行归纳,利于总结经验。

很明显,营业推广在整体促销组合中起到了重要作用。为了恰当地运用营业推广,营销人员必须确定营业推广目标,选择营业推广工具,制订营业推广方案、方案试验,实施和控制营业推广方案,评价营业推广结果。此外,营业推广活动还应与整合营销沟通活动中的其他促销组合要素妥善配合。

10.6　公共关系

微课:公共关系

社会组织的存在和发展是环境的产物、社会的需要,因而社会组织的信誉和形象,对自身的发展起着十分重要的作用,企业营销活动中公共关系的应用举足轻重。公共关系是企业促销组合策略中的一项重要措施,为此,企业必须正确运用公共关系,实现企业营销目标。

10.6.1　公共关系概述

公共关系即公关,是企业利用各种传播手段,沟通内外部关系,塑造自身良好形象,建立和维护企业与公众间良好关系的活动。营销中的公共关系是企业主动与其顾客、供应商、经销商以及其他相关公众建立和维护良好关系的活动。

企业营销中的公共关系主要是通过新闻报道等方式,正面宣传企业和产品;通过内部与外部信息传播来促进公众对企业的了解,建立企业形象;通过与立法和政府机构沟通,维护企业权益,并在一定程度上影响法规制度;进行企业危机管理,防范和处理企业危机事件。公共关系主要可以通过宣传报道、赞助公益和社会活动,举办宣传展览和开展主题活动方式与企业内部和外界进行交流、沟通信息。公共关系作为四大促销手段之一,与其他促销手段,如商品推销、商业广告等有所不同,公共关系活动主要是通过不花钱或少花钱的活动,主要利用新闻媒体的力量开展工作。企业公共关系活动基本特征表现在以下几个方面。

（1）企业的营销公共关系活动中,主体一定是企业。公共关系活动的对象既包括企业外部的顾客、竞争者、新闻界、金融界、政府各有关部门及其他社会公众,又包括企业内部职工、股东,他们构成企业公关活动的客体。

（2）企业公关活动的媒介是各种信息沟通工具和大众传播渠道。公共关系采用的传播形式多样,不以付酬形式传播。既可以通过新闻、宣传等传播媒介间接传播,又可以通过人际交往形式直接传播。由记者撰写的新闻使人感到比广告更真实可信,能接近许多有意避开销售人员或广告的顾客。

（3）公共关系的目标是为企业在社会公众中创造良好的企业形象和社会声誉。公共关系作用于多个方面,不仅仅作用于目标市场。其作用对象包括顾客、厂商、经销商、新闻媒介、政府机构、内部员工以及各方面的社会公众。

（4）公共关系活动以真诚合作、平等互利、共同发展为基本原则。公共关系以一定利益关系为基础,主客双方在诚意、平等、互利原则上,互相协调、兼顾企业利益与公众利益的双赢。以此保障既满足双方要求,又可以建立和发展良好的关系。公共关系是创造和建立"人和"的艺术,追求的是企业内部和外部人际关系的和谐。

（5）公共关系具有长期性的特点。企业要建立良好的社会信誉和形象,需要企业有计划、有步骤、踏实努力并着眼未来。公共关系树立形象多于推销产品,传递信息全面,它是有关企业形象的长远发展战略,急功近利是企业公共关系活动的大忌。

公共关系用于推广产品、人物、地点、点子、活动、组织甚至国家。企业运用公共关系与消费者、投资者、媒体和社区建立良好关系。行业协会利用公共关系重建大众对诸如鸡蛋、土豆、牛奶等日渐下降的兴趣。比如每年的 6 月 1 日就是由德国促进牛奶消费者协会在20 世纪 50 年代最先提出来的"国际牛奶日",后来被国际牛奶业联合会所采纳,并沿用至今。

公共关系能够以比广告低得多的成本,对公众的认知产生强烈的影响,而且能够很好地吸引消费者,使之成为品牌故事的部分并主动传播它。

10.6.2 公共关系的原则与实施步骤

围绕树立良好的企业形象,开展公共关系活动必须遵循以下两条基本原则。

1. 以诚取信的真实性

每一个企业都企盼获得良好的形象,然而良好的形象需要企业本着诚实的态度向社会公众介绍自身的客观情况,借以获得社会公众的信任才能建立,实事求是地传播是根本。公共关系活动的一项主要工作就是传播信息,一方面将组织的信息向公众传播;另一方面将公众的信息反馈给组织,从而使双方相互适应,相互了解。以诚实对公众,最终也将得到公众信任的回报。

需要指出的是,公共关系要做到诚实信用,既要考虑到企业的利益,又要考虑到公众的利益。"公共关系90％靠自己做得好,10％才是宣传。"强调在信息传播时,应遵循实事求是的原则,并不是要人们机械、呆板地执行,而是灵活、辩证地掌握它和贯彻它,这就要求公共关系人员不仅要有高尚的职业道德情操,同时也要具备相应的传播技术水平,才能真正做到实事求是。

2. 互惠共赢的原则性

成功的公共关系活动应以组织利益与公众利益的统一为宗旨,企业生存发展依赖于社会,既为社会公众提供消费品,同时也依靠社会公众提供原料、贷款等。企业与社会公众互相依存,二者的利益根本上应该是一致的。因此,开展公关活动,也应本着二者利益协调一致的原则,把社会公众的利益同企业利益结合起来,通过为社会作出贡献来赢得公众,建立良好的企业形象。在市场经济社会,社会组织与公众要建立长期的合作关系,必须实行互惠互利的原则,实现双赢。

坚持双赢原则必须做到:①要对公众负责,承担社会责任;②要对组织负责,保证组织生存、运行、发展;③必要时牺牲组织的眼前利益。当组织利益与公众利益相抵触时,公共关系强调组织的利益服从公众利益,维护组织生存环境。

塑造企业形象,创造有利于促进销售的气氛和环境,是一个有计划、有步骤的整体决策过程,它不是公关活动产生之后的事后总结,而是公关活动实施之前的事前谋划。作为一个完整的工作过程,公共关系的实施步骤应包括以下几点。

(1)调查研究。调查研究是做好公共关系的基础,公关部门必须收集整理提供信息交流所必需的各种材料。企业通过调研,一方面,了解企业实施政策的有关公众的意见和反映,反馈给高层管理者,促使企业决策有的放矢。另一方面,将企业领导者意图及企业决策传递给公众,使公众加强对企业的认识。

(2)确定目标。企业公关目标是促使公众了解企业形象,改变公众对企业的态度。在调查分析的基础上明确问题的重要性和紧迫性,进而根据企业总目标的要求和各方面的情况,确定具体的公共关系目标。一般来说,企业的公共关系的直接目标是:促成企业与公众的相互理解,影响和改变公众的态度和行为,建立良好的企业形象。公关工作是围绕着信息的提供和分享而展开的,因而具体的公关目标又分为:传播信息、转变态度、唤起需求。必须注意,不同企业或企业在不同发展时期,其公关具体目标是不同的。

(3)交流信息。企业通过大众传播媒体及交流信息的方式传播信息,公关工作既是以有说服力的传播去影响公众,因而公关工作过程也是交流信息的过程。必须学会运用大众传播媒介及其他交流信息的方式,从而达到良好的公关效果。

(4)评价结果。应对公共关系活动是否实现了既定目标及时给予评价。评价结果的目的在于为今后公关工作提供资料和经验,也可向企业领导层提供咨询。公关工作的成效,可从定性和定量两方面评价。信息传播可以强化或改变受传者固有的观念与态度,但人们对信息的接受、理解和记忆都具有选择性。传播成效的取得是一个潜移默化的过程,在一定时期内很难用统计数据衡量。有些公关活动的成效可以进行数量统计,如计算出现在媒体上的曝光次数或者销售额和利润方面的变化、理解程度、抱怨者数量、传媒宣传次数、赞助活动、分析由公共关系活动而引起公众对产品的知名度、理解、态度方面的变化与反响等。

10.6.3 公共关系活动方式

公共关系在企业市场营销活动中占据重要的地位。因为企业公共关系直接的目标是树立良好的社会形象。良好社会形象的树立，一方面，企业要在生产中创造名牌，以优质产品树立形象，在经营中重合同、守信用，诚实、热忱地对待有关客户；另一方面，则需要开动传播机器，提高企业的知名度和美誉度，即广泛展开公关活动。企业开展公关活动的主要方式如下。

1. 利用新闻媒介宣传企业及产品的宣传型公关

企业利用新闻媒介着重传播经营理念、经济效益、社会贡献及荣誉成就等有关企业和产品的信息，为企业树立良好形象，影响公众舆论，迅速扩大企业的社会影响。由大众传媒进行的宣传，具有客观性或真实感，传媒客观性带来的社会经济效益往往高于单纯使用商业广告。企业应善于将其生产经营活动和社会活动发展成为新闻，选择和巧妙运用传媒进行自我传播。企业活动中经常会出现很多新情况、新事物、新动向，因而要学会与传媒建立和保持良好的合作关系。努力引起社会公众的关注，通过新闻媒介达到比广告更为有效的宣传。

2. 举办和参与社会活动的社会型公关

企业是社会的一分子，通过举办社会活动与公众建立一种特殊关系，使公众产生特殊兴趣，在广泛的社会交往中发挥自己的能动作用，赢得社会公众的爱戴。例如，参与上级和社会组织的各种文化、娱乐、体育活动；举办庆典，参与赞助公益事业等。通过参与各种社会活动，引起社会的重视。一方面，充分表现企业对社会的一片爱心，展示企业良好的精神风貌；另一方面，广交朋友，亲善人际关系，从而以企业对社会的关心换来社会对企业的关注。

【观念应用 10-5】

从文化到消费，传承云南特色农业与可持续发展

作为国内新兴消费品牌，钟薛高一直致力于从可持续发展的角度实现农业消费帮扶，并积极推动年轻消费者对传统农业文化的关注。他们深挖农村产业文化，将大山深处的自然农业优势转化为消费产品的发展优势，为可持续农业和地方经济作出了积极贡献。

钟薛高创立之初就以打造独特的"中式雪糕"品牌为使命，始终贯彻中华传统文化的发展。云南成为他们践行企业社会责任、助力乡村振兴的重要实践地。钟薛高深知云南作为中国传统农业大省拥有丰富的农业资源和独特的农产品。为了传承云南特色农业文化，自2022年起，他们与中国乡村发展基金会及云南多个县级政府单位合作，通过农业消费帮扶项目为当地农户提供支持和指导，帮助他们实现增产增收。

2023年，钟薛高推出了"美好乡村"联名款系列雪糕，其中椰香小粒咖啡雪糕和红米新炊雪糕正是钟薛高助力云南农业的体现。这些雪糕所使用的咖啡和红米均采购自云南孟连县和红河哈尼族彝族自治州，将云南特色产品与消费者的喜爱相结合，链接起农户与城市年轻消费者，帮助云南当地特色农产品走出产地，为传统农业注入了新活力。

同时，钟薛高也通过多种渠道向年轻消费者传播云南特色农业文化。他们利用网络平台和社交媒体，分享有关云南特色产业的故事，激发年轻消费者和其他企业对云南农业的兴趣和关注。这一举措不仅帮助年轻消费者了解云南独特的农业文化，也为云南农产品的推广和市场拓展提供了宝贵的机会。

在钟薛高助力云南乡村产业相关视频资料中，可见企业致力于将云南特色农业与年轻消费者相连接，促进文化传承和可持续农业的发展。作为民营企业，看到品牌价值与社会责任相结合的力量，以文化传承为导向，倡导可持续发展，为云南农业发展和地方经济带来了新的动能。

资料来源：http://qx.tynews.com.cn/system/2023/07/14/030630915.shtml.

3. 宣传和展示企业形象的建设型公关

企业可组织编印宣传性的文字、图像材料,拍摄宣传影像带以及组织展览等方式开展公共关系活动。通过一系列形式多样、活泼生动的宣传,让社会各界认识企业、理解企业,从而达到树立企业形象、建立良好社会基础的目的。企业宣传展示的内容,既可以是企业历史、企业优秀人物、企业取得的优异成绩,也可以是企业技术实力、名牌产品等。企业宣传展示的形式尽可能多样化,利用光电、声音、图像、文字模型等,从不同侧面充分展示企业形象,建设企业文化。

网络的发展给营销活动带来了巨大的改变,公共关系的方式也因为短视频、微博、微信等网络社交媒体的流行而在不断地创新和发展。公共关系的核心优势是讲故事和引发谈论的能力,在网络和设计媒体的平台上,这样的能力可以更加淋漓尽致地发挥出来,获得让人意想不到的效果。

正如其他促销手段一样,在考虑何时以及如何使用公共关系时,管理部门应当制定公共关系目标,选择公共关系信息和载体,实施公共关系计划并评估结果。在企业全方位的整合营销沟通中,公共关系应该与其他促销活动紧密配合,融为一体。

10.7 数字时代的沟通

现代社会,网络使用和网上购物迅猛发展,数字技术快速进步,从智能手机、平板电脑等数字设备,到网上移动和社交媒体暴涨。受到上述因素的激励和影响,促销方式发生了翻天覆地的变化。作为一种促销工具,数字营销必须与沟通组合中的其他要素进行整合运用,才能达到事半功倍的效果。

10.7.1 在线沟通

企业营销活动的出发点和归宿都应该是顾客,所以,营销者必须时刻关注"顾客在哪里"。目前,我国消费者出现最多的地方是线上。中国互联网络信息中心发布的第52次《中国互联网络发展状况统计报告》显示,截至2023年6月,我国网民规模为10.79亿人,互联网普及率达76.4%,网民人均每周上网时长为29.1小时,网民使用手机上网的比例达99.8%;我国各类互联网应用持续发展,多类应用用户规模获得一定程度的增长,我国即时通信用户、网络视频用户、短视频用户规模分别达10.47亿人、10.44亿人和10.26亿人。

1. 公司网站

对于大多数企业,开展网络营销的第一步就是建立一个网站,用于展现或表达其目的、历史、产品和愿景。同时,公司网站要在人们第一次浏览时就具有吸引力,并且足够有趣,以鼓励人们重复访问,推动他们直接购买或实现其他营销目的。这样的营销网站,顾客注册后可以拥有自己的账号,可以与客服人员进行在线沟通并实施购买行为。

除此之外,企业也可以建立一个品牌社群网站。这样的网站并不销售产品,而是用来展现品牌内容(品牌信息、视频、博客、活动和其他特色内容),吸引消费者和建设顾客群(品牌社群)。

2. 吸引在线流量

在线营销的一个重要组成部分是将流量吸引到公司的自有媒体上。有搜索引擎优化和搜索引擎营销两种常见的方法吸引流量。

（1）搜索引擎优化（search engine optimization，SEO）是指当消费者搜索相关词时，为了尽可能提高品牌链接在所有非付费链接中的排名而设计的活动。由于搜索引擎优化只涉及优化公司自身网站，而无须向第三方支付费用来产生流量，因此它的实施成本明显低于搜索引擎营销。

（2）搜索引擎营销（search engine marketing，SEM）是指公司向搜索引擎公司支付费用，以使其在特定关键词搜索结果中出现，这些关键词可以反映消费者的产品或消费兴趣。比如，利用百度搜索"手机"这个词条时，在页面顶部出现的可能是京东、天猫的手机销售页面链接或者某一品牌手机、通信网络运营商的介绍。当然，当消费者使用百度搜索某一个关键词时，搜索结果取决于公司的出价金额以及搜索引擎用于确定广告与特定搜索间相关性的算法，营销者的广告会显示在结果的上方或旁边。

10.7.2　社交沟通

数字技术和设备的迅猛发展，"孕育"了无数独立的商业化社交网络，为消费者提供了一个可以彼此聚集、社交并交换想法和信息的网络虚拟空间。我们关注微博热搜来了解社会热点，在小红书或者抖音平台上看到网络达人分享了一家好吃的美食店，在微信朋友圈里发个自拍告诉大家穿了什么，或者给朋友发个生日祝福的视频而不是打电话说"生日快乐"。哪里有消费者的聚集，哪里就有营销。

在数字时代开展的营销活动最重要的组成部分就是社交媒体。社交媒体是消费者之间，以及消费者向公司分享文本、图像、音频和视频信息的一种方式，反之亦然。

社交媒体使营销者能够在网上发布公开信息并引起关注。营销者还能够以低成本、高收益的方式加强其他营销活动。此外，社交媒体每日更新的即时性还可以鼓励公司保持创新性和关联性。营销者还可以创建或利用在线社区，邀请消费者参与，并在此过程中建立长期的营销资产。社交媒体使消费者能够比以往任何时候都更深入、更广泛地与品牌进行互动。营销者应该尽其所能地鼓励有意愿的消费者进行有效参与。尽管社交媒体很有用，但它们很难成为品牌营销沟通的唯一来源。

目前，社交媒体有在线社区和论坛、博客/微博、社交网络和客户评论。

1. 在线社区和论坛

在线社区和论坛的形式和规模各异，有些是由消费者或消费者群体创建的，没有商业利益或公司隶属关系，有些是由公司赞助成立，其成员和公司间，以及成员之间可以通过发帖、发短信和在线聊天的方式来讨论与共同产品和品牌相关的特别兴趣点。这些在线社区和论坛通过收集和传递关键信息实现了多种功能，是公司的宝贵资源。

2. 博客/微博

博客是一种定期更新的在线日志，曾经是口碑传播的重要渠道。目前，微博已经成为最活跃的社会化媒体之一，而微博营销就是微博催生的新型营销方式。微博营销是指通过微博平台为商家、个人等创造价值而执行的一种营销方式，也是指商家或个人通过微博平台发现并满足用户的各类需求的商业行为方式。微博营销由于其信息发布便捷、传播速度快、影响面广、互动性、低成本、企业形象拟人化等特点，被企业热捧。

3. 社交网络

腾讯 QQ、微信、抖音、小红书、B 站、快手等社交网络已经成为 B2C 和 B2B 营销的重要力量。

社交网络用户通常是在寻求与他人建立联系。鉴于这种非商业性质,吸引他们的注意力并进行说服是极具挑战性的。此外,由于内容是用户自己生成的,广告可能会出现在不合适甚至令人反感的内容旁边或者视频的某一个节点。许多在线内容并不一定会被分享,也不会被病毒式地传播。只有小部分内容最终会被转发给最初接收者以外的其他人。在决定是否使用社交媒体时,消费者可能是受到内在因素的激励,例如在社交媒体上玩乐或学习,但更多时候,他们是受到社交和个人形象等外在因素的影响。

公司在线沟通中一个越来越重要的组成部分是网红的使用。网红即网络红人,是指在互联网平台上凭借个人的才华被网民所关注和传播的人,也指那些能够借助各种直播平台媒介,以追求时尚自居,以独到的眼光和品位获得影响力,以此获得粉丝追捧,并将庞大的粉丝群体转化为购买力的人。网红营销就是依托互联网、移动互联网传播及其社交平台推广,通过大量聚集社会关注度,形成庞大的粉丝和定向营销市场,并围绕网红 IP(intellectual property)衍生出各种消费市场,最终形成完整的网红产业链条的一种新营销模式。严格来说,网红营销可以被视为一种在社交媒体情景下进行的宣传和付费代言混合的营销方式。公司向代言人支付费用以推广其产品。然而,公司并不是在自己的沟通活动中使用这种代言,而是依靠网红自己的社交媒体网络来传播信息。

4. 客户评论

电子商务的发展不仅为消费者提供更为便捷的购物选择,也为其分享交流购物体验创造了机会。在购买特定产品之前,消费者能通过网络获取到大量其他消费者发布的产品评论,并受到其他消费者的线上意见和推荐的影响。所以说,客户评论在塑造客户偏好和购买决策方面尤其具有影响力。

客户评论就是消费者在电子商务网站或第三方评论网站中发表的有关产品、服务、商家或个人消费体验的评价,形式上既包括评分、评论文本等基本信息,也包括图片、视频等更为丰富的内容。

目前,国内淘宝、京东、苏宁等各大电商平台几乎都支持消费者发表在线评论,具体包括评分、文字、图片、短视频等多样化的评论内容。此外,一些第三方的点评网站也允许用户发布特定类型的评论,比如在 IMDB、豆瓣等影评网站中,观众可以为特定电影打分,并提供自己的评价。

10.7.3　移动沟通

由于智能手机和平板电脑的普及,以及营销者能够根据人口统计特征和其他消费者行为特征对其定制个性化信息,移动营销作为沟通工具的吸引力是显而易见的。

一方面,随着智能手机功能的增强,移动广告的功能早已不局限于一种使用静态"迷你广告牌"的展示媒体。另一方面,人们对移动应用程序(App)产生了浓厚的兴趣,这些应用增加了便利性、社交价值、激励性和娱乐性,在很大程度上改善了消费者的生活。

智能移动设备还有助于激励顾客忠诚度计划的开展,因为顾客可以追踪他们的商家访问和购买记录,并获得奖励。通过追踪那些选择接收沟通信息的顾客的地理位置,零售商可以在顾客靠近商店或网点时向他们发送特定位置的促销信息。

由于传统的优惠券兑换率已经持续下降多年,而手机能够在顾客位于购买点或在购买点附近时向其提供更相关、更及时的优惠,因此吸引了许多营销者的兴趣。这些新型优惠券可以采取多种形式，门店中的数字标牌广告机可以将它们发送到顾客的智能手机上。鉴于用户隐私保护的需要，营销者需要掌握更多关于用户跨屏身份（在线和移动）的信息，从而投放更相关、更有针对性的广告。

思政融入：正确认识"促销策略"，既要避免虚假宣传或夸大宣传，还要避免偷换"促销"概念的行为，树立良好的职业道德观念

思政素材：2022 年 3 月 15 日晚，一年一度的央视"3·15"晚会正式举行。2022 年的"3·15"晚会以"公平守正 安心消费"为主题，继续关注消费领域的违法侵权现象。晚会中，曝光了缅甸翡翠代购直播间借高价原石发廉价成品，氛围型演戏并刺激消费者购买的乱象。

视频："3·15"晚会曝光翡翠直播间借高价原石发廉价成品

不论是传统的营销还是目前比较火爆的网络营销，都是营销的一种形式，消费者看重的是营销的产品，当消费者发现宣传物品与实际物品差异较大时，自然会对企业的印象有所影响。此外，过度夸大宣传产品效果对社会网络环境也会造成极大的影响。

资料来源：https://baijiahao.baidu.com/s? id=1727368750488312593&wfr=spider&for=pc.

讨论：结合案例分析消费者如何有效维护自己的合法权益？

本章小结

促销是营销企业传递信息、激发消费者或客户的欲望与兴趣，促进购买，进而实现企业营销目标的主要方法。良好的促销组合工具应用、科学的促销预算、一丝不苟的促销执行和促销管理，既是企业营销理念的贯彻，也是营销管理水平的体现。

成功的市场营销活动，企业应根据实际情况，正确制定并合理运用促销策略和确定促销组合。广告、公共关系、营业推广及人员推销四种基本促销方式以及新兴的数字化营销各具特点，各有优势与局限性，同时彼此之间具有一定互换性，因此在整合营销沟通观念下，企业必须仔细地协调这些促销工具以传递关于组织及其品牌的清晰的、一致的和有力的信息。

基础练习

1. 简答题

（1）促销的主要作用有哪些？

（2）简述为什么要对中间商进行营业推广。

（3）常用的公共关系活动有哪些方式？

2. 讨论题

企业将促销预算分配到各种促销工具时需要考虑哪些因素？

案例分析

东方甄选，不一样的网红直播

2021 年 12 月 28 日，新东方推出直播带货新平台东方甄选。2022 年 6 月 16 日，新东方在线旗下东方甄选董宇辉直播爆火，在社交媒体上引发广泛传播和讨论。顺便还带动新东方在线股价连连上涨，截至发稿，新东方在线股价已涨超 70%，股价报 28.35 港元。新东方旗下直播带货账号东方甄选混合演讲、授课、表演以及情感渲染等元素的双语直播带货成功

出圈,通过强有力的文化输出让用户在享受消费快感的同时体验精神层面的知识灌溉,清新脱俗的风格成功引发用户的情感共鸣,激发对另类"知识付费"的热情。东方甄选抖音粉丝数量由 2022 年 6 月 8 日的 106.63 万人增长至 6 月 22 日的 1857 万人,增长超过 16 倍。东方甄选 2023 财年中期报告显示,截至 2022 年 11 月 30 日止 6 个月,东方甄选总营收 20.8 亿元人民币,同比增长 265%,净利润为 5.85 亿元(去年同期亏损 5.44 亿元)。

　　问题:分析东方甄选在直播营销平台"火出圈"的原因。

课外实践

1. 实践背景

要求学生按照第 1 章课外实践活动中所自组公司和确定的经营背景完成。

2. 实践活动

(1)要求你所在公司针对自己推出的新产品设计平面广告,对广告创意、制作技术有一定熟练程度。同时,注意广告版面的编排。

(2)营业推广设计,要求各部门经理主持制订出最后的营业推广方案。

参 考 文 献

[1] 李文国,王秀娥. 市场营销学[M]. 上海：上海交通大学出版社,2008.

[2] 郭国庆. 市场营销学通论[M]. 9 版. 北京：中国人民大学出版社,2022.

[3] 菲利普·科特勒,加里·阿姆斯特朗. 市场营销：原理与实践[M]. 楼尊,译. 17 版. 北京：中国人民大学出版社,2020.

[4] 毛鹏. 互联网＋营销：你的营销该换一下大脑了[M]. 北京：人民邮电出版社,2016.

[5] 谭贤. 新网络营销推广实战从入门到精通[M]. 北京：人民邮电出版社,2016.

[6] 刘华鹏. 互联网＋营销：移动互联网时代的营销新玩法[M]. 北京：中国经济出版社,2016.

[7] 王秀娥. 市场调查与预测[M]. 2 版. 北京：清华大学出版社,2014.

[8] 卢松松,牛广宏. 出奇制胜：互联网营销完全攻略[M]. 北京：化学工业出版社,2015.

[9] 段王爷. 互联网＋兵法[M]. 北京：机械工业出版社,2015.

[10] 陈伟航. 互联网＋营销创意新玩法[M]. 北京：北京时代华文书局,2016.

[11] 菲利普·科特勒,凯文·莱恩·凯勒,亚历山大·切尔内夫. 营销原理[M]. 陆雄文,蒋青云,等译. 16 版. 北京：中信出版社,2022.

[12] 王敏杰. 零售业的衰退与进阶[N]. 国际金融报,2023-05-08(5).

[13] 周婕. 新零售背景下 TJ 便利店营销策略研究[D]. 太原：山西财经大学,2023.

[14] 汪宁. 基于微信平台的社区团购渠道创新模式分析[J]. 山西农经,2019(6).

[15] 张梦晗. 社区团购用户购买行为影响因素研究[D]. 海口：海南大学,2022.

[16] 阿茹汗. 名创优品,忘掉渠道品牌[N]. 经济观察报,2023-05-22(12).

[17] 魏若兰. 小红书 App 中原生广告的传播研究[D]. 兰州：兰州财经大学,2020.

[18] 刘婉仪. 抖音原生广告及其传播机制与传播策略研究[D]. 北京：北京外国语大学,2022.

[19] 陈卫华. 4C 营销理论视角下的"网红"直播带货营销策略研究[D]. 长沙：湖南师范大学,2021.

[20] 吕一林,李东贤. 市场营销学教程. [M]. 7 版. 北京：中国人民大学出版社,2022.